國家社科基金重大項目（10&ZD104）

上海師範大學古籍整理研究所編
項目首席專家、主編　戴建國
主編　朱易安　傅璇琮　周常林

国家出版基金项目
NATIONAL PUBLICATION FOUNDATION

全宋筆記

第七編 九

大象出版社

顧　　問　王水照　朱瑞熙　徐　規　李裕民

項目首席專家、主編　戴建國

主　　編　朱易安　傅璇琮　周常林

編纂委員會（以姓氏筆劃爲序）

王劉純　朱易安　李亞娜　周常林　俞　鋼　查清華

徐時儀　陳　新　張劍光　傅璇琮　虞雲國　戴建國

目録

◎王應麟撰

困學紀聞

孫通海　整理

點校説明

《困學紀聞》二十卷，王應麟撰。王應麟（一二二三—一二九六），字伯厚，號厚齋，一號深寧居士。慶元鄞縣（今浙江寧波）人。淳祐元年（一二四一）進士，寶祐四年（一二五六）中博學宏詞科。在理宗、度宗、恭帝三朝，曾任著作佐郎、禮部郎官、中書舍人等朝官，累遷至禮部尚書兼給事中。後見權臣阻斥，無可建樹，遂辭官回鄉，潛心於學術。入元後，更是足不出户，幾三十年，把胸中的塊磊和憧憬，融化於古文獻的考訂與品評中。其著述甚豐，除本書外，還有《深寧集》、《通鑑地理攷》、《小學紺珠》、《玉海》、《周易鄭康成注》、《尚書鄭注》、《古文論語》等二十多種。《宋史》卷四三八有傳。

《困學紀聞》内容廣博，「九經旨趣，歷代史傳之事要，制度名物之原委，以至宗工巨儒之詩文議論」（牟應龍序），凡屬學人當知當明的方方面面，均有所發明，有所創見。其文辭簡約而道理融通，探奥窮源而真知洞見，成爲研討文史者必讀之書。

王應麟治學不主一説，不名一家，於漢、唐取其事覈，於兩宋取其理勝，採衆家之長成一家之言，其著述有較高的理論價值。又因其博學洽聞，當時所讀之書，今多有失傳者；當時所稱述之人，今無其他文字留存，故頗具文獻史料價值。歷代治學者多得其學術沾溉滋養。

《困學紀聞》成書於元初，書成不久，即有鈔本流傳，元泰定二年（一三二五）刻印於慶元路儒學，這是目前可確考的唯一的元刊本（現僅存於中國國家圖書館）。現今流傳的傅增湘藏園影印本、《四部叢刊》三編影印本均據元刻本影印。明代亦有多種翻刻本問世，如正統間刊本、萬曆三十一年刊本等。到了清代，由於樸學中興，諸儒紛紛箋注，多有刊印，流布甚廣。其中影響較大者，如閻若璩校箋本、全祖望三箋本、萬氏集證本、翁元圻注本等。此外，還有清鈔本、四庫本等傳世。而四庫本即用閻校箋本整理而成。

這次整理，以《四部叢刊》三編《困學紀聞》爲底本，該本係上海涵芬樓影印傅氏雙鑑樓藏元刊本，校以文淵閣《四庫全書》本《困學紀聞》（簡稱四庫本）及清道光五年餘姚翁氏守福堂刻本《困學紀聞注》（簡稱翁注本）。

目録

幼承義方，晚遇艱屯。炳燭之明，用志不分。困而學之，庶自别于下民。開卷有得，述爲紀聞。深寧叟識。【一】

校勘記

【一】此題辭原載目録之首，今移録於此。

卷一

易

危者使平，易者使傾，《易》之道也。處憂患而求安平者，其惟危懼乎！故《乾》以惕无咎，《震》以恐致福。

「修辭立其誠」，修其内則爲誠，修其外則爲巧言。《易》以辭爲重。《上繫》終於默而成之，養其誠也。《下繫》終於六辭，驗其誠不誠也。辭非止言語，今之「文」古所謂「辭」也。

「履霜」戒於未然，「月幾望」戒於將然。《易》貴未然之防，至於幾則危矣。

「潛龍以不見成德」，管寧所以箴邴原也。「全身以待時」，杜襲所以戒繁欽也。

《易》曰：「括囊，无咎无譽。」

貞者元之本。周公曰：「冬日之閉凍也不固，則春夏之長草木也不茂。」見《韓非·解老》。可以發明「貞固」之説。

《乾》初九，復也，「潛龍勿用」，即閉關之義。《坤》初六，姤也，「履霜堅冰至」，即女壯之戒。

《淮南·人間訓》云：「《易》曰『潛龍勿用』者，言時之不可以行也，故『君子終日乾乾，夕惕若厲，无咎』。『終日乾乾』，以陽動也。『夕惕若厲』，以陰息也。因日以動，因夜以息，唯有道者能行之。」以陰陽言日夕，《易》説所未及。

蔡澤謂：「《易》曰『亢龍有悔』，此言上而不能下，信而不能詘，往而不能自反者也。」亦善言《易》矣。澤相秦數月而歸相印，非苟知之。賈誼《書》云：「亢龍往而不能反，故《易》曰『有悔』。潛龍入而不能出，故《易》曰『勿用』。龍之神也，其惟蜚龍乎！」《越絶》引《易》「進退存亡」之言曰：「進有退之義，存有亡之幾，得有喪之理。」陸宣公云：「喪者，得之理。得者，喪之端。」其語本此。

《坤》之六五，程子以爲「羿、莽、媧、武，非常之變」。干寶之説曰：「柔居尊位，若成、昭之主，周、霍之臣也。百官總己，專斷萬機，雖情體信順而貌近僭疑。言必忠信，行必篤敬，然後可以取信於神明，无尤於四海。」愚謂此説爲長。

《乾》、《坤》之次《屯》曰：「建侯。」封建與天地並立。一旅復夏，共和存周，封建之效也；疋夫亡秦，五胡覆晋，郡縣之失也。

古者君臣之際，分嚴而情通。上天下澤《履》，其分嚴也。山上有澤《咸》，其情通也。不嚴則爲《未濟》之「三陽失位」，不通則爲《否》之「天下無邦」。

《陰符經》云：「天地之道浸，故陰陽勝。」愚嘗讀《易》之《臨》曰：「剛浸而長。」《遯》曰：「浸而長也。」自臨而長爲泰，自遯而長爲否，浸者漸也，聖人之戒深矣。

「繫于苞桑」，三柔在下而戒之也。「繫于金柅」，一柔方進而止之也。

《蒙》之剛中，二也，占而求之曰「初筮」。《比》之剛中，五也，占而從之曰「原筮」。

「童蒙」應於二之剛則吉，養之早也。「童觀」遠於五之剛則吝，見之小也。

信君子者，治之原，《隨》之九五曰：「孚于嘉，吉。」信小人者，亂之機，《兑》之九五曰：「孚于剥，有厲。」

鳴謙則吉，鳴豫則凶。鳴者，心聲之發也。「未知獲戾于上下」，鳴謙者歟？「二三子亦姑謀樂」，鳴豫者歟？

柔而剛則能遷善，剛而柔則能順理。《復》之六三，柔而不中，勉爲初之剛而屢失，故頻復。《巽》之九三，剛而不中，勉爲初之柔而屢失，故頻巽。《小畜》上九，「月幾望」則凶，陰亢陽也。《歸妹》六五，「月幾望」則吉，陰應陽也。《中孚》六四，「月幾望」則无咎，陰從陽也。曰「幾」者，戒其將盈，陰盈則陽消矣。《同人》之初曰「出門」，《隨》之初曰「出門」。謹於出門之初，則不苟同，不詭隨。

冥於豫而勉其有渝，開遷善之門也。冥於升而勉其不息，回進善之機也。

「大蹇朋來」，進君子之真朋也。「渙其群」，退小人之僞朋也。泰言朋，否言群。

君子進而衆賢聚，故《復》「朋來无咎」。衆賢盛而君子安，故《解》「朋至斯孚」。君子之志行而小人之心服，故《豫》「勿疑朋盍簪」。

《易》言「密雲不雨」者二：《小畜》終於「既雨」者，陽之極爲陰也；《小過》終於「已亢」者，陰之極爲陽也。畜極則通，過極則亢。

「謹乃儉德【一】，惟懷永圖」，故「甘節，吉」。「盜言孔甘，亂是用餤」，故「甘臨，无攸利」。

「不義而富且貴，於我如浮雲」，故曰：「舍車而徒，義弗乘也。」「萬鍾則不辨禮義而受之，萬鍾於我何加焉」，故曰：「自求口實，觀其自養也。」

召平、董公、四皓、魯兩生之流，士不以秦而賤也。伏生、浮丘伯之徒，經不以秦而亡也。萬石君之家，俗不以秦而壞也。《剥》之終曰：「碩果不食。」陽非陰之所能剥。

下陽舉而虢亡，虎牢城而鄭懼，西河失而魏蹙，大峴度而燕危，故曰：「設險以守其國。」狄患攘而民怨結，宗藩弱而戚黨顓，柄臣揃而官寺恣，寇叛平而方鎮彊，故曰：「思患而豫防之。」

《復》曰「朋來」，所以致泰；《泰》曰「朋亡」，所以保泰。

陽大陰小而言陰陽，闔而闢也；朔先晦後而言晦朔，終而始也。

《爾雅》「小罍謂之坎」，「大琴謂之離」，萬物之象無非《易》也。

【一】謹乃儉德　「謹」係避宋孝宗趙眘諱「慎」改。

《易》之終始皆陽也，始于《乾》之初九，終于《未濟》之上九。《易》於《蠱》，終則有始；於《剥》，消息盈虚；於《復》，反復其道：皆曰「天行也」。然則無與於人事歟？曰：「聖人以天自處，扶陽抑陰，盡人事以回天運，而天在我矣。」

言行可以欺於人，而不可以欺於家，故《家人》之《象》曰：「君子以言有物，而行有恒。」

復之初，即乾之元，碩果不食則生矣，復之所謂仁也。乾爲木果，在春爲仁，發生也；在冬爲幹，歸根也，終而復始。

張子曰：「《易》爲君子謀，不爲小人謀。」朱子謂：聖人作《易》示人以吉凶，言利貞，不言利不貞；言貞吉，不言不貞吉；言利禦寇，不言利爲寇也。

聞之前修曰：「中庸誠敬，自有乾坤，即具此理。《乾》九二言龍德正中，庸言之信，庸行之謹，閑邪存其誠。《坤》六二言敬以直内。」

「復以自知」，必自知，然後見天地之心。有不善未嘗不知，自知之明也。

致命遂志，命可致而志不可奪。行法俟命，命可制而法不可變【一】。

「下學而上達」，故《大畜》上九：「何天之衢，亨。」

魏相以《易》相漢，能上陰陽之奏，而不能防戚官之萌，不知「繫于金柅」之戒也。匡

【一】命可制而法不可變　「制」，四庫本、翁注本作「俟」。

衡以《詩》相漢，能陳《關雎》之義，而不能止奄寺之惡，不知「昏椓靡共」之戒也。經術雖明，奚益焉！

五陽之盛而一陰生，是以聖人謹於微。齊桓公七年始霸，十四年陳完奔齊，亡齊者已至矣。漢宣帝甘露三年，匈奴來朝，而王政君已在太子宫。唐太宗以武德丙戌即位，而武氏已生於前二年。我藝祖受命之二年，女真來貢，而宣和之禍乃作於女真。張芸叟曰：「《易》者極深而研幾。當潛而勿用之時，必知有亢；當履霜之時，必知有戰。」

《易》言「積善」曰家，《大學》言「興仁興讓」曰家，家可以不正乎？

世之治也，君子以直勝小人之邪。《易》曰：「田獲三狐，得黄矢。」世之亂也，小人以狡勝君子之介。《詩》曰：「有兔爰爰，雉離于羅。」

《易》者，象也。木上有水爲《井》，以木巽火爲《鼎》，上止下動爲《頤》，頤中有物爲《噬嗑》，《小過》有飛鳥之象焉。餘卦可以類求。王輔嗣忘象之説，蒙莊緒餘爾。

《左傳》疏引《易》云：「伏羲作十言之教，曰：『乾、坤、震、巽、坎、離、艮、兑、消、息。』」朱子發以爲鄭康成之語。愚謂「正其本而萬物理」，「失之毫釐，差以千里」見於《易緯通卦驗》，漢儒皆謂之《易》，則此所謂《易》云者，蓋緯書也。

鄭康成《詩箋》多改字，其注《易》亦然。如「包蒙」，謂「包」當作「彪」，文也；《泰》「包荒」，謂「荒」讀爲「康」，虚也；《大畜》「豶豕之牙」，謂「牙」讀爲「互」；《大過》

「枯楊生荑」，謂「枯」音「姑」，无姑，山榆；《晉》「錫馬蕃庶」，讀爲「藩遮」，謂蕃遮，禽也；《解》「百果草木皆甲宅」，「皆」讀如「解」，「解」謂「坼」，呼皮曰甲，根曰宅；《困》「劓刖」，當爲「倪伔」；《萃》「一握爲笑」，「握」讀爲「夫三爲屋」之「屋」；《繫辭》「道濟天下」，「道」當作「導」；「言天下之至賾」，「賾」當爲「動」；《説卦》「爲乾卦」，「乾」當爲「幹」。其説多鑿。鄭學今亡傳，《釋文》及正義間見之。

《書序》：「八卦之説，謂之八索，求其義也。」而賈逵以爲八王之法，張平子以爲《周禮》八議之刑。索，空也，空設之。唯馬融以爲八卦，杜預但云「古書名」，蓋孔安國《書序》猶未行也。愚按：《國語》史伯曰：「平八索以成人。」韋昭注：「謂八體以應八卦也。謂《乾》爲首，《坤》爲腹，《震》爲足，《巽》爲股，《離》爲目，《兑》爲口，《坎》爲耳，《艮》爲手。」此足以證孔、馬之説。

《易》正義云：「伏犧制卦，文王繫辭，孔子作十翼。」朱子謂：《繫辭》本文王、周公所作之辭，繫于卦爻之下者。《上繫》、《下繫》乃孔子所述繫辭之傳也。《彖》即文王所繫之辭。《象》者，卦之上下兩象，及兩象之六爻，周公所繫之辭也。《彖》、《象》上下傳者，孔子釋經之辭也。愚按《釋文》云：「王肅本作《繫辭上傳》，訖於《雜卦》，皆有傳字。」《本義》從之。漢《儒林傳》云：「孔子晚而好《易》，讀之，韋編三絶，而爲之傳。」王肅本是也。

阮逸云：「《易》著人事，皆舉商、周。帝乙歸妹、高宗伐鬼方、箕子之明夷，商事也。密雲不雨、自我西郊、王用亨于岐山，周事也。」朱子發云：「《革》存乎湯、武，《明夷》存乎文王、箕子，《復》存乎顔氏之子，故曰『存乎其人』。」朱文公謂：疑皆帝乙、高宗、箕子占得此爻。

《明夷》之《象》曰「文王」、「箕子」者，《易》、《洪範》道統在焉，用晦所以明道也。象數相爲經緯，皆演於商之季世。

桓譚《新論》云：「《連山》八萬言，《歸藏》四千三百言。」《夏易》詳而《殷易》簡，未詳所據。

孔子卜得《賁》，孔子曰：「不吉。」子貢曰：「夫《賁》亦好矣，何謂不吉乎？」孔子曰：「夫白而白，黑而黑，夫《賁》又何好乎？」《吕氏春秋》：「賁，色不純也。」

苕谿劉氏云：「《夬》以五君子決一小人，不曰小人道消，而曰道憂。蓋上下交而志同，如泰之時，然後小人之道不行。若以五君子臨一小人，徒能使之憂而已。惟其有憂，則將圖之，無不至矣。」愚謂：小人道消，嘉祐是也；小人道憂，元祐是也。

《井》之九三，荆公解云：「『求王明』，孔子所謂異乎人之求也。君子之於君也，以不求求之；其於民也，以不取取之；其於天也，以不禱禱之；其於命也，以不知知之。《井》之道無求也，以不求求之而已。」文意精妙，諸儒所不及。

王輔嗣以「寂然至无」爲「復」。又云：「冬至陰之復，夏至陽之復。」蘇子美辨其非。愚謂先儒云：「至静之中，有動之端，所以見天地之心。」與「寂然至无」之説異矣。「冬至陰之復」，蓋如周子「利貞，誠之復」，就歸處言之。荆公曰：「陽以進爲復，初九是也；陰以退爲復，六二、六三、六四是也。」

薛氏曰：「《易》以初爻爲七日者，舉前卦而云也。《復》之『七日來復』，《震》、《既濟》之『七日得』，皆舉初爻。」

葉少藴謂：凡《易》見於有爲者，皆言用。用之者何，體也，而《易》不以體對用，故别而論之曰：「《易》無體。」晁景迂曰：「體用本乎釋氏。」

利貞者，性情也。王輔嗣注：「不性其情，何能久行其正？」程子《顔子好學論》「性其情」之語，本此。

「君子道盛，小人自化，故舜、湯舉臯、伊而不仁者遠。」玉泉喻氏云：「《泰》『小人道消』，非消小人也，化小人爲君子也。」

《泰》初九「拔茅茹以其彙，征吉」，《本義》云：「郭璞《洞林》讀至『彙』字絶句，下卦放此。」愚按正義曰：「以其彙者，彙，類也，以類相從。征吉者，征，行也。上坤而順，下應於乾，已去則納，故征行則吉。」亦以「彙」字絶句。泰之征吉，引其類以有爲；否之貞吉，絜其身以有待。

儉德辟難，朱子謂：收斂其德，不形於外。申屠蟠以之。

《泰》之三「无往不復」，陽之極也，而否將萌。《否》之四「有命无咎」，陽之復也，而泰將至。

一許敬宗在文館，唐爲武氏矣。一楊畏居言路，元祐爲紹聖矣。羸豕之孚，左腹之入，可不戒哉！

家聲之隤，隴西以爲愧；城角之缺，新平以爲恥。清議所以維持風俗也。清議廢，風俗壞，則有毀宗澤而譽張邦昌者，有貶張浚而褒秦檜者。觀民風設教，居賢德善俗，可不謹哉！

齊德衰於召陵，晉志怠於蕭魚；淮平而异、鏄用，潞定而歸真惑。《易》曰：「日中則昃。」《玄》曰：「月闕其摶，不如開明于西。」

制官刑，則具訓蒙士；無彝酒，則誥教小子。《易》曰：「童牛之牿。」《記》曰：「禁於未發之謂豫。」

龜靈而焦，雉文而翳，是以「衣錦尚絅」。蘭薰而摧，玉剛而折，是以「危行言孫」。此白賁素履，所以无咎。

「知止而后有定」，故觀身於《艮》。「惻隱之心，仁之端也」，故觀心於《復》。

惟進賢可以正君，故公仲進牛畜、欣、越，而歌者之田止；孔明進攸之、禕、允，而宮府之體一。惟正己可以格君，故管仲有三歸，不能諫六嬖之惑；魏相因許伯，不能遏弘、石之惡。《泰》曰「拔茅」，《漸》曰「進以正」。

《乾·文言》曰：「寬以居之。」朱子謂：「心廣而道積。」程子《易·小畜》傳曰：「止則聚矣。」呂成公謂：「心散則道不積。」充拓收斂，當兩進其功。

丹書「敬義」之訓，夫子於《坤》六二《文言》發之。孟子以「集義」爲本，程子以「居敬」爲先，張宣公謂「工夫並進，相須而相成」也。

「艮者，限也，限立而内外不越。天命，限之内也，不可出。人欲，限之外也，不可入。」郭沖晦云。

「《小畜》下體乾【三】，《復》上體坤，乾、坤相應，故《小畜》初九『復自道』，九二『牽復吉』，與《復》六四『中行獨復』，六五『敦復無悔』，義甚相類。『牽復』中不自失，『敦復』中以自考，二、五皆得中故也。」澹庵云。

「同人于野」，公之大也；「艮其背」，止之至也。皆見於《彖》，明一卦之義也。

里克之中立，鄧析之兩可，終於邪而已。故《隨》之六二曰：「弗兼與也。」

虚美熏心，秦亂之萌；浮文妨要，晋衰之兆。故《賁》受之以《剥》。

廉恥，國之脈也，廉恥泯則國從之。是以楚瓦好賄，郢城危；晋盈求貨，霸業衰；秦賂讒牧，遷爲虜；漢金間增，垓敗羽。利之覆邦可畏哉！《大學》之末，七篇之始，所

【三】小畜下體乾　「下」，原誤作「上」，據四庫本改。

以正人心，塞亂原也。在《益》之《屯》曰：「莫益之，或擊之。」君子無斯須不學也，黄霸之受《尚書》，趙岐之注《孟子》，皆在患難顛沛中，況優游暇豫之時乎！《易》曰：「困而不失其所，亨。」

「翰音登于天」，無實之名也，殷浩、房琯以之。

《連山》首《艮》，艮萬物之所終始也。八風始於不周，卦氣始於中孚。冬至爲歷元，黄鍾爲律本。北方終陰而始陽，故謂之朔方。《太玄》紀日於牛宿，紀氣於中首，而以罔、冥爲元，艮之終始萬物也。虞仲翔云：「萬物成始乾甲，成終坤癸。艮東北是甲、癸之間。」沙隨程氏云：「醫家《難經》爲《百刻圖》，一歲陰陽升降會於立春，一日陰陽昏曉會於艮時。此説與《易》合。」又云：「北方之氣，至陰而陽生焉。《彖》曰：『習坎，重險也。』於物爲龜、爲蛇，於方爲朔、爲北，於《太玄》配罔與冥，所以八純卦中獨冠以『習』。」

日月爲易，一奇一耦，陰陽之象也。王介甫《詩説》云：「彼曰『七月』、『九月』，此曰『一之日』、『二之日』，何也？陽生矣則言日，陰生矣則言月，與《易·臨》『至于八月有凶』，《復》『七日來復』同意。四月，正陽也，秀葽言月，何也？以言陰生也。陰始於四月，生於五月，而於四月言陰生者，氣之先至者也。」李子思云：「《復》剛長，以日云者，幸其至之速；《臨》陽消，以月云者，幸其消之遲。」沙隨程氏云：「陽極於九而少陰生於八，陰之義配月；陰極於六而少陽復於七，陽之義配日。」

一卦變六十四，六十四卦變四千九十有六。六爻不變與六爻皆變者，其别各六十有四。一爻變與五爻變者，其别各三百八十有四。二爻變與四爻變者，其别各九百有六十。三爻變者，其别一千二百有八十。朱子發謂：《需》「利用恒」者，需之恒也；《蒙》六五「順以巽」者，蒙之觀也；《乾》九四「乾道乃革」者，乾之小畜也。《小畜》之中又有離、兑，故曰「革」，是謂天下之至變。張真父謂：《易》無所不變，《蒙》曰「困蒙」，《小畜》曰「復自道」，又曰「牽復」，《履》曰「夬履」，《離》曰「履錯然」，《歸妹》曰「跛能履」，《泰》曰「帝乙歸妹」，《臨》曰「咸臨」，《咸》曰「執其隨」，《艮》曰「不拯其隨」，《噬嗑》曰「頤中有物」，《睽》曰「厥宗噬膚」，《損》曰「弗損益之」，又曰「或益之」，《夬》曰「壯于前趾」，又曰「壯于頄」，《遯》曰「執之用黄牛之革」，《鼎》曰「鼎耳革」，《兑》曰「孚于剥」，《未濟》曰「震用伐鬼方」，皆有卦變之象。《小畜》以一陽爲復，《兑》以一陰爲剥，變之變者也。六十有四，相錯而不相亂。張文饒謂：《臨》之初二，皆曰「咸臨」，有咸象也，咸之用在兑之説也。《履》之九五曰「夬履」，有夬象也，《夬》與《履》，《乾》、《兑》相易之卦也。

《臨》所謂八月，其説有三：一云自丑至申爲《否》；一云自子至未爲《遯》；一云自寅至酉爲《觀》。《本義》兼取《遯》、《觀》二説。《復》所謂七日，其説有三：一謂卦氣起《中孚》，六日七分之後爲《復》；一謂過《坤》六位，至《復》爲七日；一謂自五月《姤》一陰生，至十一月一陽生。《本義》取自《姤》至《復》之説。

《易》正義云：「四月純陽，陰在其中，而靡草死；十月純陰，陽在其中，而薺麥生。」《漢·和帝紀》「有司奏以爲夏至則微陰起，靡草死，可以決小事」，與《月令》不同。張文饒曰：「陽雖生於子，實兆於亥，故十月薺麥生。陰雖生於午，實兆於巳，故四月靡草死。」《參同契》：「二月榆死，八月麥生。」

「初六履霜，陰始凝也。」見於《魏·文帝紀》注，太史丞許芝引《易傳》之言。沙隨程氏、朱文公皆從之。郭京本無「初六」字。

龜山曰：「子見南子，包承者也。此大人處否而亨之道。」朱文公謂：非所以爲訓，「若使大人處否而包承小人以得亨利，則亦不足以爲大人矣」。

《頤》初九，王輔嗣注云：「安身莫若不競，修己莫若自保。守道則福至，求禄則辱來。」至哉斯言！可書諸紳。

「病從口入，禍從口出」，傅玄《口銘》也。《頤》「慎言語，節飲食」，正義用其語。

「聖人教人，用『蒙』而不用『復』。蓋『復』者，去其不善而復於善之謂也；若『蒙』則無不善亦未有所失也。」周南仲云。

趾所以行，輔所以言。「艮其趾」，雖行猶不行也；「艮其輔」，雖言猶不言也。故能時行時止，動静不失其時，其道光明。馮當可云。《艮》六四「艮其身」，《象》以「躬」解之。傴背爲躬，見背而不見面。朱文公詩云：「反躬艮其背，止於所不見。」止於至善也。

「帝乙歸妹」，《子夏傳》謂湯之歸妹也。京房載湯嫁妹之辭曰：「無以天子之尊而乘諸侯，無以天子之富而驕諸侯。陰之從陽，女之順夫，本天地之義也。往事爾夫，必以禮義。」荀爽《對策》引「帝乙歸妹」，言「湯以娶禮歸其妹於諸侯也」。張説《鄎國公主銘》亦云：「帝唐降女，天乙歸妹。」若《左傳》筮遇《泰》之《需》曰：「微子啓，帝乙之元子也。」虞翻亦云：「紂父。」二説不同，正義皆略之。

「《離》言『明兩作』，《坎》言『水洊至』。起而上者作也，趨而下者至也。」此陸農師之説，朱文公取之。

范諤昌《證墜簡》「《震·象辭》脱『不喪匕鬯』四字」，程子取之。「《漸》上九【四】，疑『陸』字誤」，胡安定取之。

《釋文》引《子夏傳》云：「地得水而柔，水得地而流，故曰『比』。」《周禮》疏謂：「坤爲土，坎爲水。水得土而流，土得水而柔。」是水土和合，故象先王建萬國，親諸侯。

《釋文》引鄭注異字，然《内則》注「明夷睇于左股」，猶有所遺。

「朋盍簪」，簪，疾也。至侯果始有「冠簪」之訓。晁景迂云：「古者禮冠，未有簪名。」

《説苑》 周公戒伯禽曰：「《易》曰：『有一道，大足以守天下，中足以守國家，小足以守其身，謙之謂也。』」孔子曰：「《易》曰：『不損而益之，故損；自損而終，故益。』」今《易》無此言。又泄冶曰：「《易》曰：『夫君子居其室云云，君子之所以動天地，可不慎

【四】漸上九　「九」，原誤作「六」，據翁注本改。

乎？天地動而萬物變化。』」今《易》無末一句。然泄冶在夫子之前，而引《易大傳》之言，殆非也。

《鹽鐵論》文學引《易》曰：「小人處盛位，雖高必崩。不盈其道，不恒其德，而能以善終身，未之有也。是以初登于天，後入于地。」《説文》引《易》曰：「地可觀者，莫可觀於木。」今《易》無之，疑《易傳》及《易緯》。

後漢魯恭引《易》曰：「『潛龍勿用』，言十一月、十二月陽氣潛藏，未得用事，雖煦嘘萬物，養其根荄，而猶盛陰在上，地凍水冰，陽氣否隔，閉而成冬。故曰：『履霜堅冰，陰始凝也；　馴致其道，至堅冰也。』言五月微陰始起，至十一月堅冰至也。」又云：「《易》十一月，『君子以議獄緩死。』」又云：「案《易》五月，《姤》用事，經曰：『后以施令，誥四方。』言君以夏至之日，施命令，止四方行者，所以助微陰也。」又引《易》曰：「『有孚盈缶，終來有它，吉。』言甘雨滿我之缶，誠來有我而吉已。」趙温曰：「於《易》，一爲過，再爲涉，三而弗改，滅其頂，凶。」漢儒説《易》，可以參攷。

王肅注《易》十卷，今不傳。其注「噬乾胏，得金矢」，曰：「四體離陰卦，骨之象。骨在乾肉，脯之象。金矢所以獲野禽，故食之反得金矢。君子於味必思其毒，於利必備其難。」見《太平御覽》。

漢《郊祀志》引「西隣之禴祭」，顔師古注：「瀹，煮新菜以祭。」蓋以「禴」爲「瀹」。王輔嗣云：「禴，祭之薄者也。沼沚之毛，蘋蘩之菜，可羞於鬼神。」亦與顏注同。鄭康成謂：「禴，夏祭之名。」

《離》九三，蔡伯静解云：「『鼓缶而歌』，當衰而樂也。『大耋之嗟』，當衰而哀也。盛衰之道，天之常也。君子之心，順其常而已。不樂則哀，皆爲其動心而失其常者，故凶。」此説長於古注。

《京氏易》「剥牀以簋」，謂祭器。澹庵云：「《易》於《剥》、《坎》，取象簋簋，以精意寓焉。」

「上天下澤，《履》」，此《易》之言禮。「雷出地奮，《豫》」，此《易》之言樂。吕成公之説，本於《漢書》「上天下澤，春雷奮作。先王觀象，爰制禮樂」。

「涣其群」，蘇明允云：「群者，聖人所欲涣以一天下者也。」《本義》取之，謂程傳有所不及。

充善端於「蒙泉」之始，絶惡念於「履霜」之萌。

《坊記》曰：「不耕穫，不菑畬，凶。」《荀子》曰：「括囊无咎无譽，腐儒之謂也。」《左氏傳》穆姜以「元、亨、利、貞」爲《隨》之四德，爲是説者，其未見《彖》、《象》、《文言》歟？

《易緯坤鑿度》注云：「虞世南曰：『不讀《易》，不可爲宰相。』」注者未詳其人，亦天下名言也。

「乾乾」、「夬夬」皆九三重剛也，「謙謙」初六居下卦之下也，「坎坎」六三居重險之間也，「蹇蹇」六二陰居陰也。

諸卦之爻，皆及卦名。《坤》、《小畜》、《泰》、《大畜》、《既濟》六爻悉無之。

八卦之象，又有六焉：《巽》曰木，《坎》曰雲、曰泉、曰雨，《離》曰明、曰電。

《曾子天圓篇》：「火日外景，金水内景。」薛士龍詩云：「嘗聞曾子書，金火中外明。圓方遞含施，二景參黄庭。」愚謂《周髀》云：「日猶火，月猶水。火則外光，水則含景。」其説本於《易》之《坎》、《離》。《坎》内陽外陰，故爲水、爲月；《離》内陰外陽，故爲火、爲日。

《繫辭》正義云：「韓氏親受業於王弼，承王弼之旨，故引弼云以證成其義。」愚攷王弼終於魏正始十年。韓康伯，東晉簡文帝引爲談客。二人不同時，相去甚遠，謂之「親受業」，誤矣。

程子言《易》，謂「得其義則象數在其中」。朱子以爲「先見象數，方説得理，不然事無實證，則虚理易差」。愚嘗觀顔延之《庭誥》云：「馬、陸得其象數，取之於物；荀、王舉其正宗，得之於心。」其説以荀、王爲長。李泰發亦謂「一行明數而不知其義，管輅明象而不通其理」。蓋自輔嗣之學行，而象數之説隱。然義理、象數一以貫之，乃爲盡善。故李鼎祚獨宗康成之學，朱子發兼取程、邵之説。

馮當可謂：「王輔嗣蔽於虚無而《易》與人事疏，伊川專於治亂而《易》與天道遠。」又謂：「近有伊川，然後《易》與世故通，而王氏之説爲可廢。然伊川往往捨畫求《易》，故時有不合。又不會通一卦之體，以觀其全，每求之爻辭離散之間，故其誤十猶五六。」晁子止爲《易廣傳》，當可答書曰：「判渾全之體，使後學無以致其思，非傳遠之道。」

呂元鈞云：「求於八卦之先而牽於數，故謂坎、離先天地；得於六爻之後而惑乎氣，故謂卦氣起《中孚》。」

伏犧之《易》，當以圖觀，文王以後始有書。艾軒云：「《易》不畫，《詩》不歌，無悟入處。」誠齋云：「卦者其名，畫者非卦也。此伏犧氏初製之字也。」愚按：《易緯乾鑿度》以八卦之畫爲古文「天、地、風、山、坎、火、雷、澤」字。

《上繫》七爻起於《中孚》「鳴鶴在陰」，《下繫》十一爻起於《咸》「憧憧往來」。《卦氣圖》自《復》至《咸》八十八陽、九十二陰，自《姤》至《中孚》八十八陰、九十二陽。《咸》至《姤》凡六日七分，《中孚》至《復》亦六日七分，陰陽自然之數也。

龜山曰：「《乾》、《坤》兩卦，聖人釋其義於後，是解《易》之法。」沙隨曰：「《乾》、《坤》，《易》之門。《文言》於《乾》，四致意焉，《坤》則一而已。舉《乾》、《坤》之義，則它卦可知。《上繫》解七爻，《下繫》解十一爻，大略類《文言》。學者可以三隅反。」

「何以守位曰人」，《釋文》云：「桓玄、明僧紹作『仁』。」今本乃從桓玄，誤矣。《本義》作「人」，云：「呂氏從古，蓋所謂非衆罔與守邦。」

筮法，依七、八、九、六之爻而記之。古用木畫地。《少牢》云：「卦者在左坐，卦以木。」《特牲》云：「卒筮寫卦，筮者執以示主人。」卦者，主畫地識爻。六爻備，乃以方版寫之。今則用錢，以三少爲重錢，九也；三多爲交錢，六也；兩多一少爲單錢，七也；兩少一多爲坼錢，八也。見《儀禮疏》。

《易》者，數之原也。《屯》「十年乃字」，《需》「三人」，《訟》「三百户」、「三褫」，《師》「三錫」，《比》「三驅」，《同人》「三歲」，《蠱》「先甲、後甲三日」，《臨》「八月」，《復》「七日」、「十年」，《頤》「十年」，《坎》「簋貳」、「三歲」，《晋》「三接」，《明夷》「三日不食」，《睽》「二女」、「一車」，《解》「三狐」，《損》「二簋」、「三人」、「一人」、「十朋」，《益》「十朋」，《夬》「五剛」，《萃》「一握」，《困》「三歲」，《革》「三就」，《震》「七日」，《漸》「三歲」，《豐》「三歲」，《旅》「一矢」，《巽》「先庚、後庚三日」、「三品」，《既濟》「七日」、「三年」，《未濟》「三年」。其數例總釋于《乾鑿度》。如「月幾望」、「巳日乃孚」，皆陰陽氣數之變。

卦具四德者七：《乾》、《坤》、《屯》、《隨》、《臨》、《无妄》、《革》也。唯《乾》不言所利。

遏惡揚善，所以順天休命；内君子外小人，所以財成天地之道。

乾、坤既位，人居其中。屯以建侯作之君，蒙以養正作之師。

《大畜》爲學，《賁》爲文。「能止健」而後可以爲學，「文明以止」而後可以爲文。止者，篤實而已。不以篤實爲本，則學不足以成德，文不足以明理。

《易》立乎其中，體也；《易》行乎其中，用也。朱子謂：「行以造化言，立以卦位言。」

《旅》初六「斯其所，取災」，王輔嗣注云：「爲斯賤之役。」唐郭京謂：「『斯』合作『廝』。」愚按：《後漢·左雄傳》「職斯禄薄」，注云：「斯，賤也。」不必改「廝」字。

「城復于隍，其命亂也」，湯伯紀云：「亂，如『疾病則亂』之『亂』。」愚謂：唐玄宗極熾而豐，泰之極也。以李林甫、楊國忠爲周、召，以安禄山、哥舒翰爲方、虎，非命亂而何？

《漢·郊祀志》劉向引《易大傳》曰：「誣神者殃及三世。」愚按：《大戴禮·本命篇》「誣鬼神者罪及二世」，《易大傳》豈即此篇歟？

《説卦釋文》引荀爽《九家集解》，得八卦逸象三十有一。隋、唐《志》十卷，唯《釋文序録》列九家名氏，云：「不知何人所集，稱荀爽者，以爲主故也。」其序有荀爽、京房、馬融、鄭玄、宋衷、虞翻、陸績、姚信、翟子玄爲《易》義，注内又有張氏、朱氏，並不詳何人。荀悦《漢紀》云：「馬融著《易解》，頗生異説。爽著《易傳》，據爻象承應、陰陽變化之義，以十篇之文解説經意。由是兖、豫言《易》者，咸傳荀氏學。」今其説見於李鼎祚《集解》。

若「乾升於坤曰雲行，坤降於乾曰雨施；乾起坎而終於離，坤起離而終於坎。離坎者，乾坤之家而陰陽之府，故曰大明終始」，皆諸儒所未發。

王昭素謂：《序卦》云「《離》者，麗也」，「麗必有所感，故受之以《咸》。咸者，感也」，凡十四字，晁以道《古易》取此三句增入正文，謂後人妄有上下經之辯。吴仁傑亦從王、晁之論。沙隨程氏按《繫辭》曰：「二篇之策，從韓康伯本。」張文饒云：「《序卦》上經不言《乾》、《坤》，下經不言《咸》者，天地人物之本，必藏諸用也。」朱新仲謂：一行《易纂》引孟喜《序卦》曰：「陰陽養萬物，必訟而成之。君臣養萬民，亦訟而成之。」然則《序卦》亦雜以經師之言歟？

劉夢得《辯易九六論》曰：「董生言本畢中和，中和本其師，師之學本一行。」朱文公曰：「畢氏揲法，視疏義爲詳。柳子厚詆夢得膚末於學，誤矣。」

《古易》五家：吕微仲、晁以道、睢陽王氏、東萊吕氏、九江周燔。又有程迥、吴仁傑二家。而洪興祖以一行所纂《古子夏傳》爲正，以諸書附著其下，爲《考異釋疑》。

經説多依託，《易》爲甚。《子夏傳》，張弧作也；《關子明傳》，阮逸作也；《麻衣正易》，戴師愈作也。

《越絶外傳》范子曰：「道生氣，氣生陰，陰生陽。」愚謂：先陰後陽即《歸藏》先坤之義，闔而闢，静而動也。

《鄭志》張逸問：「《贊》云，我先師棘下生，何時人？」答云：「齊田氏時善學者所會處也，齊人號之棘下生，無常人也。」愚按：康成有《易贊》，所謂《贊》云者，《易贊》也。棘下，即稷下也。劉向《別録》：「談説之士，會於稷門下。」

《京氏易》「積算法」引夫子曰：「八卦因伏羲，暨于神農，重乎八純。聖理玄微，《易》道難究。迄乎西伯父子，研理窮通，上下囊括。推爻考象，配卦世應，加乎星宿，局於六十四所，二十四氣。分天地之數，定人倫之理，驗日月之行，尋五行之端，灾祥進退，莫不因兹而兆矣。故考天地、日月、星辰、山川、草木、蟲魚、鳥獸之情狀，運氣、生死、休咎，不可執一隅。故曰：《易》含萬象。」又引孔子云：「《易》有四易：一世、二世爲地易，三世、四世爲人易，五世、六世爲天易。游魂、歸魂爲鬼易。」此占候之學，決非孔子之言也。張文饒言「四易」，又異於是：《易》有四：體一，用三：《伏羲》先天，體也；《連山》天易，《歸藏》地易，《周易》人易，用也。

京氏謂：「二至四爲互體，三至五爲約象。」《儀禮》疏云：「二至四、三至五，兩體交互，各成一卦，先儒謂之互體。」

《説卦》，虞翻曰：「《乾》、《坤》五貴三賤，故定位。《艮》、《兑》同氣相求，故通氣。《震》、《巽》同聲相應，故相薄。《坎》戊《離》己，月三十日一會於壬，故不相射。《坤》消從午至亥，故順。《乾》息從子至巳，故逆。」蓋用納甲卦氣之説。

「初九，潛龍」，辭也。有「九」則有「六」，變也。「潛龍」，象也。「勿用」，占也。輔漢卿謂：「《易》須識辭、變、象、占四字。」項氏曰：「不稱乾馬而稱震龍，震，動也，乾之動自震始。」陽爲大，陰爲小，「大畜」、「小畜」、「大過」、「小過」，取陰陽爲義。六爻有得有失，唯《謙》三吉三利，《家人》一爻悔亡，五爻皆吉。《漢書·敘傳》「六世眈眈，其欲浟浟」，音滌。注：「《頤》六四爻辭。浟浟，欲利之貌。今《易》作『逐逐』。」《子夏傳》作「攸攸」。顔注以「浟浟」爲欲利，輔嗣以「逐逐」爲尚實，其義不同。

上蔡謝子《爲晁以道傳易堂記後序》言：安樂邵先生《皇極經世》之學，師承頗異。安樂之父，昔於廬山解后文恭胡公，從隱者老浮圖遊。隱者曰：「胡子世福甚厚，當秉國政。邵子仕雖不耦，學業必傳。」因同授《易》、《書》。上蔡之文今不傳，僅載於張祺《書文恭集後》。康節之父伊川丈人，名古，字天叟。

邵子《觀物外篇》曰：「天地之氣運，北而南則治，南而北則亂，亂久則復北而南矣。」張文饒謂：「《先天圖》自《泰》歷《蠱》而至《否》，自《否》歷《隨》而至《泰》，即南北之運數也。」《聞見録》載邵子之言，曰：「天下將治，地氣自北而南；將亂，自南而北。」蓋爲聞杜鵑發也【五】。陳忠肅謂：「重南輕北，分裂有萌」，則以人事知之。

歐陽公以《河圖》、《洛書》爲怪妄，東坡云：「著於《易》，見於《論語》，不可誣也。」南豐云：「以非所習見，則果於以爲不然，是以天地萬物之變爲可盡於耳目之所及，亦可謂

【五】蓋爲聞杜鵑發也　「發」，翁注本作「聲」。

過矣。」蘇、曾皆歐陽公門人，而論議不苟同如此。

「迂齋講《易》，謂伏犧未作《易》之前，天下之人心無非易。伏犧既作《易》之後，天下之萬事無非易。又《策問》謂：种明逸以《易》學名，而其後世衡至師道，累葉爲名將。郭逵以將帥顯，而其後兼山、白雲皆明《易》。蓋《易》之爲書，兵法盡備，其理一也。」愚聞之先君云。

知識欲高明，故效天。操履貴篤實，故法地。

晁景迂述郭敏修之言曰：「所以生生者，智水不可不崇，而禮火則卑之。此卦之所以『既濟』也。」養生之説，陰升陽降。

《史記》春申君説秦昭王，引《易》曰：「狐涉水，濡其尾。」此言始之易，終之難也。今《易・未濟》曰：「小狐汔濟，濡其尾。」

「高宗伐鬼方」，《後漢・西羌傳》「武丁征西羌鬼方，三年乃克」。《竹書紀年》「武丁三十五年，周王季伐西落鬼戎。」然則鬼方即鬼戎與？《詩・殷武》「奮伐荆楚」，朱子《集傳》云：「《易》曰：『高宗伐鬼方，三年克之。』蓋謂此。」愚按：《大戴禮・帝繫篇》「陸終氏娶于鬼方氏」，《楚世家》「陸終生子六人，六曰季連，芈姓，楚其後也」。可以證《集傳》之説。

《未濟》「三陽失位」，程子得之成都隱者，朱子謂「《火珠林》已有，蓋伊川未曾看雜書」。

虞翻夢吞三爻而通《易》，陸希聲夢三聖人而捨象數作傳。然翻未知「言有序」之戒，希聲未知「比之匪人」之訓，踐履與《易》相違。

張緒云：「何平叔不解《易》中七事。」伏曼容云：「何晏疑《易》中九事。」愚謂：晏以老、莊談《易》，係小子觀朶頤，所不解者，豈止七事哉！以義理解《易》，自王弼始，何晏非弼比也。清談亡晉，衍也，非弼也。范甯以王弼、何晏並言，過矣。

「上坎爲雲，下坎爲雨」，虞翻之説也，郭子和從之。坎在上爲雲，故雲雷屯。坎在下爲雨，故雷雨作解。「女子貞不字」，謂許嫁笄而字，耿氏之説也，朱文公從之。

「咸」之感无心，感以虚也。「兑」之説无言，説以誠也。堯之「於變時雍」，孔子之「綏來動和」，其感至矣。文王「靈臺」之樂，宣王「雲漢」之喜【六】，其説深矣。

德非日新，不足以言盛；義非入神，不足以言精。

《館閣書目》「《周易元包》十卷，唐衛元嵩撰」。今按楊楫序云：「元嵩，益州成都人，明陰陽曆算。獻策後周，賜爵持節蜀郡公，武帝尊禮，不敢臣之。」《北史·藝術傳》「蜀郡衛元嵩，好言將來事，不信釋教，嘗上疏極論之。」《書目》以爲唐人，誤矣。

揚雄《覈靈賦》曰：「《大易》之始，河序龍馬，雒貢龜書。」劉牧謂：《河圖》、《洛書》，同出于伏犧之世。

【六】宣王雲漢之喜　「喜」，四庫本、翁注本作「憂」。

曾子固爲《徐復傳》云：「康定中，仁宗命講《易》、《乾》、《坤》、《既濟》、《未濟》。又問：『今歲直何卦？西兵欲出如何？』復對：『歲直小過而太一守中宮，兵宜内不宜外。』仁宗嘉其言。與林瑀同脩《周易會元紀》。」今攷侍講林瑀上《會元紀》，推帝王即位必遇辟卦，而真宗乃得卿卦。每開説皆諂諛之辭，緣飾以陰陽。賈昌朝奏瑀所學不經，不宜備顧問，遂絀之。復與瑀同脩不經之書，未可謂知《易》也。《荀子》曰：「善爲《易》者，不占。」

「介于石」，古文作「砎」，晉孔坦書曰：「砎石之易悟。」

《坤》曰「早辯」，《解》曰「夙吉」。治之於未亂，爲之於未有，在周子謂之「幾」，在張子謂之「豫」。

程子《易傳》，晚始授門人。止齋《春秋後傳》亦曰：「此身後之書。」劉道原謂：柳芳《唐曆》本皆不同，由芳書未成而傳之故也。

《易緯辨終備》曰：「煌煌之燿，『乾』爲之岡【七】。合凝之類，『坤』握其方。雄雌咕吟，六節摇通。萬物孳甲，日營始東。」六節，蓋謂六子。日營始東，「震」也。

東坡曰：「左氏論《易》，唯南蒯、穆姜之事爲近正。」知莊子曰：「師出以律，有律以如己也。」杜預注：「法行則人從法，法敗則法從人【八】。」亦格言也。

天地未嘗一日無陽，亦未嘗一日無君子，故十月爲陽，純坤稱龍。朱子曰：「復之一

【七】乾爲之岡　「岡」，四庫本、翁注本作「綱」。

【八】法敗則法從人　「敗」，翁注本作「徽」。

陽，是《坤》卦積來。一日生一分，至十一月一陽始成。」

《困》九五曰：「利用祭祀。」李公晦謂：「明雖困於人，而幽可感於神。豈不以人不能知而鬼神獨知之乎！」愚謂孔子云：「知我者，其天乎！」韓子云：「惟乖於時，乃與天通。」不求人知而求天知，處困之道也。

《坎》之六四曰：「樽酒，簋貳，用缶。」在險之時，用禮之薄。它爻之言酒者三：《需》九五「需于酒食」，《困》九二「困于酒食」，《未濟》上九「有孚于飲酒」，卦皆有「坎」。文王、周公以《酒誥》戒，其象見於《易》，其言詳於《書》。三爻皆陽，剛制之意也。

「莧陸夬夬」，項氏《玩辭》曰：「莧，音丸，山羊也。陸，其所行之路也，猶『鴻漸于陸』之陸。兑爲羊，在上卦有山羊之象。」愚按《説文》：「莧，山羊細角也。從兔足，苜聲，讀若丸。『寬』字從此。」徐鍇按：《本草》注：「莧羊，似麢羊，角有文，俗作羱。」

聖人不以位爲樂也，在《易》謂之「虎尾」，在《書》謂之「朽索深淵」。

「先甲、先庚」，吴祕注《法言》云：「《周禮》治象，挾日而斂之。鄭司農云：『從甲至癸，謂之挾日。』是以《易》稱『先甲三日』、『先庚三日』，皆爲申命令之義。獨取甲、庚者，以甲木主仁，示其寬令也；庚金主義，示其嚴令也。」

程子謂學《易》先看王弼，余謂輔嗣之注，學者不可忽也。於《乾》九三曰：「『乾』三以處下卦之上，故免亢龍之悔。『坤』三以處下卦之上，故免龍戰之災。」上九曰：「夫以剛健而居人之首，則物之所不與也。以柔順而爲不正，則佞邪之道也。故『乾吉』在无首，『坤利』在永貞。」於《文言》曰：「進物之速者，義不若利；存物之終者，利不及義。」又曰：「文王明夷，則主可知矣；仲尼旅人，則國可知矣。」又曰：「不性其情，何能久行其正？」於《坤》曰：「方而又剛，柔而又圓，求安難矣。」初六曰：「陰之爲道，本於卑弱而後積著者也，故取『履霜』以明其始。陽之爲物，非基於始以至於著者也，故以『出處』明之，則以初爲潛。」於《小畜》上九曰：「『大畜』者，畜之極也。畜而不已，畜極則通，是以其畜之盛在於四五，至于上九道乃大行。『小畜』積極而後乃能畜，是以四五可以進，而上九説征之輻。」於《大有》六五曰：「不私於物，物亦公焉；不疑於物，物亦誠焉。」於《豫》初六曰：「樂過則淫，志窮則凶，豫何可鳴？」於《觀》上九曰：「觀我生，自觀其道者也。觀其生，爲民所觀者也。」於《賁》六五曰：「賁于束帛，丘園乃落。賁于丘園，帛乃戔戔。用莫過儉，泰而能約，故必吝焉，乃得終吉也。」於《復》曰：「凡動息則靜，靜非對動者也。語息則默，默非對語者也。」於《頤》初九曰：「安身莫若不競，脩己莫若自保。守道則福至，求禄則辱來。」於《家人》初九曰：「凡教在初，而法在始。家瀆而後嚴之，志變而後治之，則悔矣。」九三曰：「行與其慢，寧過乎恭。家與其瀆，寧過乎嚴。」上九曰：「凡物以猛爲本者，則患在寡恩；以愛爲本者，則患在寡威。故家人之道，尚威嚴也。」於《睽》上九曰：「見豕負塗，甚可穢也。見鬼盈車，吁可怪也。先張之弧，將攻害也。後説之弧，睽怪通也。往不失時，睽疑亡也。貴於遇雨，和陰陽也。陰陽既和，群疑亡也。」於《蹇》初六曰：「處難之始，居止之初，獨見前識。覩險而止，以待其時，知矣哉！」於《萃》之《象》曰：「聚而無防，則衆生心。」於《漸》上九曰：「進處高絜，不累於位，无物可以屈其心而亂其志。峨峨清遠，儀可貴也。」於《中孚》上九曰：「飛音者，音飛而實不從之謂也。」於《小過》六五曰：「『小畜』尚往而亨，則不雨也。『小過』陽不上交，亦不雨也。」

《乾》稱父，純陽。《坤》稱母，純陰。《震》長男，陽在初。《巽》長女，陰在初。《坎》中男，陽在中。《離》中女，陰在中。《艮》少男，陽在末。《兑》少女。陰在末。

知之崇，必欲其效天。義之精，必欲其入神。

《蒙》之養正察乎微，《頤》之養正先乎近。

《家人》卦辭曰：「利女貞。」男正易，女正難。二《南》之詩，以化行閨門爲極致。上九之《象》曰：「反身之謂也。」身正則家正矣。

《蒙》之初曰「發」，《家人》之初曰「閑」，《顔氏家訓》謂：「教兒嬰孩，教婦初來。」

卷二

書

《周官·外史》「掌三皇五帝之書」，《春秋傳》所謂《三墳》、《五典》是也。前賢謂：皋、夔、稷、契有何書可讀？理實未然。黄帝、顓頊之道在丹書，武王所以端綂東面而受于師尚父也。少皞氏之紀官，夫子所以見郯子而學焉也。孰謂無書可讀哉？

《吕氏春秋·序意》曰：「嘗得學黄帝之所以誨顓頊矣：爰有大圜在上，大矩在下，汝能法之，爲民父母。」不韋《十二紀》成於秦八年，歲在涒灘。上古之書猶存，前聖傳道之淵原猶可攷也。

《書大傳·虞傳》有《九共篇》，引《書》曰：「予辯下土，使民平平，使民無傲。」《殷傳》有《帝告篇》，引《書》曰：「施章乃服，明上下。」豈伏生亦見古文逸篇邪？《大傳》之序有《嘉禾》、《揜誥》，今本闕焉。《隋志》有逸篇二卷，出齊、梁之間，似孔壁中書殘缺者。唐有三卷，徐邈注。鄭漁仲謂：「《書》逸篇，仲尼之時已無矣。」恐未然。

漢初去聖未遠，帝王遺書猶有存者。《賈誼書·脩政語》引黄帝曰：「道若川谷之水，其出無已，其行無止。」顓頊曰：「至道不可過也，至義不可易也。功莫美於去惡而爲善【一】，罪莫大於去善而爲惡。故非吾善善而已也，善緣善也；非惡惡而已也，惡緣惡也。吾日慎一日。」帝嚳曰：「緣巧者之事而學爲巧，行仁者之操而與爲仁也。故節仁之器以脩其財【二】，而身專其美矣。德莫高於博愛人，而政莫高於博利人，故政莫大於信，治莫大於仁。吾慎此而已矣。」帝堯曰：「吾存心於先古，加志於窮民，痛萬姓之罹罪，憂衆生之不遂也。故一民或飢，曰此我飢之也；一民或寒，曰此我寒之也；一民有罪，曰此我陷之也。」帝舜曰：「吾盡吾敬而以事吾上，故見謂忠焉；吾盡吾敬以接吾敵，故見謂信焉；吾盡吾敬以使吾下，故見謂仁焉。吾取之以敬也，吾得之以敬也。」大禹諸侯會，則問於諸侯曰：「諸侯以寡人爲驕乎？」朔日朝，則問於士曰：「諸大夫以寡人爲汰乎？」又曰：「民無食也，則我弗能使也。功成而不利於民，我弗能勸也。」湯曰：「學聖王之道者，譬其如日；靜思而獨居，譬其若火。舍學聖之道而靜居獨思，譬其若去日之明於庭而就火之光於室也，可以小見而不可以大知。得賢而舉之【三】，得賢而與之，譬其若登山乎！得不肖而舉之，得不肖而與之，譬其若下淵乎！是以明君慎其舉，而君子慎與。」又曰：「藥食嘗於卑，然後至於貴；藥言獻於貴，然後聞於卑。求道者不以目而以心，取道不以手而以耳。致道者以言，入道者以忠，積道者以信，樹道者以人。」又引周文王、武王、成王問粥子，武王問王子旦、師尚父。《淮南·人間訓》引《堯戒》曰：「戰戰慄

【一】功莫美於去惡而爲善　「美」，翁注本作「大」。

【二】故節仁之器以脩其財　「財」，翁注本按：「財」，今本《賈誼書》作「躬」。

【三】得賢而舉之　「舉」，原作「學」，據四庫本、翁注本改。

慄，日慎一日。人莫躓於山而躓於垤。」此帝王大訓之存于漢者。若高帝能除挾書之律，蕭相國能收秦博士官之書，則倚相所讀者必不墜矣。幸而緒言尚在，知者鮮焉，好古之士盍玩繹於斯。

墨子南使衛，載書甚多，弦唐子見而怪之【四】。墨子曰：「昔周公旦朝讀書百篇，夕見七十二士，相天下猶如此，吾安敢廢此也？」今本闕。《墨子》七十一篇，今止十三篇。「外史掌三皇五帝之書」，「大訓在西序」，「讀書百篇」，謂此類也。

《釋文序録》云：「《尚書》之字本爲隸古。既是隸寫古文，則不全爲古字。今宋、齊舊本及徐、李等音，所有古字，蓋亦無幾。穿鑿之徒，務欲立異，依傍字部，改變經文。」然則今所傳《古文尚書》，未必皆孔安國之本。《宋景文筆記》云：「楊備得《古文尚書釋文》，讀之大喜，書訊刺字皆用古文。」按國史《藝文志》「唐孝明寫以今字，藏其舊本。開寶五年，別定《今文音義》。咸平二年，孫奭請摹印《古文音義》，與新定《釋文》並行。」今亦不傳。然漢至唐所謂古文者，孔安國以隸存古，非科斗書也。今有《古文尚書》，呂微仲得本於宋次道、王仲至家。郭忠恕定《古文尚書》并《釋文》，今本豈忠恕所定歟？宣和六年，詔《洪範》復從舊文，以「陂」爲「頗」，然監本未嘗復舊也。

吴才老《書裨傳·考異》云：「伏氏口傳與經傳所引，有文異而有益於經，有文異而無益於經，有文異而音同，有文異而義同。」才老所述者，今不復著。「以閏月定四時成

【四】弦唐子見而怪之　「弦」，原作「强」，據四庫本、翁注本改。

歲」，古文「定」作「正」，開元誤作「定」。晁景迂云。「舜讓于德，弗嗣」，班固《典引》作「不台」。《史記·自序》：「唐堯遜位，虞舜不台。」「在治忽」，今文作「采政忽」，《史記》作「來始滑」，《漢書》作「七始詠」。「忽」又或作「曶」。鄭康成曰：「笏也。」《大傳·大誥》曰：「民儀有十夫。」王莽作《大誥》曰：「民獻儀九萬夫。」蓋本於此。又《康誥》曰：「惟乃丕顯考文王，克明俊德。」今無「俊」字。《伊訓》「惟元祀十有二月乙丑」，《漢·曆志》作「惟太甲元年十有二月乙丑朔」。是朔旦冬至之歲。「高宗亮陰」，《禮記》作「諒闇」，注讀爲「梁鶕」。《漢·五行志》作「涼陰」，《大傳》作「梁闇」。「予若觀火」，《周禮》注謂「今燕俗，名湯熱爲觀」。《微子》「我其發出狂」，《史記·宋世家》「狂」作「往」，注引鄭康成曰：「我其起作出往也。」《君奭》「天難諶」，《王莽傳》作「天應棐諶」。「欽明文思安安」，《考靈耀》作「晏晏」。鄭氏注：「寬容覆載謂之晏。」馮衍《顯志賦》：「思唐虞之晏晏。」第五倫上疏：「體晏晏之姿。」《無逸》「肆高宗之享國五十有九年」，《石經》曰：「肆高宗之饗國百年。」漢杜欽亦曰：「高宗享百年之壽。」「費誓」，《説文》作「粊誓」，《史記》作「肸」，《大傳》作「鮮」。「度作刑以詰四方」，《周禮》注云：「度作詳刑。」「哀矜折獄」，《漢·于定國傳》作「哀鰥哲獄」。《大傳》：「哀矜哲獄。」「折民惟刑」，《漢·刑法志》作「悊民」。「天齊于民，俾我一日」，楊賜封事作「假我一日」。賜通《桓君章句》，即《歐陽尚書》。劉愷引「上刑挾輕，下刑挾重」。《説文》「顧畏于民喦，多言也」。尼輒切。

《書》始二《典》，猶《詩》之首二《南》；取費、秦之《誓》，猶《詩》之有《魯頌》。

《大傳》説《堯典》謂之《唐傳》，則伏生不以是爲《虞書》。

《夏小正》、《月令》、《時訓》詳矣，而《堯典》「命羲和」以數十言盡之；《天官書》、《天文志》詳矣，而《舜典》「璣衡」以一言盡之。叙事當以《書》爲法。《堯典》以「日中」、「宵中」爲春秋之別，《月令》兩言「日夜分」，無春秋之異。

《堯典》「日月星辰」，孔注謂：「星，四方中星；辰，日月所會。」《益稷》「日月星辰」，謂日、月、星爲三辰。五禮一也，孔注於《舜典》，以爲吉、凶、賓、軍、嘉；於《皋陶謨》，則曰公、侯、伯、子、男五等之禮。

《史記索隱》云：「春言東作，夏言南爲，皆是耕作營爲勸農之事。孔安國强讀爲『訛』字，雖訓『化』，解釋紆回。」今《史記》作「南譌」。

《周禮》注引《書》曰：「分命和仲，度西曰柳穀。」虞翻云：「鄭玄所注《尚書》，古篆『卯』字，反以爲『昧』。古大篆『卯』字，讀當爲『柳』，古『柳』、『卯』同字，而以爲『昧』。」裴松之謂翻言爲然。

「宅嵎夷」，《釋文》云：「《尚書考靈耀》及《史記》作『禺銕』。」今按《史記·堯本紀》「居郁夷」，正義「郁」音「隅」。《夏本紀》「嵎夷既略」，《索隱》云：「《今文尚書》及《帝命驗》並作『禺鐵』。」古「夷」字。薛氏曰：「今登州之地。」

「四岳」，孔注云：「即上羲和四子，分掌四岳之諸侯。」按《周語》太子晋曰：「共之從孫四岳，佐禹胙國，命爲侯伯，賜姓曰姜，氏曰有吕。」《左傳》「許，大岳之胤也」，杜氏注謂：「大岳，神農之後，堯四岳也。」當從《周語》之説。迂齋云：「申、吕、齊、許皆四岳之後。堯讓許由，亦其一也。」

「五典克從」，孔安國傳本於《左氏》，程子《解》本於《孟子》。《左氏》言五教，不及君臣、夫婦、朋友，天叙有典而遺其三焉，唯《孟子》得之。

程子謂：「共、兜之徒，及舜登庸之始，側陋之人顧居其上，此凶亂之人所不能堪，故其惡顯而舜誅之。」韓非曰：「堯欲傳天下於舜，鯀諫，共工又諫曰：『孰以天下而傳之於四夫乎？』堯不聽。」此可以證程子之説。韓非謂堯誅共、鯀，非也。

范蜀公《正書》曰：「舜之五刑：流也，官也，教也，贖也，賊也。流宥五刑者，舜制五流，以宥三苗之劓、刵、斀、宫、大辟也。」《皇王大紀》之説本諸此，而以墨、劓、剕、宫、大辟爲賊刑之科目。

《書序》「帝釐下土方，設居方」，《釋文》云：「一讀至『方』字絶句。」《商頌》「禹敷下土方，外大國是疆」，朱文公亦以「方」字絶句，云「《楚辭·天問》『禹降省下土方』，蓋用此語」。然《書序》已有此讀矣。

鄭康成讀《舜典》云：「『舜生三十』，謂生三十年；『登庸二十』，謂歷試二十年。」

《大禹謨》言「念哉」者二，《益稷》言「念哉」者一，皆禹告舜之辭。心者治之本，心斯須不存，治忽分焉。「共惟千載心【五】，秋月照寒水」，於此見之。

皋陶曰：「彰厥有常，吉哉！」周公曰：「庶常吉士。」召公曰：「吉士吉人。」帝王用人之法，一言以蔽之，曰「吉」。舜所舉曰「元」，曰「愷」，吉德之實也；所去曰「凶」，吉德之反也。議論相傳，氣脈相續，在春秋時謂之「善人」，在西漢時謂之「長者」。惟吉則仁，所謂「元者，善之長」，爲天地立心者也。

「儆戒無虞」，絜齋解云：「治安之時，危亂之萌已兆。漢宣帝渭上之朝，是年元后生成帝，新都篡漢已兆於極盛之日矣。『無虞』豈可不儆戒？」愚謂匈奴衰而女戎興，倚伏果可畏哉！又解「七旬有苗格」，云：「舜耕歷山之時，祇見厥父，惟知己之有罪而不見父之爲頑，所以底豫。及其征苗也，自省未嘗有過而惟見苗民之作慝，所以逆命。至班師之後，誕敷文德，無異負罪引慝之心而遂格焉。滿損謙益，捷於影響，人心豈可以自滿哉？」愚謂仲虺之誥成湯，召公之訓武王，戒其滿而自矜也。齊桓服楚，魏武得荆州，唐莊宗取汴，皆以滿失之。

九德，知人之法；三俊，用人之法。

禹之告舜曰「安汝止」，盡天理而無人欲，得至善而止也；尹之告太甲曰「欽厥止」，去人欲而復天理，求至善而止也。

【五】共惟千載心　「共」，翁注本作「恭」。

《虞書》「作服」，天子自日月而下十二章，鄭康成注《周禮》，謂「周以日月星辰畫於旌旗，而冕服九章」。注《禮記·郊特牲》「祭之日，王被袞以象天」，謂「有日月星辰之章，此魯禮也」。二禮之説自相背馳，魯秉周禮，周、魯之禮其有異乎？

《古文尚書》及《説文》「璪火黺粣黼黻」，艾軒曰：「黺粣黼黻，當各爲一物。『璪』當爲『玉璪』之『璪』。璪，圜物也，意其爲璪之狀，而以火旁飾之，火因物而後見耳。《考工記》謂『火以圜』，得非指璪火爲一物乎？鄭司農謂爲圜形似火，此爲近之。希冕，謂黺粣黼黻皆從『黹』，同謂之『希冕』。陸德明『希』與『黹』同，蓋有由來也。」

「鳥獸蹌蹌」，馬融以爲筍虡，《七經小傳》用其説。《書裨傳》以「鳳凰來儀」爲簫聲之和，艾軒亦曰「制器尚象」。

古文「箾磬」，今文作「簫」，《左氏》曰：「《韶箾》，舜樂名也。」諸儒誤以簫管解之。

《説文》「奡，嫚也」，引《虞書》「若丹朱奡」、《論語》「奡盪舟」。按：《書》有「罔水行舟」之語，則「奡盪舟」者，恐即謂丹朱。

古文「天明畏，自我民明畏」，今文下「畏」字作「威」，蓋衛包所改，當從古。

「若稽古」，稱堯、舜、禹三聖而皋陶與焉。舜以天下遜禹，禹獨推皋陶。孟子論道之正傳，亦曰：「若禹、皋陶，則見而知之。」又曰：「舜以不得禹、皋陶爲己憂。」子夏亦云：「舜舉皋陶。」觀於謨而見皋陶之學之粹也。

「蠻夷猾夏」，明刑治之而有餘；「四夷交侵」，征伐制之而不足。虞、周之德天淵矣。

《淮南子》曰：「皋陶瘖而爲大理。」此猶「夔一足」之説也。皋陶陳謨賡歌，謂之瘖可乎？司馬公詩云：「法官由來少和泰，皋陶之面如削瓜。」然《荀子·非相》之言，亦未必然。

《史記·秦本紀》「大費佐舜，調馴鳥獸，是爲柏翳」，《索隱》云：「《尚書》謂之『伯益』。」而《陳杞世家》謂：「伯翳之後，封爲秦。垂、益、夔、龍，其後不知所封，不見也。」則「伯翳」非「伯益」矣。《水經注》偃師九山有《百蟲將軍顯靈碑》云：「將軍姓伊氏，諱益，字隤敳，帝高陽之第二子伯益者也。」黄度文叔《書説》「益」即「隤敳」，本於此。

《鄭語》史伯曰：「姜，伯夷之後也。伯夷能禮於神，以佐堯者也。」注謂四岳之族。《大戴禮·誥志篇》虞史伯夷曰：「明，孟也。幽，幼也。」《史記·曆書》引之而其文小異，「虞夏之曆」爲「昔在古曆」，「百草權輿，瑞雉無釋」爲「百草奮興，秭規先滜【六】」。

《吕氏春秋》云：「舜欲以樂傳教於天下，乃令重黎舉夔於草莽之中而進之，舜以爲樂正。」《吕刑》「乃命重黎」，即羲和也。《楚語》「堯育重黎之後」，「重黎舉夔」見於此。

漢董賢册文，言「允執其中」，蕭咸謂此堯禪舜之文，非三公故事，班固筆之於史矣。而固紀竇憲之功曰：「納于大麓，惟清緝熙。」其諛甚於董賢之册。當憲氣燄方張，有議

【六】秭規先滜　「規」，四庫本、翁注本作「鳺」。

欲拜之伏稱萬歲者，微韓棱正色，則無君之惡肆矣。此固所以文姦言而無忌憚也。倪正父駁「昆命元龜」之制，有以也夫。

五行，《大禹謨》以相克爲次，《洪範》以生數爲次。五德，鄒衍以相勝爲義，劉向以相生爲義。

「柔而立」，無立爲懦。「柔惠且直」，不直爲謟。「柔嘉維則」，失其則非嘉也。

《賈誼書·君道篇》引《書》曰：「大道亶亶，其去身不遠。人皆有之，舜獨以之。」此逸《書》也。

《禹貢釋文》：「《周公職録》云：『黄帝受命，風后受圖，割地布九州。』」隋、唐《志》無此書，《太平御覽》引《太一式占》、《周公城名録》有此三句。夾漈《通志·藝文略》「《周公城名録》一卷」。「城」、「職」字相似，恐傳寫之誤。《世説》注云：「推《周公城録》，冶城宜是金陵本里。」《抱朴子·内篇·登涉》引《周公城名録》。

《大傳》曰：「歌《大化》、《大訓》、《六府》、《九原》而夏道興。」注謂：「四章皆歌禹之功。所謂『九叙惟歌』、『九德之歌』，於此猶可攷。」

《説文》引《虞書》曰：「仁閔覆下【七】，則稱旻天。」蓋《虞書》説也。

「豫州，滎波既豬」，古文云：「滎嶓既都。」《職方氏》「豫州，其浸波溠」，鄭注云：「『波』讀爲『播』。」《禹貢》曰：「滎播既都。」賈公彦疏云：「《禹貢》有播水無波。」

【七】閔覆　今本《説文》同，翁注本互乙。

然則漢、唐《書》本皆作「滎播」也。《史記·夏本紀》作「播」，音「波」。

《史記》引《禹貢》二百里任國，《書》「男邦」，孔注：「男，任也，任王者事。音壬。」王莽封王氏女皆爲任。注：「任，充也，男服之義，男亦任也。」「男」、「任」二字蓋通用。

「揚州，沿于江海，達于淮泗」，東坡《書傳》云：「吴王夫差闕溝通水，而江始有入淮之道，禹時則無之。」愚按：吴之通水有二焉：《左氏傳》哀九年「吴城邗溝通江淮」，注云：「今廣陵韓江。」此自江入淮之道也。《吴語》「夫差起師北征，闕爲深溝於商、魯之間，北屬之沂，西屬之濟，以會晉公午於黄池」，《左氏傳》哀十三年「會黄池」，注云：「陳留封丘縣南，有黄亭，近濟水。」此自淮入汴之道也。

百川東注，弱水獨西，故《洪範》弱爲六極。弱與柔異，柔如漢文帝，弱如元帝。

「過九江至于東陵」，曾彦和謂東陵，今之巴陵。余按：《史記》正義岳州有巴陵，蓋是東陵。曾説本此。

「朔南暨」爲句，下云「聲教訖于四海」。《史記》注本如此【八】。

《説苑》子貢曰：「禹與有扈氏戰，三陳而不服。禹於是脩教一年，而有扈氏請服。」《莊子》謂「禹攻有扈，國爲虚厲」，皆與《書》異。《楚辭·天問》云：「該秉季德，厥父是臧。胡終弊于有扈，牧夫牛羊？」又云：「有扈牧豎，云何而逢？擊牀先出，其命何從？」古事茫昧，不可攷矣。《吕氏春秋》曰：「夏后相與有扈戰於甘澤而不勝，六卿請復

【八】史記注本如此　此條小注，四庫本、翁注本爲正文。

之，夏后相曰：『不可。吾地不淺，吾民不寡，戰而不勝，是吾德薄而不教不善也。』於是乎處不重席，食不貳味，琴瑟不張，鐘鼓不脩，子女不飭，親親長長，尊賢使能，期年而有扈氏服。」愚謂：伐扈戰甘者，夏后啓也，誤以爲相。然其事可以補《夏書》之闕。

《甘誓》「予則孥戮汝」，孔傳謂「辱及汝子」；《王莽傳》作「奴」，顔注謂：戮之以爲奴也。《泰誓》云：「囚奴正士。」豈及子之謂乎？

蔡邕《銘論》「殷湯有《甘誓》之勒。」

《五子之歌》其二章皆述禹之訓。蔡氏自「予視天下」以後，謂「予」，五子自稱也。然「予臨兆民」之語，恐非五子自稱。

《周語》單穆公引《夏書》曰：「關石龢均，王府則有。」韋昭注云：「逸《書》也。關，門關之征也。石，今之斛也。言征賦調均，則王之府藏常有也。一曰：『關，衡也。』」時未見古文，故云逸《書》。左思《魏都賦》「關石之所和鈞，財賦之所底慎」，蓋亦用韋説。李善引賈逵《國語》注曰：「關，通也。」孔安國謂金鐵曰石，未詳。

《左氏傳》「夏有觀、扈」，《漢》「東郡有畔觀縣」。今開德府觀城。《楚語》士亹曰：「堯有丹朱，舜有商均，啓有五觀，湯有太甲，文王有管、蔡，是五王者皆元德也，而有姦子。」韋昭注謂：「五觀，啓子，太康昆弟也。觀，洛汭之地。」《書序》曰：「太康失國，昆弟五人，須于洛汭。」《水經注》亦云：「太康弟曰五觀。」愚謂：五子述大禹之戒作歌，仁義之人，其言藹如也，豈朱、均、管、蔡之比？ 韋氏説非也。

《史記》「湯始居亳，從先王居，作《帝誥》」，《索隱》云：「一作借。從先王居，故作《帝告》。」

《史記》：「湯征諸侯，葛伯不祀，湯始伐之。湯曰：『予有言：人視水見形，視民知治不。』伊尹曰：『明哉！言能聽，道乃進。君國子民，爲善者皆在王官。勉哉，勉哉！』湯曰：『汝不能敬命，予大罰殛之，無有攸赦！』作《湯征》。」豈孔壁逸篇太史公亦見之乎！ 後有補《湯征》者，蓋未之攷。

「辰弗集于房」，《大衍曆議》云：「《新曆》仲康五年癸巳歲，九月庚戌朔，日蝕在房二度。」按《皇極經世》：「仲康元年壬戌； 征羲和，五年丙寅。」與《曆》不同。

君子之去留，國之存亡繫焉，故《夏書》終於《汝鳩》、《汝方》，《周書》終於《微子》。

《湯誓》「予則孥戮汝，罔有攸赦」，孔安國以爲「古之用刑，父子兄弟罪不相及，今云者，權以脅之，使勿犯」。《酒誥》「予其殺」，安國以爲「擇罪重者而殺之」。 吕居仁謂：安國能明聖人未盡之意，實有大功於聖人者。

鄭康成注《禹貢》「九河」云：「齊桓公塞之，同爲一。」《詩》正義云：「不知所出何書。」愚按《書》正義引《春秋緯寶乾圖》云：「移河爲界，在齊吕，填閼八流以自廣。」鄭蓋據此文。 九峰蔡氏曰：「曲防，齊之所禁，塞河非桓公所爲也。」

鄭康成《書》注，間見於疏義，如「作服十二章」、「州十二師」，孔注皆所不及。

《吕氏春秋》引《夏書》曰：「天子之德廣運，乃聖乃神，乃武乃文。」《商書》曰：「五世之廟可以觀怪，萬夫之長可以生謀。」又曰：「仲虺有言曰：『諸侯之德，能自爲取師者王，能自爲取友者存。其所擇而莫如己者亡。』」又曰：「刑三百，罪莫重於不孝。」《周書》曰：「若臨深淵，若履薄冰。」其舛異如此。

《仲虺之誥》言仁之始也，《湯誥》言性之始也，《太甲》言誠之始也，《説命》言學之始也。皆見於《商書》。「自古在昔，先民有作，温恭朝夕，執事有恪，先聖王之傳恭也。」亦見於《商頌》。孔子之傳有自來矣。

孟子云：「伊尹、萊朱。」注：「萊朱，亦湯賢臣，一曰仲虺是也。」《春秋傳》曰：「仲虺居薛，爲湯左相。」是則伊尹爲右相。《唐宰相世系表》「仲虺爲湯左相，臣扈、祖己皆其胄裔也。」未詳所據。

孔安國謂湯始改正朔，鄭康成謂自古改正朔。葉少藴云：「《甘誓》已言三正，則子丑寅迭以爲正者，尚矣。」「爰革夏正」，林少潁謂：「革正之事，古未嘗有，蓋始於湯，而武王因之。」

《漢·律曆志》引《伊訓》「伊尹祀于先王，誕資有牧方明」，説者謂祀先王于方明。朱文公曰：「『方』當作『乃』，即所謂『乃明言烈祖之成德』。」

鄭康成云：「祖乙居耿後，奢侈踰禮，土地迫近，山川嘗圮焉。至陽甲立，盤庚爲之臣，乃謀徙居湯舊都。」上篇是盤庚爲臣時事，中篇、下篇是盤庚爲君時事。正義以爲謬妄，《書禆傳》云：「鄭，大儒，必有所據而言。」

《書序》「祖乙圮于耿」，孔氏注云：「圮於相，遷於耿。」《殷本紀》謂祖乙遷于邢。《皇極經世》「祖乙踐位，圮于耿，徙居邢」，蓋從《史記》。以《書序》攷之，孔氏以「圮于耿」爲「圮於相」，恐未通。蘇氏《書傳》云：「祖乙圮于耿，盤庚不得不遷。」以《經世紀年》攷之，祖乙以乙未踐位，後有祖辛、沃甲、祖丁、南庚、陽甲，而後盤庚立。祖乙曾孫。盤庚之立，以己亥，自祖乙踐位至此一百二十五年。若謂民蕩析離居，因耿之圮，不應如是之久也。當闕所疑。

盤庚之遷也，曰：「天其永我命于兹新邑。」消息盈虚之運，哲王其知之矣。唐朱朴議遷都，以觀天地興衰爲言，謂關中文物，奢侈皆極焉，已盛而衰，難可興矣，而以襄、鄧爲建都極選。陳同父上書孝廟，亦謂「錢塘山川之氣，發泄無餘」，而以荆、襄爲進取之機。其言與朴略同。朴不足道也，豈亦有聞於氣運之説乎？

《大傳》引《盤庚》「若德明哉」、「湯任父言卑應言」，皆古文所無。

《論語》「予小子履，敢用玄牡，敢昭告于皇皇后帝」，孔安國注云：「《墨子》引《湯誓》，其辭若此。」疏云：「《尚書·湯誓》無此文，而《湯誥》有之，又與此小異。唯《墨子》引《湯誓》，其辭與此正同。」

「爾惟德罔小，萬邦惟慶；　爾惟不德罔大，墜厥宗。」漢昭烈曰：「勿以惡小而爲之，勿以善小而不爲。」蓋得此意。

桑穀之祥，大戊問伊陟，《韓詩外傳》以爲「穀生湯之廷，三日而大拱，湯問伊尹」，誤也。《漢·五行志》劉向以爲「殷道既衰，高宗承敝而起，怠於政事，故桑穀之異見」，又誤也。《書大傳》謂：「武丁之時，先王道虧，刑罰犯，桑穀俱生于朝，武丁問諸祖己。」劉向蓋襲《大傳》之誤。

「説築傅巖之野」，吴氏《裨傳》、蔡氏《集傳》以築爲居。愚按《孟子》曰：「傅説舉於版築之間。」當從古注。傅巖在陝州平陸縣北。

《魯語》展禽曰：「上甲微能帥契者也，商人報焉。」《孔叢子》引《書》曰：「維高宗報上甲微。」蓋逸《書》也。

學，立志而後成，遜志而後得。立志，剛也；　遜志，柔也。

「西伯戡黎」，孔注云：「文王貌雖事紂，内秉王心。」豈知文王之心哉？　文王之德之純，心與貌異乎？

「西伯既戡黎，祖伊恐」，商都朝歌，黎在上黨壺關，乃河朔險要之地，朝歌之西境，密邇王畿，黎亡則商震矣。故武王渡孟津，莫之或禦。周以商墟封衛，狄人迫逐黎侯，衛爲方伯連率，不能救，而《式微》、《旄丘》之詩作。脣亡齒寒，衛終爲狄所滅。衛之亡，猶商之亡也。秦拔上黨而韓、趙危，唐平澤、潞而三鎮服，形勢其可忽哉！

《泰誓》，古文作《大誓》，孔氏注：「大會以誓衆。」晁氏曰：「開元間，衛包定今文，始作『泰』。或以交泰爲説，真燕書哉！」或説謂新經以「泰」爲「否泰」之「泰」，紂時上下不交，天下無邦，武王大會諸侯往伐，以傾紂之否。非經意也。《大誓》與《大誥》同。音「泰」者，非。

「雖有周親，不如仁人」，孔安國注《論語》，言「雖有管、蔡爲周親，不如箕子、微子之仁人」，與注《尚書》異。《書》傳云：「紂至親雖多，不如周家之少仁人。」朱文公《集注》從《書》傳。

《論語釋文》「予有亂十人」，《左傳》叔孫穆子亦曰：「武王有亂十人。」劉原父謂：子無臣母之理，婦人蓋邑姜。然本無「臣」字，舊説不必改。

《左氏傳》云：「太伯不從。」《楚辭・天問》云：「叔旦不嘉。」與夷、齊之心一也。此武所以「未盡善」。

《武成》「式商容閭」，正義引《帝王世紀》云：「商容及殷民觀周軍之入，見畢公至，殷民曰：『是吾新君也。』容曰：『非也。』視其爲人，嚴乎將有急色。故君子臨事而懼。見太公至，民曰：『是吾新君也。』容曰：『非也。』視其爲人，虎據而鷹趾；當敵將衆，威怒自倍；見利即前，不顧其後。故君子臨衆，果於進退。見周公至，民曰：『是吾新君也。』容曰：『非也。』視其爲人，忻忻休休，志在除賊，是非天子，則周之相國也。故聖人臨衆知之。見武王至，民曰：『是吾新君也。』容曰：『然。』聖人爲海内討惡，見惡不怒，見善不喜，顔色相副，是以知之。」愚按《韓詩外傳》云：「商容嘗執羽籥，馮於馬徒，欲以伐紂而不能。遂去，伏於太行。及武王尅殷，立爲天子，欲以爲三公。商容辭曰：『吾嘗馮於馬徒，欲以伐紂而不能，愚也；不爭而隱，無勇也。愚且無勇，不足以備乎三公。』固辭不受命。君子聞之曰：『商容可謂内省而不誣能矣。君子哉！去素餐遠矣。』」《史記》燕王遺樂間書曰：「紂之時，商容不達，身祇辱焉，以冀其變。」《樂記》「釋箕子之囚，使之行商容而復其位」，鄭注乃謂：「使箕子視商禮樂之官，賢者所處，皆令反其居。」蓋康成不見古文《武成》，故以容爲禮樂。張良云：「武王入殷，表商容閭。」《史記·周紀》云：「表商容之閭。」皆與《書》合。

顔師古《刊謬正俗》云：「《武成序》『往伐歸獸』，當依『嘼』字。《費誓序》『東郊不闢』，案《説文》及《古今字詁》，『闢』，古『闢』字，闢訓開，故孔氏釋云『東郊不開』，不得徑讀『闢』爲『開』。」愚按《古文尚書》，師古之説是也。虞翻謂「分北三苗」，「北」古「别」字。

《大傳·洪範》曰：「不叶于極，不麗于咎，毋侮矜寡，而畏高明。」《史記·宋世家》亦云：「毋侮鰥寡。」

《周禮·大卜》注引《洪範》「曰雨，曰濟，曰圛，曰蟊，曰尅」。《詩》「齊子豈弟」箋：「《古文尚書》以『弟』爲『圛』。」正義云：「《洪範稽疑》論卜兆有五，『曰圛』，注云：『圛者，色澤光明。』蓋古文作『悌』，今文作『圛』。賈逵以今文校之，定以爲『圛』。鄭依賈氏所奏。」《説文》引《書》「圛圛升雲，半有半無」，今按「圛」即《洪範》「曰驛」，其下乃注文。《古文尚書》「曰涕，曰圛」，與《周禮》注同。

《詩》「或聖或否，或哲或謀，或肅或艾」，《莊子》「天有六極五常，帝王順之則治，逆之則凶。九洛之事，治成德備」，皆爲《洪範》之學。

曾子固奏疏曰：「《洪範》所以和同天人之際，使之無間，而要其所以爲始者，思也。《大學》所以誠意正心脩身治其國家天下，而要其所以爲始者，致其知也。正其本者，在得之於心而已。得之於心者，其術非他，學焉而已矣。古之人自可欲之善而充之，至於不可知之神。自十五之學而積之，至於從心不踰矩，豈他道哉？由是而已矣。」二程子以前，告君未有及此者。

《韓非》謂先王之法曰：「臣毋或作威，毋或作利，從王之指。無或作惡，從王之路。」蓋述《洪範》之言而失之也。

「天命有德，天討有罪」，故無作好惡。「惟天聰明，惟聖時憲」，故無作聰明。以天之德，行天之權，故「惟辟作福威」。

司馬彪注《莊子》云：「箕子名胥餘。」《史記》正義：《尸子》云。

「巢伯來朝」，注云：「南方之遠國。」正義謂「南巢」。李杞解曰：「成湯放桀于南巢，巢人納之。意者終商之世，義不朝商乎？誠如是，亦足以見巢之忠，商之盛德矣。商亡而周興，於是巢始來朝。」其説美矣，然無所據。

金縢之書，其異説有二焉：《魯世家》云：「周公卒後，秋未穫。暴風雷雨，禾盡偃，大木盡拔。周國大恐，成王與大夫朝服以開金縢書。」《梅福傳》云：「昔成王以諸侯禮葬周公，而皇天動威，雷風著災。」此皆《尚書大傳》之説，蓋伏生不見古文故也。《蒙恬傳》云：「成王有病，甚殆，公旦自揃其爪，以沈於河，乃書而藏之記府。及王能治國，有賊臣言周公欲爲亂，周公走而奔於楚。成王觀於記府，得周公沈書，乃流涕曰：『孰謂周公旦欲爲亂乎？』」此又以武王有疾爲成王。《索隱》曰：「不知出何書。」《魯世家》亦與《恬傳》同。譙周云：「秦既燔書，時人欲言金縢之事，失其本末。」南軒曰：「至誠可以回造化，若金縢策祝之辭，則不無妄傳者。」

「我之弗辟」，朱文公謂當從鄭氏，以「辟」爲「避」。

《武成》「惟九年大統未集」，《通鑑外紀》引《尚書大傳》「文王受命一年，斷虞、芮之質」。《帝王世紀》「文王即位四十二年，歲在鶉火，更爲受命之元年。」《周書·文傳》「文王受命九年，時惟莫春，在鎬召太子發。」按《史記》秦惠王十四年，更爲元年；《汲冢紀年》魏惠成王三十六年，改元稱一年，或有因於古也。

文公賞雍季以義而不以謀，襄子賞高共以禮而不以功，故曰「崇德報功」。

「若爾三王，是有負子之責於天【九】」，《史記》以「丕」爲「負」，《索隱》引鄭玄

【九】是有負子之責於天　「負」，四庫本、翁注本作「丕」。

曰：「『丕』讀曰『負』。」隗囂移檄曰：「庶無負子之責。」蓋本此。晁以道解「丕子之責」，如史傳中「責其侍子」之「責」，蓋云「上帝責三王之侍子」，指武王也。

「唐叔得禾，成王命唐叔以餽周公於東土，作《餽禾》。」《史記》以「歸」爲「餽」。二字通用，見《論語》。

三監，孔氏謂管、蔡、商。《漢·地理志》「殷畿内爲三國，邶、鄘、衛是也。邶，封武庚；鄘，管叔尹之；衛，蔡叔尹之，以監殷民。」唯鄭康成以三監爲管、蔡、霍。蘇氏從孔說，林氏、蔡氏從鄭說。三亳，孔氏謂亳人之歸文王者三所，爲之立監。康成云：「湯舊都之民，服文王者分爲三邑，其長居險，故言阪尹，蓋東成皋，南轘轅，西降谷也。」皇甫謐以蒙爲北亳，穀熟爲南亳，偃師爲西亳。林氏從鄭說，呂氏從皇甫說。《詩譜》以三叔爲三監。孫毓云：「三監當有霍叔，鄭義爲長。」

「民獻有十夫，予翼」，「亦惟十人，迪知上帝命」，周公以賢人卜天意。史失其名，不獨「魯兩生」也。

《周書·作雒》曰：「俾康叔宇于殷，俾中旄父宇于東。」注云：「東謂衛、殷邶、鄘。」《詩譜》：「自紂城而北謂之邶，南謂之鄘，東謂之衛。」康叔宇于殷，即衛也。注以殷爲邶、鄘，非是。殷地在周之東，故曰東征。邶、鄘、衛皆東也。《康誥》曰：「在兹東土。」中旄父，其邶、鄘之一歟？《顧命》有南宫毛。

《法言》謂：「《酒誥》之篇俄空焉。」愚按：《酒誥》古今文皆有之，豈揚子未之見歟？《藝文志》云：「劉向以中古文校歐陽、大小夏侯三家經文，《酒誥》脱簡一。」而《大傳》引《酒誥》曰：「王曰：封，唯曰若圭璧。」今無此句，豈即脱簡歟？

「矧惟若疇，圻父薄違，農父若保，宏父定辟」，荆公以「違」、「保」、「辟」絶句，朱文公以爲夐出諸儒之表。《洛誥》「復子明辟」，荆公謂：「周公得卜，復命於成王也。」漢儒「居攝還政」之説，於是一洗矣。山谷云：「荆公六藝學，妙處端不朽。」信夫！

「厥或告曰：『群飲。』汝勿佚，盡執拘以歸于周，予其殺。」無隱張氏以爲「此告者之詞云爾。勸汝執而盡殺之也，汝當思之曰：『是商之諸臣，化紂爲淫湎者，而可遽殺乎？亦姑惟教之而已。若不教而使陷于罪，是亦我殺之也。』周公戒康叔，皆止殺之詞，奈何以爲勸哉！」愚謂此説得忠厚之意。

《梓材》曰：「以厥庶民暨厥臣，達大家。」周封建諸侯與大家巨室共守之，以爲社稷之鎮。「九兩」所謂「宗以族得民」，《公劉》之《雅》所謂「君之宗之」。此封建之根本也。魯之封有六族焉，衛之封有七族焉，唐之封有九宗、五正焉，皆所以係人心，維國勢。不特諸侯爲然，周公作《皇門》之書曰：「維其有大門宗子，茂揚肅德，勤王國王家，乃方求論擇元聖。武夫羞于王所，咸獻言助王恭明祀，敷明刑，用能承天嘏命。先人神祇報職用休，俾嗣在王家【一〇】，萬子孫用末被先王之靈光。」然則王室之不壞，緊大門宗子是賴。

【一〇】俾嗣在王家　「王」，四庫本、翁注本作「厥」。

自封建之法廢，國如木之無根，其亡也忽焉。然古者，世臣必有家學，内有師保氏之教，外有外庶子之訓。國子之賢者，命之導訓諸侯，若魯孝公是也。使惇惠者教之，文敏者道之，果敢者諗之，鎮靖者脩之，若晋公族大夫是也。教行而俗美，然後托以安危存亡之寄，而國有與立矣。

商之澤深矣，周既翦商，歷三紀而民思商不衰。攷之《周書》，《梓材》謂之「迷民」，《召誥》謂之「讎民」，不敢有忿疾之心焉，蓋皆商之忠臣義士也。至《畢命》始謂之「頑民」，然猶曰：「邦之安危，惟茲殷士。」兢兢不敢忽也。孔子删《詩》，存邶、鄘於《風》，繫商於《頌》。吁，商之澤深矣。

《召誥》正義引《周書・月令》云「三日粤朏」，《漢・律曆志》引古文《月采篇》曰「三日曰朏」，顔注謂説月之光采。愚以《書》正義攷之，「采」字疑當作「令」。

婁敬曰：「成王即位，周公營成周，以爲此天下中，有德則易以王，無德則易以亡。」《吕氏春秋》南宫括曰：「成王定成周，其辭曰：『惟余一人，營居于成周。惟余一人，有善易得而見也，有不善易得而誅也。』」《説苑》南宫邊子曰：「昔周成王之卜居成周也，其命龜曰：『予一人兼有天下，辟就百姓，敢無中土乎！使予有罪，則四方伐之，無難得也。』」三説大意略同。

「周公爲師，召公爲保。」鄭康成不見《周官》之篇，以「師」、「保」爲《周禮》「師氏」、

「保氏」，大夫之職。「師氏」、「保氏」注亦引《書叙》云：「聖賢兼此官。」《禮記·文王世子》注謂「大司成、司徒之屬師氏也」。兩注自不同。

「有若散宜生」，孔氏傳云：「散，氏。宜生，名。」愚按《漢書·古今人表》：「女皇堯妃，散宜氏女。」當以「散宜」爲氏。

《多方》「越惟有胥伯小大多正」，《大傳》云：「古者十稅一，多于十稅一謂之大桀小桀，少于十稅一謂之大貊小貊。王者十一而稅，而頌聲作矣。故《書》曰：『越維有胥賦小大多政。』」古今文之異如此。

《無逸》，《大傳》作「毋逸」。毋者，禁止之辭，其義尤切。

《無逸》中宗、高宗、祖甲、文王之享國，以在位言。《吕刑》「穆王享國百年」，以壽數言。

祖甲，孔安國、王肅云：「湯孫太甲也。」馬融、鄭玄云：「武丁子帝甲也。」《書》正義以鄭爲妄。《史記》正義按帝王年代曆，帝甲十六年，太甲三十三年，明王、孔説是。王肅云：「先中宗，後祖甲，先盛德，後有過。」蔡氏《書傳》從鄭説，謂非太甲。按邵子《經世書》高宗五十九年，祖庚七年，祖甲三十三年，世次曆年皆與《書》合，亦不以太甲爲祖甲。

《無逸》多言「不敢」，《孝經》亦多言「不敢」。堯、舜之兢業，曾子之戰兢，皆所以存此心也。

「天命自度」，天與我一；「自作元命」，我與天一。

民之疾苦常在目，故曰「顧畏于民碞」；天之監臨常在目，故曰「顧諟天之明命」。

「文王罔攸兼于庶言，庶獄庶慎。」司馬公曰：「人君急於知人，緩於知事。」愚謂：漢宣帝綜覈名實，非不明也，而不能知弘、石之姦；唐宣宗抉擿細微，非不察也，而不能知令狐綯之佞，明於小而闇於大也。故堯、舜之知，不徧物而急先務。

觀蔡仲之命，知周所以興；觀中山靖王之對，知漢所以亡。周公弔二叔之不咸，方且封建親戚，以蕃屏周；漢懲七國之難，抑損諸侯，以成外戚之篡。心有公私之殊，而國之興亡決焉。

君陳，蓋周公之子，伯禽弟。見《坊記》注，它無所攷。《傳》有「凡、蔣、邢、茅、胙、祭」，豈君陳其一人歟？凡伯、祭公謀父，皆周公之裔，世有人焉，家學之傳遠矣。

「命君陳分正東郊、成周」，鄭注：「周之近郊五十里，今河南、洛陽相去則然。」鄭以目驗知之。《儀禮》疏。

「爾乃順之于外，曰：『斯謀斯猷，惟我后之德。』」先儒謂：成王失言。蓋將順其美，善則稱君，固事君之法，然君不可以是告其臣。「順」之一字，其弊爲諛。有善歸主，李斯所以亡秦也，曾是以爲良顯乎？闒愎之君，誦斯言則歸過，求名之疑不可解矣。承弼昭事，稱文、武而不及成王，其有以夫。

推誠以待士，則欒氏之勇，亦子之勇；用賢以及民，則田單之善，亦王之善。故曰：「有容，德乃大。」

史伯論周之敝曰：「去和而取同。」與晏子之論齊，子思之論衛，一也。西漢之亡，亦以群臣同聲，故曰「庶言同則繹」。

《周官》「諸侯各朝于方岳，大明黜陟」，黜陟明而後封建定。柳子謂天子不得變其君，殆未攷周制也。

「康王釋喪服而被衮冕，且受黄朱圭幣之獻。諸儒以爲禮之變，蘇氏以爲失禮。」朱文公謂：「天子諸侯之禮與士庶人不同，故孟子有『吾未之學』之語。如《伊訓》『元祀十二月朔，奉嗣王祇見厥祖』，固不可用凶服矣。漢、唐即位行册禮，君臣亦皆吉服，追述先帝之命，以告嗣君。蓋易世傳授，國之大事，當嚴其禮也。」蔡氏《書傳》取蘇氏而不用文公之説。愚觀孝宗初上太上帝后尊號，有欲俟欽宗服除奉册者，林黄中議：「唐憲宗上順宗册，在德宗服中，謂行禮無害，第備樂而不作可也。」劉韶美議曰：「唐自武德以來，皆用易月之制，既葬之後，謂之無服。群臣上尊號，亦多在即位之年，與本朝事體大相遠也。」觀韶美之言，則文公《語録》所云「漢、唐册禮」，乃一時答問，未爲定説也。

《史記·周紀》「康王命作策畢公，分居里，成周郊」，《書序》缺「公」字。

《畢命》一篇，以風俗爲本。殷民既化，其效見於東遷之後，盟向之民不肯歸鄭，陽樊之民不肯從晉。及其末也，周民東亡而不肯事秦，王化之入人深矣。唐賈至議取士，以安史之亂爲鑒，謂：「先王之道消，則小人之道長；小人之道長，則亂臣賊子生焉。」蓋國之存亡在風俗，「四維不張」而秦曆促，「恥尚失所」而晉祚覆。至其知本之言哉！

周之興也，商民後革，百年化之而不足；周之衰也，衛風先變，一日移之而有餘。

「雖收放心，閑之惟艱」，孟子「求放心」之說也。「繩愆糾謬，格其非心」，孟子「格君心」之說也。

衛石碏以義厲一國，而甯、蘧之類萃焉；晉趙衰以遜化一國，而知、范之賢繼焉。故曰：「樹之風聲。」

齊大史之守官，尚父之德遠矣；魯宗人之守禮，周、孔之澤深矣。故曰：「惟德惟義，時乃大訓。」

皇帝，始見于《吕刑》。趙岐注《孟子》引《甫刑》曰：「帝清問下民。」無「皇」字。然岐以「帝」爲「天」，則非。

兵以恭行天罰，謂之「天吏」。刑以具嚴天威，謂之「天牧」。

《中説》薛收曰：「古人作元命，其能至乎？」阮逸注云：「《元命包》，《易》書也。」愚按：《春秋緯》有《元命包》，《易》書有《元包》。薛收蓋謂「自作元命」，其言見於《吕刑》，阮注誤矣。

張子韶《書説》於《君牙》、《冏命》、《文侯之命》，其言峻厲激發，讀之使人憤慨，其有感於靖康之變乎？胡文定《春秋傳》於夫椒之事，亦致意焉。朱子《詩傳》，其説《王風·揚之水》亦然。

子夏問「金革之事無辟」，孔子曰：「吾聞諸老聃曰：『昔者，魯公伯禽有爲爲之也。』」鄭注云：「有徐戎作難，喪，卒哭，而征之，急王事也。征之，作《粊誓》。」後世起復者，皆以伯禽藉口。嘗攷《書·多方》「王來自奄」，孔注云：「周公歸政之明年，淮夷奄又叛。魯征淮夷，作《費誓》。」《魯世家》：「伯禽即位之後，有管、蔡等反，淮夷、徐戎並興，於是伯禽率師伐之於肹，作《肹誓》。」據此則伯禽征淮、徐，在周公未没之時，非居喪即戎也。《左傳》「殽之役，晋始墨」，若伯禽行之，則晋不言「始」矣。記《禮》之言【一二】，恐非謂《費誓》也。

魏觴諸侯於范臺，魯共公舉觴擇言，以酒、味、色、臺池爲戒。漢高帝圍魯，諸儒尚講誦習《禮》、《樂》，弦歌之音不絕。周公、伯禽之化，歷戰國、秦、楚，猶一日也。

周益公謂：「《文苑英華》賦多用『員來』，非讀《秦誓》正義，安知今之『云』字乃『員』之省文？」愚按：《漢書》韋孟諫詩，顔師古注引《秦誓》「雖則員然」。古文作「員」。

《文心雕龍》云：「《書》標七觀。」孔子曰：「六《誓》可以觀義，五《誥》可以觀仁，《甫刑》可以觀誡，《洪範》可以觀度，《禹貢》可以觀事，《皋陶謨》可以觀治，《堯典》可以

【一二】記禮之言　「記禮」，四庫本、翁注本互乙。

觀美。」見《大傳》。《孔叢子》云：「《帝典》觀美，《大禹謨》、《禹貢》觀事，《皋陶謨》、《益稷》觀政，《泰誓》觀義。」此其略略異者。

春秋時，郤缺之言「九功《九歌》」，穆姜之言「元亨利貞」，子服惠伯之言「黄裳元吉」，叔向之言「《昊天有成命》」，單穆公之言「《旱鹿》」，叔孫穆子之言「《鹿鳴》之三」，成鱄之言「《皇矣》之雅」，閔馬父之言「商《那》之頌」，左史倚相之言「《懿》戒」，觀射父之言「重、黎」，白公子張之言「《説命》」，其有功於經學，在漢儒訓故之先。蓋自遲任、史佚以來，統緒相承，氣脉未嘗絶也。

《顔氏家訓》云：「《王粲集》中難鄭玄《尚書》事，今僅見於唐元行沖《釋疑》。王粲曰：「世稱伊、雒以東，淮、漢以北，康成一人而已。咸言先儒多闕，鄭氏道備，粲竊嗟怪，因求所學，得《尚書》注。退思其意，意皆盡矣，所疑猶未諭焉。」凡有二篇。《館閣書目》：「粲集八卷，詩賦論議垂六十篇。」

「官師相規」，注謂「官衆」。《左傳》「官師從單靖公」，注：「天子官師，非卿也。」《漢・賈誼傳》「官師小吏」，注云：「一官之長。」愚謂《漢》注得之，周官皆有師。

王景文謂：「文章根本在《六經》。張安國欲記《考古圖》，曰『宜用《顧命》』。游廬山，序所歷，曰：『當用《禹貢》。』」

伊尹之始終，《書序》備矣。陸士衡《豪士賦序》「伊生抱明允以嬰戮」，蓋惑於《汲冢紀年》之妄説也。皇甫謐云：「伊尹百有餘歲。」應劭云：「周公年九十九。」王充《論衡》

云：「召公百八十。」故趙岐注《孟子》云：「壽若召公。」《呂氏春秋·孝行覽》云：「《商書》曰：『刑三百，罪莫重於不孝。』」注：「商湯所制法也。」三百，商之刑。三千，周之刑。其繁簡可見。《周禮·大司馬》注引《書》曰：「前師乃鼓鼗譟。」疏謂：《書傳》説武王伐紂時事。二《禮》疏引《書傳略説》，皆《書大傳》也。

《洪範》「五者來備」，《史記》云：「五是來備。」荀爽謂之「五韙」，李雲謂之「五氏」，傳習之差如此，近於郢書燕説矣。

「土氣爲風，水氣爲雨。箕屬東方木，克土，土爲妃，故好風。畢屬西方金，克木，木爲妃，故好雨。」此鄭康成説也。吴仁傑謂：「《易》以《坎》爲水，北方之卦。」又曰「雨以潤之，則雨屬水。」《漢志》「軫星亦好雨」。

「五福」不言貴而言富，先王之制，貴者始富，賤者不富也。

趙岐注《孟子》，不見古文，以「其助上帝寵之」斷句。又「我武惟揚」，注云：「古《尚書》百二十篇之時《太誓》也。」又「帝使其子九男二女」，注云：「《堯典》曰『釐降二女』，不見『九男』，孟子時《尚書》凡百二十篇。逸《書》有《舜典》之叙，亡失其文。孟子諸所言舜事，皆《堯典》及逸《書》所載。」又「不及貢，以政接于有庳」，謂皆逸篇之辭。又引《書》：「禹拜讜言。」

「葛伯仇餉」，非《孟子》詳述其事，則異説不勝其繁矣。孟子之時，古書猶可攷，今有不可强通者。

《易乾鑿度》曰：「《易》之帝乙爲湯【一二】，《書》之帝乙六世王，名同不害以明功。」帝乙，湯玄孫之孫也。按《史記》湯至帝乙二十九王，謂六世王，未詳。唐陳正節曰：「殷自成湯至帝乙十二君，其父子世六易。」謂十二君，亦未詳。

林少穎《書説》【一三】，至《洛誥》而終；吕成公《書説》，自《洛誥》而始。朱文公曰：「蘇氏傷於簡，林氏傷於繁，王氏傷於鑿，吕氏傷於巧，然其間儘有好處。」

制治于未亂，保邦于未危。《泰》之極，則「城復于隍」；《既濟》之極，則「濡其首」。不于其未，而于其極，則無及矣。

伊尹以「辯言亂政」戒其君，盤庚以「度乃口」告其民。商俗利口，其敝久矣。邵子曰：「天下將治，則人必尚行；天下將亂，則人必尚言。」周公訓成王「勿以憸人」，所以反商之敝也。張釋之諫文帝「超遷嗇夫」，所以監秦之失也。《周官》曰：「無以利口。」《冏命》曰：「無以巧言。」此周之家法。將相功臣，少文多質；安静之吏，悃愊無華。此漢之家法。

「恭在貌，敬在心」，《書》正義之説也。「中心爲忠，如心爲恕」，《詩》、《春秋》正義之説也。

【一二】易之帝乙爲湯　「湯」上，四庫本、翁注本有「成」字。

【一三】林少穎書説　「穎」，原作「頴」，據四庫本、翁注本改。

堯、舜之世，名臣止任一事；仲尼之門，高第皆爲一科【一四】。故曰：「無求備于一夫。」

「彊恕而行」，忍也；原憲之「克、伐、怨、欲不行焉」也。「一視同仁」，容也；顏子之「克己復禮，天下歸仁」也。忍言事，容言德。習忍則至於容。

「式和民則」，「順帝之則」，「有物有則」，「動作、禮義、威儀之則」，皆天理之自然，有一定之成法。聖賢傳心之學，唯一「則」字。

「若農服田，力穡乃亦有秋」，故「民生在勤則不匱」。「先知稼穡之艱難，乃逸」，故「君子能勞則有繼」。

「乃命三后」，先儒曰：「人心不正，則入於夷狄禽獸，雖有土不得而居，雖有穀不得而食，故先伯夷而後及禹、稷。」此説得孔子「去食」、孟子「正人心」之意。《小雅》盡廢，其禍烈於洚水；四維不張，其害憯於阻飢。

《周禮·司刑》五刑之屬二千五百，穆王雖多五百章，而輕刑增，重刑減。班固以《周禮》爲中典，《甫刑》爲重典，非也。

舜、皋陶曰「欽」、曰「中」，蘇公曰「敬」、曰「中」，此心法之要也。《吕刑》言「敬」者七，言「中」者十，所謂「惟克天德」，在此二字。

禹有典則，貽厥子孫，而有盤遊無度者；湯以義禮，垂裕後昆，而有顛覆典刑者。是

【一四】高第皆爲一科　「第」，四庫本、翁注本作「弟」。

以知嗣德之難也。宋武帝留葛燈籠、麻蠅拂於陰室，唐太宗留柞木梳、黑角篦於寢宮。作法於儉，其敝猶侈，況以侈示後乎！

因岱柴而封禪，因時巡而逸遊，因《洛書》而崇飾符瑞，因建極而雜糅正邪，因享多儀而立享上之説。蹇忠諫，謂之浮言；錮君子，謂之朋比。慘礉少恩，曰威克厥愛；違衆妄動，曰惟克果斷。其甚焉者，丕之奪漢，託之舜、禹；衍之篡齊，託之湯、武。邵陵、海西之廢，託之伊尹；新都之攝，臨湖之變，託之周公。侮聖言以文姦慝，豈《經》之過哉！

蘇綽《大誥》近于莽矣，《太玄》所謂童牛角馬，不今不古者歟？蘇威五教，綽之遺風也。

《史記·秦紀》「繆公三十三年，敗於殽。三十六年，自茅津渡河，乃誓於軍。申思『不用蹇叔、百里傒之謀，令後世以記余過』。君子聞之，皆爲垂涕，曰：『嗟乎！秦繆公之與人周也，卒得孟明之慶。』」《書序》云：「敗崤歸，作《誓》。」與《史》不同。邵子謂：「修夫聖者，秦穆之謂也。」穆公是霸者第一，悔過自誓之言，幾於王道。此聖人所以録於《書》末。

《大傳》「太子年十八曰『孟侯』，於四方諸侯來朝，迎於郊者，問其所不知。」唐《册太子文》云：「盡謙恭於齒胄，審方俗於迎郊。」愚謂：「孟侯」見《康誥》，謂諸侯之長，蓋方伯也。《大傳》説非。

《漢·藝文志》「《周書》七十一篇。劉向云：『周時誥誓號令，蓋孔子所論百篇之餘。』」隋、唐《志》繫之《汲冢》，然汲冢得竹簡書在晉咸寧五年，而兩漢已有《周書》矣。太史公引《克殷》、《度邑》，鄭康成注《周禮》云：「《周書·王會》備焉。」注《儀禮》云：「《周書》北唐以閭。」許叔重《説文》引《逸周書》「大翰若翬雉」，又引「豲有爪而不敢以撅」，馬融注《論語》引《周書·月令》，皆在漢世。杜元凱解《左傳》時，《汲冢書》未出也，「千里百縣」、「轡之柔矣」，皆以《周書》爲據，則此書非始出於汲冢也。按《晉·束皙傳》太康二年，汲郡得竹書七十五篇。其目不言《周書》。《紀》云咸寧五年，《左傳後序》云太康元年，當攷。《左傳》正義引王隱《晉書》云：「竹書七十五卷，六十八卷有名題，七卷不可名題。」其目録亦無《周書》。然則繫《周書》於《汲冢》，其誤明矣。

《書大傳》載四海、河江、五湖、鉅野、鉅定、濟中、孟諸、隆谷、大都之貢物，此禹時也。《周書》載伊尹爲四方獻令，此湯時也。《王會》載八方會同，各以其職來獻。自稷慎以下，其贄物二十一；自義渠以下，其贄物二十；自高夷以下，其贄物十四；自權扶以下，其贄物九，此成王時也。愚謂：《旅獒》之訓曰「畢獻方物，惟服食器用」，珍異之貢，恐非三代之制。

《王會》曰：「堂下之右，唐公、虞公南面立焉。堂下之左，殷公、夏公立焉。」唐公、虞公，《樂記》所謂祝陳也。殷公、夏公，《樂記》所謂杞宋也。然則《郊特牲》云：「尊賢不過二代。」其説非矣。

《周書·史記篇》「穆王召左史戎夫，取遂事之要戒」，言皮氏、華氏、夏后、殷商、有虞氏、平林、質沙、三苗、扈氏、義渠、平州、林氏、曲集、有巢、有鄶、共工、上衡氏、南氏、有果氏、畢程氏、陽氏、穀平、阪泉、縣宗、玄都、西夏、績陽、有洛之亡。國名多傳記所未見。

《周書·大聚篇》「若冬日之陽，夏日之陰，不召而民自來」，亦見《文子》。張文潛《祭司馬公文》「冬暘夏冰，赴者争先」，蓋本於此。

《周書·謚法》「惟三月既生魄，周公旦、太師望相嗣王發既賦憲，受臚于牧之野。將葬，乃制作謚。」今所傳《周書》云：「維周公旦、太公望開嗣王業，建功于牧之野。終葬，乃制謚。」與《六家謚法》所載不同。蓋今本缺誤。《文心雕龍》云「賦憲之謚」，出於此。吕成公《策問》：「旦以文名，奭以康名，閎夭以尊顯。」閎夭謚當攷。

《文心雕龍》「夏、商二《箴》，餘句頗存」，《夏箴》見《周書·文傳篇》，《商箴》見《吕氏春秋·名類篇》。

《周書·小武開篇》周公曰：「在我文考，順道九紀：一辰以紀日，二宿以紀月，三日以紀德，四月以紀刑，五春以紀生，六夏以紀長，七秋以紀殺，八冬以紀藏，九歲以紀終。」「九紀」與《洪範》「五紀」相表裏。《文選》任彦升曰：「不改參辰，而九星仰止。」注引《周書》：「王曰：『余不知九星之光。』周公曰：『星、辰、日、月、四時、歲，是謂九星。』」九星即九紀也【一五】。

任章引《周書》曰：「將欲敗之，必姑輔之；將欲取之，必姑與之。」《戰國策》。蕭何引《周書》曰：「天予不取，反受其咎。」此豈蘇秦所讀《周書・陰符》者歟！老氏之言，范蠡、張良之謀，皆出於此。朱子云：「老子爲柱下史，故見此書。」

《三墳》書無傳，宓犧唯《易》存，而商高所云「周天曆度」，《周髀》。《管子》所云「造六峑以迎陰陽」者，不復見。《管子・輕重戊》曰【一六】：「虙戲作，造六峑以迎陰陽，作九九之數以合天道，而天下化之。」「周人之王，循六峑，行陰陽。」「峑」字，未詳。許行爲神農之言，鼂錯述神農之教，列子稱黃帝之書。陰陽五行，兵法醫方，皆託之農、黃，而大道隱矣。今有山氣形之書，謂之《連山》、《歸藏》、《坤乾》。元豐中，毛漸得之西京。或云：「張天覺得之比陽民家，非古也。」《列子》引《黃帝書》，即《老子》「谷神不死」章。

「有言遜于汝志」，《艮》之「不拯其隨」也；「惟學遜志」，《謙》之「卑以自牧」也。遜一也，而善惡異。君體剛而用柔，臣體柔而用剛。君不遜志，則爲唐德宗之彊明；臣而遜言，則爲梁丘據之苟同。

「周人乘黎，祖伊恐。」商受能如《震》上六之「畏隣戒」，則无咎矣。蜀漢之亡也，吳華覈詣宮門上表曰：「成都不守，社稷傾覆。臣以草芥，竊懷不寧。陛下至仁，必垂哀悼。臣不勝忡悵之情，謹拜表以聞。」吁，華覈亦吳之祖伊歟！

【一五】九星即九紀也　此條小注，四庫本、翁注本爲正文。

【一六】管子輕重戊曰　「曰」，四庫本、翁注本作「篇」。

學古入官，然後能議事以制。伯夷以《禮》折民，漢儒以《春秋》決獄。子産曰：「學而後入政，未聞以政學者也。」荀卿始爲法後王之説，李斯師之，謂諸生不師今而學古。太史公亦惑於流俗之見，《六國表》云：「傳曰『法後王』何也？以其近己而俗變相類，議卑而易行也。」文帝謂「卑之毋甚高論」，宣帝謂「俗儒好是古非今」，秦既亡而李斯之言猶行也。《孟子》曰：「爲政不因先王之道，可謂智乎？」

舜之「克艱」，文王之「無逸」，心也。後之勤政者，事爲而已。

「勿以憸人」，立政之戒也。爻辭，周公所作，《師》之上六、《既濟》之九三，皆曰：「小人勿用。」

《左氏傳》引《商書》曰：「沈漸剛克【一七】，高明柔克。」《洪範》言「惟十有三祀」，箕子不忘商也，故謂之《商書》。陶淵明於義熙後，但書甲子，亦箕子之志也。陳咸用漢臘亦然。

「既獲仁人」，武所以克商也。「養民以致賢人」，興漢在於一言；「延攬英雄，務悦民心」，復漢在於一言。

張文饒曰：「堯之曆象，蓋天法也；舜之璣衡，渾天法也。」

李仁父《宰相年表序》曰：「孔子序三代之書，其稱相者，獨伊尹、伊陟、傅説、周公、召公、畢公六人耳。」

【一七】沈漸剛克 「漸」，四庫本、翁注本作「潛」。

「爾尚蓋前人之愆，惟忠惟孝」，若沈勁之於充，張嵊之於稷，李湛之於義府，可謂能蓋愆矣。

刑止於五，而《秋官・條狼氏》「誓馭曰車轘」，此春秋時嘗有之，至秦用之，豈成周之法哉！

烹魚煩則碎，治民煩則亂，故以「叢脞」爲戒。器久不用則蠹，政不常脩則壞，故以「屢省」爲戒。多事非也，不事事亦非也。

「皋陶曰『殺之』三，堯曰『宥之』三。」蘇氏雖以意言之，攷之《書》「明于五刑，以弼五教」，皋陶所執之法也；「與其殺不辜，寧失不經」，舜所操之權也。皋陶執法于下，而舜以其權濟于上，劉頌所謂「君臣之分，各有所司」。《王制》曰：「王三又，然後制刑。」「又」與「宥」同。則蘇氏之言亦有所本。

「格于皇天」，「格其非心」，皆誠意感通而極其至。事君如事天。

「玩物喪志」，志爲物所役也。李文饒《通犀帶賦》曰：「美服珍玩，近於禍機。虞公滅而垂棘返，壯武殘而龍劍飛。先哲所以聞義則服，防患則微。經侯委珮而去，宣子辭環以歸。」此可爲玩物之戒。

「好問則裕」，謂聞見廣而德有餘也。《中庸》曰：「舜好問。」「博學之」，必「審問之」；「學以聚之」，必「問以辨之」；「敏而好學」，必「不恥下問」。《老子》亦云：「知而好問者聖，勇而好問者勝。」

舜咨十二牧，終於「難任人」；命九官，終於「堲讒説」；孔子答爲邦之問，終於「遠佞人」，一也。

南豐序《南齊書》曰：「唐、虞爲二《典》者，所記豈獨其迹邪？并與其深微之意而傳之。」又曰：「方是時，豈特任政者皆天下之士哉，蓋執簡操筆而隨者，亦皆聖人之徒也。」後山《黄樓銘序》云：「昔之詩人，歌其政事，則并其道德而傳之。」朱文公《詩·破斧》傳云：「當是之時，雖披堅執鋭之人，亦皆能以周公之心爲心，而不自爲一身一家之計，蓋亦莫非聖人之徒也。」皆用南豐文法。

虞之《賡歌》，夏《五子之歌》，此《三百篇》之權輿也。《洪範》「無偏無陂」，至「歸其有極」，蔡氏謂：此章蓋《詩》之體，使人吟咏而得其性情，與《周禮·大師》教以六詩，同一機。《伊訓》以三風十愆訓太甲，自「聖謨洋洋」而下，亦叶其音，蓋欲日誦是訓，如衛武公之《抑》戒也。故曰：「《詩》可以興。」

「擊石拊石，百獸率舞。」凡兩言之，或謂脱簡重出。《東觀漢記》「王阜爲重泉令，鸞鳥集學宫，阜擊磬而舞」，况舜樂所感乎！

湯之《誥》曰：「惟皇上帝，降衷于下民。」武之《誓》曰：「惟人萬物之靈。」劉子所謂「天地之中」，子思所謂「天命之謂性」，孟子所謂「性善」，淵源遠矣。

《文侯之命》「其歸視爾師，寧爾邦」，此《覲禮》所謂「伯父無事，歸寧乃邦」。古者待諸侯之禮如此。平王能存西周禮文之舊，而不能雪君父之讎耻，豈知禮之本乎？

「洪舒于民」，古文作「洪荼」，薛氏曰：「大爲民荼毒也。」

「宅西曰昧谷」，虞翻謂當爲「柳谷」。《周禮》注：「度西曰柳穀。」魏明帝時，張掖柳谷口水溢涌，寶石負圖，即其地也。

周之盛也，内諸侯爲伯，爲周、召、畢公之任。周之衰也，外諸侯爲伯，爲齊、晋之霸。三公行二伯之職，以統諸侯，則霸者安得而竊王命？

「我生不有命在天」，「得之不得曰有命」，一爲獨夫之言，一爲聖人之言。真文忠公曰：「命，一也，恃焉而弗脩，賊乎天者也；安焉而弗求，樂乎天者也。此聖、狂所以異。」

聖王畏天畏民。人有畏心，然後敬心生。謂天不足畏，民不足畏，爲桀、紂、秦、隋。

詹元善云：「『惟皇上帝，降衷于下民。若有恒性，克綏厥猷惟后』，此即『天命之謂性，率性之謂道，脩道之謂教』也。人能知此，則知觀書之要，而無穿鑿之患矣。」吕成公已有此説。

「治梁及岐」，若從古注，則雍州山距冀州甚遠，壺口、大原不相涉。晁以道用《水經注》，以爲吕梁、狐岐。

卷三

詩

《經典序録》「河間人大毛公爲《詩故訓傳》，一云魯人」。失其名。《初學記》「荀卿授魯國毛亨，作《詁訓傳》以授趙國毛萇。時人謂亨爲大毛公，萇爲小毛公」。大毛公之名，唯見于此。正義云：「《儒林傳》毛公，趙人。」不言其名。《後漢書》「趙人毛萇」，《序録》亦云「名長」。今《後漢書》作「萇」，此小毛公也。程子曰：「毛萇最得聖賢之意。」

徐整云：「子夏授高行子。」即《詩序》及《孟子》所謂「高子」也。以《緇衣》「繹賓尸」爲「靈星之尸」，以《小弁》爲「小人之詩」，則已失其義矣。趙岐云：「高子，齊人。」謂「禹之聲尚文王之聲」，亦高子也。

《序録》「子夏傳曾申，申傳李克。」《讀詩記》引陸璣《草木疏》，以曾申爲申公，以克爲尅，皆誤。

《詩》「六義」，三經三緯。鄭氏注《周禮》「六詩」及孔氏正義，其説尚矣，朱子《集傳》從之。而程子謂：「《詩》之六體隨篇求之，有兼備者，有偏得一二者。」《讀詩記》謂：風非無雅，雅非無頌。蓋因《鄭》箋「豳雅」、「豳頌」之説。然朱子疑《楚茨》至《大田》四篇爲「豳雅」，《思文》、《臣工》、《噫嘻》、《豐年》、《載芟》、《良耜》等篇爲「豳頌」，亦未知是否也。呂成公云：「豳雅、頌恐逸。」

逸《詩》篇名，若《貍首》、《射義》。《驪駒》、《大戴禮》、《漢書》注。《祈招》、《左傳》。《轡之柔矣》，《左傳》、《周書》。皆有其辭，唯《采薺》、《周禮》。《河水》、《新宮》、《茅鴟》、《左傳》。《鳩飛》，《國語》。無辭。或謂《河水》，《沔水》也；《新宮》，《斯干》也；《鳩飛》，《小宛》也。

周子醇《樂府拾遺》曰：「孔子刪《詩》，有全篇刪者，《驪駒》是也。有刪兩句者，『月離于畢，俾滂沱矣。月離于箕，風揚沙矣』是也。有刪一句者，『素以爲絢兮』是也。」愚攷之《周禮》疏引《春秋緯》云：「月離於箕，風揚沙」，非詩也。「素以爲絢兮」，朱文公謂《碩人》詩四章，而章皆七句，不應此章獨多一句，蓋不可知其何詩，然則非刪一句也。若全篇之刪，亦不止《驪駒》。《論語》「唐棣之華」之類。

近世説《詩》者，以《關雎》爲畢公作，謂得之張超，或謂得之蔡邕。未詳所出。

鶴林吴氏《論詩》曰：「興之體足以感發人之善心。毛氏自《關雎》而下，總百十六篇，首繫之興：《風》七十，《小雅》四十，《大雅》四，《頌》二。注曰：『興也。』而比、賦不稱焉，蓋謂賦直而興微，比顯而興隱也。朱氏又於其間增補十九篇，而摘其不合於興者四十八條，且曰：『《關雎》，興詩也，而兼於比；《綠衣》，比詩也，而兼於興；《頍弁》一詩，而興、比、賦兼之。』則析義愈精矣。」李仲蒙曰：「叙物以言情謂之賦，情物盡也。索物以託情謂之比，情附物也。觸物以起情謂之興，物動情也。」《文心雕龍》曰：「毛公述傳，獨標興體，以比顯而興隱。」鶴林之言，本於此。

太史公云：「周道缺而《關雎》作。」艾軒謂：「三家説《詩》，各有師承。今齊、韓之《詩》，字與義多不同。毛公爲趙人，未必不出於《韓詩》。太史公所引，乃一家之説。《古文尚書》與子長並出，今所引非古文，如『祖飢』、『惟刑之謐』，當有來處，非口傳之失也。」晁景迂曰：「齊、魯、韓三家，以《關雎》、《葛覃》、《卷耳》、《鵲巢》、《采蘩》、《采蘋》、《騶虞》、《鹿鳴》、《四牡》、《皇皇者華》之類，皆爲康王詩，《王風》爲魯詩。」薛士龍曰：「《關雎》作刺之説，是賦其詩者。」艾軒謂：「《詩》之萌芽，自楚人發之，故云：『江、漢之域，《詩》一變而爲《楚辭》』，屈原爲之唱。」是文章鼓吹，多出於楚也。

《周南》之詩，曰「公侯干城」，曰「王室如燬」，當文王與紂之事，於君臣之分嚴矣。此周之所以爲至德。

朱子《詩傳》云：「舊説扶風雍縣南有召亭。今雍縣析爲岐山、天興兩縣，未知召亭的在何縣。」愚按：《史記》正義引《括地志》，召亭在岐山縣西南。

橫渠《策問》云：「湖州學興，竊意遺聲寓之塤籥，因擇取二《南》、《小雅》數十篇，使學者朝夕詠歌。今其聲無傳焉。」朱子《儀禮通解》有《風雅十二詩譜》，乃趙彦肅所傳，云即開元遺聲也。

《詩》正義曰：「《儀禮》歌《召南》三篇，越《草蟲》而取《采蘋》，蓋《采蘋》舊在《草蟲》之前。」曹氏《詩説》謂：「《齊詩》先《采蘋》而後《草蟲》。」

馬永卿問劉元城曰：「《王・黍離》在《邶》、《鄘》、《衛》之後，且天子可在諸侯後乎？」曰：「非諸侯也。周既滅商，分畿内爲三國，邶、鄘、衛是也。序《詩》者，以其地本商之畿内，故在《王・黍離》上。」

「《新序》云：『衛宣公子壽，閔其兄伋之見害，作憂思之詩，《黍離》是也。』《魯詩》出於浮丘伯，以授楚元王交，劉向乃交之孫，其説蓋本《魯詩》。然《黍離》，《王風》之首，恐不可以爲《衛詩》也。」《韓詩》云：「《黍離》，伯封作。」陳思王植《令禽惡鳥論》曰【一】：「昔尹吉甫信後妻之讒而殺孝子伯奇，其弟伯封求而不得，作《黍離》之詩。」其《韓詩》之説歟？伯封事，唯見于此。

南豐謂：「《列女傳》稱《詩》、《芣苢》、《柏舟》、《大車》之類，與今序《詩》者之説，尤乖異。《式微》一篇，又謂二人之作。」

韓文公爲《施士丐銘》曰：「先生明毛、鄭《詩》，通《春秋左氏傳》，善講説，朝之賢士大夫從而執經、考疑者繼于門。」《唐語林》云：「劉禹錫與韓、柳詣士丐聽説《詩》，曰：『《甘棠》「勿拜」，如人身之拜，小低屈也。勿拜則不止勿翦，言召伯漸遠，人思不可

【一】令禽惡鳥論　「令禽」，原作「貪」，據四庫本、翁注本改。

及。』」《讀詩記》董氏引士丐說。

周有《房中》之樂，《燕禮》注謂「弦歌《周南》、《召南》之詩」。漢《安世房中樂》，唐山夫人所作。魏繆襲謂《安世》歌「神來燕享，永受厥福」，無有二《南》后妃風化天下之言。謂《房中》爲后妃之歌，恐失其意。《通典》：「平調、清調、瑟調，皆周《房中》之遺聲。」

《白虎通·諫諍篇》「妻得諫夫者，夫婦榮恥共之。《詩》云：『相鼠有體，人而無禮。人而無禮，胡不遄死？』此妻諫夫之詩也」。亦齊、魯、韓之說歟？

《韓詩外傳》高子問於孟子曰：「夫嫁娶者，非己所自親也，衛女何以得編於《詩》也？」孟子曰：「有衛女之志則可，無衛女之志則怠。若伊尹於太甲，有伊尹之志則可，無伊尹之志則篡。」

晁景迂《詩序論》云：「序《騶虞》：『王道成也』，風其爲雅歟！序《魚麗》：『可以告神明』，雅其爲頌歟！」《解頤新語》云：「文王之風終於《騶虞》，《序》以爲王道成則近於雅矣。文、武之雅終於《魚麗》，《序》以爲可告神明則近於頌矣。」潏水李氏曰：「《小雅》雖言政，猶有風之體。《大雅》之正，幾於頌矣。」

歐陽公曰：「霸者興，變風息焉。」然《詩》止於陳靈，在桓、文之後。

「八能之士」，見《易緯通卦驗》：「或調黄鍾，或調六律，或調五音，或調五聲，或調五行，或調律曆，或調陰陽，或調正德所行。」「大夫九能」，見《毛詩·定之方中》傳：「建邦能命龜，田能施命，作器能銘，使能造命，升高能賦，師旅能誓，山川能説，喪紀能誄，祭祀能語。君子能此九者，可謂有德音，可以爲大夫。」

《定之方中》傳引仲梁子曰：「初立楚宫也。」《鄭志》張逸問：「仲梁子何時人？」答曰：「仲梁子，先師魯人，當六國時，在毛公前。」正義：「春秋時，魯有仲梁懷，故言魯人。」《韓非子》「八儒」，有仲良氏之儒。陶淵明《群輔録》云：「仲梁氏傳樂爲道，以和陰陽，爲移風易俗之儒。」史失其名。

劉孝孫爲《毛詩正論》，演毛之簡，破鄭之怪。李邦直亦謂「毛之説簡而深，此河間獻王所以高其學也」。鄭之釋繁塞而多失。鄭學長於《禮》，以《禮》訓《詩》，是案迹而議性情也。「緑衣」，以爲褖；「不諫亦入」，以爲入宗廟；「庭燎」，以爲不設雞人之官。此類不可悉舉。

艾軒云：「讀《風》詩不解《芣苢》，讀《雅》詩不解《鶴鳴》，此爲無得於《詩》者。」傳至樂讀《詩》至《鴛鴦》之二章，因悟比興之體。

江漢之女，不可犯以非禮，可以見周俗之美；范滂之母，勉其子以名節，可以見漢俗之美。

《大雅》之變，作於大臣，召穆公、衛武公之類是也。《小雅》之變，作於群臣，家父、孟子之類是也。《風》之變也，匹夫匹婦皆得以風刺，清議在下，而世道益降矣。

騶虞、騶吾、騶牙，一物也，聲相近而字異。《解頤新語》既以「虞」爲「虞人」，又謂「文王以騶牙名囿」，蓋惑於異説。《魯詩》傳曰：「梁騶，天子之田。」見《後漢》注，與《賈誼書》同，不必以「騶牙」爲證。

《射義》「天子以《騶虞》爲節，樂官備也」，鄭康成注云：「于嗟乎騶虞！ 歎仁人也。」《周禮》疏引《韓魯説》：「騶虞，天子掌鳥獸官。」其説與《射義》合。《文選》注引《琴操》曰：「《鄒虞》，邵國之女所作也。古者役不踰時，不失嘉會。」《墨子》曰：「成王因先王之樂，命曰《騶吾》。」豈即《詩·騶虞》歟？

《大戴禮·投壺》云：「凡雅二十六篇，其八篇可歌，歌《鹿鳴》、《貍首》、《鵲巢》、《采蘩》、《采蘋》、《伐檀》、《白駒》、《騶虞》；八篇廢，不可歌；七篇商、齊可歌也；三篇閒歌。」《上林賦》「揜群雅」，張揖注云：「《詩·小雅》之材七十四人，《大雅》之材三十一人。」愚謂：八篇可歌者，唯《鹿鳴》、《白駒》在《小雅》，《貍首》今亡。鄭氏以爲《射義》所引曾孫侯氏之詩，餘皆風也，而亦謂之雅，豈風亦有雅歟？劉氏《小傳》或曰：「《貍首》，《鵲巢》也，篆文似之。」此有《貍首》，又有《鵲巢》，則或説非矣。張揖言「二雅之材」，未知所出。

《無衣》非美晉，蓋閔周也。自僖王命曲沃伯爲晉侯，而篡臣無所忌。威烈王之命晉大夫，襄僖之迹也。有曲沃之命，則有三大夫之命，出爾反爾也。

「《詩》亡然後《春秋》作」，胡文定謂自《黍離》降爲《國風》，天下不復有《雅》。《春秋》作於隱公，適當《雅》亡之後。《孟子集注》同。呂成公謂「蓋指筆削《春秋》之時，非謂《春秋》之所始也。《詩》既亡，則人情不止於禮義，天下無復公好惡，《春秋》所以不得不作歟。」艾軒曰：「《文中子》以爲『詩者民之情性。人之情性不應亡』。使孟子復出，必從斯言。」

《泉水》云：「出宿于干，飲餞于言。」説《詩》者未詳其地。《隋志》邢州内丘縣，有干言山。李公緒《記》云：「柏人縣有干山、言山。柏人，邢州堯山縣。」《魯頌》「徂來之松」，《後漢》注：「兖州博城縣有徂來山。」一名尤來。「新甫之柏」，傳注不言山之所在，唯《後魏·地形志》「魯郡汶陽縣有新甫山」。《通典》：「漢汶陽故城在兖州泗水縣東南。」太史公聞之董生曰：「《詩》記山川谿谷，禽獸草木。」則山川不可不攷也。

《檜》有疾恣之詩，《周語》富辰曰：「鄶之亡，由叔妘。」

《豳風》於十月，云「曰爲改歲」，言農事之畢也。《祭義》於三月，云「歲既單矣」，言蠶事之畢也。農桑一歲之大務，故皆以歲言之。

《七月》箋、傳言豳土晚寒者三。孫毓云：「寒鄉率早寒，北方是也。熱鄉乃晚寒，南方是也。《毛》傳言晚寒者，豳土寒多，雖晚猶寒，非謂寒來晚也。」

《鄭志》十一卷，魏侍中鄭小同撰。《詩·七月》正義：「《吴志》孫皓問：『《月令》季夏火星中？』答曰：『日永星火，舉中而言，非心星也。』是鄭以『日永星火』，與心星别。」今按：康成答問，蓋《鄭志》所載，孫皓乃康成弟子，後人因孫皓名氏，遂改《鄭志》爲《吴志》。康成不與吴孫皓同時，《吴志》亦無此語。

「熠燿宵行」，傳云：「熠燿，燐也。」朱子謂：「熠燿，明不定貌。宵行，蟲名，如蠶夜行，有光如螢。」其説本董氏。《説文》引《詩》「熠燿宵行」，熠，盛光也。末章云：「倉庚于飛，熠燿其羽。」其義一也。

《七月》，見王業之難，亦見王道之易。孟子以農桑言王道，周公之心也。

《風》終于周公，《雅》終于《召旻》。有周、召之臣，則變者可以復于正。

子擊好《晨風》、《黍離》【二】，而慈父感悟；周磐誦《汝墳》卒章，而爲親從仕；王裒讀《蓼莪》，而三復流涕；裴安祖講《鹿鳴》，而兄弟同食：可謂興於《詩》矣。李柟和伯亦自言：「吾於《詩·甫田》悟進學，《衡門》識處世。」和伯弟樗，迂仲，吕成公所謂二李伯仲也。此可爲學《詩》之法。

太史公謂「仁義陵遲，《鹿鳴》刺焉。」蔡邕《琴操》「《鹿鳴》，周大臣所作也。王道衰，大臣知賢者幽隱，彈絃風諫。」漢太樂食舉十三曲：一曰《鹿鳴》。《杜夔傳》舊雅樂四曲：一曰《鹿鳴》，二曰《騶虞》，三曰《伐檀》，四曰《文王》，皆古聲辭。《琴操》曰：「古琴

【二】子擊好晨風黍離「擊」，原作「繫」，據四庫本、翁注本改。

有詩歌五曲，曰《鹿鳴》、《伐檀》、《騶虞》、《鵲巢》、《白駒》。」蔡邕《琴賦》云：「《鹿鳴》三章。」《鹿鳴》在《宵雅》之首。馬、蔡以爲風刺，蓋齊、魯、韓三家之説，猶《關雎》刺時作諷也。呂元鈞謂「陳古以諷」，非謂三詩作於衰周。

「宵雅肄三」，《麗澤論説》以爲「夜誦」，此門人記録之失。《讀詩記》取鄭、董二子，以「宵」爲「小」，則夜誦之説非矣。

劉原父曰：「《南陔》以下六篇，有聲無詩，故云笙，不云歌。『有其義亡其辭』，非亡失之亡，乃無也。」朱子謂：「古經篇題之下，必有譜焉。如《投壺》魯、薛鼓之節而亡之。」《儀禮》疏曰：「堂上歌者不亡，堂下笙者即亡。」

《詩》「芑」有三：「薄言采芑」，菜也；「豐水有芑」，草也；「維糜維芑」，白粱粟也。《禮記》引「豐水有芑」，鄭氏注：「芑，枸檵也。」「杞」有三：「無折我樹杞」，柳屬也；「南山有杞」、「在彼杞棘」，梓杞也；「集于苞杞」、「言采其杞」、「隰有杞桋」，枸檵也。「荼」有三：「誰謂荼苦」，苦菜也；「有女如荼」，茅秀也；「以薅荼蓼」，陸草也。

「薄伐玁狁，至于太原」，《後漢·西羌傳》：「穆王西征犬戎，遷戎于太原。夷王衰弱，荒服不朝。乃命虢公率六師伐太原，而戎至于俞泉。宣王遣兵伐太原戎，不克。」蓋自穆王遷戎于太原，而太原爲戎狄之居，宣王僅能驅之出竟而已。其後料民太原，而戎患益深。酈山之禍，已兆於此，其端自穆王遷戎始。西周之亡，猶西晉也。籍談曰：「晉居深山，戎狄之與鄰，而遠於王室。王靈不及，拜戎不暇。」太原，晉地。書此以補《詩説》之遺。

《史記・周紀》「懿王之時，王室遂衰，詩人作刺」。《漢・匈奴傳》「懿王時，王室遂衰，戎狄交侵，暴虐中國，中國被其苦。詩人始作，疾而歌之曰：『靡室靡家，玁允之故。豈不日戒，玁允孔棘。』」注云：「《小雅・采薇》之詩也。」《古今人表》「懿王堅詩作【三】」，注：「政道既衰，怨刺之詩始作。」然則《采薇》爲懿王之詩矣。《史記・匈奴傳》不云懿王。《詩譜序》「懿王始受譖，烹齊哀公。夷王失禮之後，邶不尊賢。」正義謂：「變風之作，齊、衛爲先，齊哀公當懿王，衛頃公當夷王，故先言此也。」愚謂《采薇》正雅，當從毛氏，若變風則始於懿王。

《史記・匈奴傳》「周襄王與戎狄伐鄭，戎狄逐襄王，於是戎狄或居于陸渾，東至於衛，侵盜暴虐中國，中國疾之。故詩人歌之曰：『戎狄是膺【四】』、『薄伐玁狁，至於太原』、『出輿彭彭，城彼朔方。』」《漢・匈奴傳》則曰：「宣王興師命將，以征伐之。詩人美大其功曰：『薄伐玁允，至于太原』、『出車彭彭，城彼朔方。』」以《六月》爲宣王詩是也。以《魯頌》、《六月》、《出車》爲襄王詩，以《出車》爲宣王詩，而《史》、《漢》又不同，皆未詳。

《文王》之詩曰：「文王孫子，本支百世。凡周之士，不顯亦世。」此周所以興也。宣王之後爲幽王，《斯干》之祥，《黍離》之萌也。太師皇父之後爲皇父卿士，尹吉甫之後爲尹氏太師，蹶父之後爲蹶維趣馬，申伯之後爲申侯，則與犬戎滅宗周矣。君臣皆弗克紹，

【三】懿王堅詩作　「堅」，四庫本、翁注本作「時」。

【四】戎狄是膺　「膺」，原作「應」，據《詩・閟宮》及四庫本、翁注本改。

周焉得不替乎？

「吉甫作誦」，美詩以名著者也。「家父作誦，以究王訩」，「寺人孟子，作爲此詩」，刺詩以名著者也。爲吉甫易，爲家父、孟子難。

「皇父孔聖」，自謂聖也。「具曰予聖」，君臣俱自謂聖也。自聖者，亂亡之原。光武詔：「上書者不得言聖。」大哉言乎！

「既克有定，靡人弗勝」，言天之勝人也。「藐藐昊天，無不克鞏」，言天之終定也。申包胥曰：「人衆者勝天。」人曷嘗能勝天哉？天定有遲速耳。《詩》所以明天理也，故不云「人勝天」。

「凡百君子，各敬爾身，胡不相畏，不畏于天。」荆公謂：「世雖昏亂，君子不可以爲惡，自敬故也，畏人故也，畏天故也。」愚謂：《詩》云「周宗既滅」，哀痛深矣，猶以敬畏相戒。聖賢心學，守而勿失。中夏雖亡，而義理未嘗亡；世道雖壞，而本心未嘗壞。君子脩身以俟命而已。

「豈不欲往，畏我友朋」，畏人也。「胡不相畏，不畏于天。」畏天也。不畏人則「亦云可使，怨及朋友」。畏天則「神之聽之，介爾景福」。

「鄭用三良未可間」，「衛多君子未有患」，「季梁忠謀彊敵畏」，「汲直守節亂萌弭」，《詩》曰：「無競維人，四方其訓之。」「正先諫誅嬴運促」，「李雲忠隕漢宗覆」，「章華罹僇陳業隳」，「昭圖嬰禍唐鼎移」，《詩》曰：「曾是莫聽，大命以傾。」

君子在下位，猶足以美風俗，漢之清議是也。小人在下位，猶足以壞風俗，晋之放曠是也。《詩》云：「君子是則是傚【五】。」

「巧言如簧，顏之厚矣」，羞惡之心未亡也。「不愧于人，不畏于天」，無羞惡之心矣。天人一也，不愧則不畏。

《車攻》「東有甫草」，鄭《箋》云：「鄭有甫田。」謂圃田，鄭藪也。止齋《周禮說》云：「《詩》不以圃田繫鄭。」愚謂：宣王封弟友于鄭，在畿內咸林。今華州鄭縣。圃田澤，《左氏》謂之原圃。在今開封之中牟。宣王時非鄭地，《小雅》安得繫於鄭乎？《爾雅》「鄭有圃田」，蓋指東遷後之鄭言之。

《詩小傳》云：「《詩》有夏正，無周正。《七月》陳王業，《六月》北伐，《十月之交》刺純陰用事而日食。『四月維夏』，『六月徂暑』，言暑之極其至，皆夏正也，而獨謂《十月之交》爲周正可乎？漢曆幽王無八月朔食，而唐曆則有之。識者疑其傅會而爲此也。」愚按：正義謂校之無術，而《大衍曆·日蝕議》云：「虞劆以曆推之，在幽王六年。」虞劆造《梁大同曆》，非始於唐也。鄭箋謂周之十月，夏之八月，故曆家因之。孫莘老解《春秋》用鄭說，謂八月秋之分，日食秋分，而詩人醜之，安得曰「分至不爲災也」？蘇子由、陳少南皆以十月爲陽月，朱文公從之。《宋書·禮志》載魏史官之言曰：「黄帝、顓頊、夏、殷、

【五】君子是則是傚　「傚」，原作「倣」，據引《詩》原文及四庫本、翁注本改。

周、魯六曆，皆無推日蝕法，但有考課疏密而已。」《大衍曆議》云：「黄初已來，治曆者始課日蝕疏密，及張子信而益詳。」嘗攷《通鑑》、《皇極經世》，秦始皇八年，歲在壬戌。《吕氏春秋》云：「維秦八年，歲在涒灘。」申。曆有二年之差，後之筭曆者，於夏之「辰弗集房」，周之「十月之交」，皆欲以術推之，亦已疎矣。沈存中云：「日食正陽之月，先儒止謂四月，非也。正謂四月，陽謂十月。」子由《詩説》與存中同。

元城謂：「《韓詩》有《雨無極篇》，序云：『《雨無極》，正大夫刺幽王也。』篇首多『雨無其極，傷我稼穡』八字。」朱子曰：「第一、二章皆十句，增之則長短不齊。又此詩正大夫離居之後，暬御之臣所作。其曰『正大夫刺幽王者』，非是。」《解頤新語》亦云：「《韓詩》世罕有其書，或出於好事者之傅會。」

《鹽鐵論》引《詩》曰：「『方叔元老，克壯其猶』，故商師若烏，周師爲荼。」蓋謂商用少而周用老也。

《小弁》，趙岐謂伯奇之詩，「伯奇仁人而父虐之，故作《小弁》之詩，曰：『何辜于天？』親親而悲怨之辭也」。又謂《鴟鴞》之篇刺邠君。蓋漢儒言詩多異説。《論衡》亦云：「伯奇放流，首髮早白。《詩》云：『惟憂用老。』」

《韓詩》「菿彼甫田」，菿，卓也。《爾雅·釋詁》：「菿，大也。」郭璞注云：「菿，義未聞。」豈未見《韓詩》故邪？疏引《韓詩》。

《大東》「維北有斗」，或以爲南斗，或以爲北斗。朱子《集傳》兼取二説。

《吕氏春秋》謂舜自爲詩曰：「普天之下，莫非王土。率土之濱，莫非王臣。」疑與咸丘蒙同一説，而託之於舜。

袁孝政釋《劉子》曰：「魏武公信讒，《詩》刺之曰：『營營青蠅，止于藩。豈弟君子，無信讒言。』」此《小雅》也，謂之魏詩可乎？

朱子《詩傳》：「《采菽》，天子所以答《魚藻》也。《黍苗》，宣王時美召穆公之詩，皆非刺詩。」愚按：《國語》注：「《采菽》，王賜諸侯命服之樂也。《黍苗》，道召伯述職，勞來諸侯也。」韋昭已有是説。

鄭康成先通《韓詩》，故注二《禮》，與箋《詩》異。如「先君之思，以畜寡人【六】」，爲定姜之詩。「生甫及申」，爲仲山甫、申伯。又「不濡其翼」、「惟禹敶之」、「上天之載」、「匪革其猶」、「汭泦之即」、「至于湯齊」是也。注《禮記》與注《易》異，如「東鄰西鄰」是也。

「亂離瘼矣，爰其適歸」，《新經義》云：「亂出乎上，而受患常在下。及其極也，乃適歸乎其所出矣。」噫，宣、靖之際，其言驗矣。而兆亂者誰歟？「言與行違，心與迹異」，荆舒之謂也。

單穆公曰：「旱鹿之榛楛殖，故君子得以易樂干禄焉。若夫山林匱竭，林鹿散亡，藪澤肆既，君子將險哀之不暇，而何易樂之有焉？」誦「險哀」二字，此《文中子》所以有「帝

【六】以畜寡人 「畜」，翁注本作「勖」。

省其山」之歎也。天地變化，草木蕃，況賢者而不樂其生乎！天地閉，賢人隱，況草木而得遂其性乎！

「旱麓」，毛氏云：「旱，山名也。」曹氏按：「《漢・地理志》：『漢中南鄭縣有旱山，沱水所出，東北入漢。』旱山在梁州之境，與漢廣相近，故取以興焉。」

「鼉鳴如鼓」，《新經》之説也。《解頤新語》取之，鑿矣。

《賈誼書・容經篇》「諺曰：『君子重襲，小人無由入。正人十倍，邪辟無由來。』古之人，其謹於所近乎！《詩》曰：『芃芃棫樸，薪之槱之。濟濟辟王，左右趨之。』此言左右日以善趨也。」此即選左右之説。爰延亦云：「善人同處，則日聞嘉訓；惡人從游，則日生邪情。」

「維申及甫，維周之翰。」申、甫之地，爲形勢控扼之要。「甫」即「吕」也，《吕刑》一曰《甫刑》。史伯曰：「當成周者，南有申、吕。」《左氏傳》：「楚子重請申、吕以爲賞田，申公巫臣曰：『不可。此申、吕所以邑也，是以爲賦，以御北方。』」蓋楚得申、吕而始彊，兹所以爲周室之屏翰歟？《漢・地理志》：「南陽宛縣，申伯國。」《詩》、《書》及《左氏》注不言吕國所在。《史記》正義引《括地志》云：「故吕城，在鄧州南陽縣西。」徐廣云：「吕在宛縣。」《水經注》亦謂：「宛西吕城，四嶽受封。」然則申、吕，漢之宛縣也。高帝入關，光武起兵，皆先取宛，其形勢可見。李忠定曰：「天下形勢，關中爲上，襄、鄧次之。」《輿地廣記》云：「蔡州新蔡，古呂國。」今按新蔡之地，屬蔡，未嘗屬楚，子重不當請爲賞田，則呂國在宛明矣。

《禮記·孔子閒居》「《詩》曰：『惟嶽降神，生甫及申。』」鄭康成注：「言周道將興，五嶽爲之生賢輔佐。仲山甫及申伯，爲周之幹臣。」正義云：「案《鄭志》注《禮》在先，未得毛傳。」愚謂：仲山甫，猶《儀禮》所謂伯某甫也。《周語》云「樊仲山父」，蓋「甫」與「父」同。若以仲山甫爲「甫」，則尹吉甫、蹶父、皇父、程伯休父，亦可以言「甫」矣。近世說《詩》者，乃取此而舍箋、傳，愛奇之過也。

《左氏傳》曰：「諸侯釋位，以間王政。宣王有志而後效官。」《雲漢》之序曰：「內有撥亂之志。」非立志何以成中興之功？《權德輿集》云：「魯獻公仲子曰山甫，入輔於周，食采于樊。」

宣王晏起，姜后請愆，則《庭燎》之箴，始勤終怠可見矣。殺其臣杜伯而非其罪，則《沔水》之規，讒言其興可見矣。

《祈父》傳謂：「宣王之末，司馬職廢，羌戎爲敗。」按《通鑑外紀》：「三十三年，王伐太原戎，不克。三十八年，王伐條戎、奔戎，王師敗績。三十九年，戰于千畝，王師敗績于姜氏之戎。四十一年，王征申戎，破之。」「轉予于恤」，蓋謂此四役也。

「尹氏不平」，此幽王所以亡。《春秋》於平王之末，書「尹氏卒」，見權臣之繼世也。於景王之後，書「尹氏立王子朝」，見權臣之危國也。《詩》之所刺，《春秋》之所譏，以此坊民，猶有五侯擅漢、三馬食曹之禍。

「好讒慝暗昧」，「召彼故老，訊之占夢」，於是「即我御事，罔或耆壽，俊在厥服」矣。「近頑童窮固」矣。商之「咈其耇長」，吴之「播棄黎老」，與亂同事也。

宣三十年，有兔舞于鎬京，而赫赫宗周，有寖微之象矣。幽二年，三川竭，岐山崩，而陵谷易處，有將亡之形矣。「匪降自天，職競由人」，致此者人也，豈天所爲哉？

《裳裳者華》，興賢者功臣之子孫，世臣與國升降者也。王朝則周、召二公夾輔王室；家父仍叔，二《雅》舊人，歷汾王之亂，平王之遷，猶在也。侯國則翼之九宗，遂之四氏，與封建之法相維持。彼漢之彧、群，魏之荀、何，江左之淵、儉，唐季之崔、柳，豈世臣之謂乎？

「執我仇仇，亦不我力」，周所以替也。「雖不能用，吾憖寘之於耳」，楚所以亂也。「君且休矣，吾將思之」，漢所以微也。

「擇三有事，亶侯多藏」，貪墨之臣爲蟊賊；「小東大東，杼柚其空」，聚斂之臣爲斧斤，《文侯之命》所謂「殄資澤于下民」也。是時虢石父好利用事，而皇父以卿士爲群邪之宗。

「神之聽之，終和且平」，朋友之信，可質於神明。「神之聽之，式穀以女」，正直之道，無愧於幽隱。

楊泉《物理論》曰：「稻粱菽各二十種爲六十，疏果之實助穀各二十，凡爲百穀。故

《詩》曰：『播厥百穀。』」

《詩譜》引傳曰：「文王基之，武王鑿之，周公内之。」疏云：「未知此傳在何書。」三代之禮有損益，而所因者未之有改也。以《公劉》之詩攷之：「君之宗之」，宗法始於此；「其軍三單」，軍制始於此；「徹田爲糧」，徹法始於此。《周禮》有自來矣。

「咨女殷商」，猶賈山之借秦爲諭也。周公戒成王「無若殷王受」，又曰：「宜監于殷，駿命不易。」人君常聞危亡之言，則可保其安存矣。

「靡哲不愚」，司空圖之耐辱也。「善人載尸」，裴度之晚節也。

孔子於《烝民》，加四字而意自明；於《緡蠻》曰：「於止知其所止，可以人而不如鳥乎？」此説《詩》之法。韓子於「菁菁者莪」，屑屑訓釋，蓋少作也。晚歲引《詩》，言「老成人重於典刑」，簡而當矣。

攷之《周語》，立魯公子戲，則仲山甫諫；料民太原，則仲山甫又諫。然聽之藐藐也。當時公卿，唯虢文公諫「不籍千畝」，而他無聞焉。此詩人所以有「愛莫助之」之歎。

「溥彼韓城，燕師所完」，鄭箋以「燕」爲「燕安」；王肅云：「今涿郡方城縣有韓侯城。見《水經注》。燕，北燕國。」愚謂：《詩》云：「奄受北國。」肅説爲長。

「韓侯出祖，出宿于屠」，毛氏曰：「屠，地名。」不言所在。濡水李氏以爲同州鄜谷。今按《説文》有左馮翊鄜陽亭，同都切。馮翊即同州也。濡水之言信矣。

《漢·恩澤侯表》曰：「帝舅，緣《大雅》申伯之意。」後之寵外戚者，率以是藉口。自宣王褒申伯，而申侯終以召戎禍，猶可以爲萬世法乎？外戚秉政，未或不亡。漢亡於王莽、何進，晋亡於賈謐，唐幾亡於楊國忠，石晋亡於馮玉。

「盜言孔甘，寇攘式内」，皆孟子所謂民賊也。有民賊，則賊民興。漢傳燮曰：「天下之禍，不由於外，皆興於内。」唐裴度曰：「欲平賊，當先清朝廷。」真文忠公曰：「内有衣冠之盜，而後外有干戈之盜。」

「大師維垣」，鄭《箋》以爲「三公」，王介甫以爲「大衆」。朱子《集傳》從王説。

「維天之命」傳引孟仲子曰：「大哉天命之無極，而美周之禮也。」《詩譜》云：「子思論《詩》『於穆不已』，孟仲子曰『於穆不似』。」仲子，子思之弟子。《閟宫》傳引孟仲子曰：「是禖宫也。」《序録》云：「子夏傳曾申，申傳魏人李克，克傳魯人孟仲子。」《孟子》注：「孟仲子，孟子之從昆弟，學於孟子者。」豈名氏之同歟？

《筆談》云：「『彼徂矣岐，有夷之行』，《朱浮傳》作『彼岨者岐，有夷之行』。」今按《後漢·朱浮傳》無此語。《西南夷傳》朱輔上疏曰：「《詩》云：『彼徂者岐，有夷之行。』」注引《韓詩·薛君傳》曰：「徂，往也。」蓋誤以「朱輔」爲「朱浮」，亦無「岨」字。

歐陽公《時世論》曰：「《昊天有成命》『二后受之，成王不敢康』，所謂『二后』者，文、武也。則『成王』者，成王也。當是康王已後之詩。《執競》『不顯成、康』，所謂『成、康』

者，成王、康王也。當是昭王已後之詩。《噫嘻》曰『噫嘻成王』者，亦成王也。」范蜀公《正書》曰：「《昊天有成命》言文、武受天命以有天下，而成王不敢以逸豫爲也。此揚雄所謂『康王之時，頌聲作於下』。『自彼成、康，奄有四方』，祀武王而述成、康，見子孫之善繼也。班孟堅曰：『成、康没而頌聲寢。』言自成、康之後，不復有見於頌也。」朱子《集傳》與歐、范之説合。

《昊天有成命》「二后受之，成王不敢康」，朱子引《國語》叔向曰：「『是道成王之德也。成王能明文昭，定武烈者也。』其爲祀成王之詩無疑。」愚觀《賈誼書·禮容語》引叔向曰：「二后，文王、武王。成王者，武王之子，文王之孫也。文王有大德而功未就，武王有大功而治未成，及成王承嗣，仁以臨民，故稱『昊天』焉。」其義尤明。

歐陽公《詩論》：「古今諸儒謂『來牟爲麥』者，更無他書所見，直用二《頌》毛、鄭之説。『來牟爲麥』，始出於毛、鄭，而二家所據，乃臆度僞《大誓》不可知之言。」愚按：劉向《封事》引「飴我釐麰」，釐麰【七】，麥也，始自天降。《文選》注引《韓詩》「貽我嘉麰」，薛君曰：「麰，大麥也。」毛、鄭之説，未可以爲非。毛氏傳：「牟，麥也。」鄭箋：「赤烏以牟麥俱來。」《廣雅》始以爲「來，小麥；牟，大麥」。以劉向説參攷，當從古注。

陳少南不取《魯頌》，然「思無邪」一言，亦在所去乎？

《晋姜鼎銘》曰：「保其孫子，三壽是利。」《魯頌》「三壽作朋」，蓋古語也。先儒以爲

【七】釐麰　二字原脱，據四庫本、翁注本補。

「三卿」，恐非。

商、周之《頌》，皆以告神明。太史公曰：「成王作《頌》，推己懲艾，悲彼家難。」至《魯頌》始爲溢美之言，所謂善頌、善禱者，非商、周之體也。後世作頌，傚魯而近諛，又下矣。

或謂文之繁簡，視世之文質。然商質而周文，《商頌》繁而《周頌》簡，文不可以一體觀也。

《法言》曰：「正考甫常睎尹吉甫矣，公子奚斯常睎正考甫矣。」司馬公注《揚子》，謂正考甫作《商頌》，奚斯作《閟宮》之詩，故云然。愚按《史記·宋世家》：「襄公之時，脩仁行義，欲與盟主。其大夫正考甫美之，故追道契、湯、高宗，殷所以興，作《商頌》。」注云：「《韓詩章句》美襄公。」《樂記》「温良而能斷者，宜歌《商》」，鄭康成注：「謂商、宋詩。」蓋用《韓詩》説也。攷之《左傳》，正考甫佐戴武、宣。《世本》「正考甫生孔父嘉，爲宋司馬，華督殺之而絶其世。」皆在襄公之前，安得作《頌》於襄公之時乎？《後漢·曹褒傳》「奚斯頌魯，考甫詠殷」，注引《韓詩》「新廟奕奕，奚斯所作。」《薛君傳》云：「是詩，公子奚斯所作。正考甫，孔子之先也，作《商頌》十二篇。」《詩》正義云：「奚斯作《新廟》，而漢世文人班固、王延壽謂《魯頌》奚斯作，謬矣。」然揚子之言，皆本《韓詩》，時《毛詩》未行也。薛漢世習《韓詩》，父子以章句著名。《馮衍傳》注引薛夫子《韓詩章句》，即漢也。

《長發》「大禘」，箋云：「郊祭天也。」《雝》「禘大祖」，箋云：「大祭也，大於四時而小於祫。」鄭康成以祭天爲禘，與宗廟大祭同名。《春秋纂例》趙子已辯其失矣。王肅以禘、祫爲一祭，亦非也。禘與祫異，祫則太祖東鄉，毁廟及群廟之主，昭南穆北合食於太祖。禘則祖之所自出者東鄉，惟以祖配之。今混禘於祫，宗廟有祫無禘。

范甯《穀梁序》：「孔子就太師正《雅》、《頌》，因魯史脩《春秋》，列《黍離》於《國風》，齊王德於邦君，明其不能復《雅》，政化不足以被群后也。」然《左傳》襄二十九年，季札觀樂於魯，已爲之歌《王》矣。孔子至哀十一年，始自衛反魯，樂正，《雅》、《頌》得所，則降《王》於《國風》，非孔子也。

《隰有萇楚》箋云：「人少而端慤，則長大無情慾。」胡邦衡解《學記》取之。

《吕氏春秋》「甯戚飯牛，居車下，望桓公而悲，擊牛角疾歌」，高誘注以爲歌《碩鼠》，不知何所據。《三齊記》載甯戚歌，所謂「南山矸，白石爛」者，是也。

「四月秀葽」，諸儒不詳其名，唯《説文》引劉向説，以爲苦葽。曹氏以《爾雅》、《本草》證之，知其爲遠志。

董氏舉侯包言「衛武公作《抑》詩，使人日誦於其側」。朱子謂不知此出在何處。愚攷侯包之説，見於《詩》正義。《隋·經籍志》：「《韓詩翼要》十卷，侯苞撰【八】。」然則包學《韓詩》者也。

【八】侯苞撰 「苞」，四庫本、翁注本作「包」。

《秦詩》「在其板屋」，西戎地寒，故以板爲屋。張宣公《南嶽唱酬序》云：「方廣寺皆板屋，問老宿，云：『用瓦輒爲冰雪凍裂。』自此如高臺、上封皆然。」《漢·地理志》：「天水隴西，民以板爲屋。」以南嶽觀之，非獨西陲也。

「唐棣之華」、「維常之華」協「車」字；「黍稷方華」協「塗」字；「隰有荷華」協「且」字。曹氏謂：「『華』當作『雩』，音『敷』」。蓋古「車」本音「居」。《易》曰：「睽孤，見豕負塗，載鬼一車。」「來徐徐，困于金車。」其音皆然。至《説文》有尺遮之音，乃自漢而轉其聲。愚按：《何彼襛矣》，《釋文》或云：「古讀『華』爲『敷』，與『居』爲韻。後倣此。」朱文公《集傳》並著二音，而以音「敷」爲先。

「野有蔓草，零露漙兮。有美一人，清揚婉兮」，漙，音「團」，《集傳》叶上兖反。顔氏《正俗》云：「按吕氏《字林》作『漙』，上兖反。訓云露貌，音與『婉』類。」

「蓺麻如之何，衡從其畝」，顔氏云：「《禮》『今也衡縫』，衡，即『横』也，不勞借音。徐氏音『横』，失之矣。」

《干旄》四馬，至於「五之」、「六之」，猶緇衣之改爲也。《權輿》四簋，至於「每食不飽」，猶醴酒之不設也。君子之去就，于其心，不于其禮。

謍謝、戍申，其篤於母家一也。一美焉，一刺焉，宣王親親，平王忘讎也。

《孝經》言卿大夫之孝曰：「非先王之法服不敢服，非先王之法言不敢道，非先王之德行不敢行。」孟子謂曹交曰：「服堯之服，誦堯之言，行堯之行。」聖賢之訓，皆以服在言行之先，蓋服之不衷，則言必不忠信，行必不篤敬。《中庸》脩身，亦先以「齊明盛服」。《都人士》之「狐裘黄黄」，所以「出言有章」，「行歸于周」也。

「召公是似」、「南仲大祖」，世濟其美也。逵有充，超叛鑒，蘇文忠慨焉。或附曹，群忘漢，朱文公悕焉。

《敬之》，「群臣進戒嗣王」。《荀子》云：「天子即位，上卿進曰：『能除患則爲福。』中卿進曰：『先事慮事，先患慮患。』下卿進曰：『敬戒無怠。』」群臣進戒始以敬，三卿授策終以敬，此心學之原也。伊尹訓太甲曰：「祗厥身。」召、畢告康王曰：「今王敬之哉！」皆以此爲告君第一義。

葉氏云：「漢世文章，未有引《詩序》者。魏黄初四年詔云：『《曹詩》刺遠君子，近小人。』蓋《詩序》至此始行。」

朱子《詩序辯説》多取鄭漁仲《詩辯妄》。艾軒謂：「歐陽公《詩本義》不當謂之『本義』，古人旨意精粹，何嘗如此費辭？」

《唐志》「《毛詩草木蟲魚圖》二十卷。開成中，文宗命集賢院脩撰，并繪物象。學士楊嗣復、張次宗上之」。按《名賢畫録》「太和中，文宗好古重道，以晋明帝朝，衛協畫《毛詩圖》，草木鳥獸、古賢君臣之像，不得其真，召程脩己圖之。皆據經定名，任意採掇。由是冠冕之製，生植之姿，遠無不詳，幽無不顯」。然則所圖非止草木蟲魚也。《隋志》：梁有《毛詩古賢聖圖》二卷。

格物之學，莫近於《詩》。「關關」之睢，摯有别也；「呦呦」之鹿，食相呼也。「德如鳲鳩」，言均壹也；「德如羔羊」，取純絜也；「仁如騶虞」，不嗜殺也。「鴛鴦在梁」，得所止也；「桑扈啄粟」，失其性也。「倉庚」，陽之候也；「鳴鵙」，陰之兆也。「蒹葭、露霜」，變也；「桃蟲拚飛」，化也。「鶴鳴于九皋，聲聞于野」，誠不可揜也；「鳶飛戾天，魚躍于淵」，道無不在也。「南有喬木」，貞女之操也；「隰有荷華」，君子之德也。「匪鱣匪鮪」，避危難也；「匪兕匪虎」，慨勞役也。「蓼莪、常棣」，知孝友也；「蘩蘋、行葦」，見忠信也。「葛屨」褊，而「羔裘」怠也；「蟋蟀」儉，而「蜉蝣」奢也。「爰有樹檀，其下維穀」，美必有惡也；「周原膴膴，堇荼如飴」，惡可爲美也。「黍以爲稷」，心眩於視也；「蠅以爲雞」，心惑於聽也。「緑竹猗猗」，文章著也；「皎皎白駒」，賢人隱也。「贈以勺藥，貽我握椒」，芳馨之辱也；「焉得諼草，言采其蝱」，憂思之深也。「柞棫斯拔，侯薪侯蒸」，盛衰之象也；「鳳皇于飛，雉離于羅」，治亂之符也。「相鼠、碩鼠」，疾惡也；「采葛、采苓」，傷讒也。引而伸之，觸類而長之，有多識之益也。

「誦《詩》三百，不能專對」、「不足以一獻」，皆誦言而忘味者也。自賜、商之後，言《詩》莫若孟子，其述孔子之言，以爲知道者二：《鴟鴞》、《烝民》是也。如《靈臺》、《皇矣》、《北山》、《雲漢》、《小弁》、《凱風》，深得詩人之心，以意逆志，一言而盡説《詩》之要。學《詩》必自孟子始。

申、毛之《詩》，皆出於荀卿子，而《韓詩外傳》多述《荀書》。今攷其言「采采卷耳」，「鳲鳩在桑」，「不敢暴虎，不敢馮河」，得《風》、《雅》之旨。而引逸《詩》尤多，其孔筆所删歟？

《法言》曰：「守儒，轅固、申公。」二子無愧於言《詩》矣。王式以《三百五篇》諫，亦其次也。彼語《詩》解頤者，能無愧乎？

《草木鳥獸蟲魚疏》，陸璣字元恪所撰，非陸機也。

「鄭氏《詩譜》，徐整暢，太叔裘隱。」見《釋文序録》。《隋志》「太叔求及劉炫注」。《古今書録》云：「徐正陽注。」《館閣書目》謂注者爲太叔求，而不攷《序録》。徐正陽，疑即徐整，誤以「整」爲「正」，「暢」爲「陽」也。整，字文操，吴太常卿。

《詩緯含神霧》曰：「集微揆著，上統元皇，下序四始，羅列五際。」又曰：「《詩》者，天地之心，君德之祖，百福之宗，萬物之户也。」《推度災》曰：「建四始五際，而八節通。」《汎歷樞》曰：「午亥之際爲革命，卯酉之際爲改正。辰在天門，出入候聽。卯，《天保》也。酉，《祈父》也。午，《采芑》也。亥，《大明》也。」《大明》在亥，水始也。《四牡》在寅，木始也。《嘉魚》在巳，火始也。《鴻雁》在申，金始也。」翼奉學《齊詩》，聞五際之要，《十月之交篇》。郎顗曰：「四始之缺，五際之厄。」五際本於《齊詩》，四始與《毛詩序》異。蓋習聞其說，而失之也。

曹氏《論詩》云：「詩之作本於人情，自生民以來則然：太始天皇之策，包羲罔罟之章，葛天之八闋，康衢之民謡。」愚按：《素問・天元紀大論》鬼臾區曰：「積考《太始天元册》文曰：『太虚寥廓，肇基化元。萬物資始，五運終天。布氣真靈，總統坤元。九星懸朗，七曜周旋。曰陰曰陽，曰柔曰剛。幽顯既位，寒暑弛張。生生化化，品物咸章。』」蓋古詩之體始於此，然伊川謂《素問》出於戰國之末。

《文粹》李行脩云：「劉迅《説詩》三千言，言《詩》者尚之。」今攷迅作《六説》以繼《六經》，自「孔氏」至「考亂」，凡八十九章。取漢史、詔書及群臣奏議以擬《尚書》。又取《房中歌》至《後庭鬬百草》、《臨春樂》、《小年子》之類【九】，凡一百四十二篇，以擬《雅》章。又取《巴俞歌》【一〇】、《白頭吟》、《折楊柳》至《談容娘》，以比《國風》之流。然文中子嘗續經矣。朱子謂：「高、文、武、宣之制，豈有『精一執中』之傳？曹、劉、顔、謝之詩，豈有『物則秉彝』之訓？」况迅乎！

艾軒曰：「《九德》、《九夏》，《雅》、《頌》之流也。《貍首》，風也。豳之《雅》、《頌》，猶《魯頌》也。」薛士龍曰：「《詩》之音律，猶《易》之象數。」

説《詩》者謂，宋襄公作《誙鐘》之樂。案《博古圖》有宋公成誙鐘。《大晟樂書》：

【九】小年子之類　「小」，四庫本、翁注本作「少」。

【一〇】又取巴俞歌　「俞」，四庫本、翁注本作「渝」。

「應天得六鐘，篆其帶曰『莖鐘』。詔謂『獲英莖之器，於受命之邦』。」此姦諛傅會之言。宋公成亦非襄公，用以説《詩》，陋矣。

《大學》「止於至善」引《詩》者五，「齊家」引《詩》者三。朱子謂：「咏歎淫液，其味深長，最宜潛玩。」《中庸》末章凡八引《詩》，朱子謂：「『衣錦尚絅』至『不顯維德』，始學成德之序也。『不大聲以色』至『無聲無臭』，贊不顯之德也。」反復示人，至深切矣。《孝經》引《詩》十，引《書》一，張子韶云：「多與《詩》、《書》意不相類，直取聖人之意而用之。是《六經》與聖人合，非聖人合《六經》也。或引或否，卷舒自然，非先攷《詩》、《書》而後立意也。《六經》即聖人之心，隨其所用，皆切事理。此用經之法。」

束晳《補亡詩》「循彼南陔」，釋曰：「陔，隴也。」《群經音辯》云：「序曰：『孝子相戒，以養。』『陔』當訓『戒』。《鄉飲酒》、《燕禮》『賓醉而出，奏《陔夏》。』鄭氏注：『陔之言戒也。』以《陔》爲節，明無失禮，與《詩序》義協。」愚按《春官·樂師》鄭司農注：「今時行禮於大學，罷出，以鼓《陔》爲節。」

《荀子》曰：「善爲《詩》者不説。」程子之優游玩味，吟哦上下也。董子曰：「《詩》無達詁。」孟子之「不以文害辭，不以辭害志」也。

曹子建《表》「忍垢苟全，則犯詩人胡顔之譏。」《詩》無此句。李善引《毛詩》曰：「何顔而不速死也。」今《相鼠》注無之。

《説文叙》云：「其稱《詩毛氏》者，皆古文也。」以今《詩》攷之，其文多異。「得此䶊䵹」，爲「蟾蠩」；「碩大且嬒」，爲「重頤」，皆《韓詩》之説也。

蔡邕《正交論》云：「周德始衰，頌聲既寢，《伐木》有鳥鳴之刺。」是以《正雅》爲刺也。

春秋時，諸侯急攻戰而緩教化，其留意學校者，唯魯僖公能脩泮宫，衛文公敬教勸學，它無聞焉。鄭有《子衿》城闕之刺，子産僅能不毁鄉校而已。

吴才老《詩叶韻補音序》曰：「《詩》音舊有九家，唐陸德明定爲一家之學。開元中，脩《五經文字》，『我心慘慘』爲『懆』，七到反。『伐鼓淵淵』爲『鼘』。於巾反。皆與《釋文》異。乃知德明之學，當時亦未必盡用。」

「取蕭祭脂」，曰「其香始升」；「爲酒爲醴」，曰「有飶其香」。古所謂香者如此。韋彤《五禮精義》云：「祭祀用香，今古之禮並無其文。《隋志》曰：『梁天監初，何佟之議鬱鬯蕭光，所以達神。與其用香，其義一也。』攷之殊無依據，開元、開寶禮不用。」

「誕后稷之穡，有相之道」，疏云：「種之必好，似有神助。」《吕氏春秋》后稷曰：「子能使子之野，盡爲泠風乎？六尺之耜，所以成畝也。其博八寸，所以成甽也。耨柄尺，此其度也。其耨六寸，所以間稼也。」漢趙過曰：「后稷始甽田。」

「興雨祁祁」，雨欲徐，徐則入土。《鹽鐵論》云：「周公太平之時，雨不破塊，旬而一雨，雨必以夜。」

「以按徂旅」，《孟子》作「以遏徂莒」，《韓非》云：「文王克莒。」「夏屋渠渠」，箋云：「設禮食大具，其意勤勤。」正義王肅云：「大屋。」崔駰《七依》説宫室之美云：「夏屋渠渠。」《文選・靈光殿賦》注引《七依》作「蘧蘧」。《檀弓》「見若覆夏屋者矣」，注：「夏屋，今之門廡。其形旁廣而卑。」正義：「殷人以來，始屋四阿。夏家之屋，唯兩下而已，無四阿，如漢之門廡。」鄭康成於《詩》、《禮》注異如此。

文王之治，由身及家。《風》始于《關雎》，《雅》始于《大明》，而《思齊》又《關雎》之始也。《家人》之九五曰：「王假有家。」「不顯亦臨」，謹獨者，齊家之本。故《家人》之吉，在於反身。

衛武公自警曰：「慎爾出話，敬爾威儀，無不柔嘉。」古之君子，剛中而柔外。「仲山甫之德，柔嘉維則」，隨會「柔而不犯」。韓文公爲王仲舒銘曰：「氣鋭而堅，又剛以嚴。哲人之常，與其友處。順若婦女，何德之光！」

「爾土宇昄章」，必曰：「俾爾彌爾性。」務廣地而不務廣德者，人君之深戒也。「不務德而勤遠略」，齊之霸所以衰。「狄之廣莫，於晋爲都」，晋之亂所以萌。

風俗，世道之元氣也。觀《葛生》之詩，堯之遺風變爲北方之彊矣；觀《駟驖》、《小戎》之詩，文、武好善之民變爲山西之勇猛矣。晋、秦以是彊於諸侯，然晋之分爲三，秦之二世而亡，風俗使然也。是以先王之爲治，威彊不足而德義有餘。商之季也，有故家遺俗焉。周之衰也，懷其舊俗焉。

「皇皇后帝，皇祖后稷」，魯以稷配天，周之東遷，始僭禮矣。夫子以爲周公之衰，而史克何美焉？齊百庭燎，晋請王章，習以爲常，禮樂安得不自大夫出乎？

朱子發曰：「《詩》全篇削去者二千六百九十四篇，如《貍首》、《曾孫》之類是也。篇中删章者，如『唐棣之華，偏其反而。豈不爾思？室是遠而』之類是也。章中删句者，如『巧笑倩兮，美目盼兮，素以爲絢兮』是也。句中删字者，如『誰能秉國成，不自爲政，卒勞百姓』是也。」

止齋曰：「《國風》作而二《南》之正變矣。邶、鄘、曹、鄶，特微國也，而《國風》以之終始。蓋邶、鄘自别於衛，而諸侯侵無統紀【一二】，及其厭亂思治，追懷先王先公之世，有如曹、鄶然，君子以爲是二《南》之可復。世無周公，誰能正之？是故以豳終。」

【一二】而諸侯侵無統紀　「侵」，四庫本、翁注本作「浸」。

卷四

周禮

漢河間獻王得《周官》，而武帝謂末世瀆亂不驗之書。唯唐太宗夜讀之，以爲真聖作，曰：「不井田，不封建，而欲行周公之道，不可得也。」人君知此經者，太宗而已。劉歆始用之，蘇綽再用之，王安石三用之，經之蠹也。唯文中子曰：「如有用我，執此以往。」程伯子曰：「必有《關雎》、《麟趾》之意，然後可以行《周官》之法度。」儒者知此經者，王、程二子而已。

《漢志》謂之《周官經》，《序録》云：「劉歆始建立《周官經》，以爲《周禮》。」意者，《周禮》之名昉此乎？然《後漢書》云：「鄭衆傳《周官經》，後馬融作《周官》傳，授鄭玄，玄作《周官》注。」猶未以《周禮》名也。《隋志》自馬融注已下，始曰《周官禮》。《隋志》：「《三禮目録》一卷，鄭玄撰。」今見于《釋文》。

五峰胡氏云：「《周官》：『司徒掌邦教，敷五典。司空掌邦土，居四民。』世傳《周禮》闕《冬官》，未嘗闕也，乃《冬官》事屬之《地官》。」程泰之云：「五官各有羨數，《天官》

六十三，《地官》七十八，《春官》七十，《夏官》六十九，《秋官》六十六，蓋斷簡失次，取羨數。凡百工之事，歸之《冬官》，其數乃周。」俞庭椿爲《復古編》，亦云：「《司空》之篇，雜出於五官之屬。」九峰蔡氏云：「周公方條治事之官，而未及師保之職。《冬官》亦闕，首末未備，周公未成之書也。」

《考工記》，或以爲先秦書，而《禮記》正義云：「孝文時，求得《周官》，不見《冬官》一篇，乃使博士作《考工記》補之。」馬融云：「孝武開獻書之路，《周官》出於山巖屋壁。」《漢書》謂河間獻王得之，非孝文時也。《序録》云：「李氏上五篇，失事官一篇，取《考工記》補之。」《六藝論》云：「壁中得六篇，誤矣。齊文惠太子鎮雍州，有盜發楚王冢，獲竹簡書，青絲編簡，廣數分，長二尺。有得十餘簡以示王僧虔。僧虔曰：『是科斗書《考工記》，《周官》所闕文也。』」漢時科斗書已廢，則《記》非博士所作也。易氏云：「《考工記》非周書也。言周人上輿，而有梓匠之制；言周人明堂，而有世室重屋之制；言溝洫澮川，非遂人之制；言旂旗旟旐，非大司馬、司常、巾車之制。眂周典大不類。」

《禮器》「《經禮》三百」，鄭氏注謂即《周禮》三百六十官。《漢志》「《禮經》三百」，臣瓚注云：「《周禮》三百，是官名也」，「《禮經》謂冠昏吉凶」，蓋以《儀禮》爲《經禮》也。朱子從瓚說，謂《周禮》乃設官分職之書，禮典在其中而非專爲禮設也。

鄭康成釋經，以緯書亂之，以臆説汩之，而聖人之微指晦焉。徐氏《微言》謂：「鄭注誤有三：《王制》，漢儒之書，今以釋《周禮》，其誤一；《司馬法》，兵制也，今以證田制，其誤二；漢官制皆襲秦，今引漢官以比周官。小宰乃漢御史大夫之職，謂小宰如今御史中丞，如此之類，其誤三。」鶴山謂「以末世弊法，釋三代令典，如以漢算擬邦賦，以莽制擬國服。」止齋謂「以《周禮》爲非聖人之書者，以說之者之過也。」

張禹以《論語》文其諛，劉歆以《周官》文其姦，猶以《詩》、《禮》發冢也。禹不足以玷《論語》，而以歆訾《周官》可乎？西山曰：「歆之王田，安石之泉府，直竊其一二以自蓋爾。」

易氏《總義》云：「府史胥徒，《通典》總言其爲六萬三千六百七十五人。」愚攷之《通典》，周六萬三千六百七十五員，內二千六百四十三人，外諸侯國官六萬一千三十二人。此乃官數，非謂府史胥徒也。

嬪御、奄寺、飲食、酒漿、衣服、次舍、器用、貨賄，皆領於冢宰。冕弁、車旗、宗祝、巫史、卜筮、瞽侑，皆領於宗伯。此周公相成王，格心輔德之法。周之興也，滕侯爲卜正，呂伋爲虎賁氏。侍御僕從，罔匪正人。左右携僕，庶常吉士。及其衰也，昏椓靡共，婦寺階亂。膳夫內史，趣馬師氏，締交於嬖寵。瑣瑣姻亞，私人之子，竊位於王朝。至秦而大臣不得議近臣矣，至漢而中朝得以詘外朝矣，至唐而北司是信，南司無用矣，由周公之典廢也。聞有詰責幸臣，如申屠嘉；奏劾常侍，如楊秉；宮中府中爲一體，如諸葛武侯：可謂知宰相之職者。唐太宗責房玄齡以北門營繕，何預君事？豈善讀《周禮》者哉！我朝趙普於一薰籠之造，亦制以有司之法；李沆於後宫之立，奏以臣沆不可；趙鼎於内苑移竹，責宦者罷其役：庶幾古大臣之風矣。五峰乃謂周公不當治成王燕私之事，殆未之思也。

李泰伯曰：「内宰用大夫、士、世婦，每宫卿二人，皆分命賢臣，以參檢内事。」漢世皇后詹事，以二千石爲之，猶有成周遺意。

《漢·食貨志》「太公爲周立九府圜法」，顔師古注：「《周官》太府、玉府、内府、外府、泉府、天府、職内、職金、職幣皆掌財幣之官，故曰九府。」愚按：《爾雅》「醫無閭之珣玗琪，會稽之竹箭，梁山之犀象，華山之金石，霍山之珠玉，崑崙之璆琳琅玕，幽都之筋角，斥山之文皮，岱岳之五穀魚鹽，是謂九府」。五峰胡氏《皇王大紀》所述與《爾雅》同，而繼之曰：「尚父立圜法，輕重以銖，通九府之貨。」又按《史記·列傳》「吾讀管氏《輕重》、《九府》」，劉向《别録》曰「《九府》書，民間無有」，《索隱》謂其書「論鑄錢之輕重」，《鹽鐵論》文學曰「管仲設九府，徼山海」，《通典》亦云「太公立九府之貨」。然則九府，太公立之，管仲設之，其名列于《爾雅》，蓋即管氏書也。《大紀》之説得之，顔注恐非。《曲禮》天子之六府，亦與《大禹謨》之六府異。

「九嬪」注引孔子曰：「日者天之明，月者地之理。」《孝經援神契》之言也。何休《公羊傳序》引孔子有云：「吾志在《春秋》，行在《孝經》。」《孝經鉤命決》之言也。漢儒以緯書孔子所作。康成注《中庸》，亦引孔子曰：「吾志在《春秋》，行在《孝經》。」

「宫伯掌王宫之士庶子」，漢諸侯子入宿衛，齊王之弟章是也。入京師受業，楚王之子郢客是也。其制猶古。

奄止於上士，抑其權也。唐太宗詔内侍省不立三品官，不任以事。然内侍並列于六省，開奄尹與政之階，與周典統於冢宰異矣。

「八則」，「禮俗以馭其民」。吕微仲謂「庶民可參之以俗，士以上專用禮」，此説非也。《大傳》「百志成，故禮俗刑」，吕成公謂：「禮俗不可分爲兩事，制而用之謂之禮，習而安之謂之俗。若禮自禮，俗自俗，不可謂之禮俗。」

王之膳服雖不會，而九式有羞服之式，冢宰所均節也。待王之膳服，不過以關市之賦，則其用簡矣。

司徒掌教不言財，司馬掌政不言兵。鄉遂、九畿，兵、財在其中。井田、封建，足食足兵之本也。《周官》之法不行，無善教善政，於是憂財用，畏夷狄矣。

鄉有軍制，無田制。遂有田制，無軍制。疏云：「鄭注互見其義。」

大司徒「建邦國，以土圭土其地」。匠人建國，「晝參諸日中之景，夜考之極星」。《詩·定之方中》傳云：「度日出日入，以知東西。南視定，北準極，以正南北。」愚按《晏子春秋》「景公新成柏寢之室，使師開鼓琴。師開左撫宫，右彈商，曰：『室夕，東方之聲薄，西方之聲揚。』公召大匠曰：『室何爲夕？』大匠曰：『立室以宮矩爲之。』於是召司空曰：『立宮以城矩爲之。』明日，晏子朝。公曰：『先君太公立宮，何爲夕？』對曰：『古之立國，南望南斗，北戴樞星，彼安有朝夕哉！而以今之夕者，周之建國，國之西方，以尊周也。』公曰：『古之臣乎。』」樞星，即極星也。公劉居豳，「既景迺岡」，然則尚矣。

蔡邕《明堂論》曰：「王居明堂之禮，南門稱門，西門稱闈，故《周官》有門闈之學。師氏教以三德，守王門。保氏教以六藝，守王闈。然則師氏居東門、南門，保氏居西門、北門也。」朱子《大學章句序》「王宮有學」，蓋謂此。魯孝公之爲公子，嘗入京師爲國子，人稱其孝，宣王命之導訓諸侯。他書言國子者，唯《周語》焉。

《師氏》「三德」，朱子曰：「至德以爲道本，明道先生以之。敏德以爲行本，司馬温公以之。孝德以知逆惡，趙無愧、徐仲車之徒以之。」

《牧誓》、《顧命》皆言「師氏」。《雲漢》之傳曰：「年穀不登，則師氏弛其兵。」《文王世子》「大司成」，注以爲師氏。而「楀維師氏」，以刺匪其人。「九兩」，「師以賢得民」，注謂「諸侯師氏」，言賢者以身教也。后妃亦有之，《葛覃》云：「言告師氏。」

《保氏》「九數」，鄭司農云：「今有重差、夕桀、句股。」《釋文》：「夕，音的。此二字非鄭注。」愚按《少儀》正義引鄭司農云：「今有重差、句股。」馬融、干寶等更云：「今有夕桀，各爲二篇，未知所出。」則「夕桀」二字，後人附益，非鄭注信矣。劉徽《九章算經序》

云：「包犧氏始畫八卦，作九九之術，以合六爻之變。黄帝建《曆紀》，協律吕。隸首作數。周公制禮，有九數。九數之流，則《九章》是矣。漢張蒼、耿壽昌皆善算，因舊文删補，故校其目。與古或異，而所論多近語。」

「里宰以歲時合耦于耡」，注云：「耡者，里宰治處也，若今街彈之室。於此合耦，使相佐助。」疏謂：「漢時在街置室，檢彈一里之民。」《金石録》有中平二年正月《都鄉正街彈碑》，在昆陽城中。趙明誠失於攷《禮》注，而酈氏注《水經》、洪氏《隸釋》，皆以「街」爲「衛」，又誤矣。《漢·食貨志》言古制云：「春將出民，里胥平旦坐於右塾，鄰長坐於左塾，畢出，然後歸。夕亦如之。」里胥之塾，其即《里宰》所謂「耡」者歟？

《庖人》注：「青州之蟹胥。」《釋文》：胥，息徐反。劉音「素」。《字林》先於反，蟹醬也。《集韻》：「蝑，蟹醢，四夜切。」當從《集韻》。《籩人》注：「鱐者，析乾之，出東海。」陸廣微《吴地記》云：「闔閭思海魚，而難於生致。治生魚，鹽漬而日乾之，故名爲鮝。」讀如「想」。

《管子·地員篇》「九州之土，爲九十物。每土有常，而物有次。群土之長，是唯五粟，次曰五沃，次曰五位，次曰五蘟，次曰五壤，次曰五浮，凡上土三十物，種十二物。中土曰五忞，次曰五纑，次曰五壏，次曰五剽，次曰五沙，次曰五塥，凡中土三十物，種十二物。下土曰五猶，次曰五弙，次曰五殖，次曰五觳，次曰五鳧，次曰五桀，凡下土三十物，種十二物。凡土物九十，其種三十六。」按：《大司徒》「以土會之法，辨五地之物生；以土宜之法，辨十二壤之物，而知其種。」此篇亦古制之存者。《河圖》謂：「東南神州曰晨土，正南邛州曰深土，西南戎州曰滔土，正西弇州曰开土，正中冀州曰白土，西北柱州曰肥土，北方玄州曰成土，東北咸州曰隱土，正東揚州曰信土。」

《地員篇》「凡草土之道，各有穀造。或高或下，各有草土。葉下於𦸗，𦸗下於莧，莧下於蒲，蒲下於葦，葦下於雚，雚下於蔞，蔞下於荓，荓下於蕭，蕭下於薜，薜下於萑，萑下於茅。凡彼草物，有十二衰。」注『𦸗即鬱也。衰，謂草上下相重次也。』按《周官》有《草人》，此豈其遺制歟？

土圭度地之法，景一寸，地差千里。一分，地差百里。王畿千里，以寸爲法，五等諸侯之地，以分爲法。尺有五寸者，一萬五千里之景也。天地相去三萬里。嘗攷隋、唐《志》：「宋元嘉十九年，測於交州，何承天謂六百里差一寸。後魏永平元年，測於洛陽，信都芳謂二百五十里差一寸。」然宋之於陽城，魏之於金陵，皆踰度未可據也。唐開元十二年，植表浚儀，大率五百二十六里二百七十步差二寸餘，遂以舊説千里一寸爲妄。王朴曰：「陽城乃在洛之東偏，開元得浚儀之岳臺，應南北弦居地之中。」司馬公《日景圖》云：「日行黄道，每歲有差。地中當隨而轉移。故周在洛邑，漢在潁川陽城，唐在汴州浚儀。」潏水李氏云：「周於陽城測景，説者謂地形西北高，東南下。極星在北，斗亦在北。極星乃天之中也，天之中則地之中。」

「諸公之地，方五百里」，與《武成》、《孟子》之言不合。子産曰：「列國一同。」《孟子》亦曰：「魯方百里。」《明堂位》乃云：「魯方七百里。」或謂《周官》、《明堂位》兼附庸而言。《職方氏》疏云：「無功，縱是公爵，惟守百里地。謂若虞公、虢公，舊是殷之公，至周仍守百里國，以無功故也。」愚按《左氏傳》：「虞仲，大王之昭也。虢仲、虢叔，王季之穆也。」皆周所封，謂「舊是殷之公」，誤矣。

「歲終正治而致事」，注：「上其計簿。」疏云：「漢時考吏，謂之計吏。」今按：《説苑》「晏子治東阿三年，景公召而數之；明年上計，景公迎而賀之」。《韓子·外儲説》「西門豹爲鄴令，居期年，上計，君收其璽。」《新序》「魏文侯東陽上計，錢布十倍」。《史記》「秦昭王召王稽，拜爲河東守，三歲不上計」。然則春秋戰國時，已有上計，非始于漢。

朱文公曰：「讀曹公、杜牧《孫子》，見其所論車乘人數，諸儒皆所未言。唯蔡季通每論此事，以考《周禮》軍制皆合。」愚按：《孫子·作戰篇》「凡用兵之法，馳車千駟，革車千乘，帶甲十萬」，曹公注：「馳車，輕車也。」杜牧注：「輕車，戰車也。古者車戰，革車、輜車，重車也，載器械財貨衣裝。《司馬法》曰：『一車甲士三人，步卒七十二人，炊家子十人，固守衣裝五人，廐養五人，樵汲五人。輕車七十五人，重車二十五人。』故二乘兼一百人爲一隊。舉十萬之衆，革車千乘，校其費用支計，則百萬之衆皆可知也。」《左氏傳》「乙卯，楚師軍於邲」，「丙辰，楚重至於邲」，呂成公謂：「凡戰，兵車在前，輜重常在兵車之後。楚重次日乃至，後一日，故無鈔擊之患。」唐説齋云：「儒者謂甸出七十五人，不知實出百人。其七十五人，戰車也。其二十五人，重車也。」

古者步百爲畝。古之百畝，爲今四十一畝一百六十步。古之一井，爲今三百七十五畝。竇儼曰：「小畝步百，周之制也。中畝二百四十，漢之制也。大畝三百六十，齊之制也。今所用者，漢之中畝。」《鹽鐵論》御史曰：「古者制田，百步爲畝。先帝哀憐百姓，制田二百四十步而一畝。」《通典》謂：「商鞅佐秦，以爲地利不盡，更以二百四十步爲畝。」二説不同。

《禹貢》之田九等，蔿掩別楚地亦九等，《孟子》、《王制》爲五等，而《周官》止三等。解者謂《大司徒》不易、一易、再易三等，都鄙之制也。《小司徒》上、中、下地三等，六鄉之制也。《遂人》上、中、下地三等，有萊者，六遂之制也。《大司馬》上、中、下地三等，諸侯之制也。

《遂人》治野，乃鄉遂公邑之制。《匠人》溝洫，乃采地之制。鄭康成云：「周制畿内用夏之貢法，税夫無公田。邦國用殷之助法，制公田不税夫。」朱文公亦云：「溝洫以十爲數，井田以九爲數。井田、溝洫決不可合，而永嘉諸儒欲混爲一。康成注分爲二，是也。」愚按李泰伯《平土書》云：「周畿内及諸侯一用貢法。」蓋泰伯已與康成異矣，非始於永嘉諸儒也。劉氏《中義》以《匠人》溝洫，求合乎《遂人》治野之制，謂《遂人》言積數，

《匠人》言方法，然《周禮》、《考工》各爲一書。易氏謂《匠人》前代之制。

禹「盡力乎溝洫」，「濬畎澮，距川」。《遂人》五溝五涂之制，因于古也。以水佐耕者豐，稻人掌之。以水佐守者固，司險掌之。自鄉遂之法弛，子駟爲田洫而喪田者以爲怨，子産作封洫而伍田疇以爲謗。晉欲使齊盡東其畝，而戎車是利。甚而兩周爭東西之流，至商鞅決裂阡陌，吕政決通川防，古制蕩然矣。古者内爲田廬，外爲溝洫，在《易》之《師》；寓兵於農，伏險於順，取下《坎》上《坤》之象。溝洫之成，自禹至周，非一人之力。溝洫之壞，自周衰至秦，非一日之積。先儒謂「井田壞而戎馬入中國，如入無人之境」，悲夫！

人耦、牛耦，鄭氏注「合耦」並言之。疏謂：「周時未有牛耦耕，至漢趙過始教民牛耕。」今攷《山海經》「后稷之孫叔均，始作牛耕」。周益公云：「孔子有『犂牛』之言。冉耕，亦字伯牛。《賈誼書》、《新序》載鄒穆公曰：『百姓飽牛而耕。』《月令》季冬出土牛，示農耕早晚。何待趙過？過特教人耦犂，費省而功倍爾。」

盬鹽，引池而化，《山海經》「鹽販之澤」，《穆天子傳》「至于盬」，晉郇瑕氏之地，而猗頓用是起者也。散鹽，煮水而成，《夏書》青州之貢，《職方》幽州之利，齊之渠展，燕之遼東，而宿沙初作者也。形鹽，物地以出之【一】，周公閱所云「鹽虎形也」。飴鹽，於戎以取之，伊尹所云「和之美」者，大夏之鹽也。後周四鹽之政倣此。古者川澤之饒，與民共之。

【一】物地以出之 「物」，四庫本、翁注本作「掘」。

自《海王》之篇，祈望之守，作俑于齊，至漢二十倍於古。攷之《漢志》，鹽官三十有五，唐有鹽之縣一百五。本朝鹽所出者十二路，爲池二，爲監七，爲場二十二，爲井六百有九，法益詳而利無遺矣。

「玩物喪志」，召公以爲戒。凡式貢之餘財，以共玩好之用，恐非周公之典。《無逸》曰：「惟正之供。」

《外府》注：「泉始蓋一品，周景王鑄大泉而有二品。」韋昭注《周語》曰：「單穆公云：『古者有母平子，子權母而行。』然則二品之來，古而然矣。」

古者以射、御爲藝。孔子曰：「執射乎？執御乎？」《詩》曰：「叔善射忌，又良御忌。」「四黄既駕，兩驂不猗」，御之善也。「不失其馳，舍矢如破」，射之善也。學射者多矣。造父之師泰豆氏、尹需之習秋駕，皆學御者也。《説苑》謂「御者使人恭，射者使人端」，亦正心脩身之法。

「貨賄用璽節」，注：「今之印章也。」《司市》注云：「如今斗檢封。」《職金》云：「楬而璽之。」《左傳》「季武子使公冶問，璽書追而與之。」《戰國策》「欲璽者段干子也」。蔡邕《獨斷》云：「古者尊卑共用之。」衛宏云：「秦以來天子爲璽，又獨以玉爲之，臣下莫敢用。」唐又改璽爲寶。《五代史》臣曰：「國以玉璽爲傳授神器，遂古無聞。」《運斗樞》曰：「舜爲天子，黄龍負璽。」《世本》曰：「魯昭公始作璽。」

《司門》「正其貨賄」，正者，禁其淫侈而歸于正也。注讀爲「征」，非是。

《迹人》，春秋末，宋猶有是官。《左氏·哀十四年傳》迹人來告曰：「逢澤有介麋焉【二】。」

《司禄》，闕。《孟子》云：「諸侯惡其害己也，而皆去其籍。」趙氏注：「今《周禮》司禄之官無其職。是諸侯皆去之，故不復存。」

《槁人》注：「今司徒府中有百官朝會之殿。」後漢《蔡邕集》所載「百官會府公殿下」者也。古天子之堂，未名曰殿。《説苑》「魏文侯御廩災，素服辟正殿五日」。《莊子·説劍》云：「入殿門不趨。」蓋戰國始有是名。《燕禮》注：「當東霤者，人君爲殿屋也。」疏謂「漢時殿屋四向流水」，舉漢以況周。然《漢·黄霸傳》「先上殿」，注謂「丞相所坐屋」。古者屋之高嚴，通呼爲殿，不必宫中也。

《大宗伯》疏：《星備》云：「五星初起牽牛，歲星一日行十二分度之一，十二歲而周天。熒惑日行三十三分度之一，三十三歲而周天。鎮星日行二十八分度之一，二十八歲而周天。太白日行八分度之一，八歲而周天。辰星日行一度，一歲而周天。」《馮相氏》疏：《星備》云：「明王在上，則日月五星皆乘黄道。」《保章氏》疏：《星備》云：「五星更王相休廢，其色不同。王則光芒，相則内實，休則光芒無角，不動摇，廢則少光。色順四時。其國皆當也。」《星備》之書，僅見於此，隋、唐《志》皆不著録。

【二】逢澤有介麋焉　「麋」，四庫本、翁注本作「麇」。

周五禮之別，三十有六。唐五禮之儀，一百五十有二。《唐志》云：「自梁以來，始以當時所行，傅於《周官》五禮之名，各立一家之學。」

「九磬之舞」，注云：「當爲大磬。」愚謂「九磬」之名尚矣，不必改字。《説苑》「孔子至齊郭門之外，遇一嬰兒，挈一壺，相與俱行。其視精，其心正，其行端。孔子謂御曰：『趣驅之，趣驅之！韶樂方作。』孔子至彼，聞韶，三月不知肉味。」齊景公作《徵招》、《角招》，蓋舜樂之存者。劉原父云：「《九招》者，九名。予識其三焉，祈、徵、角之謂也。」《山海經》「夏后開得《九辯》、《九歌》以下，始歌《九招》於大穆之野。」《帝王世紀》「啓升后十年，舞《九韶》。」《竹書》曰：「夏后開儛《九招》。」《史記》「禹乃興《九招》之樂」，《索隱》曰：「即舜樂《簫韶》九成。」艾軒謂：「勸之以《九歌》，即《九招》之樂。」《吕氏春秋》「帝嚳命咸黑作爲舞聲，歌《九招》、《六列》、《六英》。帝舜令質脩《九招》、《六列》、《六英》，以明帝德。」然則《九招》作於帝嚳之時，舜修而用之。秦唯《韶》、《武》二樂存。

班固《律曆志》述劉歆之言，以律爲下生，吕爲上生。鄭康成以黄鍾三律爲下生，以蕤賓三律爲上生。梁武帝《鐘律緯》謂：「班固夾鍾中吕，過於無調。鄭康成有升陽而無降陽。」陳用之《禮書》謂：「自子午以左皆上生，子午以右皆下生。」以鄭説爲是。張文饒《翼玄》曰：「十二月之律以候月，六十日之律以候日。月律當一下一上，依次而生。日律當用蕤賓重上生。司馬遷、劉歆之法，月律也。吕不韋、淮南、京房之法，日律也。《晉志》取司馬而非淮南，梁武是京房而非班固，皆非通論。」

《大卜》「三兆」，「其頌皆千有二百」。夏后鑄鼎，繇曰：「逢逢白雲，一南一北，一西一東。九鼎既成，遷于三國。」懿氏占曰：「鳳皇于飛，和鳴鏘鏘。有嬀之後，將育于姜。」成季卜曰：「間于兩社，爲公室輔。」驪姬繇曰：「專之渝，攘公之羭，一薰一蕕，十年尚猶有臭。」衛侯繇曰：「如魚竀尾，衡流而方羊裔焉。」漢文兆曰：「大横庚庚，余爲天王，夏啓以光。」皆龜繇也。

《卜師》「四兆」，鄭氏鍔以理推之，謂：「方兆，占四方之事也，漢武帝發《易》占，知神馬從西北來。功兆，占立功之事也，楚司馬子魚卜戰令龜。義兆，占行義之事也，惠伯曰：『忠信之事則可。』弓兆，有射意，後世有覆射之法。」

《龜人》「六龜」，《易》「十朋之龜」，《爾雅》十龜。《唐六典》「辨龜九類五色，依四時用之」。

《列子》「夢有六候」，與《占夢》同。「噩」作「蘁」。東坡曰：「高宗言夢，文王、武王言夢，孔子亦言夢。其情性治，其夢不亂。」西山曰：「正夢不緣感而得，餘皆感也。」

《大祝》「九祭」，九曰「共祭」。注云：「共，猶授也。王祭食，宰夫授祭。《孝經説》曰：『共綏執授。』」疏云：「《孝經説》，《孝經緯》文。共綏執授，謂將綏祭之時，共此綏祭以授尸。」愚謂：疏謂綏祭，非也。《後漢·禮儀志》注：「《孝經援神契》曰：『尊三老者，父象也。謁者奉几，安車輭輪，供綏執授。』宋均曰：『供綏，三老就車，天子親執綏授之。』」永平二年《養老詔》，亦有「安車輭輪，供綏執授」之語，蓋取《孝經緯》。

鄭司農注「肅揖」：「但俯下手，今時撎是也。」項氏云：「古之拜，如今之揖，折腰而已。介胄之士不拜，故以肅爲禮，以其不可折腰也。其儀特斂手向身，微作曲勢，此正今時婦人揖禮也。漢時婦人之拜，不過如此。或謂自唐武氏始尊婦人，不令拜伏，誤矣。周天元令婦人拜天臺，作男子拜，則雖虜俗，婦人亦不作男子拜也。《内則》尚右手者，言斂手右向，非若今用手按膝作跪也。男之尚左亦然。」今攷太祖問趙普拜禮，何以男子跪而婦人不跪？普問王貽孫，對曰：「古詩『長跪問故夫』，婦人亦跪也。唐武后時，婦人始拜而不跪。」普問所出，對曰：「唐張建章《渤海記》備言之。」

《眡祲》「掌十煇之法」，占日旁之氣也。二鄭解，其同者六，其異者四。《大卜》「掌三夢之法」，「其經運十，其別九十」，謂占夢之正法有十也，一運而九變，十運而九十變。注以「經運」爲「十煇」，先儒謂日之煇光。夢之變通，其占不同，不當改「運」爲「煇」。

《大史》「正歲年以序事」，注：「中數曰歲，朔數曰年。」中數三百六十五日四分日之一，朔數三百五十四日。《漢·曆志》曰：「閏所以正中朔也。」或謂周以建子爲正，而四時之事，有用夏正建寅者。用建寅則謂之歲，用建子則謂之年。《洪範》正義：「從冬至及明年冬至，爲一歲。」

《馮相氏》「致日」、「致月」，注：「冬至日在牽牛，景丈三尺。夏至日在東井，景尺五寸。此長短之極。春分日在婁，秋分日在角，而月弦於牽牛、東井。」《左氏傳》「日月之行，分同道也，至相過也」。正義云：「春分朔則日在婁，望則月在角。秋分朔在角，望在婁。婁、角天之中道，故晝夜等。冬至，朔則日在斗，望則月在井。夏至，朔在井，望在斗。斗、井南北，故晝夜長短極。」冬至，古日在牽牛，今在斗。鄭注與孔疏異，曆法歲差也。

《保章氏》「星土」，按「乙巳占」論十二次云：「北方之宿，主吳、越；火午之辰，在周邦。天度均列，而分野殊別。一次所主，或亘萬里，跨數州，或於寰內不布一郡。《國語》『歲在鶉火，有周之分野』，今豐、鄗當秦宿，而周分隸豫州，理實難詳。至如熒惑守心，宋景禳其咎；實沈爲祟，晉侯受其殃。事驗時有相應。」賈公彦謂：「吳、越在南，齊、魯在東，今歲星或北或西，不依國地所在。此受封之日，歲星所在之辰，國屬焉故也。」或云：「十二次可言者一，其惟析木乎？」尾箕艮維燕，可以言東北。

「十有二歲」，注：「歲星爲陽，右行於天，太歲爲陰，左行於地，十二歲而小周。」濇水云：「歲星在天，歲陰在地。《天官書》曰：『歲陰在攝提格，歲星在星紀。歲陰在單閼，歲星在玄枵。』自嘉祐丁酉，驗之多差，近年尤甚。歲星常先月餘，近年以來，常先一百二十餘日。」愚攷《大衍曆議》曰：「歲星自商、周迄春秋之季，率百二十餘年而超一次。戰國後，其行寖急，至漢尚微差，及哀、平間餘勢乃盡，更八十四年而超一次。」三山陳氏謂：「如《左氏》之説，則寅而在卯，午而在亥；如《史記》之説，則寅而在丑，辰而在亥。以次推之，皆不同。」《汲冢·師春》謂：「歲星每歲而成一分，積百四十四年而滿本數，則爲超辰之限。」

《外史》「達書名」，鄭康成謂：「古曰名，今曰字。」字者，滋也。《聘禮》記云：「百名以上書於策，不及百名書於方。」王文公云：「文者，奇偶剛柔，雜比以相承，如天地之文，故謂之文。字者，始於一而生於無窮，如母之字子，故謂之字。」夾漈謂：「獨體爲文，合體爲字。主類爲母，從類爲子。六書象形、指事，文也；會意、諧聲、轉注，字也；假借者，文與字也。諧聲與五書同出，五書尚義，諧聲尚聲。《説文》形也，以母統子；《廣韻》聲也，以子該母。字書，眼學；韻書，耳學。」《中庸或問》曰：「司徒教民，書居其一。外史達書名於四方，大行人又九歲一諭焉。其制度之詳如此。秦以小篆、隸書爲法，而周制始改。」

《鎛師》注引《春秋傳》「賓將趨」，今《左傳》作「掫」。《環人》注引「御下㮰馬」，今作「兩」。《職方氏》注引《國語》「閩芊蠻矣」，今作「蠻芊」。

《司爟》，鄭司農引《鄹子》，與《論語》馬融引《周書·月令》同。春取榆柳之火，夏取棗杏，季夏取桑柘，秋取柞楢，冬取槐檀。王劭曰：「《周官》四時變火以救時疾，火不數變，疾必興。聖人作法，豈徒然也。晉時有以洛陽火度江者，代代事之，相續不滅，火色變青。」《東漢·禮儀志》「日夏至，浚井改水。日冬至，鑽燧改火」。改水，唯見于此。

水有疏導，火有出納，山林金錫之地，皆爲之厲禁。時而用之，先王財成輔相之妙也。《鹽鐵論》大夫曰：「五行，東方木而丹章有金銅之山，南方火而交趾有大海之川，西方金而蜀隴有名材之林，北方水而幽都有積沙之地。此天地所以均有無，通萬物也。」《管子》「出銅之山四百六十七，出鐵之山三千六百九」。《唐六典》「天下水泉三億三萬三千五百五十有九」。

漏刻之法，晝夜百刻。易氏云：「十二時，每時八刻二十分，每刻六十分。」王昭禹云：「寅、申、巳、亥、子、午、卯、酉八時，各八刻。辰、戌、丑、未四時，各九刻。」愚謂易氏之説與古法合。《司寤氏》「掌夜時」，注謂「夜晚早，若今甲、乙至戊」，疏云：「甲、乙則早時，戊、亥則晚時。」愚按：衛宏《漢舊儀》「中黄門持五夜，甲、乙、丙、丁、戊夜，今謂之五更」。疏以「戊」爲「戌」，誤矣。馬融以昏明爲限，鄭康成以日出入爲限，有五刻之差。蔡邕以星見爲夜，日入後三刻，日出前三刻，皆屬晝。鄭與蔡校一刻。王伯照云：「晝夜長短，以岳臺爲定。九服之地，與岳臺不同，則易箭之日，亦皆少差。」

「職方氏」，漢樊毅《修西嶽廟記》作「識方氏」。《史通》云：「《周書·職方》之言與《周官》無異。」

「兖州，其浸盧維」，注云：「當爲『雷雍』，字誤也。」顔師古曰：「盧水在濟北盧縣。」《説文》「濰水出琅邪箕屋山，東入海，徐州浸」。《夏書》「濰、淄其道」。鄭讀非也。

王有三朝：一曰治朝，在路門之外，宰夫、司士掌之。二曰燕朝，在路門之內，大僕掌之。三曰外朝，在皋門之內，庫門之外，朝士掌之。內朝二，外朝一。《唐六典》「承天門，古之外朝。太極殿，古之中朝。兩儀殿，古之內朝。」

鄭康成因《左氏》「三辰旂旗」之文，謂王與公同服九章之衮。攷之經，無所見。《司服》云：「公自衮冕而下如王之服。」則衮冕而上之章，日月星辰也。冕十二旒，取法天數，豈同服九章，無君臣之別哉！《郊特牲》「王被衮以象天」，注：「謂有日月星辰之章。此魯禮也。」豈有周服九章而魯乃服十二章者乎？漢明帝采《周官》、《禮記》、《尚書·皋陶篇》，乘輿服從歐陽氏說，備十二章，得古制矣。

五刑之法，疏謂宮刑至隋乃赦。崔浩《漢律序》：「文帝除肉刑而宮不易。」《書》正義：「隋開皇之初，始除宮刑。」按《通鑑》「西魏大統十三年三月，除宮刑」，非隋也。

孫君孚《談圃》謂：「《周官》『贊牛耳』，荆公言取其順聽，不知牛有耳而無竅，本以鼻聽。有人引一牛與荆公辯。」今按《周禮義》云：「牛耳，尸盟者所執。」無順聽之説，蓋荆公聞而改之。

《萍氏》「幾酒」，猶妹土之誥也。禹惡旨酒，《易·未濟》之終，以「濡首」爲戒，曷嘗導民以飲而罔其利哉！「初榷酒酤」，書於《漢武紀》，其流害萬世，甚於魯之「初稅畝」。

《大戴記·朝事篇》取《周官·典命》、《大行人》，朱子《儀禮經傳》以爲《朝事義》。

《考工記》「貉踰汶則死」，先儒以汶爲魯之汶水。《列子釋文》云：「案《史記》『汶』與『崏』同，謂汶江也。今江邊人云：『狐不渡江。』《説文》『貉，狐類也』。踰越大水，則傷本性。」

「有虞氏上陶」，舜陶河濱，器不苦窳。周陶正猶以虞閼父爲之。

「周人上輿」，《中庸或問》「軌者，車之轍迹，輿之廣六尺六寸。其轍迹在地者，相距之間，廣狹如一，無有遠邇，莫不齊同。至秦然後車以六尺爲度」。

《輪人》注：「掣，讀爲『紛容掣參』之『掣』。」疏云：「今檢未得。」愚謂即《上林賦》「紛溶萷蔘【三】」。

《冶氏》注：「鋌，讀如『麥秀鋌』之『鋌』。」《表記》注：「移，讀如『禾汜移』之『移』。」六字未知出何書，疏不釋其義。或者農書所載歟？移，昌氏反。

滃水云：「『㮚氏爲量』，鄭玄以『方尺積千寸』，此乃《九章》米粟法。某家舊有一古銅敦，乃周成王時物。甘人侵扈，命正人出師復扈邦，賜有功師氏，而數亦皆備。」

嘉量之銘，祭侯之辭，皆極文章之妙。而《梓人》筍虡之制，文法奇古，有飛動之狀。蓋精於道者，兼物物而後能制器。《莊子》謂：「梓慶削木爲鐻，鐻成，見者驚猶鬼神。」以天合天，道與藝俱化，豈物物刻雕之哉！

《大戴記·投壺篇》云：「嗟爾不寧侯，爲爾不朝于王所。故亢而射女，强食，食爾曾

【三】紛溶萷蔘　「萷」，四庫本、翁注本作「箾」。

孫侯氏百福。」此祭侯之辭也，與《梓人》同而略異。萇弘設射不來，不來者諸侯之不來朝者也。侯者，射埰也，因祭寓意，以爲諸侯之戒。

《司儀》「問君」，「君問大夫」，「君勞客」，注云：「問君曰：『君不恙乎？』對曰：『使臣之來，寡君命臣于庭。』問大夫曰：『二三子不恙乎？』對曰：『寡君命使臣于庭，二三子皆在。』勞客曰：『道路悠遠，客其勞。』勞介則曰：『二三子甚勞。』」疏云：「未知所出何文，或云是孔子聘問之辭，亦未得其實。」愚按《説苑》：「魏太子擊封中山，遣倉唐使於文侯。文侯召倉唐，見之曰：『擊無恙乎？』倉唐曰：『唯唯。』如是者三，乃曰：『君出太子而封之國，君名之，非禮也。』文侯怵然變容，問曰：『子之君無恙乎？』倉唐曰：『臣來時拜送書於庭。』」鄭氏所述，蓋古禮也。《大行人》注亦云「問不恙」。

《周禮》，劉向未校之前，有古文，校後爲今文。古今不同。鄭據今文注，故云「故書」。朱子曰：「八法、八則、三易、三兆之類，各有書。『屬民讀法』，其法不可知，『如戰之陳』，其陳法不可見矣。」

《冥氏》注：鄭司農云：「讀爲『冥氏《春秋》』之『冥』。」按《儒林傳》「冥都傳顔氏《春秋》之學」，疏謂若《晏子》、《吕氏》之類，非也。

王肅《聖證論》譏短鄭康成，謂：「天體無二，郊、丘爲一，禘是五年大祭先祖，非圜丘及郊。祖功宗德，是不毁之名，非配食明堂。」皆有功於禮學，先儒韙之。《聖證論》今不傳，正義僅見一二。《唐・禮志》曰：「讖緯亂經，鄭玄主其說。『以禋祀祀昊天上帝』，此天也，玄以爲天皇大帝者，北辰耀魄寶也。『兆五帝於四郊』，此五行精氣之神也，玄以爲靈威仰、赤熛怒、含樞紐、白招拒、汁光紀者，五天也。由是有六天之說。顯慶二年，禮官議：『六天出緯書。南郊、圜丘一也，玄以爲二。郊及明堂祭天，而玄以爲祭太微五帝。「啓蟄而郊，郊而後耕」，而玄謂周祭感帝靈威仰，配以后稷，因而祈穀。皆繆論也。』」

古未有筆，以書刀刻字於方策，謂之削。魯爲《詩》、《書》之國，故《考工記》以魯之削爲良。

沙隨程氏曰：「《禹貢》冀州之北，不可畫五服之地。《周官》雍州之西，不可畫九畿之地。」

《師氏》「使其屬帥四夷之隸，各以其兵服守王之門外」，《司隸》「帥四翟之隸，使皆服其邦服，執其邦兵，守王宮」。唐太宗擒頡利，其酋長帶刀宿衛，亦古制也。然結社率之變，幾至危殆。蓋先王德化之盛，非太宗所能及。慕冠帶百蠻之名，而不虞後患。《孟子》曰：「以力服人者，非心服也。」

《遂師》「抱磨」，音「歷」。《史記・樂毅書》「故鼎反乎磨室」，徐廣注：「磨，歷也。」《戰國策》、《新序》作「歷室」，蓋古字通用。

《大史》「大師抱天時」，注云：「大出師，則大史主抱式，以知天時。」《史記・日者傳》：「旋式正棋。」《唐六典》：「太卜令三式，曰雷公、太一、六壬。其局以楓木爲天，棗心爲地。」六壬之説，許叔重曰：「水者，準也。生數一，成數五，以水數配之爲六壬也。」遁甲者，推六甲之陰而隱遁也。本黄帝、風后之術。孤虚者，一畫爲孤，無畫爲虚，二畫爲實。以六十甲子定四方，占其孤虚實而向背之。《吴越春秋》計硯曰：「孤虚，謂天門地户也。」

鄭剛忠《解義》，如「冕服九章」、「授田三等」、「治兵大閲，旗物之互建」、「六鄉六遂，師都之異名」、「陰陽之祀，有用牲之疑」、「九畿之國，有朝貢之惑」、「豆區鍾釜，有多少之差」、「世室重屋，非明堂之制」，皆辯明使有條理。

古者，國有閒田，田有餘夫，夫有閒民，民有羨卒，不盡其財力也。至秦而自實田，至漢而覈墾田，至隋而閲丁口，至唐而括逃户隱田，於是財殫力盡，民無樂生之心矣。

取士之制，其涂有三：諸侯三年一貢士，侯國之士也；鄉大夫興賢能，王畿之士也；大司樂教國子，國之貴游子弟也。

漆林之征二十而五。漆以飾器用而已。舜造漆器，群臣咸諫，防奢靡之原也。種漆成林，重其征，所以抑末而返樸也。

卷五

儀禮

《三禮義宗》云：「《儀禮》十七篇，吉禮三，凶禮四，賓禮三，嘉禮七，軍禮皆亡。」《禮器》注：「《曲禮》謂今《禮》也。」即指《儀禮》。而《儀禮》疏云：「亦名《曲禮》。」晋荀崧亦云。朱文公從《漢書》臣瓚注，謂《儀禮》乃《經禮》也。《曲禮》皆微文小節，如今《曲禮》、《少儀》、《内則》、《玉藻》、《弟子職》，所謂「威儀三千」也。《逸禮·中霤》在《月令》注疏。《奔喪》、《投壺》，《釋文》引鄭氏云：「實《曲禮》之正篇。」又《遷廟》、《釁廟》，見《大戴記》，可補《經禮》之闕。

韓文公讀《儀禮》，謂「攷于今，無所用」。愚謂：天秩有禮，小大由之。冠昏喪祭必於是稽焉。文公大儒，猶以爲無所用，毋怪乎冠禮之行，不非鄭尹，而快孫子也。

《藝文志》謂之《禮》，古經未有《儀禮》之名。張淳云：「疑後漢學者見十七篇中有『儀』有『禮』，遂合而名之。」孔壁古文多三十九篇，康成不注，遂無傳焉。注謂古文作某者，即十七篇古文也。《論衡》以爲宣帝時，河内女子壞老屋，得佚《禮》，恐非。《天子巡狩禮》、《朝貢禮》、《王居明堂禮》、《烝嘗禮》、《朝事儀》，見于三《禮》注。《學禮》，見于《賈誼書》。《古大明堂之禮》，見于蔡邕《論》。雖寂寥片言，如斷圭碎璧，猶可寶也。

《六藝論》「五傳弟子」，謂高堂生之學，蕭奮、孟卿、后蒼、戴德、戴聖也。

《士冠禮》注：「今之未冠笄者，著卷幘，頍象之所生。滕、薛名「蔮」爲「頍」。蔮，古內反。《續漢・輿服志》：「蔮，簪珥。」《集韻》有「簂」、「幗」，無「蔮」字。疏云：「卷幘之類。」《隸釋・武榮碑》云：「闕幘。」

「兄弟畢袗玄」，注：「袗，同也。古文『袗』爲『均』。」疏云：「當讀如《左傳》『均服振振』。」按《後漢・輿服志》「秦郊祀之服，皆以袀玄」，蓋「袀」字誤爲「袗」。《釋文》之忍反，亦誤。

《士冠禮》有「醮用酒」，注以爲「用舊俗」。《士喪禮》云「商祝」、「夏祝」，則禮之兼夏、殷者。

「二十爲字，未呼伯仲，至五十乃加而呼之」，此《儀禮》賈疏也。「二十已有伯某甫、仲叔季，雖云伯仲，皆配某甫而言，至五十直呼伯仲」，此《禮記》孔疏也。朱文公曰：「疑孔疏是。」石林謂：五十爲大夫，去某甫，言伯仲而冠以氏，如南仲、榮叔、南季之類。然仲山甫、尹吉甫皆卿士，亦以字爲重。

冠辭「令月吉日」、「吉月令辰」，互見其言。《論語》「迅雷風烈」、《九歌》「吉日兮辰良」，相錯成文。

《士昏禮》，《目録》「日入三商爲昏」，疏云：「商，謂商量，是漏刻之名。故《三光靈曜》亦日入三刻爲昏，不盡爲明。案馬氏云：『日未出，日没後，皆二刻半。前後共五刻。』今云三商者，據整數而言，其實二刻半也。」《詩》正義云：「《尚書緯》謂刻爲商。」夏文莊《蓮華漏銘》「五夜持宵，三商定夕」，蓋取此。蘇子美亦云：「三商而眠，高春而起。」

《鄉飲酒》疏曰：「鄉大夫飲酒，尚德也；黨正飲酒，尚齒也。」公是劉氏曰：「謀賓介於先生，尚德也；旅酬以齒，老者異秩，尚年也；大夫爲僎，坐于賓東，尚爵也。」

《鄉射禮》「設豐」，《燕禮》「有豐」，注：「豐形似豆而卑。」《三禮圖》云：「罰爵，作人形。豐，國名也。坐酒亡國，戴盂戒酒。」崔駰《酒箴》「豐侯沉酒，荷罌負缶。自戮於世，圖形戒後」。李尤《豐侯銘》「豐侯醉亂，乃象其形」。

《燕禮》疏「四向流水曰東霤」，《考工記》之四阿，《上林賦》之四注也。「兩下屋曰東榮」，《檀弓》之夏屋也。《士冠禮》注：「周制自卿大夫以下，其室爲夏屋。」

夏侯勝善説禮服，謂《禮》之喪服也。蕭望之以禮服授皇太子，則漢世不以喪服爲諱也。唐之姦臣以凶事非臣子所宜言，去《國卹》一篇，而凶禮居五禮之末。五服，如父在爲母、叔、嫂之類，率意輕改，皆不達《禮》意者。五服制度附于令，自後唐始。見《五代史·馬縞傳》。

《宋·何承天傳》云：「先是《禮論》有八百卷，承天删減并合爲三百卷。」又王儉別鈔《條目》爲十三卷，梁孔子袪續一百五十卷，隋《江都集禮》，亦撮《禮論》爲之。朱文公謂：「六朝人多精於《禮》，當時專門名家有此學。朝廷有禮事，用此等人議之。唐時猶有此意。」潘徽《江都集禮序》曰：「《明堂》、《曲臺》之記，南宫、東觀之説，鄭、王、徐、賀之答，崔、譙、何、庾之論，簡牒雖盈，菁華蓋鮮。」杜之松借王無功《家禮問》、《喪禮新義》，無功條答之。又借王儉《禮論》，則謂：「往於處士程融處，曾見此本。觀其制作，動多自我，周、孔規模，十不存一。」今諸儒所著皆不傳，蓋禮學之廢久矣。

《禮》特牲不言牢。《楚語》「天子舉以大牢」，注：「牛、羊、豕也。」「卿舉以少牢」，注：「羊、豕。」《漢·昭紀》「祠以中牢」，注：「中牢即少牢，謂羊、豕也。」唐《牛羊日曆》：「牛僧孺、楊虞卿有『太牢筆、少牢口』之語，然太牢非止於牛，少牢非止於羊也。」

歐陽公自云：「平生何嘗讀《儀禮》？」而《濮議》爲言者所詆。高抑崇於「鄉飲」，攷《儀禮》不詳，而朱文公譏之。禮學不可不講也。

「布八十縷爲一升」，鄭謂：「『升』當作『登』，登，成也。」吴仁傑曰：「今織具曰篾，以成之多少，爲布之精粗。大率四十齒爲一成，而兩縷共一齒。」正合康成之説。衰三升，其粗者。緇布冠三十升，其細者。

《聘禮》注「君行一，臣行二」，疏謂出《齊語》。今按：此晏子之言，見《韓詩外傳》：

「衛孫文子聘魯，公登亦登。叔孫穆子曰：『子不後寡君一等。』」

「皮樹」，注云：「獸名。」張鎰《三禮圖》云：「皮樹，人面獸形。」它書未見。

《詩》、《禮》相爲表裏。《賓之初筵》、《行葦》可以見《大射儀》；《楚茨》可以見《少牢饋食禮》。

《燕禮》：「公與客燕，曰：『寡君有不腆之酒，以請吾子之與寡君須臾焉。使某也以請。』對曰：『寡君，君之私也。君無所辱賜于使臣，臣敢辭？』」《春秋》辭命之美，有自來矣【一】。

《覲禮》「諸侯覲于天子，爲宫方三百步，四門，壇十二尋，深四尺，加方明于其上」。陳宣帝大建十年，立方明壇於婁湖，以始興王叔陵爲王官伯，臨盟百官。此與蘇綽之「六官」、蘇威之「五教」何以異？《傳》曰「不協而盟」，無故而盟百官，不幾於戲乎！

《士相見義》曰：「古者，非其君不仕，非其師不學，非其人不友，非其大夫不見。」

「鄉先生」，謂父師、少師，教于閭塾也。古者仕焉而已者，歸教於閭里，《書大傳》謂之父師、少師，《白虎通》謂之右師、左師。

庠爲鄉學，有堂有室。序爲州學，有堂無室。有室則四分其堂，去一以爲室，故淺。無室則全得其四分以爲堂，故深。

【一】春秋辭命之美有自來矣　此條小注，四庫本、翁注本作正文。

禮記

《魏徵傳》曰：「以《小戴禮》綜彙不倫，更作《類禮》二十篇，數年而成。太宗美其書，録寘内府。」《藝文志》云：「《次禮記》二十卷。」《舊史》謂「採先儒訓注，擇善從之」。《諫録》載詔曰：「以類相從，别爲篇第。并更注解，文義粲然。」《會要》云：「爲五十篇，合二十卷。」《傳》以卷爲篇。《元行沖傳》：「開元中，魏光乘《集賢注記》：魏哲。請用《類禮》列于經，命行沖與諸儒集義作疏，將立之學，乃采獲刊綴爲五十篇。張説言：『戴聖所録，向已千載，與經並立，不可罷。魏孫炎始因舊書，擿類相比，有如鈔掇，諸儒共非之。至徵更加整次，乃爲訓注，恐不可用。』帝然之，書留中不出。行沖著《釋疑》曰：『鄭學有孫炎，雖扶鄭義，乃易前編。條例支分，箴石間起。馬伷增革，向踰百篇；葉遵删修，僅全十二。』魏氏采衆説之精簡，刊正芟礱。」《集賢注記》張説曰：「孫炎始改舊本以類相比。徵因炎舊書，整比爲注。」朱文公惜徵書之不復見，此張説文人不通經之過也。行沖謂「章句之士，疑於知新，果於仍故」；「比及百年，當有明哲君子，恨不與吾同世者」。觀文公之書，則行沖之論信矣。《隋志》：「《禮記》三十卷，魏孫炎注。」

「道德仁義，非禮不成」，至「是以君子恭敬、撙節、退讓以明禮」，見賈誼《新書·禮篇》。劉原父謂：『若夫坐如尸，立如齊』，乃《大戴記·曾子事父母》篇之辭，『若夫』二字，失於删去。」然則《曲禮》之所采摭，非一書也。

「恒言不稱老」，漢胡廣年已八十，繼母在堂，言不稱老。

「賜果於君前」，《説苑》晏子曰：「賜人主前者，瓜桃不削，橘柚不剖。」漢桓榮，詔賜奇果，舉手捧之以拜。

「儗人必於其倫」，《説苑》「魏文侯封子擊中山，倉唐奉使。文侯顧指左右曰：『子之君長，孰與是？』倉唐曰：『擬人必於其倫。諸侯無偶，無所擬之。』曰：『長大，孰與寡人？』倉唐曰：『君賜之外府之裘，則能勝之；賜之斥帶，則不更其造。』」

《列女傳》孟母曰：「《禮》，將入門，問孰存；將上堂，聲必揚；將入户，視必下。」今《曲禮》闕二句。《孟子》曰：「放飯流歠，而問無齒決。」亦本於《曲禮》。

「在醜夷不争」，唐沈季詮事母孝，未嘗與人争，皆以爲怯。季詮曰：「吾怯乎？爲人子者，可遺憂於親乎哉？」

古者，王司敬民，豈有「獻民虜」？田以井授，豈有「獻田宅」？無總于貨寶，豈有「受珠玉」？記《禮》者，周之末造也。

「張拱」，出《曲禮》注。「室中不翔」，注：「行而張拱，曰翔。」「葉拱」，出《書大傳》。「子夏葉拱而進」。又《家語》「師襄子避席葉拱而對」，注：「兩手薄其心。」

「君子欠伸」一章，余在經筵進講，謂：君以自彊不息爲剛，臣以陳善閉邪爲敬。講經理，討古今，有夜分日昃而不倦者。上無厭斁之心，下無顧望之意，是故學以聚之而德益進，問以辯之而理益明。蓋因以規諷云。

古以車戰。春秋時，鄭、晉有徒兵，而騎兵蓋始於戰國之初。《曲禮》「前有車騎」，《六韜》言「騎戰」，其書當出於周末。然《左氏傳》「左師展將以昭公乘馬而歸」，《公羊傳》「齊、魯相遇，以鞌爲几」，已有騎之漸。《曲禮》、《禮器》、《内則》疏引「《隱義》云」。按《隋志》：「《禮記音義隱》一卷，射氏撰。」又《音義隱》七卷。

《檀弓》載申生辭於狐突曰：「伯氏不出而圖吾君。」澹庵胡氏謂：「狐突事晉未嘗去，此云『不出』，記《禮》者誤。」愚攷《晉語》「申生敗翟於稷桑而反，讒言益起。狐突杜門不出，申生使猛足言於狐突曰：『伯氏不出，奈吾君何？』」胡氏蓋未攷此，非記之誤也。

《檀弓》筆力，《左氏》不逮也，於申生、杜蕢《傳》作屠蒯。二事見之。致堂胡氏曰：「檀弓，曾子門人。其文與《中庸》之文有似《論語》。子思、檀弓，皆纂修《論語》之人也。」

《家語·終記》云：「泰山其頽，則吾將安仰？梁木其壞，吾將安杖？哲人其萎，吾將安放？」《檀弓》無「吾將安杖」四字。或謂廬陵劉美中家古本《禮記》「梁木其壞」之下，有「則吾將安杖」五字，蓋與《家語》同。

九嶷山在零陵，而云「舜葬蒼梧」者，文穎曰：「九嶷半在蒼梧，半在零陵。」

曾子之子元、申，子張之子申祥，子游之子言思，皆見《檀弓》。

《春秋繁露》言爵五等，其分土與《王制》、《孟子》同。又云：「附庸：字者方三十里，名者方二十里，人氏者方十五里。」蓋《公羊》家之説。

《王制》注：「小城曰附庸。」庸，古墉字。王莽曰「附城」，蓋以庸爲城也【二】。

馬融云：「東西爲廣，南北爲輪。」《王制》「南北兩近一遥，東西兩遥一近」。是南北長，東西短。

范蜀公曰：「周兼用十寸、八寸爲尺，漢專用十寸爲尺。」

《夏小正》曰：「正月啓蟄。」《月令》「孟春，蟄蟲始振；仲春，始雨水。」注云：「漢始以驚蟄爲正月中，雨水爲二月節。」《左傳》「啓蟄而郊」，建寅之月。正義云：「太初以後，更改氣名，以雨水爲正月中，驚蟄爲二月節，迄今不改。」改「啓」爲「驚」，蓋避景帝諱。《周書·時訓》「雨水之日，獺祭魚。驚蟄之日，桃始華」。《易通卦驗》「先雨水，次驚蟄」。此漢《太初後曆》也。《月令》正義云：「劉歆作《三統曆》改之。」又按《三統曆》：「穀雨三月節，清明中。」而《時訓》、《通卦驗》清明在穀雨之前，與今曆同。然則二書皆作於劉歆之後，《時訓》非周公書明矣。是以朱子集《儀禮》，取《夏小正》而不取《時訓》。馬融注《論語》，謂《周書·月令》有「更火」之文，其篇今亡。

【二】王莽曰附城蓋以庸爲城也　此條小注，四庫本、翁注本作正文。

《周書序》「周公辯二十四氣之應，以明天時，作《時訓》」。唐《大衍曆議》「七十二候，原于周公《時訓》。《月令》雖頗有增益，然先後之次則同。自後魏始載于曆，乃依《易軌》所傳，不合經義。今改從古」。李業興以來，迄《麟德曆》，凡七家，皆以「雞始乳」爲立春初候，「東風解凍」爲次候，與《周書》相校二十餘日。一行改從古義。《漢上易圖》云：「《夏小正》具十二月而無中氣，有候應而無日數。《時訓》乃五日爲候，三候爲氣，六十日爲節。二書詳略雖異，大要則同。《易通卦驗》所記氣候，比之《時訓》，晚者二十有四，早者三。當以《時訓》爲定。故揚子雲《太玄》二十四氣，關子明論七十二候，皆以《時訓》。」

《時訓》、《月令》七十二候，鴈凡四見：「孟春，鴻鴈來」，《夏小正》曰「鴈北鄉」，《呂氏春秋》、《淮南·時則訓》曰「候鴈北」；《月令》注：「今《月令》『鴻』皆爲『候』，而不言『北』」，蓋『來』字本『北』字，康成時猶未誤，故曰：『鴈自南方來，將北反其居。』其後，傳寫者因『仲秋鴻鴈來』，誤以『北』爲『來』。」「仲秋，鴻鴈來」，《呂氏》、《淮南》曰「候鴈來」；「季秋，鴻鴈來賓，爵入大水爲蛤」，《小正》曰「九月，遰鴻鴈」，《呂氏》、《淮南》曰「候鴈來」，高誘、許叔重注以「候鴈來」爲句；賓爵，老爵也。棲宿人堂宇之間，有似賓客，故曰賓爵。「季冬，鴈北鄉」，《小正》在正月，《易説》在二月。正義謂：「節氣有早晚。」

「魚上冰」，《夏小正》曰：「魚陟負冰。」陟，升也。負冰云者，言解蟄也。《淮南》曰：「魚上負冰。」注：「鯉魚應陽而動，上負冰也。」《鹽石新論》謂「《小戴》去一『負』字，於文爲闕。」然《時訓》與《月令》同，《吕氏春秋》亦無「負」字。

「仲冬，虎始交」，《易通卦驗》云：「小寒季冬，鵲始巢。」《詩推度災》云：「復之日，雉雊雞乳。」《通卦驗》云：「立春。」皆以節氣有早晚也。

《月令》正義：「穹天，虞氏所説，不知其名。」按《天文録》云：「虞昺作《穹天論》。」《晉・天文志》云：「虞聳立《穹天論》。」聳、昺，皆虞翻子也。虞喜《安天論》云：「族祖河間立《穹天》。」聳爲河間相，然則非昺也。

「宿離不貸」，蔡邕曰：「宿，日所在；離，月所歷。」

「地氣上騰」，注：「農書曰：『土上冒橛，陳根可拔，耕者急發。』」正義云：「《氾勝之書》也。」唐中和節進農書，按《會要》，乃武后所撰《兆人本業記》三卷。吕温進表云：「書凡十二篇。」《館閣書目》云：「載農俗四時種蒔之法，凡八十事。」

《月令》「冬祀行」，《淮南・時則訓》「冬祀井」，《太玄・數》云：「冬爲井。」《唐月令》「冬祀井，而不祀行。」

鷹化爲鳩，陰爲陽所化；爵化爲蛤，陽爲陰所化。堇荼如飴，惡變而美；荃蕙爲茅，美變而惡。

《曲禮》，隋王劭勘晉、宋古本，皆無「稷曰明粢」一句，立八疑十二證，以爲無此一句。

公孫弘云：「好問近乎知。」今《中庸》作「好學」【三】。

【三】「公孫弘云」至「中庸作好學」　此條正文原接上條連寫，據四庫本、翁注本另起。

《王制》「太史典禮，執簡記，奉諱惡」。《保傅傳》謂：「不知日月之時節，不知先王之諱與大國之忌【四】，不知風雨雷電之眚，太史之任也。」愚謂：人君所諱言者，災異之變；所惡聞者，危亡之事。太史奉書以告君，召穆公所謂「史獻書」也。

《曾子問》於變禮無不講，《天圓篇》言天地萬物之理。曾子之學，博而約者也。

《禮運》，致堂胡氏云：「子游作。」吕成公謂：「蜡賓之歎，前輩疑之，以爲非孔子語。『不獨親其親』、『子其子』，而以堯、舜、禹、湯爲『小康』，是老聃、墨氏之論。」朱文公謂：「程子論堯、舜事業，非聖人不能。三王之事，大賢可爲。恐亦微有此意。但記中分裂太甚，幾以帝王爲有二道，則有病。」

《夏時》、《坤乾》，何以見夏、殷之禮？《易象》、《魯春秋》，何以見周禮？此三代損益大綱領也，學者宜切磋究之。

《白虎通》云：「《禮運》記曰：『六情，所以扶成五性也。』今《禮運》無此語。五性：仁、義、禮、智、信。」韓子《原性》與此合。

人者，天地之心也。仁，人心也。人而不仁，則天地之心不立矣。爲天地立心，仁也。

《内則》「桑弧、蓬矢六，射天地四方。」賈誼《新書·胎教篇》「懸弧之禮，東方之弧以梧，南方之弧以柳，中央之弧以桑，西方之弧以棘，北方之弧以棗。五弧五分矢，東、南、中央、西、北皆三射。其四弧餘二分矢，懸諸國四通門之左。中央之弧餘二分矢，懸諸社稷

【四】不知先王之諱與大國之忌　「忌」，四庫本、翁注本作「惡」。

門之左。」《内則》，國君世子之禮；《新書》，王太子之禮也。「元后作民父母」，而「作之師」；「上帝降衷于民」，「后王命冢宰降德于民」。降德，所以全所降之衷也。冢宰建六典，而教典屬焉。故曰：「周公師保萬民。」此君相之職也。二《南》之化以身教，《内則》之篇以言教。

「養老」，在《家語》則孔子之對哀公，在《書大傳》則春子之對宣王。記《禮》者兼取之。宣王問於春子曰：「寡人欲行孝弟之義，爲之有道乎？」春子曰：「昔者，衛聞之樂正子曰：『文王之治岐也』云云。」《吕氏春秋》春居問於齊宣王曰：「今王爲太室，群臣莫敢諫。敢問王爲有臣乎？」王曰：「爲無。」春居曰：「臣請辟矣。」趨而出。王曰：「春子，春子，反，何諫寡人之晚也？」此即《大傳》所謂春子，但其名不同。《大傳》名衛，《吕氏春秋》名居。

「蒙以養正」，罔不在厥初生。古者能食能言而教之，自天子至庶人，一也。《慎子》曰：「昔者，天子手能衣而宰夫設服，足能行而相者導進，口能言而行人稱辭，故無失言失禮也。」《淮南·主術訓》、魏文帝《成王論》、袁宏《後漢紀論》，皆用其語。《通鑑》裴子野論「古者人君養子，能言而師授之辭，能行而傅相之禮」，亦本於此。《淮南》云：「心知規而師傅諭導，耳能聽而執正進諫。」魏文帝云：「相者導儀。」袁宏云：「身能衣。」今《慎子》存者五篇，其三十七篇亡，此在亡篇。

「六年，教數與方名」，數者，一至十也。方名，《漢志》所謂五方也。「九年，教數日」，《漢志》所謂六甲也。「十年，學書計」，六書、九數也。計者，數之詳，百千萬億也。《漢志》六甲、五方、書計，皆以八歲學之，與此不同。

「四十始仕，道合則服從，不可則去。」古之人自其始仕，去就已輕。「色斯舉矣」，去之速也。「翔而後集」，就之遲也。故曰：「以道事君，不可則止。」

孟母曰：「婦人之禮，精五飯，冪酒漿，養舅姑，縫衣裳而已。」程子之母誦古詩曰：「女人不夜出，夜出秉明燭。」唐時有不識廳屏，而言笑不聞于鄰者。其習聞《内則》之訓歟。

張彦遠云：「鄭玄未辯樝梨。」按《内則》注「柤梨之不臧者」，謂之未辯可乎？

《玉藻》注：「士以下皆禪，不合而繂積，如今作幓頭爲之也。」幓，七消反。《後漢》「向栩著絳綃頭」，注：「字當作『幓』，古詩云：『少年見羅敷，脱巾著幓頭。』」《儀禮》注：「如今著幓頭，自項中而前交額上，却繞髻也。」

紫，間色也，孔子惡其奪朱。周衰，諸侯服紫。《玉藻》云：「玄冠紫緌，自魯桓公始。」《管子》云：「齊桓公好服紫衣，齊人尚之，五素易一紫。」鄭康成以紫緌爲宋王者之後服，賈逵、杜預以紫衣爲君服，皆周衰之制也。

「皮弁以日視朝」，沙隨程氏云：「皮弁視朝，明目達聰。若黈纊塞耳，前旒蔽明，乃祀天大裘而冕，專誠絜也。」

《明堂位》「成王命魯公祀周公以天子之禮樂」，《春秋意林》曰：「魯之有天子禮樂，殆周之末王賜之，非成王也。魯惠公使宰讓請郊廟之禮於天子，天子使史角往，惠公止之。其後在魯，實始爲墨翟之學。使成王之世魯已郊矣，則惠公奚請？惠公之請也，殆由平王以下乎？」惠公事，見《吕氏春秋·仲春紀》。公是始發此論，博而篤矣。石林、止齋皆因之。

「魯公之廟，文世室也。武公之廟，武世室也。」按《春秋》成公六年「立武宫」，武公非始封之君，毁已久而復立，蓋僭用天子文、武二祧之禮。《春秋》之所譏，而《記》以爲禮乎？

《魯世家》「伯禽之孫潰，弑幽公而自立」，周昭王之十四年也。諸侯篡弑之禍自此始。《記》謂「君臣未嘗相弑」，不亦誣乎！太史公曰：「揖讓之禮則從矣，行事何其戾也。」

孔子曰：「魯之郊禘，非禮也。周公其衰矣。」《春秋》屢書以譏其僭，又書「新作南門」、「新作雉門」及「兩觀」，皆僭王制也。若以王禮爲當用，則如泮宫、閟宫，《春秋》不書矣。

《少儀》「朝廷曰退」，進不可貪也；「燕遊曰歸」，樂不可極也。

《學記》以「發慮憲」爲第一義，謂所發之志慮，合於法式也。「一年視離經辨志」，一年者，學之始； 辨云者，分别其心所趨嚮也。慮之所發必謹，志之所趨必辨。爲善不爲利，爲己不爲人，爲君子儒不爲小人儒，此學之本也。能辨志，然後能繼志，故曰「士先志」。

「畿内爲學二，爲序十有二，爲庠三百，諸侯之國半之。」王無咎之言也，陸務觀取焉。天子、諸侯有君師之職，公卿有師保之義，里居有父師、少師之教。

《列子》云：「古詩言：『良弓之子，必先爲箕； 良冶之子，必先爲裘。』」張湛注云：「學者必先攻其所易，然後能成其所難。」

《文子》曰：「人生而靜，天之性也； 感物而動，性之害也； 物至而應，智之動也。智與物接，而好憎生焉。好憎成形，而智怵於外，不能反己，而天理滅矣。」與《樂記》相出入，古之遺言歟。致堂云：「《樂記》，子貢作。」

「大學之教也，時教必有正業。」朱子曰：「古者唯習《詩》、《書》、《禮》、《樂》，如《易》則掌於太卜，《春秋》則掌於史官，學者兼通之，不是正業。」子思曰：「夫子之教，必始於《詩》、《書》，而終於《禮》、《樂》，雜説不與焉。」

「天理」二字，始見于《樂記》，如孟子「性善」、「養氣」，前聖所未發也。

《史記·樂書》引《樂記》而注兼存王肅説，《通典》引《大傳》亦取肅注。肅字子雍，

《魏志》有傳。《集説》以肅爲元魏人，誤也。有兩王肅，在元魏者，字恭懿，不以經學名。

「禮主其減」，《史記·樂書》作「禮主其謙。」王肅曰：「自謙損也。」「禮有報而樂有反」，鄭注：「『報』讀爲『褒』。」孫炎曰：「報，謂禮尚往來，以勸進之。」「石聲磬」，鄭注：「『磬』當爲『罄』。」《樂書》作「石聲硜口鼎反。硜以立別。」《史記》正義：「《樂記》，公孫尼子次撰。」

《南風》之詩出《尸子》及《家語》，鄭氏注《樂記》云：「其辭未聞。」

艾軒曰：「五音十二律，古也。舜彈五弦之琴以歌《南風》，是琴之全體具五音也。琴之有少宫、少商，則不復有琴；樂之有少宫、少徵，則不復有樂，以繁脆噍殺之調，皆生於二變也。」

「三老、五更」，按《列子》云：「禾生、子伯宿於田更商丘開之舍。」更，亦老之稱也。

《雜記》「里尹主之」，注：「《王度記》曰：『百户爲里，里一尹，其禄如庶人在官者。』」正義：「按《别録》，《王度記》似齊宣王時淳于髡等所説也。」

孔子曰：「少連、大連善居喪。東夷之子也。」唐扶餘璋之子義慈，號海東曾子；頡利之子疊羅支，其母後至，不敢嘗品肉。孰謂夷無人哉？

《祭法》注：「司命主督察三命。」《孝經援神契》謂：「命有三科，有受命以保慶，有遭命以謫暴，有隨命以督行。」《孟子》注云「命有三名，行善得善，曰受命；行善得惡，曰遭命；行惡得惡，曰隨命」，孫子荆詩「三命皆有極」，皆本《援神契》。

《祭義》曰：「術省之。」賈山《至言》：「術追厥功。」「術」與「述」同。

《孔悝鼎銘》「六月丁亥，公假于大廟」，注謂「以夏之孟夏禘祭」。正義：「哀十五年冬，蒯聵得國。十六年六月，衛侯飲孔悝酒而逐之。此云『六月』命之者，蓋命後即逐之也。」愚按《通鑑外紀目録》，是年六月丁未朔，則無「丁亥」，當闕疑。裴松之曰：「孔悝之銘，行是人非。」

《經解》以《詩》爲首；《七略》、《藝文志》、阮孝緒《七録》用《易》居前；王儉《七志》，《孝經》爲初。

《坊記》引《論語》曰：「三年無改於父之道。」《論語》成於夫子之門人，則《記》所謂「子云」者，非夫子之言也。

《坊記》注引《孟子》曰：「舜年五十而不失其孺子之心。」今本云：「五十而慕。」康成注《禮》，必有所據。

孔子曰：「國家有道，其言足以治；國家無道，其默足以容。蓋銅鞮伯華之行也。」《大戴禮》、《家語》。曾子曰：「孝子之事親也，居易以俟命，不興險行以僥倖。」《中庸》之言本此。

「仁者人也」，注：「人也，讀如『相人偶』之『人』，以人意相存問之言。」朱文公問呂成公：「『相人偶』此句，不知出於何書，疏中亦不說破。」呂答未見，當攷。《禮記集說》削此二句。

《周禮》注：「瑧，讀如『薄借綦』之『綦』。」「轐，讀如『旃僕』之『僕』。」疏皆以爲未聞。

「期之喪，達乎大夫」，吕與叔之説詳矣。朱文公謂「古人貴貴之義」，然亦是周公制《禮》以後方如此，故《檀弓》又云：「古者不降，上下各以其親。」

「大經」、「大本」，注：「大經，《春秋》也。大本，《孝經》也。」蓋泥於緯書「志在《春秋》，行在《孝經》」之言，其説疏矣。

「衣錦尚絅」，《書大傳》作「尚蘔」，注：「蘔，讀爲『絅』，或爲『絺』。」

朱文公《答項平父書》云：「子思以來，教人之法，惟以尊德性、道問學兩事爲用力之要。子静所説，專是尊德性事。而某平日所論，問學上多，所以爲彼學者，多持守可觀，而看義理不細。而某自覺於爲己爲人，多不得力，今當反身用力，去短集長，庶幾不墮一邊。」即此書觀之，文公未嘗不取陸氏之所長也。《太極》之書，豈好辯哉！

徐彦伯《樞機論》曰：「中庸鏤其心，左階銘其背。」「中庸鏤心」，未詳所出，但有服膺之語。

《樂記》「倒載干戈，包之以虎皮，名曰建櫜」，字或作「建皋」。服虔引以解《左傳》「蒙皋比」。

《緇衣》葉公之顧命曰：「毋以小謀敗大作，毋以嬖御人疾莊后，毋以嬖御士疾莊士、大夫、卿、士。」《周書·祭公篇》「公曰：『汝無以嬖御固莊后，汝無以小謀敗大作，汝無以嬖御士疾大夫、卿、士，汝無以家相亂王室而莫恤其外。』」葉公，當作「祭公」，疑記《禮》者之誤。

「深衣方領」，朱文公謂：「衣領之交，自有如矩之象。續衽鉤邊者，連續裳旁，無前後幅之縫。左右交鉤，即爲鉤邊，非有别布一幅裁之，如鉤而綴于裳旁也。」康成注：「鉤邊，若今曲裾。」文公晚歲去曲裾之制而不用。愚以《漢史》攷之，朱勃之衣方領，謂之古制可也。江充之衣曲裾，謂之古制可乎？此文公所以改司馬公之説。

《大戴記·投壺篇》末云：「弓既平張，四侯且良。決拾有常，既順乃讓。乃揖乃讓，乃隮其堂。乃節其行，既志乃張。射夫命射，射者之聲。御車之旌，既獲卒莫。」此命射之辭也。

哀公之問，非切問也，故孔子於問舜冠則不對，於問儒服則不知。

《儒行》言自立者二，言特立者一，言特立獨行者一。人所以參天地者，其要在此。「如有所立卓爾」，顔子言之。「立天下之正位」，「先立乎其大者」，孟子言之。

《大學》之「親民」，當爲「新」，猶《金縢》之「新逆」，當爲「親」也，皆傳寫之誤。

古之人，文以達意，非有意於傳也。《湯盤銘》以《大學》傳，《虞人箴》、《祈招詩》、《讒鼎銘》以《左氏》傳，《楚狂滄浪之歌》以孔、孟氏之書傳。

「知止而后有定」，《章句》云：「志有定向。」《或問》云：「事事物物，皆有定理。」其説似不同，當以《章句》爲正。

子罕却玉，韓起辭環，有無窮之名；季氏之璵璠，向魋之夏璜，有無窮之惡。故曰：「惟善以爲寶。」

《鄉飲酒義》「立三賓以象三光」，注：「三光，三大辰也。天之政教，出於大辰焉。」《公羊傳》大火、心。伐、參。北辰北極。爲大辰。漢文帝詔：「上以累三光之明。」顔注謂日、月、星。

《春秋》正義引《辨名記》云：「倍人曰『茂』，十人曰『選』，倍選曰『俊』，千人曰『英』，倍英曰『賢』，萬人曰『桀』，倍桀曰『聖』。」《禮記》正義引之，以爲蔡氏。《白虎通》引《禮別名記》曰：「五人曰『茂』，十人曰『選』，百人曰『俊』，千人曰『英』，倍英曰『賢』，萬人曰『傑』，萬傑曰『聖』。」蓋《禮記》逸篇也。

《後漢》崔琦對梁冀曰：「將使玄黄改色，馬鹿易形乎？」注言「馬鹿」而不言「玄黄」。按《禮器》「或素或青，夏造殷因」，注云：「變白黑言素青者，秦二世時，趙高欲作亂，或以青爲黑，黑爲黄，民言從之。至今語猶存也。」琦所謂「玄黄改色」，即此事也。

《荀子》引《聘禮志》曰：「『幣厚則傷德，財侈則殄禮。』禮云，禮云，玉帛云乎哉？」此即《聘義》所謂「輕財重禮」也。

《後漢·東夷傳》「徐夷率九夷以伐宗周，西至河上。穆王畏其方熾，乃分東方諸侯，命徐偃王主之。」《檀弓》載徐容居之對曰：「昔我先君駒王西討，濟於河。」然則駒王即偃王歟？濟河即所謂「西至河上」也。

《易乾鑿度》「水爲信，土爲知」，《中庸》注：「水神則信，土神則知。」服氏注《左傳》：「土爲信。」朱文公謂「信猶五行之土」，服説是也。

《儒行》云：「其過失可微辨，而不可面數也。」子路喜聞過，善人能受盡言。如諱人之面數，則面諛之人至，而曾子不當三數子夏矣。以是爲剛毅，焉得剛？故程子謂「游説之士所爲誇大之説」。

方愨解《王制》云：「爵欲正其名，故官必特置；禄欲省其費，故職或兼掌。」愚嘗聞淳熙中，或言秦檜當國時，遴於除授，一人或兼數職，未嘗廢事，又可省縣官用度，於是要官多不補。御史中丞蔣繼周論之曰：「往者權臣用事，專進私黨，廣斥異己，故朝列多闕。今獨何取此？朝臣俸禄有限，其省幾何？而遺才乏事，上下交病。且一官治數司而收其稟，裴延齡用以欺唐德宗也。」以是觀之，則兼職省費，豈王者之制乎？

《周官》「上公九命」，《王制》「有加則賜，不過九命」。伏生《大傳》謂：「諸侯三年一貢士，一適謂之好德，再適謂之賢賢，三適謂之有功。有功者，天子一賜以車服弓矢，再賜以秬鬯，三賜以虎賁百人，號曰命諸侯。」此言三賜而已。《漢·武紀》元朔元年，有司奏議曰：「古者諸侯貢士，壹適謂之好德，再適謂之賢賢，三適謂之有功，迺加九錫。」「九錫」始見于此。遂爲篡臣竊國之資，自王莽始。《禮緯含文嘉》有九錫之説，亦起哀、平間。飾經文姦以覆邦家，漢儒之罪大矣。

《表記》「殷人先罰而後賞」，漢武帝謂「殷人執五刑以督姦」，皆言殷政之嚴也。《書》曰：「代虐以寬。」《詩》曰：「敷政優優。」豈尚嚴哉？

「仁右道左」，仁對道而言。張宣公以爲言「周流運用處。右爲陽，而用之所行也；左爲陰，而體之所存也」。

國君沐粱，大夫沐稷，士沐粱。司馬公曰：「禮別嫌明微。大夫貴，近於君，故推而遠之，以防僭偪之端。士賤，遠於君，雖與之同物，無所嫌也。」

善教者，使人繼其志。弟子累其師，李斯、韓非之於荀卿也。弟子賢於師，盧植、鄭玄之於馬融也。

《曲禮》「刑不上大夫」。《家語》「冉有問『不上於大夫』，孔子曰：『凡治君子，以禮御其心，所以屬之以廉恥之節也。』」其言與《賈誼書》同，而加詳焉。誼蓋述夫子之言也。

《秋官·條狼氏》「誓大夫曰鞭」，恐非周公之法。

《文子》曰：「聖人不慚於影，君子慎其獨也。」《劉子》曰：「獨立不慚影，獨寢不愧衾。」高彦先《謹獨銘》曰：「其出户如見賓，其入虚如有人。其行無愧於影，其寢無愧於衾。」四句並見《劉子》。

《大學章句》「咏歎淫液」，刊本誤爲「淫泆」。

《月令》言「來歲」者二：季秋「爲來歲受朔日」，秦正建亥也；季冬「待來歲之宜」，夏正建寅也。《月令》作於秦，雖用夏時，猶存秦制。《淮南·時則訓》與《月令》同。漢太初以前，猶以十月爲歲首。

《理道要訣》云：「周人尚以手摶食，故記云：『共飯不澤手。』蓋弊俗漸改未盡。今夷狄及海南諸國、五嶺外人，皆手摶食，豈若用匕筯乎？三代之制祭立尸，自秦則廢，後魏文成時，高允獻書云：『祭尸久廢，今俗父母亡，取狀貌類者爲尸，敗化黷禮，請釐革。』又周、隋《蠻夷傳》『巴、梁間爲尸以祭』。今郴、道州人祭祀，迎同姓伴神以享，則立尸之遺法，乃本夷狄風俗，至周未改耳。以人殉葬，至周方革，猶未能絶。秦穆公、魏顆之父、陳乾昔。今戎狄尚有之，中華久絶矣。」

《少儀》「熲，警枕也」。謂之熲者，熲然警悟也。司馬文正公以圓木爲警枕，少睡則枕轉而覺，乃起讀書。

「舜葬蒼梧之野」，薛氏曰：「《孟子》以爲『卒於鳴條』。《吕氏春秋》『舜葬於紀』。蒼梧山，在海州界，近莒之紀城。鳴條亭，在陳留之平丘。」今攷《九域志》，海州東海縣，有蒼梧山。

《儒行》言儒之異十有七條，程子以爲非孔子之言。胡氏謂：「游、夏門人所爲，其文章殆與荀卿相類。」

古者，無一民不學也。二十五家爲閭，閭同一巷。巷有門，門有兩塾。上老坐於右塾，爲右師；庶老坐於左塾，爲左師。出入則里胥坐右塾，鄰長坐左塾，察其長幼揖遜之序。新穀已入，餘子皆入學，距冬至四十五日始出學，所謂家有塾也。聞之先儒曰：「先王之時，其人則四民也，其居則六鄉、三采、五比、四閭也，其田則一井、二牧、三屋、九夫也，其官則三吏、六聯、五侯、九伯也，其教則五典、十義、六德、六行也，其學則五禮、六樂、五射、六馭、六書、九數也。少而習焉，其心安焉。正歲孟月之吉，黨正社禜之會，讀法飲射，無非教也。弟子之職，攝衣、沃盥、執帚、播灑、饌饋、陳膳、執燭、奉席，無非學也。漢猶有三老，掌教化，父兄之教，子弟之率，餘論未泯。清議在鄉黨，而廉恥興焉；經學有師法，而義理明焉。」吁，古道何時而復乎！

絜矩，學者之事也。從心所欲而不踰矩，聖人之事也。

「孔子射於矍相之圃」，吕與叔曰：「孔子温良恭讓，其於鄉黨，似不能言，未聞拒人如是之甚，疑不出於聖人，特門人弟子逆料聖人之意而爲此說。將以推尊聖人，而不知非聖人之所當言。」此言可以厲浮薄之俗，故表而出之。

大戴禮記

《大戴禮》《哀公問》、《投壺》二篇，與小戴無甚異。《禮察篇》首與《經解》同，《曾子大孝篇》與《祭義》相似，而《曾子》書十篇皆在焉。《勸學》、《禮三本》見于《荀子》。《保傳篇》則《賈誼書》之《保傳》、《傅職》、《胎教》、《容經》四篇也，《漢書》謂之《保傅傳》。《大戴禮》盧辯注，非鄭氏。朱文公引《明堂篇》「鄭氏注云『法龜文』」，未攷《北史》也。

《易本命篇》與《家語》同，但《家語》謂：子夏問於孔子，孔子曰：「然。吾昔聞老聃，亦如汝之言。」子夏曰：「商聞《山書》曰。」云云。大戴以「子曰」冠其首，疑此篇子夏所著，而大戴取以爲《記》。

《踐阼篇》載武王十七銘，《後漢·朱穆傳》注引《太公陰謀》「武王衣之銘曰：『桑蠶苦，女工難，得新捐故後必寒。』鏡銘曰：『以鏡自照見形容，以人自照見吉凶。』觴銘曰：『樂極則悲，沈湎致非，社稷爲危。』」《崔駰傳》注引《大公金匱》「武王曰：『吾欲造起居之誡，隨之以身。』几之書曰：『安無忘危，存無忘亡。孰惟二者，必後無凶。』杖之書曰：『輔人無苟，扶人無咎。』」《太平御覽》諸書引《太公陰謀》「筆之書曰：『毫毛茂茂，陷水可脱，陷文不活。』箠之書曰：『馬不可極，民不可劇。馬極則蹶，民劇則敗。』」又引《金匱》，其冠銘曰：「寵以著首，將身不正，遺爲德咎。」書履曰：「行必慮正，無懷僥倖。」書劍曰：「常以服兵，而行道德。行則福，廢則覆。」書車曰：「自致者急，載人者緩。取欲無度，自致而反。」書鏡曰：「以鏡自照，則知吉凶。」門之書曰：「敬遇賓客，貴賤無二。」户之書曰：「出畏之，入懼之。」牖之書曰：「闚望審，且念所得，可思所忘。」鑰之書曰：「昏謹守，深察訛。」硯之書曰：「石墨相著而黑，邪心讒言無得汙白。」書鋒曰：「忍之須臾，乃全汝軀。」書刀曰：「刀利磑磑，無爲汝開。」書井曰：「原泉滑滑，連旱則絕。取事有常，賦斂有節。」蔡邕《銘論》謂「武王踐阼，咨于太師，作席几、楹杖、器械之銘十有八章」，參攷《金匱》、《陰謀》之書，則不止於十八章矣。書于篇後，俾好古者有攷。

「武王東面而立，師尚父西面道丹書之言。」皇氏曰：「王在賓位，師尚父在主位，此王廷之位。若尋常師徒之教，則師東面，弟子西面，與此異。」

山谷以太公所誦丹書及武王銘，書於坐之左右，以爲息黥補劓之方。朱文公亦求程可久，寫《武王踐阼》一篇，以爲左右觀省之戒。《儀禮》經傳刪「且臣聞之」至「必及其世」。《大學或問》因《湯盤銘》及武王之銘。

《大戴記》之《夏小正》，《管子》之《弟子職》，《孔叢子》之《小爾雅》，古書之存者，三子之力也。

《語志篇》孔子曰：「古之治天下者必聖人。聖人有國，則日月不食，星辰不孛。」慈湖謂：「堯、舜、禹之時，歷年多無日食。至太康失邦，始日食。曆家謂日月薄食，可以術推者，衰世之術也，而亦不能一一皆中。一行歸之君德，頗與孔子之言合。一行之術精矣而有此論，則誠不可委之數。」

《説苑》引子思曰：「學所以益才也，礪所以致刃也。吾嘗幽處而深思，不若學之速；　吾嘗跂而望，不若登高之博見。故順風而呼，聲不加疾，而聞者衆；　登丘而招，臂不加長，而見者遠。故魚乘於水，鳥乘於風，草木乘於時。」與《大戴禮》、《荀子・勸學篇》略同。隋、唐《志》又有蔡邕《勸學篇》一卷，《易》正義引之云：「鼫鼠五能，不成一伎術。」晉蔡謨讀《爾雅》不熟，幾爲《勸學》死。謂《勸學篇》也。《荀子》「梧鼠」，《大戴》云「鼫鼠」。「蟹六跪二螯」，《大戴》云「二螯八足」。

《曾子》曰：「與君子游，如長日加益而不自知也。」董仲舒之言本於此。「行其所聞，則廣大矣。」仲舒云：「行其所知，則光大矣。」

《曾子制言》曰：「良賈深藏如虚，君子有盛教如無。」與《史記》、《老子》之言略同。

《公符篇》載孝昭冠辭【五】，其后氏曲臺所記歟？《後漢・禮儀志》注引《博物記》云。迎日辭，亦見《尚書大傳》。三句與《洛誥》同。

《哀公問五義》云：「穆穆純純，其莫之能循。」《荀子》云：「繆繆肫肫，其事不可循。」蓋古字通用。楊倞注：「『繆』當爲『膠』，『肫』與『訰』同。」非也。

賈誼「審取舍」之言，見《禮察篇》。

《四代篇》引《詩》云：「東有開明，避景帝諱也。於時雞三號，以興庶虞，庶虞動，蜚征作。嗇民執功，百草咸淳。」庶虞，蓋山虞、澤虞之屬。馬融《廣成頌》用「飛征」。

《虞戴德篇》昔商老彭及仲傀，政之教大夫，官之教士，技之教庶人。仲傀當攷。

【五】公符篇載孝昭冠辭　「公符」，按《大戴禮記》當作「公冠」。

《小辨篇》子曰：「綴學之徒，安知忠信？」劉歆書「綴學之士」，本此。「傳言以象，反舌皆至。」象者，象胥，舌人之官也。「《爾雅》以觀於古，足以辨言矣」，注謂「依於《雅》、《頌》」。張揖云：「即《爾雅》也。」《爾雅》之名，始見於此。

《保傅篇》「靈公殺洩冶，而鄧元去陳，以族從」。鄧元事唯見於此，當攷。

《文王官人篇》「其少不諷誦，其壯不論議，其老不教誨，亦可謂無業之人矣」。此言可以儆學者。

傅氏《夏小正序》：「鄭注《月令》引《小正》者八。」今按《月令》「孟冬講武」，注引《夏小正》「十一月王狩」，凡引《小正》者九。《詩·七月》箋引《小正》者一。朱子發曰：「《夏小正》具十二月而無中氣，有候應而無日數。至《時訓》乃五日爲候，三候爲氣，六十日爲節。豈《時訓》因《小正》而加詳歟？」

《孔子三朝》七篇，《藝文志》注：「孔子對魯哀公語也。三朝見公，故曰三朝。」《大戴禮記·千乘》、《四代》、《虞戴德》、《誥志》、《小辨》、《用兵》、《少間》，凡七篇。

樂

《樂緯動聲儀》「顓頊之樂曰《五莖》，帝嚳之樂曰《六英》。」《漢·志》、《白虎通》

云：「《六莖》、《五英》。」《帝王世紀》「高陽作《五英》，高辛作《六莖》」。《列子》注以《六瑩》爲帝嚳樂，《淮南子》注以《六瑩》爲顓頊樂。《通鑑外紀》云：「《漢·志》、《世紀》倣六樂撰其名，故多異。」

徐景安《樂章文譜》曰：「五音合數，而樂未成文。案旋宫以明均律，迭生二變，方協七音。乃以變徵之聲，循環正徵；復以變宫之律，迴演清宫。其變徵以變字爲文，其變宫以均字爲譜。唯清之一字，生自正宫，倍應聲同，終歸一律。」陳晉之《樂書》謂：「二變四清，樂之蠹也。四清之名，起於鐘磬二八之文；二變之名，起於六十律旋宫之言，非古制也。」朱文公曰：「半律，《通典》謂之子聲，此是古法。但後人失之，而唯存黄鍾、大吕、太簇、夾鍾四律，有四清聲，即半聲是也。變宫、變徵，始見於《國語》注。《後漢志》乃十二律之本聲，自宫而下，六變七變而得之者，非清聲也。凡十二律皆有二變，一律之内通五聲，合爲七均。祖孝孫、王朴之樂皆同。所以有八十四調者，每律各添二聲而得之也。」正聲是全律之聲，如黄鍾九寸是也。子聲是半律之聲，如黄鍾四寸半是也。宫與羽，角與徵，相去獨遠，故於其間製變宫、變徵二聲。《仁宗實録》「叙皇祐新樂」云：「古者黄鍾爲萬事根本，故尺量權衡，皆起於黄鍾。至晉、隋間，累黍爲尺而以制律，容受卒不能合。及平陳得古樂，遂用之。唐興，因其聲以制樂，其器雖無法，而其聲猶不失於古。王朴始用尺定律，而聲與器皆失之。太祖患其聲高，特減一律，至是又減半律。然太常樂比唐之聲猶高五律，比今燕樂高三律，失之於以尺而生律也。」其言皆見于范蜀公《樂書》、《實録》，蓋蜀公之筆也。房庶言以律生尺，蜀公謂黄帝之法也。司馬公謂：「胡、李之律生於尺，房庶之律生於量，皆難以定是非。」蔡季通謂：「律度量衡言蓋有叙，若以尺寸求之，是律生於度；若以累黍爲之，是律生於量，皆非也。」故自爲律吹之而得其聲。蜀公父名度，故以度量爲尺量。然《實録》不宜避私諱。

《淮南子·天文訓》云：「律以當辰，音以當日。一律而生五音，十二律而爲六十音。因而六之，故三百六十音，以當一歲之日。」京房六十律，錢樂之三百六十律，本於此。

《考工記·磬氏》疏：「案《樂》云：『磬前長三律二尺七寸，後長二律尺八寸。』」朱文公問蔡季通，不知所謂「樂云」者是何書？今攷《三禮圖》，以爲《樂經》。《書大傳》亦引《樂》曰：「舟張辟雍，鶬鶬相從。」漢元始四年，立《樂經》。《續漢志》鮑鄴引《樂經》，今其書無傳。

晉戴邈上表曰：「上之所好，下必有過之者焉。是故雙劍之節崇，而飛白之俗成；挾琴之容飾，而赴曲之和作。」蓋用阮籍《樂論》之語。《樂論》云：「吴有雙劍之節，趙有挾琴之容。」

樂名，周以「夏」，宋以「永」，梁以「雅」，周、隋以「夏」，唐以「和」，本朝以「安」。

傅玄《琴賦》：齊桓曰「號鐘」，楚莊曰「繞梁」，相如曰「燋尾」，伯喈曰「緑綺」。《宋書·樂志》曰：「世云燋尾，伯喈琴。以傅氏言之，非伯喈也。」今按《蔡邕傳》注引《琴賦序》「相如『緑綺』，蔡邕『焦尾』」，《宋·志》恐誤。

嵇叔夜《琴賦》「曲引所宜，則《廣陵》、《止息》」，李善注：「應璩《與劉孔才書》曰：『聽《廣陵》之清散。』傅玄《琴賦》曰：『馬融譚思於《止息》。』」明古有此曲。韓皋謂：嵇康爲是曲，當晉、魏之際，以魏文武大臣敗散於廣陵始；晉雖暴興，終止息於此。今以《選》注攷之，《廣陵散》、《止息》，皆古曲，非叔夜始撰也。魏揚州刺史治壽春，亦非廣陵。顧況《廣陵散記》云：「曲有《日宮散》、《月宮散》、《歸雲引》、《華嶽引》。」然則「散」猶「引」也，敗散之説非矣。

「銅山西崩，靈鐘東應」，《世説》注引東方朔、樊英事。《樂纂》又謂：「晉人有銅澡盤自鳴，張茂先曰：『此器與洛陽鐘聲諧，宫中撞鐘，故鳴。』」《朱子語録》云：「《漢·禮樂志》劉歆説樂處亦好。」《漢·志》無劉歆説樂，此記録之誤。《近思續録》亦誤取之。隋牛弘引劉歆《鐘律書》，出《風俗通》。

周無射之鐘，至隋乃毀。唐顯慶之輅，至本朝猶存。物之壽亦有數邪！

徐氏之禮，善盤辟之容，而不能明其本；制氏之樂，紀鏗鎗之聲，而不能言其義。漢世所謂禮樂者，叔孫通之儀，李延年之律爾。禮缺而樂遂亡，徐氏之容，制氏之聲，亦不復傳矣。

夏侯太初《辯樂論》：「伏羲有《網罟》之歌，神農有《豐年》之詠，黄帝有《龍衮》之頌。」元次山《補樂歌》有《網罟》、《豐年》二篇。《文心雕龍》云：「二言肇於黄世，《竹彈》之謡是也。」《竹彈歌》見《吴越春秋》。

韓文公《琴操》十首。琴有十二操，不取《水僊》、《壞陵》二操。

范蜀公《議樂》曰：「秬一稃二米，今秬黍皆一米。」楊次公非之曰：「《爾雅》：『秬，黑黍。秠，一稃二米。』其種異。以爲必得秠然後制律，未之前聞也。」晁子止曰：「縱黍爲之則尺長，律管容黍爲有餘，王朴是也。横黍爲之則尺短，律管容黍爲不足，胡瑗是也。」

《新唐書·樂志》多取劉貺《太樂令壁記》。

《吕才傳》云：「製尺八，凡十二枚，長短不同，與律諧契。」尺八，樂器之名。見《摭言》、《逸史》。《仙隱傳》：「房介然善吹竹笛，名曰『尺八』。」

《文子》曰：「聽其音則知其風，觀其樂即知其俗，見其俗即知其化。」與《樂記》意同【六】。

《吕氏春秋》「齊之衰也，作爲大吕」，即《樂毅書》所云「大吕陳於元英」者。

孔子鼓瑟，有鼠出游，狸微行造焉，獲而不得，而曾子以爲有貪狼之志。客有彈琴，見螳蜋方向鳴蟬，惟恐螳蜋之失也，而蔡邕以爲有殺心。二事相類。

《琴操》曰：「聶政父爲韓王治劍不成【七】，王殺之。時，政未生。及長，入太山，遇仙人，學鼓琴。七年，琴成入韓。」豈韓有兩聶政與？

【六】與樂記意同　此條小注，四庫本、翁注本作正文。

【七】聶政父爲韓王治劍不成　「治」，四庫本、翁注本作「冶」。

范蜀公曰：「清聲不見於經，唯《小胥》注云：『鐘磬者編次之二八十六枚，而在一簴，謂之堵。』至唐又有十二清聲，其聲愈高。國朝舊有四清聲，置而弗用。至劉几用之，與鄭、衛無異。」今攷皇祐二年，王堯臣等言：準正聲之半，以爲十二子聲之鐘，故有正聲、子聲各十二。子聲即清聲也。唐制以十六爲小架，二十四爲大架，今太常鐘垂十六。舊傳正聲之外，有黄鐘至夾鐘四清聲。又樂工所陳，自磬、簫、琴、籥、巢笙五器，本有清聲。塤、篪、竽、筑、瑟五器，本無清聲。劉几用四清聲，未可以爲非。

西山先生曰：「禮中有樂，樂中有禮。朱文公謂：『嚴而泰，和而節。』禮勝則離，以其太嚴，須用有樂；樂勝則流，以其太和，須用有禮。」

致堂胡氏曰：「禮、樂之書，其不知者，指《周官》、《戴記》爲《禮經》，指《樂記》爲《樂經》。其知者曰：『禮、樂無全書。』此攷之未深者。孔子曰：『吾自衛反魯，然後樂正，雅、頌各得其所。』是《詩》與《樂》相須，不可謂樂無書。《樂記》則子夏所述也。至於禮，夫子欲爲一書而不果成，夏杞、殷宋之歎是也。」

魯雖賜以天子之禮樂，其實與天子固有隆殺也。樂有夷蠻而無戎狄也，門有雉、庫而無皋、應也。尊用四代之尊，而爵無虞氏之爵也；俎用四代之俎，而豆無虞氏之豆也。其後魯公僭天子之制，三家僭魯公之制，陪臣僭三家之制。然魯有郊廟之禮，始於惠公之請，在平王東遷之後。說見前。

《鄉飲酒》「升歌三終，《鹿鳴》、《四牡》、《皇皇者華》。笙入三終，《南陔》、《白華》、《華黍》。間歌三終，歌《魚麗》，笙《由庚》。歌《南有嘉魚》，笙《崇丘》。歌《南山有臺》，笙《由儀》。合樂三終。」《周南》《關雎》、《葛覃》、《卷耳》。《召南》《鵲巢》、《采蘩》、《采蘋》。《周南》、《召南》、《燕禮》謂之鄉樂，亦曰「房中之樂」。《大射》「歌《鹿鳴》三終，《鹿鳴》、《四牡》、《皇皇者華》。管《新宮》三終」。其篇亡。笙詩無辭，則管詩亦無辭。《左傳》：「宋公享昭子，賦《新宮》。」則《新宮》有辭。

卷六

春秋

《春秋》之法，韓文公「謹嚴」二字盡之。學《春秋》之法，吕成公「切近」二字盡之。

「《詩》亡然後《春秋》作。」《詩》、《春秋》相表裏，《詩》之所刺，《春秋》之所貶也。《小雅》盡廢，有宣王焉，《春秋》可以無作也。《王風》不復《雅》，君子絶望於平王矣。然《雅》亡而《風》未亡，清議蓋凛凛焉。《擊鼓》之詩，以從孫子仲爲怨，則亂賊之黨猶未盛也。《無衣》之詩，待天子之命然後安，則篡奪之惡猶有懼也。更齊、宋、晋、秦之伯，未嘗無《詩》，禮義之維持人心如此。魯有《頌》而周益衰，變風終于陳靈而《詩》遂亡。夏南之亂，諸侯不討而楚討之，中國爲無人矣。《春秋》所爲作與。

「春王正月」，程氏傳曰：「周正月，非春也，假天時以立義耳。」胡氏傳曰：「以夏時冠月，垂法後世。以周正紀事，示無其位，不敢自專。」朱文公謂：「以《書》考之，凡書月皆不著時，疑古史記事例如此。至孔子作《春秋》，然後以天時加王月，以明上奉天時、下正王朔之義。而加春於建子之月，則行夏時之意亦在其中。以程子『假天時以立義』考之，則是夫子作《春秋》時，特加此四字以繫年，見行夏時之意。如胡氏之説，則周亦未嘗改月，而夫子特以夏正建寅之月爲歲首，月下所書之事，是周正建子月事。自是之後，月與事常差兩月，恐聖人制作，不如是錯亂無章也。劉質夫説，似亦以『春』字爲夫子所加，但《魯史》謂之《春秋》，似元有此字。」石林葉氏考《左傳》「祭足取麥，穀、鄧來朝」，以爲《經》、《傳》所記，有例差兩月者，是《經》用周正，而《傳》取國史。有自用夏正者，失于更改也。陳氏《後傳》曰：「以夏時冠周月，則《魯史》也。夫子修《春秋》，每孟月書時，以見《魯史》；每正月書王，以存周正，蓋尊周而罪魯也。」張氏《集傳》曰：「周官布治，言正月之吉，此周正也，而以夏正爲正歲。《詩・七月》言月，皆夏時，而以周正爲一之日。可見兼存之法。」沙隨程氏曰：「周正之春，包子、丑、寅月。呂成公《講義》，於春字略焉，蓋闕疑之意。」

胡文定《春秋傳》曰：「元，即仁也。仁，人心也。」龜山謂：「其説似太支離，恐改元初無此意。」東萊《集解》亦不取。

隱元年有正月，後十年皆無正月。陸淳曰：「元年有正，言隱當立而不行即位之禮。十年無正，譏隱合居其位而不正以貽禍。」

《春秋》書「侵」者才五十八，而書「伐」者至於二百一十三。蘇氏謂：「三《傳》侵伐之例，非正也。有隙曰『侵』，有辭曰『伐』。」愚謂《孟子》曰：「春秋無義戰。」非皆有辭而伐也。

《金石録》「《鼎銘》有云：『王格大室即立』。按古器物銘，凡言『即立』，或言『立中庭』，皆當讀爲『位』，蓋古字假借。其説見鄭氏注《儀禮》。秦泰山刻石猶如此。」愚按：《周禮·小宗伯》「掌建國之神位」，故書「位」作「立」，鄭司農云：「立讀爲位。古者立、位同字。古文《春秋經》『公即位』爲『公即立』。」蓋古字通用。《詛楚文》「變輸盟刺」，即「渝」字，朱文公引以證《公》、《穀》「鄭人來輸平」，即《左氏》「渝平」也。胡文定謂以物求平，恐不然。

《史記·孔子世家》「文辭有可與人共者，至於爲《春秋》，筆則筆，削則削，子夏之徒不能贊一辭」。曹子建《與楊德祖書》「昔尼父之文辭，與人通流。至於制《春秋》，游、夏之徒乃不能措一辭」。李善注引《史記》曰：「子游、子夏之徒，不能贊一辭。」今本無「子游」二字。

《公羊》疏：「案閔因叙云：『昔孔子制《春秋》之義，使子夏等十四人求周史記，得百二十國寶書。』」今《經》止有五十餘國。通戎、夷、宿、潞之屬，僅有六十。莊七年《傳》云：「『不脩春秋』曰『雨星不及地尺而復』；君子脩之，曰『星霣如雨』。」何氏曰：「『不脩春秋』，謂『史記』也。古者謂『史記』爲『春秋』。」劉原父謂何休以「不脩春秋百二十國寶書」、「三禮春秋」，朱文公謂「二書不傳，不得深探聖人筆削之意」。

王介甫《答韓求仁問〈春秋〉》曰：「此《經》比他《經》尤難，蓋三《傳》不足信也。」尹和静云：「介甫不解《春秋》，以其難之也。廢《春秋》，非其意。」朱文公亦曰：「《春秋》義例，時亦窺其一二大者，而終不能自信於心，故未嘗敢措一辭。」

鶴山曰：「《春秋》由懼而作，書成而亂賊懼。亂賊蓋陷溺之深者，而猶懼焉，則人性固不相遠也。」其説本於吕成公《講義》。

書「尹氏卒」，此尹氏立王子朝之始也。書「齊崔氏出奔衛」，此崔杼弑其君之始也。比事觀之，履霜堅冰之戒明矣。聖人絶惡於未萌，必謹其微。

薛士龍《春秋旨要序》謂：「先王之制，諸侯無史，天子有外史，掌四方之志，而職於周之太史。隱之時，始更《魯曆》而爲《魯史》。諸侯之有史，其周之衰乎！《費誓》、《秦誓》列於《周書》，《甘棠》、《韓奕》編之《南》、《雅》，烏在諸侯之有史也。《晋乘》始於殤叔，《秦史》作於文公，王室之微，諸侯之力政焉爾。」止齋《後傳》因之。朱文公以爲「諸侯若無史，外史何所稽考而爲史？古人生子，則閭史書之。閭尚有史，況一國乎！」愚謂：《酒誥》曰「矧太史友、内史友」，則諸侯有史矣。

《春秋》日食三十六，有甲乙者三十四，曆家推驗精者，不過二十六，有日朔者二十六，以《周曆》考之，朔日失二十五，《魯曆》校之，又失十三。唐一行得二十七。朔差者半。本朝衛朴得三十五，獨莊十八年三月，古今算不入食法。

漢日食五十三，後漢七十二，唐九十三。曆法，一百七十三日有餘一交會，然《春秋》隱元年至哀二十七年，凡三千一百五十四月，唯三十七食，是雖交而不食也。襄二十一年九月、十月，二十四年七月、八月，頻食，是頻交而食也。漢高帝三年十月、十一月，亦頻食。

西疇崔氏曰：「《春秋》桓四年、七年無秋冬，定十四年無冬，桓十七年書『夏五』而闕其月，莊二十二年書『夏五月』而闕其事，僖二十八年書『壬申』而不繫之月，桓十年書『五月』而不繫之夏，昭十二年書『十二月』而不繫之冬。『郭公』、『仲孫忌』與凡日食而不繫朔與日者，皆闕也。」

《孟子題辭》仲尼有云：「我欲託之空言，不如載之行事之深切著明也。」《太史公自序》：「聞之董生曰：『子曰：「我欲載之空言，不如見之行事之深切著明也。」』」正義云：「此《春秋緯》文。」愚謂：緯書起哀、平間，董生時未有之，蓋爲緯書者述此語耳。

「公矢魚于棠」，朱文公曰：「據《傳》曰『則君不射』，是以弓矢射之，如漢武親射蛟江中之類。」按《淮南·時則訓》「季冬，命漁師始漁，天子親往射魚」，則《左氏》陳魚之説非矣。

《春秋》，正月書「王」者九十二，二月書「王」者二十有三，三月書「王」者一十九。元年，不以有事無事，皆書「王」。何休謂：「二月、三月，皆有『王』者，以存二王之後。」二月，殷之正月。三月，夏之正月。先儒以爲妄。

「紀侯大去其國」，陳齊之謂：「聖人蓋生名之。大，名也。若漢欒大是也。」愚按：以「大」爲紀侯之名，本劉質夫説。

魯哀公問仲尼曰：「《春秋》之記曰：『冬十二月，霣霜不殺菽。』何爲記此？」仲尼對曰：「此言可以殺而不殺也。夫宜殺而不殺，桃李冬實。天失道，草木猶犯干之，而況於人君乎！」此《韓非書》所載也。以《魯論》「焉用殺」之言觀之，恐非夫子之言也。法家者流，託聖言以文其峭刻耳。胡文定公《春秋傳》取之，未詳其意。

沙隨《春秋例目》云：「『有蜮』，或考隸古《春秋》作『有蟦』。《爾雅》：『食葉，蟦』。音特。」《爾雅》：「蜚，蠦肥。」郭璞注：「蜰，即負盤臭蟲。」劉歆曰「負蠜」，誤矣。江休復《雜志》：「唐彦猷有舊本《山海經》，説『蜚處淵則涸，行木則枯』，疑《春秋》所書即此物。若是『負蠜』，不當云『有』，謂之『多』可也。」

郎顗謂「魯僖遭旱，修政自敕，時雨自降」，然《春秋》於僖公初書「雨」，已而書「雩」，已而書「大旱」，公之德衰矣。

名不可不謹也。《春秋》或名以勸善，或名以懲惡，衮鉞一時，薰蕕千載。東漢豪傑耻不得豫黨錮，慕其流芳也。我朝鐫工之微，不肯附名黨碑，懼其播惡也。名教立而榮辱公，其轉移風俗之機乎！

「公如京師」，非禮也。晉、楚可以言「如」，京師不可以言「如」，於是朝覲之禮廢矣。仲子之賵，宰書其名；成風之賵，王不書天。正三綱也。《公羊氏》乃有「母以子荀豫章君，猶近古也。

「齊侯、衛侯胥命于蒲」，《荀子》曰：「《春秋》善胥命。」程子、胡文定皆善之。劉原父以爲「自相命，非正也」。止齋亦以爲「相推長也。於是齊僖稱小伯，黎之臣子亦以方伯責衛宣」。愚謂：齊、衛胥命，此霸者之始。其末也，齊、魏會于徐州以相王。霜凝冰堅，其來漸矣。

書「郊」九，皆卜不吉。失時、牛災則書之。書「大雩」二十一，皆在午、未、申之月。建巳之雩，常事不書。

三書「蒐」於昭公之時，兵權在大夫。再書「蒐」於定公之時，兵權在陪臣。

定公六月即位，而於春夏書元年。正義謂：「漢、魏以來，雖於秋冬改元，史於春夏即以元年冠之，因於古也。」《通鑑》漢建安二十五年之初，漢尚未亡，即以爲魏黄初元年。朱文公謂：「奪漢太速，與魏太遽，非《春秋》存陳之意。」

《春秋》三書「孛」，而昭十七年「有星孛于大辰，申須曰：『彗，所以除舊布新也。』」《史記・天官書》、劉更生封事云：「《春秋》彗星三見。」則彗、孛一也。《晏子春秋》：「齊景公睹彗星，使伯常騫禳之。晏子曰：『孛又將出，彗星之出，庸何懼乎？』」則孛之爲變，甚於彗矣。齊有彗星，見於《傳》，而《經》不書。

星孛東方，在於越入吴之後；彗見西方，在衛鞅入秦之前。天之示人著矣。

齊桓之將興也，恒星不見，星隕如雨；晉文之將興也，沙鹿崩。自是諸侯無王矣。晉三大夫之命爲侯也，九鼎震。自是大夫無君矣。人事之感，天地爲之變動，故董子曰：「天人相與之際，甚可畏也。」

晉自武、獻以來，以詐力彊其國，故《傳》曰：「晉人虎狼也。」「晉人無信。」「晉所以霸，師武臣力也。」《春秋》書「晉人納捷菑于邾，弗克納」，「晉士匄帥師侵齊，至穀，聞齊侯卒乃還」，此《孟子》所謂「彼善於此」者，君子與之。義理之在人心，不可泯也。《剥》之上九，一陽尚存。《春秋》之作，見人心之猶可正也。

列國之變，極于吴、越。通吴以疲楚者，晉也；通越以撓吴者，楚也。《春秋》於是終焉。唐以南詔攻吐蕃，而唐之亡以南詔。本朝以女真滅契丹，而中原之亡以女真。女真之將亡也，吾國又不監宣和而用夾攻之策，不知《春秋》之義也。

「邢有狄難，已遷於夷儀，三國之師城邢，俾反其國都。故列三國稱師以著其功。淮夷病杞，方伯不能斥逐蠻夷，使杞人安其都邑，乃城緣陵使遷。故書諸侯而不列序。狄入衛，踰年，齊侯方城楚丘以處文公。故但書『城楚丘』而不著其城之者。書愈略者，功愈降也。」沙隨程氏云。

齊桓之霸，自盟于幽，至會于淮，凡十有二會，而孔子稱「九合諸侯」。劉氏《意林》

曰：「始于幽，終于淮，合者九。」崔氏曰：「道其不以兵車而已。莊十六年，九國盟于幽。二十七年，五國又盟于幽。僖元年，六國會于檉。二年，四國盟于貫。五年，八國會王世子于首止。七年，五國盟于甯母。八年，王人與七國會于洮。九年，宰周公與七國會于葵丘。十三年，七國會于鹹。凡九合諸侯也。牡丘之盟，陽穀之會，淮之會，蓋有兵車矣。」胡氏《通旨》曰：「桓公霸四十二年，會盟凡二十有一，獨稱九合，舉衣裳之會爾。」《穀梁傳》「衣裳之會十有一」，《論語》疏謂「不取北杏及陽穀爲九」。《史記》「兵車之會三，乘車之會六」。其説不同。朱文公謂：「九，《春秋傳》作『糾』，展喜犒師之詞云爾。」李氏韶《世紀》云：「桓公會不邇三川，盟不加王人；文公會畿内，盟子虎矣。桓公寧不得鄭，不納子華，懼其奬臣抑君；文公則爲元咺執衛侯矣。此夫子所以有正譎之辨。」

《春秋繁露》曰：「《春秋》甚幽而明，無傳而著。」又曰：「《易》無達吉，《詩》無達詁，《春秋》無達例。」陸農師稱之。又曰：「不由其道而勝，不如由其道而敗。」攻媿謂真得夫子心法。

董仲舒《春秋決獄》，其書今不傳，《太平御覽》載二事。其一引《春秋》許止進藥，其一引夫人歸于齊。《通典》載一事，引《春秋》之義，父爲子隱。應劭謂仲舒作《春秋決獄》二百三十二事，隋、唐《志》：十卷。今僅見三事而已。御史中丞衆議薛況之罪，孔季彦斷梁人之獄，皆以《春秋》合於《經》誼。終軍之詰徐偃，則論正而心刻矣。吕步舒使治淮南獄，窮驗其事，蓋仲舒弟子不知其師書者也。公孫弘以《春秋》之義繩臣下，張湯請博士弟子治《尚書》、《春秋》，補廷尉史。是以《春秋》爲司空城旦書也。胡文定公曰：「《春秋》立法謹嚴，而宅心忠恕。」斯言足以正漢儒之失。《鹽鐵論》文學曰：「吕步舒弄口而見戮。」

劉原父深於《春秋》，然議郭后祔廟，引《春秋》「禘于太廟，用致夫人」，「致者不宜致也」。「且古者不二嫡，當許其號而不許其禮」。張洞非之曰：「按《左氏》，哀姜之惡，所不忍道，而二《傳》有非嫡之辭。敞議非是。」然則稽經議禮，難矣哉！

桓以許田賂鄭，宣以濟西田賂齊，身爲不義而以賂免。取宋郜鼎，納莒僕寶玉，人欲横流，天理滅矣。末流之敝，貸范鞅而昭公不入矣，竊寶弓而盜臣肆行矣，受女樂而孔子遂去矣，三叛人以邑來，知利而不知義矣。《孟子》是以有「不奪不饜」之戒。

「公如京師」者一，「朝王所」者二，「卿大夫如京師」者五，其簡如是。而朝聘於大國，史不絶書。尊卑之分不明，彊弱之力是視，記《禮》者以魯爲有道之國，道焉在哉？

衛人立晉，不稱公子者，宣公淫亂，此狄入衛之兆也。居中國，去人倫，變華而狄，以滅其國。東徙渡河，終不復還舊封。《詩》以《鶉之奔奔》在《定之方中》之前，其戒深矣。故於晉始立名之。

書「狄入衛」，書「楚子入陳」，不忍諸夏見滅于夷狄，故稱「入」焉。書「吳入郢」，楚昭出奔，猶有君也；申包胥求救，猶有臣也，故不言「楚」。書「於越入吳」，國無人焉，如升虚邑，故言「吴」。

禮樂自天子出，而獻六羽焉；非天子不制度，而税畝焉，故皆書曰「初」。《史記·表》於秦書「初立西時」、「初租禾」、「初爲賦」，取法乎《春秋》。

陳同甫《春秋屬辭》「公會戎于潛」、「公及戎盟于唐」，曰：「聖人不與戎狄共中國，故中國不與戎狄共禮文。」「齊侯使其弟年來聘」、「鄭伯使其弟語來盟」，曰：「諸侯以國事爲家事，聖人以國事爲王事。」「鄭世子忽復歸于鄭」、「許叔入于許」，曰：「不能大復國於諸侯，則力不足以君國；不能公復國於諸侯，則義不足以有國。」「公如齊納幣」、「大夫宗婦覿用幣」，曰：「父子之大義，不以夫婦而遂廢；夫婦之常禮，不以彊弱而有加。」「鄭伯逃歸不盟」、「鄭伯乞盟」，曰：「去就不裁於大義，則舉動無異於匹夫。」「宋公會于盂」、「戰于泓」，曰：「與夷狄共中國者，必不能與夷狄争中國。」「盟于翟泉，晋人、秦人圍鄭」，曰：「鋭於合諸侯者，必有時而惰；工於假大義者，必有時而拙。」「狄圍衛，衛遷于帝丘」、「衛人侵狄」、「衛人及狄盟」，曰「避夷狄之兵，以見小國之無策；要夷狄之好，以見中國之無霸。」「遂城虎牢」、「戍鄭虎牢」，曰：「公其險於天下，所以大霸者制敵之策；歸其險於一國，所以成霸者服叛之功。」「城杞」、「城成周」，曰：「大夫之於諸侯不自嫌，則列國之於王室何以辨？」其發明《經》旨，簡而當。

《晋語》司馬侯曰：「羊舌肸習於《春秋》。」《楚語》申叔時曰：「教之《春秋》。」皆在孔子前，所謂《乘》、《檮杌》也。魯之《春秋》，韓起所見，《公羊傳》所云「不修春秋」也。

康節邵子學於李挺之，先視以陸淳《春秋》，欲以表儀《五經》。既可語《五經》大旨，則授《易》終焉。此學自《春秋》而始也。橫渠張子謂非理明義精，殆未可學。朱子謂「《春秋》乃學者最後事」。此學至《春秋》而終也。

孫明復《春秋總論》曰：「《周禮》九命作伯，得專征諸侯。孟子所謂『五霸』者伯也。」李泰伯《常語》、司馬公《迂書》，皆用此説。《通鑑》謂王霸無異道，先儒非之。愚按：五伯，見《左傳》成二年，杜氏注云：「夏伯昆吾、商伯大彭、豕韋，周伯齊桓、晉文。」以「霸」爲「伯」可也，而非《孟子》則過矣。邵子於五霸，取秦穆、晉文、齊桓、楚莊。

錫桓公命，葬成風，王不書「天」。桓四年、七年去「秋」、「冬」二時，此天法也。不書即位，名天子之宰，貶諸侯，討大夫，此王法也。孟子謂天子之事，邵子謂盡性之書，胡文定謂傳心之要典也。

明天理，正人倫，莫深切於《春秋》。三忠臣書及，而爲義者勸焉；三叛人書名，而不義者懼焉。書克段、許止而孝悌行矣，書仲子、成風而綱常立矣，書郜鼎、衛寶而義利辨矣，書遇于清、會于稷而亂賊之黨沮矣。

宣之於仲遂，定之於意如，以私勞忘大誼，不若叔孫昭子遠矣。晉文公以定襄王而請隧，王弗許曰：「班先王之大物，以賞私德。」又曰：「余敢以私勞變前之大章？」真文忠

《文章正宗》以此篇爲首，其有感于寶慶之臣乎？懔懔焉《春秋》之法也。

「晉陽以叛」書，聖筆嚴矣，《公羊氏》乃謂「逐君側之惡」，《穀梁》亦云：「以地正國。」漢之亂賊，晉之彊臣，唐之悍將，假此名以稱亂，甚於《詩》、《禮》發冢者也。

平王之遷，戎爲之也；襄王之出，狄爲之也。《春秋》之筆，戎爲先，狄次之。其末也，淮夷列諸侯之會，天下之變極矣。

「《春秋》以道名分」，其特書皆三綱之大者：曰「成宋亂」，以宋督弗討，而貨賂是取也；曰「宋災故」，以蔡般弗討，而細故是卹也；曰「用致夫人」，以嫡妾無辨，而宗廟之禮亂也；曰「大夫盟」，以君弱臣彊，而福威之柄移也。吁，其嚴乎！

沈既濟書中宗曰：「帝在房陵。」孫之翰、范淳夫用其例，《春秋》「公在乾侯」之比也。沙隨程氏謂：「三子不以敬王之例書『居』，而引諸侯之在他國者，其考《春秋》而未熟者歟？」朱文公詩，以爲范太史受説伊川，然既濟之議，乃其始也。

大雩，大閲，大蒐，肆大眚，凡以「大」言者，天子之禮也。書魯之僭，《月令》曰：「大雩帝。」天子雩上帝，諸侯雩山川。《經》書「大雩」二十有一，非禮也。賈逵云：「言大，别山川之雩。」諸侯雩上帝，於是季氏旅泰山矣。

溴梁之盟，大夫無君；申之會，諸侯皆狄。春秋之大變也。有雞澤之盟，而後有溴梁之盟；有宋之盟，而後有申之會。君臣、夷夏之分，謹其微而已。

諸侯之主盟，自齊桓始也。北杏、鄄之會，魯不至，及幽之盟而始會焉，則魯不亟於從霸也。夷狄之主盟，自楚靈始也。申之會，魯不至，及薳啓疆之召，而後如楚焉，則魯不亟於從狄也。故曰：「魯一變，至於道。」

幽王之尹氏，不能世吉甫之賢，而秉國不平，西周所以夷於列國也。景王之尹氏，又世太師之惡，而私立子朝【一】，東周所以降於戰國也。

魯，秉禮之國也。大夫不止僭諸侯，而旅泰山、以雍徹，僭天子矣。陪臣不止僭大夫，而竊寶弓、祀先公，僭諸侯矣。

左氏

三《傳》皆有得於《經》而有失焉。「《左氏》善於《禮》，《公羊》善於讖，《穀梁》善於《經》。」鄭康成之言也。「《左氏》豔而富，其失也巫；《穀梁》清而婉，其失也短；《公羊》辯而裁，其失也俗。」范武子之言也。「《左氏》之義有三長，二《傳》之義有五短。」劉知幾之言也。「《左氏》拘於赴告，《公羊》牽於讖緯，《穀梁》窘於日月。」劉原父之言也。「《左氏》失之淺，《公羊》失之險，《穀梁》失之迂。」崔伯直之言也。「《左氏》之失專而縱，《公羊》之失雜而拘，《穀梁》不縱不拘而失之隨。」翬以道之言也。「事莫備於《左氏》，例莫明於《公羊》，義莫精於《穀梁》；或失之誣，或失之亂，或失之鑿。」胡文定之言也。

【一】而私立子朝　「子」上，翁注本有「王」字。

「《左氏》傳事不傳義，是以詳於史而事未必實，《公羊》、《穀梁》傳義不傳事，是以詳於《經》而義未必當。」葉少藴之言也。「《左氏》史學，事詳而理差；《公》、《穀》經學，理精而事誤。」朱文公之言也。學者取其長，舍其短，庶乎得聖人之心矣！啖、趙以後，憑私臆決，甚而閣束三《傳》，是猶入室而不由户也。

吕成公謂：《左氏》有三病：周、鄭交質，不明君臣之義，一也；以人事傳會災祥，二也；記管、晏之事則善，説聖人之事則陋，三也。王介甫疑《左氏》爲六國時人者十一事。介甫《左氏解》一卷。其序謂：「爲《春秋》學餘二十年。」《館閣書目》以爲依託。

漢武帝好《公羊》，宣帝善《穀梁》，皆立學官。《左氏》嘗立而復廢，賈逵以爲明劉氏之爲堯後，始得立。不以學之是非，而以時之好惡，末哉！漢儒之言《經》也。「八世之後，莫之與京」，其田氏篡齊之後之言乎？「公侯子孫，必復其始」，其三卿分晉之後之言乎？「其處者爲劉氏」，其漢儒欲立《左氏》者所附益乎？皆非《左氏》之舊也。新都之篡，以沙麓崩爲祥【二】；釋氏之熾，以恒星不見爲證。蓋有作俑者矣。

正義云：「和帝元興十一年，鄭興父子奏上《左氏》，始得立學，遂行於世。至章帝時，賈逵上《春秋大義》四十條。」愚嘗攷和帝元興止一年，安得有十一年？一誤也。鄭興子衆終於章帝建初八年，不及和帝時，二誤也。章帝之子爲和帝，先後失序，三誤也。《釋文序録》亦云「元興十一年」，皆非也。

【二】以沙麓崩爲祥　「崩」，原脱，據四庫本、翁注本補。

「優而柔之，使自求之」，《大戴禮》孔子之言也。東方曼倩、杜元凱皆用之。

老泉《謚論》云：「婦人有謚，自周景王穆后始。」愚按：魯惠公聲子已有謚，在春秋之初。

衆仲對羽數，服、杜之説不同。服虔云：「天子八八，至士二八。」則每佾八人。杜預云：「天子六十四人，至士四人。」則人數如其佾數。宋太常傅隆以杜注爲非，謂：「八音克諧，然後成樂，故必以八人爲列。降殺以兩，減其二列爾。預以爲一列又減二人，至士止餘四人，豈復成樂？」劉原父謂：「士無舞，特牲、少牢皆士禮，無用樂舞之儀。」

石碏曰：「陳桓公方有寵於王。」《公羊傳》公子翬曰：「吾爲子口隱矣。」《荀子》周公曰：「成王之爲叔父。」《穆天子傳》亦云：「穆滿。」皆生而稱謚，紀事之失也。

富辰言：「周公封建親戚，凡二十六國。」成鱄言：「武王兄弟之國十有五人，姬姓之國四十人。」《史記》云：「文、武、成、康所封數百，而同姓五十五。」與此同。《荀子》謂：「周公立七十一國，姬姓獨居五十三人。」《漢·表》謂：「周封國八百，同姓五十有餘。」後漢章和元年詔謂：「周之爵封千有八百，姬姓居半。」當以成鱄之言爲正。皇甫謐亦云：「武王伐紂之年，夏四月乙卯，祀於周廟，將率之士皆封，諸侯國四百人，兄弟之國十五人，同姓之國四十人。」

「宋人請猛獲于衛，衛人欲勿與，石祁子曰：『天下之惡一也。』」名臣之言，可訓萬世。蓋祁子之學識，見於不沐浴佩玉之時。衛多君子，淵原有自來矣。

原繁曰：「臣無二心，天之制也。」此天下名言，萬世爲臣之大法。《西山讀書記》取之，《博議》貶繁，恐未爲篤論。

鄭伯謂燭之武曰：「若鄭亡，子亦有不利焉。」觀《魏受禪碑》、《唐六臣傳》，利萏而樂亡者有矣。

君之於民亦曰忠，季梁云：「上思利民，忠也。」子之於親亦曰慈，《内則》云：「慈以旨甘。」聖賢言忠，不顓於事君，爲人謀必忠，於朋友必忠告，事親必忠養。以善教人，以利及民，無適非忠也。

《素問》「立端於始，表正於中，推餘於終，而天度畢矣」，注謂：「立首氣於初節之日，示斗建於月半之辰，退餘閏於相望之後。」此可以發明《左氏》「正時」之義。

《通鑑外紀目録》云：「杜預《長曆》既違五歲再閏，又非歸餘於終。但據《春秋》經傳，考日辰朔晦，前後甲子不合，則置一閏，非曆也。」《春秋分記》云：「《長曆》於隱元年正月朔則辛巳，二年則乙亥。諸曆之正皆建子，而預之正獨建丑焉。日有不在其月，則改易閏餘，彊以求合。故閏月相距，近則十餘月，遠或七十餘月。」劉羲叟起漢元以來爲《長曆》，《通鑑目録》用之。

「王貳于虢」，「王叛王孫蘇」，曰「貳」，曰「叛」，於君臣之義失矣，不可以訓。《通鑑》

書「燕叛齊」，而《大事記》非之；書「蜀漢寇魏」，而《綱目》非之；書「晋寇梁」，而《讀史管見》非之。況天子之於臣乎！

晋假道於虞，曰：「冀爲不道，入自顛軨，伐鄍三門。」杜氏以冀亭爲冀國。嘗攷之《東漢·西羌傳》「渭首有冀戎」，《史記》云：「秦武公伐而縣之。」漢天水郡之冀縣也。入顛軨者，蓋冀戎。前此虢公敗犬戎于渭汭，蓋亦渭首之戎。但秦之縣冀，在晋假道於虞之前，蓋其餘種也。晋自有冀邑。冀缺爲卿，復與之冀。

子犯曰：「民未知禮，未生其共。」「生」之一字，與《樂記》「易直子諒之心，油然生矣」、《孟子》「樂則生矣」之「生」同。温公省試《民受天地之中以生論》，以「生」爲「活」，其説以爲民受天地之中，則能活也。朱文公謂此説好。

楚箴曰：「民生在勤。」生，如「生於憂患」之「生」，蓋心生生不窮。勤則生矣，生則烏可已也；怠焉則放，放則死矣。故公父文伯之母曰：「民勞則思，思則善心生。」

古者以德爲才，十六才子是也。如狄之酆舒，晋之知伯，齊之盆成括，以才稱者，古所謂「不才子」也。

禹，鯀之子也。史克於鯀曰：「世濟其凶。」而於禹曰：「世濟其美。」論其世，則鯀非美也。於此見立言之難。

「貴而能貧」，張文節、司馬公有焉。「能賤而有耻」，劉道原、陳無己有焉。

楚有夏州，以夏變夷。衛有戎州，以夷變夏。

《管子·大匡篇》【三】：「管仲曰：『君會其君臣父子，則可以加政矣。』公曰：『會之道奈何？』曰：『諸侯無專立妾以爲妻，毋專殺大臣，無國勞，毋專予禄士庶人，毋專棄妻，毋曲隄，毋貯粟，無禁材。行此卒歲，則始可以罰矣。』君乃布之於諸侯，諸侯許諾，受而行之。」《孟子》所謂「五禁」，略見于此。吕成公曰：「如内政之類，桓公於五命之戒，亦未免有所犯，故《左氏》隱而不書，使後世不知桓公躬言之而躬自蹈之也。」《説苑》「晋文公合諸侯而盟曰：『無以美妾疑妻，無以聲樂妨政，無以姦情害公，無以貨利示下。』」亦五禁之意，傳記不載。

「趙衰以壺飧從徑，餒而弗食，故使處原。」《韓非子》曰：「晋文公出亡，箕鄭挈壺餐而從。迷而失道，與公相失，餓而不敢食。及文公反國，曰：『輕忍飢餒之患，而必全壺餐，是將不以原叛。』乃舉以爲原令。」此即趙衰事也。

杜預解《傳》云：「諸侯諒闇，國事皆用吉禮。」議太子服云：「高宗無服喪之文，唯稱不言而已。」飾經舞禮，不可以訓。

伯宗伐潞，曰：「後之人，或者將敬奉德義，以事神人，而申固其命，若之何待之？」樂毅伐齊，曰：「待彼悔前之非，改過恤下而撫其民，則難慮也。」羊祜伐吴，曰：「若更立令主，雖有百萬之衆，長江未可窺也。」此皆兵家權謀，惟恐人之遷善，豈所謂以善養人

【三】管子大匡篇　「匡」，原避宋太祖諱，作「正」，今回改。下同，不再一一出校。

者哉！

「西陸朝覿」，其説有三：服氏謂「春分奎晨見東方」，杜氏謂「三月奎朝見」，鄭氏謂「四月昴朝見」。《爾雅》：「西陸，昴也。」劉炫云：「鄭爲近之。」《詩》「三星在天」，其説有二：毛氏以爲「參，十月始見」；鄭氏以爲「心，三月見東方」。朱文公從鄭説。「季氏有嘉樹，韓宣子譽之。」服虔云：「譽，游也。宣子游其樹下。夏諺曰：『一游一譽，爲諸侯度。』」《孟子》注引「范宣子豫焉」，「范」字誤。

宋伯姬，先儒謂婦人之伯夷。《左氏》謂「女而不婦」，非也。陸淳又以爲「非可繼可傳之道」。胡文定譏之，謂以此卜其貪生惜死，不知命矣。愚謂淳黨叔文而不羞，由其不知命也。

衛侯賜北宮喜謚曰「貞子」，賜析朱鉏謚曰「成子」，是人臣生而謚也。魏明帝，有司奏：「帝制作興治，爲魏烈祖」，是人君生而謚也。

蔡墨曰：「國有豢龍氏，有御龍氏。」後漢有侍御史擾龍宗，豈其苗裔歟？甯殖愧諸侯之策，賈充憂謚傳，其惡不可掩也，是以知「可欲之謂善」。《左氏》曰：「先二子鳴。」《莊子》曰：「子以堅白鳴。」昌黎《送東野序》言「鳴」字，本於此。

人生求富，而子文逃之；富，人之所欲，而晏子弗受。庶幾乎無欲矣！

僑不以防怨爲善，而怨自弭，故僑與鄭俱昌；斯以分過爲忠，而過益彰，故斯與秦俱亡。

《韓非》曰：「宋君失刑，而子罕用之，故宋君見刼。」李斯曰：「司城子罕相宋，身行刑罸，以威行之，朞年遂刼其君。」愚按：襄九年，宋樂喜爲司城以爲政，即子罕也。《左氏》載其言行，《檀弓》亦稱之，賢大夫也。《宋世家》無子罕刼君之事，非、斯乃與田常並言，不亦誣乎！《戰國策》謂忠臣令誹在己，譽在上。宋君奪民時以爲臺而民非之。子罕釋相爲司空，民非子罕而善其君。此即《左氏》分謗之事。司城，宋之司空也。宋無兩子罕，則非、斯之言妄矣。《史記》鄒陽曰：「宋信子罕之計而囚墨翟。」《漢書》作「子冉」，文穎注以「子冉」爲「子罕」，皆所未詳。

臧文仲廢六關。《家語》云：「置六關。」注謂：「文仲置關以税行者，故爲不仁。」

氣、志有交勝之理，治、亂有可易之道，故君相不可以言命。多福自我求，哲命自我貽，故聖賢可以言天。天者，理而已。以萇叔爲違天，是人臣不當扶顛持危也；以楚克有陳爲天道，是夷狄可以猾夏亂華也。趙氏震揆曰：「《左氏》之害義，未有甚於記女寬之論萇弘也。自昔聖賢，未嘗以天廢人。殷既錯天命，王子則曰：『自靖自獻。』周天命不又，大夫則曰：『黽勉從事。』治亂安危，天之天也；危持顛扶，人之天也。以忠臣孝子爲違天，則亂臣賊子爲順天矣，而可哉？」

「劉文公合諸侯于召陵，及皋鼬，將長蔡於衛。衛侯使祝佗私於萇弘，乃長衛侯於盟。」攷之《春秋》，是年三月會于召陵，蔡侯已在衛侯之上矣。五月盟于臯鼬，不序諸侯。《經》無長衛之文，《傳》未足信也。

《韓詩外傳》「受命者必以其祖命之。孔子爲魯司寇，命之曰：『宋公之子弗甫何孫，魯孔丘，命爾爲司寇。』」古重世族，故命必以祖。

《文選·補亡詩》「蕩蕩夷庚」，李善注：「夷，常也。」《辯亡論》「旋皇輿於夷庚」，注引繁欽《辨惑》「吴人以舡檝爲輿馬，以巨海爲夷庚。庚者，藏車之所」。愚按：《左傳》成十八年「披其地以塞夷庚」，正義謂：「平道也。」二字出於此，《選》注誤。

齊伐晉，入孟門。孟門山在慈州文城。林成已《春秋論》謂孟門即孟津，誤矣。晉裴秀客京相璠撰《春秋土地名》，其説多見于《水經注》。

匠慶謂季文子曰：「子爲正卿，而小君之喪不成，不終君也。君長，誰受其咎？」吕文靖於李宸妃之喪，其意本於此。

衛公叔發，注謂公叔文子，《論語》孔注作「公孫拔」。《集注》云：「公孫枝。」蓋傳寫之誤。

《史記》仲尼弟子顔高，字子驕。《定八年傳》：「公侵齊，門于陽州。士皆坐列，曰：『顔高之弓六鈞。』皆取而傳觀之。陽州人出，顔高奪人弱弓，籍丘子鉏擊之，與一人俱斃。」豈即斯人歟？《家語》作「顔刻」。《孔子世家》云：「過匡，顔刻爲僕。」古者文武同方，冉有用矛，樊遲爲右；有若與微虎之宵攻，則顔高以挽彊名，無足怪也。

攻媿跋語用「飛矢在上，行人在下」，迂齋引熙寧八年，舊弼韓、富、文三公之對。愚攷《春秋釋例》曰：「使以行言，言以接事，信令之要，於是乎在。舉不以怒，則刑不濫。刑不濫，則兩國之情得通。兵有不交而解者，皆行人之勳也。是以雖飛矢在上，走驛在下。」見正義。攻媿之言本此。嘉熙庚子，愚試胄闈，王圖南發策，亦用此二語。

《釋例》終篇云：「稱『凡』者五十，其別四十有九。蓋以『母弟』二凡，其義不異故也。」《隋志》有《春秋五十凡義疏》二卷。

魏絳曰：「靡自有鬲氏，收二國之燼，以滅浞而立少康。」杜氏謂：「靡，夏遺臣，事羿者。」真文忠辯之曰：「靡忠於王室如此，考其本末，乃事相，非羿也。豈有夏之忠臣而肯事羿者哉？」張宣公曰：「若靡可謂忠之盛者矣！」

「師曠驟歌北風，又歌南風」，服氏注：「北風，無射、夾鍾以北。南風，姑洗、南吕以南。律是候氣之管，氣則風也。」

「讒鼎之銘」，服氏注：「疾讒之鼎，《明堂位》所云『崇鼎』是也。」一云：「讒，地名。禹鑄九鼎於甘讒之地，故曰讒鼎。」正義謂二説無據。愚攷《韓子・説林》曰：「齊伐魯，索讒鼎，魯以其贋往。齊人曰：『贋也。』魯人曰：『真也。』齊曰：『使樂正子春來，吾將聽子。』」《新序》、《吕氏春秋》皆曰「岑鼎」，二字音相近。然則讒鼎，魯鼎也。《明堂位》

「魯有崇鼎」，服注不爲無據。

「謂之鄭志」，以明兄弟之倫；「謂之宋志」，以正君臣之分。

「宋人取長葛」，《經》以爲冬，《傳》以爲秋。劉原父謂《左氏》雜取諸侯史策，有用夏正者，有用周正者。

《公羊》疏：「《左氏》先著竹帛，故漢時謂之古學。《公羊》漢世乃興，故謂之今學。是以《五經異義》云：『古者《春秋》左氏説，今者《春秋》公羊説。』鄭衆作《長義》十九條十七事，論《公羊》之短，《左氏》之長。賈逵作《長義》四十條，云《公羊》理短，《左氏》理長。」魏鍾繇謂「《左氏》爲太官，《公羊》爲賣餅家」。

權載之問《左氏》云「夏五之闕」、「艮八之占」，名對也。

史趙曰：「自幕至于瞽瞍，無違命，舜重之以明德，寘德於遂。」《魯語》「幕，能帥顓頊者也，有虞氏報焉」，韋昭注云：「幕，舜之後，虞思也，爲夏諸侯。」《鄭語》「虞幕能聽協風，以成樂物生者也」，注亦以爲舜後虞思。按《左氏》，則幕在瞽瞍之先，非虞思也。

「穆有塗山之會」，注：「在壽春東北。」《説文》「嵞，會稽山。一曰九江當嵞也。民以辛壬癸甲嫁娶。」按《漢・地理志》「九江郡當塗」，應劭注：「禹所娶塗山，侯國。有禹虚。」蘇鶚《演義》謂宣州當塗，誤也。東晉以淮南當塗流民寓居于湖，僑立當塗縣以治之，唐屬宣州。漢之當塗，乃今濠州鍾離也。

「季平子卒，陽虎將以璵璠斂，仲梁懷弗與。」《吕氏春秋》云：「孔子徑庭而趨，歷級而上，曰：『以寶玉收，譬之猶暴骸中原也。』」《説文》云：「孔子曰：『美哉璵璠！遠而望之，奂若也；近而視之，瑟若也。一則理勝，二則孚勝。』」《初學記》引逸《論語》曰：「璠璵，魯之寶玉也」。下與《説文》同。其即季孫之事歟。

范武子之德，本於「家事治」。宣子不能守家法，乃縱女祁之惡，信子鞅之讒，錮逐欒盈，幾危晉國，忝厥祖矣。再傳而吉射亡，宜哉！

「子，周公之孫也，多饗大利，猶思不義」，子贛之責公孫成也。劉歆亦少愧哉！

「猶秉周禮」，「齊猶有禮」，觀「猶」之一字，則禮廢久矣。

吕向注《雪賦》曰：「隱公之時，大雪平地一尺。是歲大熟爲豐年。桓公之時，平地廣一丈，以爲陽傷陰盛之證。」按《左氏》於隱公云「平地尺爲大雪」，不言是歲大熟。桓公事無所據，其説妄矣。桓八年冬十月，雨雪。建西之月而雪，未聞其廣一丈也。

柳子《晉問》「魏絳之言：『近寶則公室乃貧。』」按《左傳》成六年，此乃韓獻子之言。

劉勰《辨騷》「班固以爲羿、澆、二姚，與《左氏》不合。」洪慶善曰：「《離騷》用羿、澆等事，正與《左氏》合。孟堅所云，謂劉安説耳。」

《列子》載「隨會知政，群盜奔秦」、「趙襄子勝翟，有憂色」，皆格言也。而謂隨會時有趙文子，又謂孔子聞襄子之言，其先後差繆。凡諸子紀事，若此者衆。《説苑》載祁奚救叔向，以欒盈爲欒達，范宣子爲范桓子，皆誤。

《考古編》謂：「歐陽公論二帝三王世次差舛，發端於杜佑《通典》。」按《釋例》，《世族譜》已有此疑，則發端乃杜預也。

雍熙中，校九經，史館有宋臧榮緒、梁岑之敬所校《左傳》，諸儒引以爲證，孔維謂不可按據。杜鎬引《貞觀勅》【四】，以經籍訛舛，由五胡之亂，學士多南遷，中國經術浸微。今並以六朝舊本爲證，持以詰維，維不能對。見《談苑》。太平興國中，校《漢書》，安德裕取《西域傳》山川名號字之古者，改附近人集語。錢熙謂人曰：「予於此書，特經師授，皆有訓說，豈可胸臆塗竄，以合詞章？」見晏元獻公書。觀鎬、熙之言，則經史校讎，不可以臆見定也。

前輩學識，日新日進。東坡《詠三良》，其和淵明者，與在鳳翔時所作，議論敻殊。呂成公《博議》論公孫敖二子，及《續說》則謂「宗子有君道」，趙宣子使臾駢送賈季帑，則謂「古人風俗尚厚，《博議》非是。」可以見進德脩業之功。

齊、晉、楚之霸，皆先服鄭。范雎、李斯之謀【五】，皆先攻韓。蓋虎牢之險，天下之樞也。在虢曰制，在鄭曰虎牢，在韓曰成皋。虢叔恃險而鄭取之，鄭不能守而韓滅之，韓又不監而秦并之，秦之亡也，漢、楚争之。在德不在險，佳兵者好還，信夫！

欲治國者先齊家，家之不齊莫甚於魯、衛，觀《詩》可見已。衛不足言也。魯自括、戲

【四】杜鎬引貞觀勅　「貞」，原避宋仁宗諱作「正」，今回改。下同，不再一一出校。

【五】范雎李斯之謀　「雎」，四庫本、翁注本作「雎」。

之争，而桓、宣皆簒兄矣。自文姜之亂，而哀姜襲其跡矣。自成風事季友，而敬嬴事襄仲矣。家法不脩，故曰：「魯、衛之政，兄弟也。」然衛多君子。魯無君子者，斯焉取斯，風化猶熾也。畏清議者，亦曰：「何以見魯、衛之士？」政治雖濁，風俗不衰，與漢之東都同。

「周人以諱事神，名終將諱之。」《曲禮》注云：「生者不相辟名，衛侯名惡，大夫有石惡。君臣同名，《春秋》不非。」《理道要訣》云：「自古至商，子孫不諱祖父之名，周制方諱。」夷狄皆無諱。漢宣帝詔曰：「古天子之名，難知而易諱也。其更諱詢。」則生而稱諱矣。《博議》謂：「名子者當爲孫地。」出《顔氏家訓》。

《河圖》曰：「崑山出五色流水，其白水入中國，名爲河。」故晉文公投璧于河，曰「有如白水」。

狐偃曰：「求諸侯莫如勤王。」荀彧以此勸曹操迎獻帝，或之言曰：「晉文公納周襄王，而諸侯景從。」豈誠於爲義者？故曰：「譎而不正。」《淮南》之書謂晉文「得之乎閨内，失之乎境外」，非也。辰嬴之事，閨内之法安在哉？《詩》於《衛風・木瓜》猶美齊桓，而《唐風》不録晉文，亦以是夫。

介之推曰：「身將隱，焉用文之？」君子之潛也，名不可得聞。先儒謂召平高於四皓，中屠蟠賢於郭泰。

邵子曰：「修夫聖者，秦穆之謂也。」蓋取其悔過自誓。胡文定謂：文四年，「見伐不報，始能踐自誓之言矣」。《尸子》稱「穆公明於聽獄，斷刑之日，揖士大夫曰：『寡人不敏，使民入於刑，寡人與有戾焉。二三子各據爾官，無使民困于刑。』」此雖大禹之泣辜無以過。以此坊民，猶有立威於棄灰者。

楚之興也，篳路藍縷；其衰也，翠被豹舄。國家之興衰，視其儉侈而已。

「樂王鮒毀叔向，以平公不好賢也。梁丘據不毀晏子，以景公好賢也。二臣皆從君者，易地則皆然。」劉貢父詩云。顧子曰：「昔梁丘據之諫景公也於房，晏嬰之諫景公也於朝。然晏嬰之忠，著於竹素；梁丘之佞，于今不絶。」顧夷《義訓》，《唐志》在儒家。梁丘據豈能諫景公哉，斯言繆矣！

或求名而不得，如向戌欲以弭兵爲名，而宋之盟，其名不列焉。或欲蓋而名章，如趙盾偽出奔，崔杼殺太史，將以蓋弒君之惡，而其惡益著焉。推此類言之，可見謹嚴之法。

孫郃論「春秋無賢臣」，蓋諸侯不知有王，其臣不能正君以尊王室。此孟子所以卑管、晏也。求名非謂齊豹，名章不止三叛也。

周之替也，自原伯魯之不説學；秦之亡也，自子楚之不習誦。

史墨對趙簡子曰：「天生季氏以貳魯侯。」又曰：「君臣無常位，自古以然。」簡子在晉，猶季氏在魯也。史墨之對，其何悖哉！張睢陽責尹子奇曰：「未識人倫，焉知天道？」

「今天或者大警晋也」，畏而能自脩者也。「雖晋之彊，能違天乎？」怠而不自彊者也。

叔向曰：「楚辟我衷，若何效辟？」王魏公之於寇萊公，曰：「不可學他不是。」公山不狃曰：「君子違，不適讎國。所託也則隱。」斯言也，蓋有聞於君子矣。背君父以覆宗國者，不狃之罪人也。

齊人歌曰：「唯其儒書，以爲二國憂。」春秋之季，已輕儒矣，至戰國而淳于髡有「賢者无益」之譏，秦昭王有「儒無益」之問，末流極於李斯。

申包胥似張子房，天下士也。楚破矣，請秦師以却吳；韓亡矣，借漢兵以滅秦。其相似一也。入郢之仇未報，則使越，爲之謀以滅吳；見《吳語》。韓王成之仇未報，則從漢，爲之謀以滅項。其相似二也。楚君既入而逃賞，漢業既成而謝事。其相似三也。自夏靡之後，忠之盛者，二子而已。然楚國復興，而韓祀不續，天也，子房之志則伸矣。我思古人，唯漢諸葛武侯可以繼之，「鞠躬盡力，死而後已」，其志一也。若梁之王琳、唐之張承業，功雖不就，抑可以爲次矣，不當以功之成否論。吁，春秋亡國五十二，未見其人也。遂之四氏，僅能殲齊戍。其亡而復存者，唯一包胥，豈不難哉？太史公傳伍員而不傳包胥，非所以勸忠也。《戰國策》楚莫敖子華曰：「昔吳與楚戰於柏舉，三戰入郢。棼冒勃蘇嬴糧潛行，上峥山，踰深谿，蹠穿膝暴，七日而薄秦朝。鶴立不轉，晝吟宵哭，七日不得告，水漿無入口。秦遂出革車千乘，卒萬人，屬之子滿《左氏》作「蒲」。與子虎，下塞以東，與吳人戰於濁水，大敗之。」棼冒勃蘇即申包胥也，豈蚡冒之裔，楚之同姓歟？《淮南·脩務訓》云：「申包胥贏糧跣走，跋涉谷行，上峭山，赴深谿，游川水，犯津關，獵蒙籠，蹷沙石，蹠達膝曾繭重胝，七日七夜，至於秦庭。鶴跱而不食，晝吟宵哭，面若死灰，顏色黴黑，涕液來集【六】，以見秦王。」亦與子華之言同。所謂「莫敖大心深入吳軍而死」，以《左氏》考之，即左司馬戌也。戌者，葉公諸梁之父也。諸梁定白公之亂，不有其功而老於葉。其聞包胥之風而師法之歟？

邾文公之知命，楚昭王之知大道，惠王之知志，其所知有在於卜祝史巫之外者。禆竈言鄭之將火，或中或否，子產謂：「焉知天道？」梓慎言魯之將水，昭子曰：「旱也。」秋大旱，如昭子之言。亦非知天者也。故聖人以人占天。

鉏麑之於趙宣子，沐謙之於司馬楚之，誠敬之感人至矣。商君載甲操戟，李林甫重關複壁，不亦愚乎！

《春秋》書災異，不書祥瑞，所以訓寅畏，防怠忽也。災異，古史官之職。隕石六鷁，宋襄以問周内史。有雲夾日，楚昭以問周大史。在漢則太史公掌天官，張衡爲日官。我朝舊制，太史局隸祕書，凡天文失度，三館皆知之。淳熙中，熒惑入斗，同脩國史李燾，類

【六】涕液來集　「來」，四庫本、翁注本作「交」。

次漢元鼎至宣和四十五事以進。熒惑犯氐，祕書丞蔣繼周言：「氐者邸也，驛傳宜備非常。」不淹旬，都進奏院災。蓋每有星變，館吏以片紙録報，故得因事獻言。自景定後，枋臣欲末殺災異，三館遂不復知。甲子，彗星宫中見之，乃下求言之詔，則蒙蔽可見。壬申，地生毛，明年失襄陽。災異其可忽哉？爲人臣不知《春秋》之義，其禍天下極矣，叔輒所以哭日食也。

宋襄求諸侯而敗於泓，楚靈卜得天下而辱於乾谿。《淮南子》曰：「侯而求霸者，必失其侯；霸而求王者，必喪其霸。」

臧孫於魯，曰：「國有人焉。」師慧於宋，曰：「必無人焉。」襄仲於秦，曰：「不有君子，其能國乎？」有士五人，晋文所以霸也；有大叔儀，有母弟鱄，衛獻所以入也；有趙孟，有伯瑕，有史趙、師曠，有叔向、女齊，晋所以未可媮也。曰：「子無謂秦無人。」曰：「無善人，則國從之。」國之存亡輕重，視其人之有無而已。舜有臣五人，武王有亂臣十人，殷有三仁，周有八士。之人也，始可謂之有。虞有宫之奇，項有范增，不能有其有矣。魏之窺吴，則曰：「彼有人焉。」賈生言天下倒縣，則曰：「猶爲國有人乎？」此皆以人爲盛衰也。

隱公之大夫多不氏，猶可言未命也。宋昭公之大夫多不名，則説者不一矣。

《春秋》誅亂臣賊子，《左氏》謂「稱君，君無道也」，《穀梁》謂「稱國以弒其君，君惡甚矣」。安定先生曰：「是啓亂臣賊子之言也。其爲害教大矣。」宗人釁夏之守禮，聖人遺化也。後世犯葵丘之禁者多矣。漢之劉輔、魏之棧潛、我朝之鄒浩，守經據古，其有魯宗人之風乎！

夫差之報越，其志壯矣。燕昭報齊似之，取其大節而略其成敗可也。慕容盛之討蘭汗，其言曰：「免不同天之責。凡在臣民，皆得明目當世。」君子猶有取焉，況吳乎！

周之大寶鎮，《河圖》、《大訓》列焉。《易象》在魯，《三墳》、《五典》在楚，周不能有其寶矣。然而老聃之禮，萇弘之樂，文獻猶存。及王子朝以典籍奔楚，於是觀射父、倚相，皆誦古訓以華其國，以得典籍故也。區區一鼎，與懷璧同，其能國乎？

古之謀國者，知彼知己，如良醫察脈，如善弈觀棋，德、刑、政、事、典、禮不易。「楚自克庸以來」，此晉臣之知楚也。「晉君類能而使之」，此楚臣之知晉也。皆以紀綱風俗知之。楚自邲之後，晉自蕭魚之後，精神景象非昔矣。

請討陳恒之年，《春秋》終焉。夫子之請討也，將以見之行事。請討不從，然後託之空言。

杜氏注云：「仲尼之徒，皆忠於魯國。」《史記》載夫子之言曰：「夫魯，父母之國。國危如此，二三子何爲莫出？」此夫子之訓也。

仲子有文在手，曰「爲魯夫人」。成季、唐叔有文在手，曰「友」，曰「虞」。正義云：「《石經》古文『虞』作『㕚』，『魯』作『衣』，手文容或似之。『友』及『夫人』當有似之者。」

《藝文志》「《春秋虞氏微傳》二篇」。按劉向《别録》云：「虞卿作《抄撮》九卷，授荀卿，卿授張蒼。」然則張蒼師荀卿者也。《左氏傳》漢初出蒼家，亦有功於斯文矣。浮丘伯亦荀卿門人，申公事之受《詩》，是爲《魯詩》。《經典序録》「根牟子傳趙人荀卿子，荀卿子傳魯人大毛公，是爲《毛詩》」。荀卿之門有三人焉，李斯、韓非不能玷其學也。《毛詩》傳以平平爲辯治，又以五十矢爲束，皆與《荀子》同。

御孫曰：「儉，德之共也。侈，惡之大也。」古之格君心者，必以儉。董仲舒《對策》乃謂「儉非聖人之中制」，公孫弘亦云：「人主病不廣大。」舒、弘正邪雖殊，而啓武帝之侈心則一。

伯宗好直言，而不容于晋；國武子好盡言，而不容于齊。小人衆而君子獨也。漢士習於謟諛，而以汲長孺爲戇，朱游爲狂；晋士習於曠達，而以卞望之爲鄙。君子之所守，不以習俗移也。

列國大夫之無君，晋爲之也。會于戚而不討孫林父，會于夷儀而不討崔杼，會于適歷而不討季孫意如，君臣之義不明，而大夫簒奪之禍，晋自及矣。《晋語》趙宣子曰：「大者天地，其次君臣。」然宣子能言之，而躬自犯之。

寺人披之斬袪，芋尹無宇之斷旌，其讎一也。披請見而晉文讓之，無宇執人於宮而楚靈赦之。楚靈之量，優於晉文矣。漢高帝之赦季布，魏武帝之免梁鵠，吳景帝之遺李衡，皆有君人之量。

楚伍參曰：「晉之從政者新。」謂荀林父也。士彌牟曰：「晉之從政者新。」謂范鞅也。一以喪師，一以失諸侯。《書》曰：「人惟求舊。」

以近事爲鑒，則其言易入，申叔豫以子南戒薳子馮是也。告君亦然。樊噲諫高帝曰：「獨不見趙高之事乎？」爰盎諫文帝曰：「獨不見人彘乎？」

劉炫謂《國語》非丘明作。《傳》言鄢陵之敗，苗賁皇之爲。《楚語》云：「雍子之爲。」與《傳》不同。傅玄云：「《國語》非丘明作，有一事而二文不同。」葉少藴云：「古有左氏、左丘氏。太史公稱『左丘失明，厥有《國語》』。今《春秋傳》作左氏，而《國語》爲左丘氏，則不得爲一家。文體亦自不同，其非一家書明甚。左氏王荊公以爲六國時人。蓋左史之後，以官氏者。」朱文公謂：「左氏乃左史倚相之後，故其書説楚事爲詳。」鄭漁仲云：「左氏世爲楚史。」司馬氏謂「左氏欲傳《春秋》，先作《國語》。《國語》之文，不及《傳》之精也。」

「臧文仲以玉磬告糴于齊」，見《魯語》。《容齋三筆·書博古圖》謂《左傳》無玉磬之說，非也。

《晉語》「伯宗索士庇州犂，得畢陽。及欒弗忌之難，諸大夫害伯宗，畢陽實送州犂于荆」。畢陽之孫豫讓，見《戰國策》。祖孫皆以義烈著，所謂「是以似之」者。太史公不書於《傳》，故表而出之。

《晋語》「知宣子將以瑶爲後，知果曰：『不如宵也。』弗聽。知果别族于太史，爲輔氏。」《通鑑》取此。《戰國策》「張孟談因朝智伯而出，遇智過轅門之外。智過入見智伯，曰：『二主殆將有變。』智過言之不聽，出，更其姓爲輔氏」。《韓非子》同，云「更其族」。智過即智果也。二説之先後不同。

《楚語》伍舉曰：「德義不行，則邇者騷離，而遠者距違。」注：「騷，愁也。離，畔也。」伍舉所謂「騷離」，屈平所謂「離騷」，皆楚言也。揚雄爲《畔牢愁》，與《楚語》注合。

《皇王大紀》「景王二年，襄三十年。楚公子圍至晋，晋趙武子鞅鳴玉以相。」按《楚語》：「王孫圉聘於晋，定公饗之，趙簡子鳴玉以相。」蓋楚昭王時，鞅者武之孫也。今以王孫圉爲公子圍，以鞅爲武之子，皆誤。

古者，「孫以王父字爲氏」。子産，子國之子，《國語》謂公孫成子，《左傳》謂公孫僑。子産之子，始爲國氏。致堂作《子産傳》，曰「國僑」，非也。

《鄭語》依、㽥、歷、莘，《史記·鄭世家》注：「『莘』作『華』。」《水經注》：「黄水經華城西。史伯曰：『華君之土也。』韋昭曰：『華，國名。秦白起攻魏，拔華陽。』司馬彪曰：『華陽在密縣。』」《括地志》：「華陽城在鄭州管城縣南。」可以證今本之誤。按下文「前華後河【七】」，則上文當作「華」。

《晋語》竇犨對趙簡子曰：「君子哀無人，不哀無賄；哀無德，不哀無寵；哀名之不令，不哀年之不登。」味其言，見其賢矣。《史記》「孔子將西見趙簡子，聞竇鳴犢之死，臨河而歎。」《索隱》云：「鳴犢，犨字。」《通鑑外紀》於周敬王二十八年書「簡子殺鳴犢」，三十年，書「竇犨對簡子」，誤也。

江端禮嘗病柳子厚作《非國語》，乃作《非非國語》。東坡見之曰：「久有意爲此書，不謂君先之也。」然子厚《非國語》，而其文多以《國語》爲法。

古以一句爲一言。《左氏傳》「子大叔九言」，《論語》「一言蔽之曰：思無邪」。秦、漢以來，乃有句稱。今以一字爲一言，如五言、六言、七言詩之類，非也。

史墨曰：「越得歲而吳伐之，必受其凶。」杜牧注《孫子》曰：「歲爲善星，不福無道；火爲罰星，不罰有德。」嘉定中，日官言五福太一臨吳分。真文忠公奏：「漢之肇造，以寬仁得民，而不在五星之聚井；晋之卻敵，以將相有人，而不在歲星之臨吳。」

子産鑄刑書，趙鞅、荀寅鑄刑鼎，至鄧析竹刑，則書於竹簡矣。然《甫刑》云：「明啓刑書。」其來已久。《漢·杜周傳》「不循三尺法」，注謂「以三尺竹簡書法律也」。朱博亦云：「奉三尺律令以從事。」《鹽鐵論》乃云：「二尺四寸之律，古今一也。」蓋律書以二尺四寸簡，舉其大數，謂之三尺。曹褒《新禮》寫以二尺四寸簡。漢禮與律令同録，其制

【七】按下文前華後河「華」，原作「菙」，據四庫本、翁注本改。

一也。

趙襄子曰：「以能忍耻，庶無害趙宗乎？」《説苑・談叢》云：「能忍耻者安，能忍辱者存。」吕居仁謂「忍詬」二字，古之格言，學者可以詳思而致力。

内有疑妻之妾，此宫亂也；庶有疑室之子，此家亂也；朝有疑相之臣，此國亂也。管子之言，即辛伯之諗周桓公也。然管子能言之，而不能格齊桓之心。

朱子曰：「《左氏》之失，在以成敗論人。」愚嘗觀蔡邕《獨斷》引王仲任曰：「君子無幸而有不幸，小人有幸而無不幸。」韓文公謂：「君子得禍爲不幸，而小人得禍爲常；君子得福爲常，而小人得福爲不幸。」亦仲任之意。斯言可以正《左氏》之失。

「宋人享趙文子，叔向爲介。司馬置折俎，禮也。仲尼使舉是禮也，以爲多文辭。」服虔云：「以其多文辭，故特舉而用之。後世謂之『孔氏聘辭』。以孔氏有其辭，故《傳》不復載也。」正義謂：「孔氏聘辭，不知事何所出。」

「是謂一終」，一星終也。今俗語云「一匝」。《淮南子》「以數雜之壽，憂天下之亂，猶憂河水之少，泣而益之也。」《文子》作「數集」。注：「雜，匝也。人生子，從子至亥爲一匝。」俗語出於此。

或以益爲皋陶之子。《列女傳》「睪子生五歲而贊禹」，曹大家注：「皐陶之子伯益也。」李邕爲《李思訓碑》云：「睪子贊禹，甘生相秦。」「睪」與「皋」同。林少穎謂：「伯益即伯翳，其後爲秦。臧文仲聞六、蓼滅，曰：『皋陶、庭堅不祀忽諸。』使皋陶猶有後於秦，則文仲之言，不若此之甚也。」《列子》：「夷堅聞而志之。」服虔注：「即庭堅也。」

「嫠不恤緯」，齊女有禮。「漆室女憂君」，況委質爲臣者乎？《列女傳》「魯漆室女」，《韓詩外傳》云：「魯監門之女嬰。」莒婦投紡，復其夫之讎而不知有君，與不恤緯者異矣。

漢世祖罷郡國都尉，晉武帝去州郡武備，其害皆見于後。唐穆宗之銷兵，則不崇朝而變生焉。故曰：「誰能去兵？」

劉知幾曰：「能言吾祖，郯子見師；不識其先，籍談取誚。」鄧名世曰：「春秋時善論姓氏者，魯有衆仲，晉有胥臣，見《晉語》。鄭有行人子羽，皆能探討本源，自炎、黄而下，如指諸掌。」鄭漁仲曰：「《世本》、《公子譜》二書，皆本《左傳》。」

子皮曰：「君子務知大者遠者，小人務知小者近者。」程子謂：「君子之志，所慮者豈止一身，直慮及天下千萬世；小人之慮，一朝之忿，不遑恤其身。」

「莊公寤生」，《風俗通》云：「俗説兒墮地，未能開目視者，謂之寤生。」

黄池之會，王孫雄曰【八】：「必會而先之。」吳、晉争先，雄之謀也，然不能救吳之亡。故《呂氏春秋》曰：「吳王夫差染於王孫雄、太宰嚭。」然則雄亦嚭之流耳。

晉有四姬，鄭子産有男女辨姓之言。攷之《穆天子傳》，穆王有盛姬。蓋周禮之壞自王朝始，諸侯何誅焉？

【八】王孫雄曰「雄」，四庫本、翁注本作「雒」。下同。

叔向習《春秋》，爲平公之傅，而不能諫四姬之惑，何也？曰：「正己則可以格君心之非。叔向娶於申公巫臣氏，違母之訓而從君之命。無諸己而後非諸人，自反而不縮，其能正君乎？先儒有言：『寡欲之臣，然後可以言王佐。』」

季武子曰：「有叔向、女齊以師保其君。」公室之卑，私言於晏嬰；杞田之治，僅及於侵小。師保固如是乎？

魯用田賦，仲尼曰：「有周公之典在。」晋鑄刑鼎，仲尼曰：「晋國將守唐叔之所受法度。」周公之典，唐叔之法度，魯、晋所以立國也。是以漢循高祖之法則治，唐變太宗之制則亂。夏有「典則」，商云「成憲」，周云「舊章」。

古也有志：「克己復禮，仁也。」或謂：「克己復禮，古人所傳，非出於仲尼。」致堂曰：「夫子以克己復禮爲仁，非指克己復禮即仁也。胥臣曰：『出門如賓，承事如祭，仁之則也。』蓋《左氏》粗聞闕里緒言，每每引用，而輒有更易。穆姜於《隨》舉《文言》，亦此類。」

《晋語》欒氏之臣辛俞曰：「三世仕家君之，再世以下主之。」注：「大夫稱主。」優施謂里克妻曰：「主孟啗我。」注：「大夫之妻稱主。」《左傳》醫和謂趙孟曰：「主是謂矣。」魏戊曰：「主以不賄聞於諸侯。」此大夫稱主也。齊侯使高張來唁公，稱「主君」。子家子曰：「齊卑君矣。」主君，大夫之稱也。《史記・甘茂傳》樂羊拔中山，魏文侯示之謗書。

樂羊曰：「此非臣之功也，主君之力也。」《戰國策》梁王魏嬰觴諸侯於范臺，魯君曰：「主君之尊，儀狄之酒也；主君之味，易牙之調也。」魏以大夫爲諸侯，故猶稱主君。

卷七

公羊

漢武尊《公羊》家，而董仲舒爲儒者宗。「正誼不謀利，明道不計功」二言，得夫子心法。太史公聞之董生者，又深得綱領之正。嘗攷公羊氏之《傳》，所謂讖緯之文，與黜周王魯之説，非《公羊》之言也。蘇氏謂：「何休，《公羊》之罪人。」晁氏謂：「休負《公羊》之學。」五始、三科【一】、九旨、七等、六輔、二類、七缺，皆出於何氏，其《墨守》不攻而破矣。《筆談》曰：「《史記·年表》：『平王東遷三年，魯惠公即位。』《纂例》隱公下，注云：『惠公三年，平王東遷。』不知啖、趙得於何書。」《鹽石新論》以爲「啖、趙所云，出何休《公羊音訓》，當作『平王東遷三年，惠公立』，此休一時記録之誤。」安定謂：「平王東遷，孝公之三十七年也。明年，惠公立。《春秋》不始於孝公、惠公者，不忍遽絶之，猶有所待焉。歷孝踰惠，莫能中興，於是絶之。所以始于隱公也。」

漢以《春秋》決事，如雋不疑引「蒯聵違命出奔，輒距而不納。《春秋》是之」；蕭望之引「士匄侵齊，聞齊侯卒，引師而還。君子大其不伐喪」；丞相、御史議封馮奉世，引

校勘記

【一】五始三科　「三」，原字漫漶爲「二」，據四庫本、翁注本正。

「大夫出疆，有可以安國家，顓之可也」，皆本《公羊》。雖於經旨有得有失，然不失制事之宜。至於嚴助以《春秋》對，乃引「天王出居于鄭，不能事母，故絶之」，其謬甚矣。

《左氏》載曹劌問戰、諫觀社，藹然儒者之言。《公羊》乃有盟柯之事，太史公遂以曹沫列刺客之首。此戰國之風，春秋初未有此習也。《穀梁》柯盟曹劌，《公羊》作「曹子」。然則「沫」即「劌」也。此游士之虚語，而燕丹之用荆軻，欲以齊桓待秦政，不亦愚乎！

「九世猶可以復讎乎？雖百世可也」，漢武用此義伐匈奴，儒者多以《公羊》之説爲非。然朱子序《戊午讜議》曰：「有天下者，承萬世無疆之統，則亦有萬世必報之讎。」吁，何止百世哉！

「臣不討賊，非臣也」、「子不復讎，非子也」、「讎者無時焉可與通」，此三言者，君臣父子、天典民彝係焉。公羊子大有功於聖《經》。

以祭仲廢君爲行權，范甯已譏其失矣。《孟子》曰：「有伊尹之志則可。」若祭仲者，董卓、司馬師、孫琳、桓温之徒也，其可褒乎？

「葵丘之會，桓公震而矜之」，安定謂前則致王世子于首止，今又致宰周公于葵丘，其心盈亦甚矣。《穀梁》以爲美，非美也；《孟子》以爲盛，有激而云。

以衛石惡爲惡人，劉原父非之曰：「董賢可謂賢乎！」又以仲孫何忌爲「譏二名」，新莽之制，其出于此歟？東漢之士，猶無二名者。

「用致夫人」,《公羊》以爲姜氏,譏以妾爲妻也。董仲舒謂成風,先儒取之。仲舒説《經》,蓋不泥於《公羊》也。晉江彪曰:「厭屈私情,所以上嚴祖考。」曾謂周禮在魯,其臣無一江彪乎?

「晉人執宋仲幾于京師。仲幾之罪何?不蓑城也。」注云:「若今以草衣城是也。」《漢·五行志》「董仲舒以爲宋中幾亡尊天子之心,而不衰城」。顔注云:「衰城,謂以差次受功賦也。」按《左氏傳》:「遲速衰序,於是焉在。」又云:「宋仲幾不受功。」「蓑」字當從《漢志》作「衰」,音初爲反。衰,差也。與《左氏》合。

公羊子,齊人。其傳《春秋》多齊言,登來、化我、樵之、漱浣、筍將、踊爲、詐戰、往黨、往殆、于諸、累、怴、如、昉、棓、脰之類是也。鄭康成,北海人。其注三《禮》多齊言,麴麩曰媒、疾爲戚、麇爲獐、漚曰涹、椎爲終葵、手足掔爲骹、全菹爲芋、祭爲墮、題肩謂擊征、滑曰瀡、相絞訐爲掉磬、無髮爲禿楬、穅爲相、殷聲如衣、祈之言是之類是也。方言之異如此,則《書》之誥誓其可彊通哉?

「文公二年,公子遂如齊納幣。」「譏喪娶也。娶在三年之外則何譏乎喪娶?三年之内不圖婚娶者,大吉也,非常吉也。其爲吉者主於己,以爲有人心焉者,則宜於此焉變矣。」公羊子之言,天理民彝之正也。《左氏》以爲禮,以爲孝,其害教最甚。杜氏謂:「諒闇既終,嘉好之事,通于外内。」其悖理又甚焉。《中庸》曰:「三年之喪,達乎天子。」《孟子》曰：「三年之喪，自天子達於庶人。」左、杜而忘諸乎？杜預在晉，議太子之服，謂：「周公不言高宗服喪三年，而云諒闇，此服心喪之文也。叔向不譏景王除喪，而譏其宴樂已早，明既葬應除，而違諒闇之節也。」司馬公以爲「巧飾《經》、《傳》，以附人情」。預但知《春秋》衰世之禮，而未知先王制禮之本也。《公羊》長於《左氏》，此其一端也。

穀梁

《穀梁傳序》「凡《傳》以通《經》爲主，《經》以必當爲理。夫至當無二，而三《傳》殊説，庸得不棄其所滯，擇善而從乎？」《孝經序》襲其語。

桓五年《傳》「鄭，同姓之國也，在乎冀州」，注：「冀州則近京師。」按鄭之始封，在今京兆，其地屬雍州。東遷之後，徙新鄭，在今河南，其地屬豫州。謂近京師則可，謂在冀州則非。或曰：「冀州，中州也。」《淮南子》「正中冀州，曰中土」。

秦自殽之敗即楚，見呂相絶秦，故《穀梁》曰：「秦之爲狄，自殽之戰始。」止齋曰：「楚之伯，秦之力也。自滅庸以後，秦爲楚役。」

伯宗攘輦者之善，穀梁子非之。董公遮説漢王，趙涉遮説條侯，繫天下興亡安危之大幾，用其言而不用其人，何哉？

隱九年「俠卒」。「俠者，所俠也。」所氏見于史者，漢有所忠，《食貨》、《郊祀志》、《石慶》、

《司馬相如傳》。後漢有所輔。《獨行·劉茂傳》。《風俗通》「所姓，宋大夫華所事之後」。魯有所氏，非但出於宋也。然無駭、翬、挾、柔、溺、宛，先儒謂大夫未爵命於天子，不氏。則俠之氏爲所，非也。

《公羊傳》於襄二十一年云：「十有一月庚子，孔子生。」《穀梁傳》於二十年十月云：「庚子，孔子生。」二十一年，賈逵注《經》云：「此年仲尼生。」昭二十四年，服虔載賈逵語云：「仲尼時年三十五。」定以孔子爲襄二十一年生也。《孔子世家》云：「魯襄公二十二年生。」杜注從《史記》。臧榮緒以宣尼生庚子日，陳《五經》拜之。然以年則《公》、《穀》、《史記》有一年之差，以月則《公》、《穀》有一月之差。今不可攷。

侯國不守典禮，而使宰咺歸賵；侯國不共貢職，而使石尚歸脤。《經》書天王以是始終，蓋傷周而歎魯也。《穀梁》謂「石尚欲書《春秋》」，曾是以爲禮乎？

《文中子》謂：「范甯有志於《春秋》，徵聖《經》而詰衆《傳》。」蓋杜預屈《經》以申《傳》，何休引緯以汩《經》，唯甯之學最善。

《穀梁》言大侵之禮，與《毛詩·雲漢》傳略同；言蒐狩之禮，與《毛詩·車攻》傳相合。此古禮之存者。

《左傳》正義云：「漢代古學不行，明帝集諸學士作《白虎通義》。因《穀梁》之文，爲之説曰：『王者諸侯所以田獵何？爲苗除害，上以共宗廟，下以簡集士衆也。春謂之田何？春，歲之本，舉本名而言之也。夏謂之苗何？擇其懷任者也。秋謂之蒐何？蒐索肥者也。冬謂之狩何？守地而取之也。四時之田總名爲田何？爲田除害也。』」今《白虎通義》十卷，無此語，豈亦有逸篇歟？然章帝會諸儒於白虎觀，正義謂明帝，亦誤。

某，或作「厶」，出《穀梁》注：「鄧，厶地。」

穀梁子，或以爲名赤，或以爲名俶，秦孝公時人。今按：《傳》載《尸子》之語，尸佼與商鞅同時，故以穀梁子爲秦孝公時人，然不可攷。《漢書》但云魯學。

論語

或問：「《論語》首篇之次章，即述有子之言。而有子、曾子獨以子稱，何也？」曰：「程子謂此書成於有子、曾子之門人也。」曰：「柳子謂孔子之没，諸弟子以有子爲似夫子，立而師之。其後不能對諸子之問，乃叱避而退，則固有常師之號【二】，是以稱子。其説非與？」曰：「非也。此太史公采雜説之謬，宋子京、蘇子由辨之矣。《孟子》謂：『子夏、子張、子游，以有若似聖人，欲以所事孔子事之。』朱子云：『蓋其言行氣象有似之者，如《檀弓》所記子游謂有若之言似夫子之類是也。』豈謂貌之似哉？」曰：「有子不列于四科，其人品何如？」曰：「宰我、子貢、有若智足以知聖人。此《孟子》之言也。蓋在言語之科，宰我、子貢之流亞也。」曰：「有子之言，可得聞與？」曰：「盍徹之對，出類拔

【二】則固有常師之號　「有常」，四庫本、翁注本二字互乙。

萃之語，見於《論》、《孟》。而《論語》首篇所載，凡三章，曰『孝弟』，曰『禮』，曰『信恭』，尤其精要之言也。其論『晏子焉知禮』，則《檀弓》述之矣。《荀子》云：『有子惡卧而焠掌，可以見其苦學。』」曰：「朱子謂有子重厚和易，其然與？」曰：「吴伐魯，微虎欲宵攻王舍，有若與焉，可謂勇於爲義矣，非但重厚和易而已也。」曰：「有子、曾子並稱，然斯道之傳，唯曾子得之。子思、孟子之學，曾子之學也，而有子之學無傳焉，何歟？」曰：「曾子守約而力行，有子知之而已。智足以知聖人，而未能力行也。《家語》稱其『彊識好古道』，其視以魯得之者，有間矣。」曰：「學者學有子可乎？」曰：「孝弟務本，此入道之門、積德之基，學聖人之學莫先焉。未能服行斯言，而欲凌高厲空，造一貫忠恕之域，吾見其自大而無得也。學曾子者，當自有子孝弟之言始。」曰：「《檀弓》記有子之言，皆可信乎？」曰：「王無咎嘗辨之矣。若語子游欲去喪之踊；孺子䵢之喪，哀公欲設撥以問若，若對以爲可。皆非也。唯《論語》所載爲是。」

《春秋》正義云：「哀公問主於宰我，案古《論語》及孔、鄭皆以爲社主，張、包、周等並爲廟主。」今本作「問社」，《集解》用孔氏説，凡建邦立社，各以其土所宜之木，亦不言社主，然正義必有據。

張衡《思玄賦》「匪仁里其焉宅兮，匪義迹其焉追」，注引《論語》「里仁爲美。宅不處仁，焉得知？」里、宅，皆居也。石林云：「以擇爲宅，則里猶宅也。蓋古文云然。今以宅爲擇，而謂里爲所居，乃鄭氏訓解，而何晏從之。當以古文爲正。」致堂云：「里，居也。居仁如里，安仁者也。」

「商爲起予」，理明辭達也。「回非助我」，默識心通也。

《說苑》「管仲築三歸之臺，以自傷於民。」《集注》取之。

「舉直錯諸枉，舉枉錯諸直」，孫季和謂：「舉直而加之枉之上，則民服，枉固服於直也。舉枉而加之直之上，則民不服，直固非枉之所能服也。」若諸家解，何用加二「諸」字。

王景文曰：「孔子見起證而知其末，故曰：『其或繼周者，雖百世可知也。』孟子見進證而知其極，故曰：『千歲之日【三】，可坐而致也。』邵氏見困證而知其窮，故曰：『苟有命世之人，雖民如夷狄，三變而帝道可舉。惜時無百年之世，世無百年之人，時難人難，不其然乎？』」邵子之言，見《觀物篇》。

「默而識之」，朱子謂不言而存諸心。「屢空」，不取虛中之說，恐學者流於異端也。

「申棖」，鄭康成云：「蓋孔子弟子申續。《史記》云：『申棠，字周。』《家語》云：『申續，字周。』」今《史記》以「棠」爲「黨」，《家語》以「續」爲「績」，傳寫之訛也。後漢《王政碑》云：「有羔羊之絜，無申棠之欲。」亦以「棖」爲「棠」，則申棠、申棖一人爾。唐開元封申黨召陵伯，又封申棖魯伯。本朝祥符封棖文登侯，又封黨淄川侯，俱列從祀。「黨」即「棠」也，一人而爲二人，失於詳攷《論語釋文》也。《史記索隱》謂：《文翁圖》有申棖、申

【三】千歲之日　「日」下，四庫本、翁注本有「至」字。

堂，今所傳《禮殿圖》有申黨，無申棖。

甘羅曰：「項橐七歲爲孔子師。」董仲舒《對策》「此亡異於達巷黨人，不學而自知」。孟康注：「人，項橐也。」《隸釋》載《逢盛碑》，以爲后橐。孟康之説未知所出，《論語》注疏無之。

「師摯之始」，鄭康成謂「魯太師之名」。「大師摯適齊」，孔安國以爲魯哀公時人，康成以爲周平王時人。班固《禮樂志》謂：「殷紂作淫聲，樂官師瞽抱其器而犇散，或適諸侯，或入河海。」《古今人表》列大師摯以下八人於紂時。吴斗南云：「按《商本紀》紂世抱樂器而犇者，大師疵、少師彊也。《人表》亦列此二人於師摯八人之後，誤合兩事爲一。」石林云：「司馬遷論周厲王事曰：『師摯見之矣。』則師摯，厲王時人也。」諸説不同，横渠從孔安國注。

「考其所爲，觀其所由，察其所安」，亦見《大戴禮·文王官人篇》。

「老彭」，鄭注云：「老聃、彭祖。」龜山曰：「老氏以自然爲宗，謂之不作可也。」朱文公曰：「以《曾子問》言禮證之，述而不作，信而好古，皆可見。蓋聃，周之史官，掌國之典籍、三皇五帝之書，故能述古事而信好之。如五千言，或古有是語而傳之。《列子》引黄帝書，即『谷神不死』章也。聃雖知禮，謂行之反以多事，故欲滅絶之。《禮運》『謀用是作，兵由此起』，亦有此意」。致堂曰：「仲尼問禮，或以證舊聞，或以絶滅禮學之故，振而作之，使於問答之際有啓發，非以爲師也。」

王無咎云：「鹿邑之外有互鄉城，邑人相傳，謂互鄉童子見孔子者，此處也。前代因立互鄉縣。其城猶存。」鹿邑屬亳州。

「不舍晝夜」，《釋文》：「舍，音捨。」《集注》亦云「上聲」。而《楚辭辨證》云：「洪引顔師古曰：『舍，止息也。屋舍、次舍，皆此義。』《論語》不舍晝夜，謂曉夕不息耳。今人或音捨者，非是。」《辨證》乃朱子晚歲之書，當從之。

龐涓、孫臏同學兵法，蘇秦、張儀同學從衡，李斯、韓非同學刑名，始也朋而終也仇。故曰「小人同而不和，比而不周」。

思欲近，近則精；慮欲遠，遠則周。

四教以文爲先，自博而約；四科以文爲後，自本而末。

互鄉童子則進之，開其善也；闕黨童子則抑之，勉其學也。

草廬一言而定三分之業，「一言之興邦」也；夕陽亭一言而召五胡之禍，「一言之喪邦」也。

唐太宗文學館學士，許敬宗與焉；裴晉公淮西賓佐，李宗閔與焉。以是知佞人之難遠。

尹和静云：「君臣以義合者也，故君使臣以禮，則臣事君以忠。」東澗謂如言「父慈子孝」，加一「則」字，失本義矣。

「以能問於不能，以多問於寡，有若無，實若虚，犯而不校」，顔子和風慶雲之氣象也。「富貴不能淫，貧賤不能移，威武不能屈」，孟子泰山巖巖之氣象也。

「麻冕，禮也；今也純，儉」，鄭注：「純，黑繒也，側基反。」而《釋文》以鄭爲下音。今讀者從上音如字，非也。按《儀禮》疏，古「緇」、「紂」二字並行，「緇布」之「緇」，本字不誤。「紂帛」之「紂」，多誤爲「純」。《周禮》「純帛」，注：「純，實『緇』字。古『緇』以『才』爲聲。」《釋文》：「純，側其反，依字從糸、才。」《詩·行露》箋「紂帛」，《釋文》云：「紂，音緇。依字糸旁才。後人以才爲屯，因作純。」又《丰》詩箋云：「士妻紂衣。」《儀禮》「純衣」，《釋文》無音，亦非也。《集解》：「純，絲也。」取《説文》。

「君子不以紺緅飾」，孔氏注：「一入曰緅。」石林云：「《考工記》『三入爲纁，五入爲緅，七入爲緇』，緅在纁、緇之間。《爾雅》『一入爲縓』，《禮》『練衣黄裏縓緣』，『練冠，麻衣縓緣』，蓋孔氏誤以『緅』爲『縓』，則『緅』不可爲近喪服。」《集注》謂：「緅，絳色，以飾練服。」亦用孔注。正義曰「一入爲緅」，未知出何書。又云「三年練以緅飾衣」，似讀緅爲縓。當以石林之説爲正。

馬融注《論語》云：「所因，謂三綱五常。」《大學衍義》謂三綱之説，始見於《白虎通》。愚按：《谷永傳》云：「勤三綱之嚴。」《太玄·永》次五云：「三綱得于中極，天永厥福。」其説尚矣。《禮記》正義引《禮緯含文嘉》，有三綱之言，然緯書亦起於西漢之末。

《太平御覽》引《莊子》曰:「孔子病,子貢出卜。孔子曰:『子待也。吾坐席不敢先,居處若齊,食飲若祭,吾卜之久矣。』」「子路請禱」,可以參觀。

「仁者静」,孔安國云:「無欲故静。」與《太極圖説》同。

石林解「執禮」云:「猶執射、執御之執。《記》曰:『秋學禮,執禮者詔之。』蓋古者謂持禮書以治人者,皆曰『執』。《周官·大史》『大祭祀,宿之日,讀禮書。祭之日,執書以次位常。凡射事,執其禮事』,此禮之見於書者也。」解「《雅》、《頌》各得其所」,云:「季札觀魯樂,以《小雅》爲周德之衰,《大雅》爲文王之德。《小雅》皆變雅,《大雅》皆正雅。楚莊王言武王克商,作《頌》,以《時邁》爲首,而《武》次之,《賚》爲第三,《桓》爲第六,以所作爲先後。以此攷之,《雅》以正變爲大小,《頌》以所作爲先後者,《詩》未删之序也。論政事之廢興,而以所陳者爲大小;推功德之形容,而以可告者爲先後者,删詩之序也。」其説可以補注義之遺。

《吕氏春秋》「楚有直躬者,其父竊羊而謁之上。上執而將誅之,直躬者請代之。將誅矣,告吏曰:『父竊羊而謁之,不亦信乎!父誅而代之,不亦孝乎!信且孝而誅之,國將有不誅者乎?』荆王聞之,乃不誅也。孔子聞之曰:『異哉,直躬之爲信也,一父而載取名焉!』故直躬之信,不若無信。」此即葉公所云也。致堂曰:「直躬,猶曰正己,而《吕氏春秋》以爲人姓名,妄也。」

周生烈子云：「舜嘗駕五龍以騰唐衢，武嘗服九駮以馳文塗。此上御也。」謂五臣、九臣。

《文子》曰：「人皆以無用害有用，故知不博而日不足。以博弈之日問道，聞見深矣。」可以發明「無所用心」之戒。言無所用心之害，非以博弈爲賢也。讀此章者，當以韋昭之論、陶侃之言參觀。

曹操《祭橋玄文》曰：「仲尼稱『不如顔淵』。」注引《論語》：「孔子謂子貢：『吾與汝俱不如也。』」按包氏解云：「吾與女俱不如。」

「周有八士」，包氏注云：「四乳生八子。」其説本董仲舒《春秋繁露》。謂四産得八男，皆君子雄俊，此天所以興周國。《周書・武寤篇》「尹氏八士」，注云：「武王賢臣。」《晉語》「文王詢八虞」，賈逵云：「周八士，皆在虞官。」以仲舒「興周」之言攷之，當在文、武時。

東坡解「孟莊子之孝」爲獻子，石林謂：以獻子爲穆伯之子，以惠叔爲惠伯，讀《左氏》不精，二者皆誤。致堂取蘇説，而不辨其誤。

《吕氏春秋・不苟論》云：「孔丘、墨翟晝日諷誦習業，夜親見文王、周公旦而問焉。」注引《論語》「夢見周公」。孔、墨並稱，始於戰國之士。其流及於漢儒，雖韓退之亦不免。

「逸民」各論其行，而不及朱張。或曰：「其行與孔子同，故不復論也。」《釋文》引王弼注：「朱張，字子弓，荀卿以比孔子。」

「虞仲、夷逸，隱居放言」，包氏注：「放，置也，不復言世務。」介之推曰：「言，身之文也。身將隱，焉用文之。」《中庸》曰：「其默足以容。」古注亦有味。

《論語》疏：「案《春秋少陽篇》，伯夷姓墨，名允，字公信。伯，長也。夷，謚。叔齊名智，字公達，伯夷之弟。齊，亦謚也。」《少陽篇》，未詳何書。真宗問陳彭年：「墨允、墨智何人？」彭年曰：「伯夷、叔齊也。」上問：「見何書？」曰：「《春秋少陽》。」夷、齊之父，名初，字子朝。胡明仲曰：「《少陽篇》以夷、齊爲伯、叔之謚，彼已去國，隱居終身，尚誰爲之節惠哉？蓋如伯達、仲忽，亦名而已矣。」

沮、溺、荷蓧之行，雖未能合乎中；陳仲子之操，雖未能充其類，然唯孔、孟可以議之。斯人清風遠韻，如鸞鵠之高翔，玉雪之不汙，眎世俗殉利亡恥、饕榮苟得者，猶腐鼠糞壤也。小人無忌憚，自以爲中庸，而逸民清士，乃在譏評之列，學者其審諸！

《吕氏春秋》云：「子路揜雉，得而復釋之。」蓋因「子路共之」而爲此說。朱文公《集注》引晁、劉兩說，「共」字當爲「拱執」之義。

上蔡云：「聖人語常而不語怪，語德而不語力，語治而不語亂，語人而不語神。」本王無咎之說。

陸務觀云：「『一言可以終身行之者，其恕乎！』此聖門一字銘也。『《詩》三百，一言以蔽之，曰思無邪』，此聖門三字銘也。」

「爲力不同科」，馬融解云：「力役有上、中、下三科。」五峰謂此説是。

「譬諸草木，區以別矣」，五峰曰：「草木生於粟粒之萌，及其長大，根莖華實，雖凌雲蔽日，據山蟠地，從初具乎一萌之内，而未嘗自外增益之也。」用《樂記》「區萌」字，音勾。朱文公曰：「林少穎亦説與黄祖舜如此。」

《漢・藝文志》「小道可觀」，《蔡邕傳》「致遠則泥」，以子夏之言爲孔子。《唐・孔穎達傳》「以能問於不能」，以曾子之言爲孔子。

卞莊子之勇，《或問》云：「事見《新序》。」愚按：《荀子・大略篇》：「齊人欲伐魯，忌卞莊子，不敢過卞。」此可見其有勇也。

《史記》正義：「首陽山有五。」顔師古注《漢書》云：「伯夷歌『登彼西山』，當以隴西爲是。」石曼卿詩曰：「恥生湯武干戈日，寧死唐虞揖遜區。」謂首陽在河東蒲坂，乃舜都也。余嘗攷之《曾子書》，以爲「夷、齊死於濟、澮之間，其仁成名於天下」。又云：「二子居河、濟之間。」則曼卿謂首陽在蒲，爲得其實。澮，水名，《左氏》所謂「汾澮」。

水一也，孔子觀之而明道體之無息；孟子觀之而明爲學之有本。荀子亦云：「水至平，端不傾，心術如此象聖人。」其觀於水也，亦亞於孔、孟矣。於此見格物之學。

呂成公讀《論語》「躬自厚而薄責於人」，遂終身無暴怒。絜齋見象山讀《康誥》有感悟，反己切責，若無所容。前輩切己省察如此。

孔庭之教曰《詩》、《禮》。子思曰：「夫子之教，必始於《詩》、《書》而終於《禮》、《樂》，雜説不與焉。」《荀子·勸學》亦曰：「其數則始乎誦《經》，終乎讀《禮》；其義則始乎爲士，終乎爲聖人。」《經》，謂《詩》、《書》。

四勿九思，皆以視爲先。見弓以爲蛇，見寢石以爲伏虎，視汩其心也。閔周者，黍稷不分；念親者，莪蒿莫辨，心惑其視也。吴筠《心目論》以「動神者心，亂心者目」。《陰符經》「心生於物，死於物，機在目」。蔡季通釋其義曰：「《老子》曰：『不見可欲，使心不亂。』西方論六根六識，必先曰眼曰色，均是意也」。

古者士傳言諫，其言責與公卿大夫等。及世之衰，公卿大夫不言而士言之，於是有欲毁鄉校者，有謂處士横議者，不知三代之盛，士亦有言責也。夫子曰：「天下有道，庶人不議。」而不及士，其指微矣。乙酉二月，夢前宰輔以太學所上書，求余跋語。夢中作此，寤而識之。

「非帷裳，必殺之」，鄭康成云：「帷裳，謂朝祭之服，其制正幅如帷。非帷裳者，謂深衣，削其幅縫，齊倍要。」見《春秋》正義。《集解》不取《集注》，用鄭説。

孔門弟子，唯言偃「吴人」，而澹臺滅明「南游至江」。《史記》正義：「蘇州南五里，有澹臺湖。」《儒林傳》：「澹臺子羽居楚。」

《韓非》曰：「季孫相魯，子路爲郈令。魯以五月起衆爲長溝，子路以其私秩粟爲漿飯，要作溝者於五父之衢而飡之。孔子聞之，使子貢往覆其飯，擊毁其器，曰：『魯君有民，子奚爲乃飡之？』言未卒，而季孫使者至，讓曰：『肥也起民而使之，先生使弟子令徒役而飡之，將奪肥之民耶？』孔子駕而去魯。」此雖與《論語》、《史記》不同，然亦夫子去魯之一事也。攷《左氏傳》，郈，叔孫之邑也。

申屠嘉不受私謁，則可以折幸臣；董仲舒正身率下，則可以事驕王。魏相以廉正，霍氏不能誣；袁安、任隗以素行，竇氏无以害。故曰：「其身正，不令而行。」「苟正其身矣，於從政乎何有？」

君子不因小人而求福，孔子之於彌子也；不因小人而避禍，叔向之於樂王鮒也。朱博之黨丁、傅，福可求乎？賈捐之之諂石顯，禍可避乎？故曰：「不知命，無以爲君子。」

朱子以無垢爲雜學，《論語集注》獨取「審富貴，安貧賤」一語。

陳仲猷曰：「『逝者如斯夫』，道體無窮，借水以明之；『鳶飛戾天，魚躍于淵』，道體無不在，借鳶魚以明之。」葉仲圭曰：「『出入無時，莫知其鄉』，常人之心也。『寂然不動，感而遂通』，聖人之心也。聖人之心，豈常人之所無哉？昏與明異而已矣。」仲猷、仲圭，皆余同年。

王充云：「『浴乎沂』，涉沂水也。『風乎舞雩』，風，歌也。」仲長統云：「諷於舞雩之下。」愚謂以「風」爲「諷」，則與「詠而歸」一意矣，當從舊說。

上蔡《論語解》引元澤云：王元澤。「教之化民也深於命，民之效上也捷於令。」本《史記》趙良之言。《商君傳》。

《集注》：「蘧伯玉於孫林父、甯殖放弒之謀，不對而出。」按《左氏傳》，甯殖當爲甯喜。

《史記·循吏傳》「孫叔敖三得相而不喜，三去相而不悔」，與令尹子文之事相類，恐是一事。

范伯崇曰：「温故而不知新，雖能讀《墳》、《典》、《索》、《丘》，足以爲史，而不足以爲師。」

劉子《謹獨篇》曰：「顔回不以夜浴改容。」《顔氏家訓》曰：「曾子七十乃學，名聞天下。」皆未詳所出。《家語》「曾參少孔子四十六歲」，非老而學者。

蘧伯玉，《史記》謂孔子所嚴事，不當在弟子列。《禮殿圖》有之，而唐、宋皆錫封從享。公伯寮非孔子弟子，乃季氏之黨，致堂、胡氏之説當矣。《家語》不列其名氏，蓋自《史記》失之。《家語》有縣亶，字子象，《史記索隱》以爲縣豐，唐、宋封爵，皆不及焉。《禮記·檀弓》有縣子，豈其人與？

柳子厚《與太學諸生書》曰：「仲尼吾黨狂狷，南郭獻譏。」按《荀子·法行篇》：「南郭惠子問於子貢曰：『夫子之門，何其雜也？』」非以狂狷爲譏。

「無可無不可」，致堂謂：「以五字成文。聖人從容中道，無所偏倚。世之通儻不泥者，纔足謂之『無不可』爾。馬援以此稱高帝，亦稔於常談。」

夫子之割之席，曾子之簀，一於正而已。論學則曰「正心」，論政則曰「正身」。「善人吾不得而見之矣，得見有恒者，斯可矣。」善人，周公所謂吉士也。有恒，周公所謂常人也。

微生高，《漢·古今人表》作「尾生高」。蓋即《莊子》所謂尾生。東方朔曰：「信若尾生。」然尾生之信，非信也。

鄭校周之本，以《齊》、《古》讀正，凡五十事。《釋文》。

陳自明以「子見南子」爲「南蒯」。以《傳》攷之，昭公十二年，南蒯叛，孔子年方二十有二，子路少孔子九歲，年方十三。其説鑿而不通矣。

聖人「毋必」，而鄉黨言「必」者十有五，記必爲之事也。其傳《易》曰：「積善之家，必有餘慶；積不善之家，必有餘殃。」「陰疑於陽必戰。」「小人勿用，必亂邦也。」著必然之理也。

孔門受道，唯顔、曾、子貢。太史公稱「子貢一出，存魯，亂齊，破吴，彊晋，伯越」，是以戰國説客視子貢也。又列于《貨殖傳》，以《論語》一言而斷其終身可乎？子貢聞「一以貫之」之傳，與曾子同。貨殖何足以疵之？

「過則勿憚改」；「非禮勿視，非禮勿聽，非禮勿言，非禮勿動」；「己所不欲，勿施於人」；「勿欺也」。皆斷以「勿」，蓋去惡不力，則爲善不勇。

孔門獨顔子爲好學，所問曰「爲仁」、曰「爲邦」，成己成物，體用本末備矣。

「唐棣」與「常棣」不同。致堂謂「『偏其反而』即《詩·常棣篇》，孔子删而不取」，恐誤。

闕黨之童，游聖門者也，夫子抑其躁，是以知心之易放。互鄉之童，難與言者也，夫子與其進，是以知習之可移。

孝經

《孝經序》「六家異同」，今攷《經典序録》有孔、鄭、王、劉、韋五家，而無虞翻注。有虞槃佑，東晉處士也。

致堂謂：「《孝經》非曾子所自爲也。曾子問孝於仲尼，退而與門弟子言之，門弟子類而成書。」晁子止謂：「何休稱子曰『吾志在《春秋》，行在《孝經》』，則孔子自著也。今首章云『仲尼居』，則非孔子所著矣，當是曾子弟子所爲書。」馮氏曰：「子思作《中庸》，追述其祖之語，乃稱字。是書當成於子思之手。」

《古文孝經》，《漢志》、《書序》謂出孔壁，而許沖上其父《説文》曰：「孝昭帝時，魯國三老所獻。」其説不同。

「當不義，則子不可不争於父。」《孟子》云：「父子之間，不責善。」荆公謂：「當不義則争之，非責善也。」晁子止《讀書志》乃謂「介甫阿其所好」。蓋子止守景迂之學，以《孟子》爲疑，非篤論也。朱文公於《孟子集注》，取荆公之説。

「是何言與」，司馬公解云：「言之不通也。」范太史《説》誤以「言之不通也」五字爲經文，古今文皆無，《朱文公集》所載《刊誤》亦無之。近世所傳《刊誤》，以五字入經文，非也。

《孝經》鄭氏注，陸德明云：「與康成注《五經》不同。」今按：康成有六天之説，而《孝經》注云：「上帝，天之别名。」故陸澄謂不與注書相類。

《荀子》述孔子之言曰：「昔萬乘之國，有争臣四人，則封疆不削；千乘之國，有争臣三人，則社稷不危；百乘之國，有争臣二人，則宗廟不輟。父有争子，不行無禮；士有争友，不爲不義。」與《孝經》稍異。

彭忠肅公以致敬、致樂、致憂、致哀、致嚴，裒集格言爲《五致録》。司馬公《家範》亦以五致類事，忠肅之書本於此。

《國史志》云：「《孝經》孔安國傳，古二十二章，有《閨門篇》，爲世所疑。鄭氏注，今十八章，相承言康成作，《鄭志目録》不載，通儒皆驗其非。開元中，孝明纂諸説，自注以奪二家。然尚不知鄭氏之爲小同。」

王去非云：「學者學乎孝，教者教乎孝，故皆從孝字。」慈湖、蒙齋謂古「孝」字，只是學字。愚按《古文韻》：「學」字，古《老子》作「斈」。「教」字，郭昭卿《字指》作「斈」。

「不敢毁傷」至「不敢失於臣妾」，言「不敢」者九。《管子》曰：「賢者行於不敢而立於不能。」《詩》於文王、仲山甫，皆曰「小心翼翼」。

「求忠臣必於孝子之門」，《孝經緯》之言也。見東漢《韋彪傳》注。

劉盛不好讀書，唯讀《孝經》、《論語》，曰：「誦此能行足矣，安用多誦而不行乎？」蘇綽戒子威云：「讀《孝經》一卷，足以立身治國，何用多爲？」愚謂：梁元帝之萬卷，不如盛、綽之一言。學不知要，猶不學也。

范太史《孝經説》曰：「能事親則能事神。」真文忠公《勸孝文》曰：「侍郎王公蓋梅溪也。見人禮塔，呼而告之曰：『汝有在家佛，何不供養？』」蓋謂人能奉親，即是奉佛。

「嚴父莫大於配天」。《神宗聖訓》云：「周公宗祀乃在成王之世。成王以文王爲祖，則明堂非以考配明矣。」自唐代宗用杜鴻漸等議，明堂以考肅宗配上帝，一時誤禮非祀，無豐昵之義。

「孝子之事親終矣。」此言喪祭之終，而孝子之心，昊天罔極，未爲孝之終也。曾子戰兢知免，而易簀得正，猶在其後，信乎終之之難也。

校勘記

卷八

孟子

《孟子集註序説》引《史記·列傳》以爲《孟子》之書，孟子自作。韓子曰：「軻之書，非自著。」謂《史記》近是。而《滕文公》首章「道性善」，注則曰：「門人不能盡記其詞。」又第四章「決汝漢」，注曰：「記者之誤。」吴伯豐以問朱文公，文公答曰：「前説是，後兩處失之。熟讀七篇，觀其筆勢，如鎔鑄而成，非綴緝所就也。」

趙氏《孟子章指》引《論語》曰：「力行近仁。」誤以《中庸》爲《論語》。無垢《孝經解》誤以「臨深履薄」爲衛武公之詩。致堂《無逸傳》誤以「不解于位」爲《洞酌》。吴才老《書裨傳·臣辯》誤以晋侯重耳爲申生。誠齋《易傳後序》誤以韓宣子爲季札。

《文選》陳孔璋《爲曹洪書》云：「有子勝斐然之志。」注引《墨子》曰：「二三子復於子墨子曰：『告子勝仁。』子墨子曰：『未必然也。告子爲仁，猶跂以爲長，偃以爲廣，不可久也。』」勝蓋告子之名，豈即《孟子》所謂告子歟？

《文選》注引《孟子》曰：「墨子兼愛，摩頂致於踵。」趙岐曰：「致，至也。」今本作「放踵」。注無「致，至也」三字。

《元和郡縣志》：「齊雪宮故趾，在青州臨淄縣東北六里。《晏子春秋》所謂『齊侯見晏子于雪宮』。」

《孟子》「以齊王，由反手也」，趙岐注謂「譏管、晏不勉其君以王業」。「文王望道而未之見」，注謂「殷録未盡，尚有賢臣，道未得至」。王無咎非之曰：「岐名通《孟子》，而實汨之。」

「琴張」，注謂「子張善鼓琴」，蓋未知《左傳》有琴張。

「周公思兼三王，以施四事」，注云：「四事，禹、湯、文、武所行事也。」而伏生《大傳》云：「周公兼思三王之道，以施於春秋冬夏。」其説陋矣。

滕定公、文公，按趙氏注：《古紀世本》滕國有考公麇、元公弘，即定公、文公也。《世本》今無傳，此可備參攷。

「《志》曰：『喪祭從先祖。』」注引《周禮》「小史掌邦國之志」。愚謂：「邦國之志」，若「周志」、「史佚之志」、「鄭書」、「楚書」、「秦記」之類。

《孟子》疏謂：「齊王悦南郭先生吹竽，喜鄒忌鼓琴，安知與衆樂樂？」愚攷之《史記》，騶忌以鼓琴見齊威王，非宣王也。唯南郭處士吹竽，乃宣王時。見《韓非·内儲説》。

《説苑》「景差相鄭，鄭人有冬涉水者，出而脛寒。後景差過之，下陪乘而載之，覆以上衽。叔向聞之曰：『景子爲人國相，豈不固哉？吾聞良吏居之三月而溝渠脩，十月而津梁成。六畜且不濡足，而況人乎？』」此即《孟子》所言子産以乘輿濟人之事也。叔向之時，鄭無景差，當以《孟子》爲正。

曾西，注以爲曾子之孫，《集注》因之。《經典序録》：曾申，字子西，曾參之子。子夏以《詩》傳曾申，左丘明作《傳》以授曾申。曾西之學，於此可攷。楚鬭宜申、公子申，皆字子西，則曾西之爲曾申無疑。

郅惲曰：「孟軻以彊其君之所不能爲忠，量其君之所不能爲賊。」與今《孟子》語小異。

「謹庠序之教，申之以孝悌之義，頒白者不負戴於道路矣。」愚按《書大傳》云：「歲事既畢，餘子皆入學。十五入小學，十八入大學。距冬至四十五日，始出學，傅農事。上老平明坐於右塾，庶老坐於左塾，餘子畢出，然後歸。夕亦如之。餘子皆入，父之齒隨行，兄之齒鴈行。朋友不相踰。輕任并重任分，頒白不提挈。出入皆如之。此之謂造士。」《漢書・食貨志》云：「春將出民，里胥平旦坐於右塾，鄰長坐於左塾。云云。入者必持薪樵，輕重相分，班白不提挈。」孝悌之義，當以是觀之。

「棄禮捐恥」，秦所以敗；「恥尚失所」，晋所以替。恥之於人大矣。

陳蕃諫校獵曰：「齊景公欲觀於海，放乎琅邪。晏子爲陳百姓惡聞旌旗輿馬之音，舉首嚬眉之感，景公爲之不行。」此以《孟子》二章爲一事。

梁惠王「西喪地於秦七百里」，濡水李氏曰：「初，北地郡屬魏，後盡爲秦并。喪於秦，不止七百里也。」

《法言·脩身篇》引《孟子》曰：「夫有意而不至者有矣，未有無意而至者也。」今《孟子》無此語，其在《外書》歟？

周子静端朝。爲學官。小司成龔蓋卿以「守氣不如守約」命題，子静曰：「『氣』不與『約』字對，兩『守』字著略點，晦翁注甚明，豈可破句讀《孟子》？」

《尸子》引孔子曰：「誦《詩》讀《書》，與古人居。」《金樓子》曰：「曾生謂：『誦《詩》讀《書》，與古人居；讀《書》誦《詩》，與古人期。』」《孟子》：「頌其詩，讀其書，不知其人可乎？」斯言亦有所本。

命不可委，故孟子言立命；心不可委，故南軒以陶淵明委心之言爲非。

仁曰仁術，儒曰儒術，術即道也。申不害以術治韓，鼂錯言術數，公孫弘謂「智者術之原」，君子始惡乎術矣。故學者當擇術。

致堂曰：「楊朱與老聃同時，墨翟又在前，宗師大禹，而晏嬰學之。以爲楊、墨出於師商，考之不詳甚矣。」朱文公曰：「莊周之學出於老氏。韓子始謂子夏之後有田子方，子方之後流而爲莊周。以其書之稱子方者考之，則子方之學子夏，周之學子方者，皆不可見。」愚謂：觀此二説，則異端之學，非孔門弟子傳流之差也。

莊子曰：「爲善無近名，爲惡無近刑，緣督以爲經。」又曰：「將處夫材與不材之間。」此子莫之「執中」也。

楊之學似老，墨之學似佛。楊朱書，唯見于《列子》。

董仲舒云：「以仁治人，以義治我。」劉原父云：「仁字從『人』，義字從『我』，豈造文之意邪？」愚謂：告子仁内義外之説，孟子非之。若以人我分仁義，是仁外義内，其流爲「兼愛」、「爲我」矣。

《孟子》引費惠公之言，謂小國之君也。春秋時，費爲魯季氏之邑。《史記·楚世家》有鄒、費、郯、邳，蓋戰國時以邑爲國，意者魯季氏之僭歟？

「仁，人心也」，「求其放心」，此孟子直指本心處。但禪學有體無用。

「曹交」，注謂曹君之弟。按《左傳》哀公八年，宋滅曹。至孟子時，曹亡久矣。曹交，蓋以國爲氏者。

老泉《三子知聖人汙論》，誤以「汙」字爲句。趙岐謂「孟子知其言大過，故貶謂之『汙下』」，亦非孟子之意。

《史記·六國表》注：皇甫謐曰：「《孟子》稱禹生石紐，西夷人也。」今無此語。

孟子字未聞。《孔叢子》云「子車」。注：「一作子居。居貧坎軻，故名軻，字子居。亦稱字子輿」。疑皆傅會。《聖證論》云：「《子思書》、《孔叢子》，有孟子居，即是軻也。」《傅子》云「孟子輿」。

《孟子》正義云：「唐林謹思《續孟子》書二卷，謂《孟子》七篇非軻自著，乃弟子共記其言。」與韓文公之説同。《正義序》云「孫奭」，《崇文總目》、《館閣書目》、《讀書志》皆無之。朱文公謂：「邵武士人作，不解名物制度，其書不似疏。」

《吕氏春秋》「舜行德三年，而三苗服。孔子聞之曰：『通乎德之情，則孟門、太行不爲險矣。故曰：德之速，疾乎以郵傳命。』」此可以證《孟子》引孔子之言。

「墨之治喪以薄」，《宋書·禮志》引《尸子》：「禹治水，爲喪法曰：『桐棺三寸，制喪三日。』」蓋墨家託於禹也。

好樂，好勇，好貨、色，齊宣王所以不能用孟子也；文帝好清静，故不能用賈誼；武帝好紛更，故不能用汲黯。

「上有好者，下必甚焉」，光武封一卓茂，而節義之俗成；太宗誅一德儒，而諫争之門闢。信乎，如風之偃草也。

「不仁而得天下，未之有也」，秦皇以不仁得之矣，二世而失，猶不得也。

「惟尹躬暨湯，咸有一德，克享天心」，故湯曰「天吏」，尹曰「天民」。

孟子學伊尹者也。「當今之世，舍我其誰也？」是亦聖之任。

「仁在乎熟之而已矣」，子路，未熟之五穀；管仲，已熟之荑稗；楊、墨，五穀之螟螣。

照乘之珠，和氏之璧，戰國之君以爲寶，故曰：「諸侯之寶三。」

爲天吏則可以伐燕，於漢、楚見之。董公未説漢王之前，以强弱角勝負，所謂「以燕伐燕」也。三軍縞素之後，則爲天吏矣。仁義之言，齊、梁以爲迂闊者，董公一言而漢、楚之興亡決焉，可謂豪傑之士。

弱而不可輕者民也，古先哲王曰「敬民」，曰「畏民」。石守道謂「湯以七十里亡夏，文王以百里亡商，陳勝以匹夫亡秦」，民可不畏乎？故曰「民爲貴」。太史公以陳涉與湯、武並言，涉豈能爲湯、武哉？蓋楚、漢間豪傑之餘論也。

「善推其所爲」，此心之充拓也；「求其放心」，此心之收斂也。致堂曰：「心無理不該，去而不能推【一】，則視之不見，聽之不聞，痒痾疾痛之不知；存而善推，則瀰天地，撫四海，致千歲之日至，知百世之損益。」此言充拓之功也。西山曰：「心一而已。由義理而發，無以害之，可使與天地參；由形氣而發，無以檢之，至於違禽獸不遠。」此言收斂之功也。不闔則無闢，不涵養則不能推廣。

「守孰爲大？守身爲大。」有猷有爲矣，必曰有守；「不虧其義」矣，必曰「不更其

【一】去而不能推　「去」，四庫本、翁注本作「亡」。

守」。《何德將歎習》曰：「入時愈深，則趨正愈遠。」以守身爲法，以入時爲戒，可謂士矣。「行一不義，殺一不辜而得天下，皆不爲也。」諸葛武侯謂「漢賊不兩立」，其義正矣，然取劉璋之事，可謂義乎？

「君子可欺以其方，難罔以非其道。」日無再中之理，而新垣平言之；日無漸長之理，而袁充言之。漢文、隋文皆以是改元。漢文悟平之詐，而隋文終受充之欺。此存亡之判與！

「夫道一而已矣。」爲善而雜於利者，非善也；爲儒而雜於異端者，非儒也。

「堯使契爲司徒，教以人倫」，學所以明人倫。「舜察於人倫」，「居中國，去人倫，無君子，如之何其可也。」孟子道性善，稱堯、舜，莫大於人倫。此正人心之本原也。

《晏子春秋》曰：「有賢而不知，一不祥；知而不用，二不祥；用而不任，三不祥。」《孟子》謂：「言無實不祥，不祥之實，蔽賢者當之。」蓋古有此言也。

孺子《滄浪之歌》，亦見於《楚辭·漁父》。攷之《禹貢》「漢水東爲滄浪之水」，則此歌楚聲也。《文子》亦云：「混混之水濁，可以濯吾足乎！泠泠之水清，可以濯吾纓乎！」

「無恒産而有恒心者，惟士爲能」，古之士所以異於民也。蘇秦無二頃田，而奔走游説，豈所謂士哉？水心葉氏云：「周衰不復取士，孔、孟不以其不取而不教也，孔、孟之徒不以其不取而不學也，道在焉故也。」

「不得志，脩身見於世」，上蔡謝子曰：「天下皆亂而己獨治，不害爲太平。」蜀士楊肩吾曰：「天下雖不治平，而吾國未嘗不治且平者，岐周是也。一國雖不治平，而吾家未嘗不治且平者，曾、閔是也。一家雖不治平，而吾身吾心未嘗不治且平者，舜與周公是也。」《文子》亦云：「不憂天下之亂，而樂其身治者，可與言道矣。」

《鹽鐵論》引《孟子》曰：「居今之朝，不易其俗，而成千乘之勢，不能一朝居也。」又云：「今之士，今之大夫，皆罪人也。」又云：「王者與人同，而如彼者，居使然也。」與今本不同。

民心之得失，此興亡之大幾也。林少穎云：「民之思漢，則王莽不能脅之使忘；民之忘漢，則先主不能彊之使思。」唐與政云：「民心思漢，王郎假之而有餘；民心去漢，孔明扶之而不足。」

《論語》終於《堯曰篇》，《孟子》終於堯、舜、湯、文、孔子，而《荀子》亦終於《堯問》，其意一也。

利與善之間，君子必審擇而明辨焉，此天理人欲之幾，善惡正邪之分界也。孟子之言公：「不夷不惠，可否之間」，「材與不材之間」，揚、莊之言私。

「若將終身焉」，「窮不失義」；「若固有之」，「達不離道」。能處窮，斯能處達。

「養心莫善於寡欲」，注云：「欲，利也。」雖非本指，「廉者招福，濁者速禍」，亦名言也。道家者流，謂丹經萬卷，不如守一，愚謂不如《孟子》之七字。不養其心而言養生，所謂「舍爾靈龜，觀我朶頤」也。

《吕氏春秋·開春論》云：「神農之教曰：『士有當年而不耕者，則天下或受其飢矣；女有當年而不績者，則天下或受其寒矣。』故身親耕，妻親績，所以見致民利也。」《管子》引神農之數，《文子》亦引神農之法，此即許行所爲「神農之言」歟？《漢·藝文志》農家有《神農》二十篇，劉向《别録》云：「疑李悝、商君所説。」

孔子、孟子皆不之秦。荀子嘗入秦而譏其無儒。孔子順曰：「秦爲不義，義所不入。」其志如魯仲連。

「句容有盗，改置社稷而盗止。下邳多盗，遷社稷於南山之上，盗亦衰息。」見陳後山《談叢》。「岳州田鼠害稼，雍明遠曰：『迎貓之祭不修也。』命祭之，鼠隨以斃。」見《范蜀公集》。《孟子》有變置社稷，《禮記》有八蜡，孰謂古制不可行于今乎？

「求在我者」，盡性於己；「求在外者」，聽命於天。李成季曰：「與其有求於人，曷若無欲於己？與其使人可賤，不若以賤自安？」吕居仁亦以見人有求爲非。

「宿於晝【二】」，《水經注》云：「澅水出時水東，去臨淄城十八里，所謂澅中也。俗以澅水爲宿留水，以孟子三宿出澅。」或云當作「畫」，後漢耿弇進軍畫中。《史記》畫邑人王蠋，《通鑑》作

【二】宿於晝　「晝」，原作「畫」，今據翁注本改。

晝邑。

「以刃與政，有以異乎」，邵子之論秦曰：「殺人之多，不必以刃。謂天下之人，無生路可趨也。」

「商鞅富强之術，誘三晉之民力耕於内，而使秦民應敵於外。」使梁王用孟子之言，施仁政於民，秦焉得誘之？仁勝不仁，如春融冰泮，故曰「仁者無敵」。

蓋大夫王驩，漢泰山郡蓋縣故城，在沂州沂水縣西北。

趙氏《春秋論》曰：「『五伯者，三王之罪人』，謂其三代而春秋之也，齊桓其作俑也。『今之諸侯，五伯之罪人』，謂其春秋而戰國之也，晉定其作俑也。『今之大夫，今之諸侯之罪人』，謂其戰國而七國之也，晉之韓、趙、魏其作俑也。」

止齋曰：「人多言常平出漢耿中丞，顏師古以壽昌爲權道，豈知常平蓋古法？孟氏言『狗彘食人食而不知檢，塗有餓莩而不知發』，今文作『檢』，班氏《食貨志》作『斂』是也。夫豐歲不斂，飢歲不發，豈所謂無常平乎？」

陳烈讀「求其放心」，而悟曰：「我心不曾收，如何記書？」遂閉門静坐，不讀書百餘日，以收放心。然後讀書，遂一覽無遺。前賢之讀書如此。

「若民則無恒産，因無恒心」，孟子言戰國之民也。周之盛時，以井牧授田，以鄉遂設教。「攸介攸止，烝我髦士」，士亦田野之秀民也。不惟士有常心，民亦有常心矣。故曰

「文、武興，而民好善」。

小學

《爾雅》注：「漢武帝時，得豹文鼮鼠，孝廉郎終軍知之，賜絹百匹。」《文選》注引《竇氏家傳》，以爲竇攸，世祖詔諸侯子弟從攸受《爾雅》。二說不同。

《爾雅》：「西至於邠國，謂之四極。」朱文公曰：「邠國近在秦隴，非絶遠之地。」愚按《說文》引《爾雅》曰：「西至汃國，謂四極。汃，西極之水也。」府巾切。

《爾雅》疏：案《尸子·廣澤篇》云：「墨子貴兼，孔子貴公，皇子貴衷，田子貴均，列子貴虛，料子貴別囿。其學之相非也數世矣，而已皆弇於私也。天、帝、后、皇、辟、公、弘、廓、閎、博、介、忳、夏、幠、蒙、贖、昄【三】，皆大也，十有餘名而實一也。若使兼、公、虛、均、衷、平、易，別囿一實也，則無相非也。」《仁意篇》述太平之事云：「燭於玉燭，飲於醴泉，暢於永風。春爲青陽，夏爲朱明，秋爲白藏，冬爲玄英。四氣和爲正光【四】，此之謂玉燭。其雨時降【五】，萬物以嘉，高者不少，下者不多，此之謂醴泉。其風，春爲發生，夏爲長嬴，秋爲方盛，冬爲安靜，四氣和爲通正，此之謂永風。」

《爾雅》疏引舍人云：「按《經典序録》，《爾雅》有犍爲文學注三卷。」一云：「犍爲郡文學卒史臣舍人，漢武帝時待詔。」

【三】天帝后皇辟公弘廓閎博介……　「博」，原作「傅」，據《爾雅》疏原文改。四庫本、翁注本作「溥」。

【四】四氣和爲正光　「爲正光」，四庫本、翁注本作「正光照」。

【五】其雨時降　「其」，四庫本、翁注本作「甘」。

《白虎通》引《親屬記》，即《爾雅·釋親》也。《通典》顔延之曰：「伯叔有父名，則兄弟之子不得稱姪。從母有母名，則姊妹之子不可言甥。且甥姪唯施於姑舅耳。」雷次宗曰：「姪字有女，明不及伯叔。甥字有男，見不及從母。」劉共父刊《二程先生集》改「姪」爲「猶子」，朱文公謂：「古人固不謂兄弟之子爲姪，亦無云猶子者，記《禮》者言猶己之子。但云兄之子、弟之子。然從俗稱姪，亦無害於義理也。」

「傅，負版」，郭璞注：「未詳。」即柳子所爲作《蝜蝂傳》者也。《西京賦》戎葵懷羊，《爾雅》䖄懷羊，璞亦曰未詳。

陸璣爲《詩草木疏》，劉杳爲《離騷草木疏》，王方慶有《園庭草木疏》，李文饒有《山居草木記》，君子所以貴乎多識也。然《爾雅》不釋「蘇薮」，《字書》不見「椑榿」，學者恥一物之不知，其可忽諸！

「檟，苦荼」，注：「今呼早采者爲荼，晚取者爲茗，一名荈。」《説文》：「茗，荼芽也。」東坡詩：「周詩記苦荼，茗飲出近世。」

《急就篇》注：「牡蒙，一名黄昏。」後山詩「黄昏湯」，疑即此也。

終軍之對「鼮鼠」，盧若虚之辯「鼨鼠」，江南進士之問「天雞」，劉原父之識「六駮」，可謂善讀《爾雅》矣。蔡謨不識「彭蜞」，人謂讀《爾雅》不熟。田敏不知「日及」，學之陋也。

唐玄度《十體書》曰：「周宣王太史籀，始變古文，著大篆十五篇。秦焚《詩》、《書》，唯《易》與史篇得全。逮王莽亂，此篇亡失，建武中獲九篇。章帝時王育爲作解說，所不通者十有二三。」按《說文》多引王育說，如「天屈西北爲无」，「蒼頡出見禿人伏禾中，因以制字」。

《說文叙》「尉律試八體，大篆、小篆、刻符、蟲書、摹印、署書、殳書、隸書。亡新使甄豐等改定古文，時有六書。」古文、奇字、篆書、佐書、繆篆、鳥蟲書。佐即隸也。《書》正義亦云：「秦有八體，亡新六書。」去大篆、刻符、殳書、署書，加古文、奇字。《藝文志》謂「漢興，蕭何草律，著其法，曰：『太史試學童，以六體試之。』」古文、奇字、篆書、隸書、繆篆、蟲書。律即《尉律》也。六體非漢興之法，當從《說文叙》，改「六」爲「八」。

《急就篇》「長樂無極老復丁」，顏氏解爲「蠲其子孫之役」，非也，即《參同契》所謂「老翁復丁壯」。朱文公詩：「自慶樽前老復丁。」《黄庭經》亦有此三字。

董彥遠《除正字謝啓》，叙字學，涉獵該洽，其略云：「殘經不悟於郭亡，闕文徒存於夏有。馬不足一者，既失其全；虎多於六者，自乖其數。《書》殘武殪，《頌》亂湯齊；烏舄混淆【六】，魚魯雜糅。增河南之邑爲雒，減漢東之國爲隋；避上則罪不從辛，絶下則對因去口。棗合而棘氏微，足省而疎姓絶。定文於六穗之禾，訓同於導；分序於八寸之策，執異爲宗。丁尾亂真，鉤須失實。書立書肖，而既謬國名；爲卷爲端，而遂乖服

【六】烏舄混淆　「舄」，四庫本、翁注本作「寫」。

制。篆形誤僞，誰正雲興之祁祁；　隸體散亡，共守鸞聲之鉞鉞【七】。鎖定銀鐺之名，車改金根之目；　知一束二縫之爲來，指二首六身之爲亥。郡章立信，救時惟正於四羊；國史傳疑，考義共惑於三豕。傅會作九禾之秀，離析爲三刀之州。合樂之奏，妄加文武之爲斌；　定經之名，誤合日月之爲易。字失部居，改白水真人之兆；　書忘形象，作非衣小兒之謡。四十八安取於桑？　三十七未足語世。梁父七十二家，名雖具在；《尉律》四十九類，書蓋已亡。誤存舟二間之爲航，安識門五日之爲閏？」學者徧觀異書，而求其事之所出，亦多識之一也。彦遠有《古文集類叙》云：「孔安國以隸古易科斗，故漢人不識古字。開元又廢漢隸，易以今文，故唐人不識隸古。」今按《書序》爲隸古定，正義謂：「就古文體而從隸以定之，雖隸而猶古。蓋存古則可慕，爲隸則可識。」非謂隸書爲隸古也。

宋景文公云：「蕭何自題蒼龍、白虎二闕，後世署書由何始。」《説文》：「扁，署也，从户册。户册者，署門户之文也。」

夾漈《金石略》云：「祀巫咸《大湫文》，李斯篆。」愚按：方氏跋《詛楚文》，以爲秦惠文王二十六年。石湖亦謂：「當惠文王之世，後百餘年，東巡泰山刻石。」則小篆非出於李斯。

古器銘云「十有三月」、「十有四月」、「十有九月」，云「正月乙子」，或云「丁子」。吕與叔《考古圖》謂「嗣王踰年未改元，故以月數」。乙子即甲子，丁子即丙子。世質人淳，

【七】鸞聲之鉞鉞　「鸞」，四庫本、翁注本作「鑾」。

取其同類，不然，殆不可攷。曾子固謂古字皆重出，此文作三者，特二字耳。

《毛伯敦》「祝」下一字，劉原父以爲「鄭」，曰：「文、武時，毛叔鄭也。」而吕與叔以爲「郱」。《簠銘》「中」上一字，歐陽公以爲「張」，曰：「宣王時，張仲也。」而與叔以爲「弡」。《周姜敦》「伯」下一字，歐陽公以爲「冏」，曰：「穆王時，伯冏也。」而與叔以爲「百」。古文難攷，幾於郢書燕説。

《博古圖》《晋姜鼎銘》「用蘄綽綰眉壽」，《伯碩父鼎銘》「用祈丐百禄眉壽綰綽」，《孟姜敦銘》「綰綽眉壽」，石湖云：「似是古人祝延常語。」愚謂：《漢書》《安世房中歌》云「克綽永福」，顔氏注：「綽，緩也，亦謂延長。」

張燕公《謝碑額表》云：「孔篆吴札之墳，秦存展季之壠。」言孔子篆者，始見於此。

《金石録·汲縣太公碑》云：「晋太康二年，得竹策之書。其《紀年》曰：『康王六年，齊太公望卒。』參攷年數，蓋壽一百一十餘歲。」今按《書·顧命》云「齊侯吕伋」，則成王之末，伋已嗣太公爲齊侯矣。

潏水李氏云：「古印有文曰『祭尊』，非姓名，乃古之鄉官也。《説苑》載鄉官，又有祭正，亦猶祭酒也。」

《秦詛楚文》作於惠文王之時，所詛者楚懷王也。懷王遠屈平，邇靳尚，而受商於之欺，致武關之執，非不幸也。然入秦不反，國人憐之，如悲親戚。積怨深怒，發于陳、項，而秦亡也忽焉。六國之滅，楚最無罪。反爾好還，天人之理也。南公曰：「楚雖三户，亡秦必楚。」吁，秦詛楚邪？楚詛秦邪？

徐楚金《説文繫傳》有《通釋》、《部叙》、《通論》、《祛妄》、《類聚》、《錯綜》、《疑義》、《系述》等篇。吕太史謂：「元本斷爛，每行滅去數字，故尤難讀。若得精小學者，以許氏《説文》參繹，恐猶可補也。」今浙東所刊，得於石林葉氏、蘇魏公本也。

《説文》：「飲器象爵者，取其鳴節節足足也。」《宋·符瑞志》：「鳳凰其鳴，雄曰節節，雌曰足足。」然則爵即鳳凰歟。

宣和中，陝右人發地，得木簡于甕，字皆章草，檄云：「永初二年，六月丁未朔，廿日丙寅。」朱文公《答吴斗南書》謂東漢討羌檄，日辰與《通鑑長曆》不同，蓋指此也。今攷《通鑑目録》，漢安帝永初二年，六月乙未朔。《後漢紀》五月有丙寅，七月有戊辰，恐當以《長曆》爲正。

《漢·西域傳》「安息國書革，旁行爲書記」，顔氏注：「今西方胡國及南方林邑書，皆横行不直下。」《法苑珠林》云：「造書凡有三人，長名曰梵，其書右行；次曰佉盧，其書左行；少者蒼頡，其書下行。」夾漈《六書略》云：「梵書左旋，其勢向右；華書右旋，其勢向左。」

韓文公曰：「凡爲文辭，宜略識字。」杜子美曰：「讀書難字過。」字豈易識哉？李衡《識字説》曰：「讀書須是識字，固有讀書而不識字者。如孔光、張禹、許敬宗、柳宗元，非不讀書，但不識字。孔光不識『進退』字，張禹不識『剛正』字，許敬宗不識『忠孝』字，柳宗元不識『節義』字。」此可爲學者之戒。

周越《書苑》云：「郭忠恕以爲『小篆散而八分生，八分破而隸書出，隸書悖而行書作，行書狂而草書聖。』以此知隸書乃今真書。」趙明誠謂：誤以八分爲隸，自歐陽公始。庾肩吾云：「隸書，今之正書。」張懷瓘云：「隸書者，程邈造。字皆真正，亦曰真書。」《千文》云：「杜藁鍾隸。」《王羲之傳》：「尤善隸書。」

康節邵子之父古，字天叟，定律呂聲音，以正天下音及古今文。謂：天有陰陽，地有剛柔；律有闢翕，呂有唱和。一陰一陽交，而日月星辰備焉；一剛一柔交，而金木水火備焉。一闢一翕，而平上去入備焉；一唱一和，而開發收閉備焉。律感呂，而聲生焉；呂應律，而音生焉。《觀物》之書本于此，謂：「闢翕者律天，清濁者呂地。先閉後開者春也，純開者夏也，先開後閉者秋也，冬則閉而無聲。東爲春聲，陽爲夏聲，此見作韻者，亦有所至也。銜、凡，冬聲也。」橫渠張子曰：「商、角、徵、羽，皆有主出於唇齒喉舌，獨宮聲全出於口，以兼五聲也。」夾漈鄭氏曰：「聲爲經，音爲緯。平、上、去、入四聲也，其體縱，故爲經。宮、商、角、徵、羽、半徵、半商七音也，其體橫，故爲緯。」

七音三十六字母，出於西域，豈所謂「學在四夷」者歟？司馬公以三十六字母，總三百八十四聲，爲二十圖。夾漈謂：「梵人長於音，所得從聞入；華人長於文，所得從見入。華則一音該一字，梵則一字或貫數音。」鳩摩羅什曰：「天竺國俗，甚重文制。其宮商體韻，以入管弦爲善。凡覲國王，必有贊德。《佛經》中偈頌，皆其式也。」

諧聲，六書之一也，聲韻之學尚矣。夾漈謂：「五書有窮，諧聲無窮。五書尚義，諧聲尚聲。」《釋文序録》云：「古人音書，止爲譬況之説，孫炎始爲反語。」《攷古編》謂周顒始有翻切，非也。

隋陸法言爲《切韻》五卷，後有郭知玄等九人增加。唐孫愐有《唐韻》，今之《廣韻》則本朝景德、祥符重修。今人以三書爲一，或謂《廣韻》爲《唐韻》，非也。鶴山魏氏云：「《唐韻》於二十八删、二十九山之後，繼以三十先、三十一仙。今平聲分上下，以一先二仙爲下平之首，不知『先』字蓋自『真』字而來。」愚攷徐景安《樂書》，凡宮爲上平、商爲下平、角爲入、徵爲上、羽爲去，則唐時平聲已分上下矣。米元章云：「五聲之音，出於五行，自然之理。沈隱侯只知四聲，求其宮聲不得，乃分平聲爲二。」然後魏江式曰：「晋呂静倣李登《聲類》之法，作《韻集》五卷，宮、商、角、徵、羽各爲一篇。」則韻分爲五，始於呂静，非自沈約始也。約《答陸厥》曰：「宮商之聲有五，文字之別累萬。以累萬之繁，配五聲之約，高下低昂，非思力所學。」沈存中云：「梵學入中國，其術漸密。」

《潛虛》以「萈」爲「天」，古文也。見《廣韻》，而《集韻》不載。《古文韻》萈字，《碧落》文。

《廣韻》言姓氏甚詳，然充字有充虞，見《孟子》。歸字有齊歸，見《左傳》。其遺闕多矣。

賁、育，謂孟賁、夏育也，《廣韻》以「賁」爲姓，古有勇士賁育，謬矣。

顔魯公在湖州，集文士，摭古今文字，爲《韻海鏡源》三百六十卷，以包荒萬彙。其廣如海，自末尋源，照之如鏡。《崇文總目》僅存十六卷，今不傳。

《韓非・五蠹》曰：「蒼頡之作書也，自環者謂之私，背私謂之公。」《説文》云：「自營爲厶，背厶爲公。」

宋元憲賓翫《佩觿》三篇，蘇文忠每出必取聲韻音訓文字置篋中，晁以道晚年日課識十五字。

夾漈謂：「《説文》定五百四十類爲字之母，然母能生而子不能生，誤以子爲母者，二百十類。」

吴孫休自制名字以命其子，武曌、劉龑因之，皆字書所無。《梁四公記》亦然。

《隋志》以《蒼頡》、《訓纂》、《滂喜》爲《三蒼》，《説文繫傳》以《蒼頡》、《爰歷》、《博學》爲《三蒼》，并《訓纂》爲四篇。

《急就篇》「沐浴揃搣寡合同」，《莊子・外物篇》「眥搣可以休老」，亦作「揃搣」。「不」字本方久反，凡書之「不」字，皆點入聲。「其」字本音箕，夜如何其。凡書之「其」字，皆點平聲。《攻媿集》。

李瀚《蒙求》，以平聲與上去入相間。近世續《蒙求》者，不知此。攻媿云。

經説

「六經」，始見于《莊子·天運篇》。孔子曰：「治《詩》、《書》、《禮》、《樂》、《易》、《春秋》六經。」以《禮》、《樂》、《詩》、《書》、《易》、《春秋》爲「六藝」，始見于太史公《滑稽列傳》。孔子曰：「六藝於治，一也。」或云「七經」。後漢趙典學孔子七經。蜀秦宓謂：「文翁遣相如東受七經。」或以六經、六緯爲「十二經」。《莊子·天道篇》。或以五經、五緯爲「十經」。《南史·周續之》。或云「九經」。《釋文序録》：「《易》、《書》、《詩》、《周禮》、《儀禮》、《禮記》、《春秋》、《孝經》、《論語》。」《唐·谷那律傳》「九經庫」，始有「九經」之名。《樂經》既亡，而有「五經」，自漢武立博士始也。邵子定以《易》、《書》、《詩》、《春秋》爲「四經」，猶春夏秋冬、皇帝王伯。

《漢·藝文志》云：「六藝之文，《樂》以和神，仁之表也；《詩》以正言，義之用也；《禮》以明體，故無訓；《書》以廣聽，知之術也；《春秋》以斷事，信之符也。五者蓋五常之道，相須而備，而《易》爲之原。」《白虎通》云：「有五常之道，故曰『五經』：《樂》仁，《書》義，《禮》禮，《易》智，《詩》信也。」二説不同，然「五經」兼五常之道，不可分也。

後漢翟酺曰：「文帝始置一經博士。」攷之漢史，文帝時，申公、韓嬰皆以《詩》爲博士。所謂《魯詩》、《韓詩》。「五經」列于學官者，唯《詩》而已。景帝以轅固爲博士【八】，所謂《齊詩》。而餘經未立。武帝建元五年春，初置五經博士。《儒林傳贊》曰：「武帝立五經博

【八】景帝以轅固爲博士　「固」下，翁注本有「生」字。

士，《書》唯有歐陽，《禮》后，《易》楊，《春秋》公羊而已。」立五經而獨舉其四，蓋《詩》已立於文帝時，今并《詩》爲五也。

石經有七，漢熹平則蔡邕，魏正始則邯鄲淳，晋裴頠，唐開成中唐玄度，後蜀孫逢吉等，本朝嘉祐中楊南仲等，中興高廟御書。後蜀石經，於高祖、太宗諱皆缺畫，唐之澤深矣。

《唐·儒學傳序》：「文宗定五經，鑱之石，張參等是正訛文。」按《文粹》劉禹錫《國學新修五經壁記》云：「初大曆中，名儒張參爲司業，始詳定五經，書于論堂東西廂之壁。」《序》以參爲文宗時，誤矣。參所定乃書于壁，非鑱石也。《舊史·紀》云：「開成二年十月癸卯，宰臣判祭酒鄭覃進石壁九經一百六十卷。」《會要》載是年八月，「覆定石經字體官唐玄度狀，今所詳覆，多因司業張參《五經文字》爲準」。《藝文志》參有《五經文字》三卷，玄度有《九經字樣》一卷。文宗時是正訛文，乃玄度，非參也。

《皇覽·冢墓記》曰：「漢明帝時，公卿大夫諸儒八十餘人，論五經誤失。符節令宋元上言：『秦昭王與呂不韋好書，皆以書葬。王至尊，不韋久貴，冢皆以黄腸題湊，處地高燥未壞。臣願發昭王、不韋冢，視未燒《詩》、《書》。』」愚謂：「儒以《詩》、《禮》發冢」，莊子譏假經以文姦者爾。乃欲發冢以求《詩》、《書》，漢儒之陋至此。

歐陽文忠公《筆説》云：「安昌侯張禹曰：『書必博見，然後識其真僞。』」當攷所出。

艾軒云：「日用是根株，文字是注脚。」此即象山「六經注我」之意。蓋欲學者，於踐履實地用工，不但尋行數墨也。

虞溥《厲學》曰：「聖人之道，淡而寡味，故學者不好也。及至期月，所觀彌博，所習彌多，日聞所不聞，日見所不知，然後心開意朗，敬業樂群，忽然不覺大化之陶己，至道之入神也。學者不患才不及，而患志不立。」任子曰：「學所以治己，教所以治人。不勤學無以爲智，不勤教無以爲仁。」愚謂此皆天下名言，學者宜書以自儆。

《文中子》言：「聖人述史三焉，《書》、《詩》、《春秋》，三者同出於一。」陸魯望謂：「六籍之中，有經有史。《禮》、《詩》、《易》爲經，《書》、《春秋》實史耳。」舜、皋陶之《賡歌》、《五子之歌》，皆載於《書》，則《詩》與《書》一也。《文中子》之言當矣。

王微之云：「觀書每得一義，如得一真珠船。」見陸農師詩注。

古未有板本，好學者患無書。桓譚《新論》謂梁子初、楊子林所寫萬卷，至於白首。南齊沈驎士年過八十，手寫細書，滿數十篋。梁袁峻自寫書課，日五十紙。《抱朴子》所寫，反覆有字。《金樓子》謂細書經、史、《莊》、《老》、《離騷》等六百三十四卷，在巾箱中。後魏裴漢借異書，躬自録本。其勤與編蒲緝柳一也。《國史・藝文志》：「唐末，益州始有墨板，多術數、字學小書。後唐詔儒臣田敏，校九經，鏤本于國子監。國初廣諸義疏音釋，令孔維、邢昺讎定頒布。」

《春秋》正義云：「傅咸爲《七經詩》，王羲之寫。」今按《藝文類聚》、《初學記》載傅咸

《周易》、《毛詩》、《周官》、《左傳》、《孝經》、《論語》詩，皆四言，而闕其一。

鄭康成注二《禮》，引《易說》、《書說》、《樂說》、《春秋說》、《禮家說》、《孝經說》，皆緯候也。《河》、《洛》七緯，合爲八十一篇：《河圖》九篇，《洛書》六篇，又別有三十篇；七經緯三十六篇。《易》緯：《稽覽圖》、《乾鑿度》、《坤靈圖》、《通卦驗》、《是類謀》、《辨終備》。《書》緯：《琁璣鈐》、《考靈曜》、《刑德放》、《帝命驗》、《運期授》。《詩》緯：《推度災》、《氾歷樞》、《含神務》。《禮》緯：《含文嘉》、《稽命徵》、《斗威儀》。《樂》緯：《動聲儀》、《稽耀嘉》、《汁圖徵》。《孝經》緯：《援神契》、《鉤命決》。《春秋》緯：《演孔圖》、《元命包》、《文耀鉤》、《運斗樞》、《感精符》、《合誠圖》、《考異郵》、《保乾圖》、《漢含孳》、《佑助期》、《握誠圖》、《潛潭巴》、《説題辭》。又有《尚書中候》、《論語讖》在七緯之外。按李尋有「五經六緯」之言，蓋起於哀、平，至光武篤信之，諸儒習爲内學。隋焚其書，今唯《易》緯存焉。正義多引讖緯，歐陽公欲取九經之疏，删去讖緯之文，使學者不爲怪異之言惑亂，然後經義純一。其言不果行。

朱文公謂五經疏，《周禮》最好，《詩》、《禮記》次之，《書》、《易》爲下。愚攷之《隋志》、王弼《易》、孔安國《書》至齊、梁始列國學，故諸儒之説不若《詩》、《禮》之詳實。

司馬文正公曰：「新進後生，口傳耳剽，讀《易》未識卦爻，已謂《十翼》非孔子之言；讀《禮》未知篇數，已謂《周官》爲戰國之書；讀《詩》未盡《周南》、《召南》，已謂毛、鄭爲章句之學；讀《春秋》未知十二公，已謂三《傳》可束之高閣。」朱文公曰：「近日學者，病在好高，《論語》未問『學而時習』，便説『一貫』；《孟子》未言『梁惠王問利』，便説『盡心』；《易》未看六十四卦，便讀《繫辭》，此皆躐等之病。」

《宋・符瑞志》云：「孔子齋戒，向北辰而拜，告備于天曰：『《孝經》四卷，《春秋》、《河》、《洛》凡八十一卷，謹已備矣。』」見《援神契》。是以聖人爲巫史也。緯書謬妄，而沈約取之，無識甚矣。

《家語》：「齊太史子餘歎美孔子云：『天其素王之乎！』」素，空也，言無位而空王之也。董仲舒《對策》云：「見素王之文。」賈逵《春秋序》云：「立素王之法。」鄭玄《六藝論》云：「自號素王。」盧欽《公羊序》云：「制素王之道。」皆因《家語》之言而失其義，所謂郢書燕説也。《莊子》云：「玄聖素王之道。」祥符中，謚孔子爲「玄聖」，後避聖祖名，改「至聖」。

自漢儒至於慶曆問，談經者守訓故而不鑿。《七經小傳》出，而稍尚新奇矣。至《三經義》行，視漢儒之學若土梗。古之講經者，執卷而口説，未嘗有講義也。元豐間，陸農師在經筵，始進講義。自時厥後，上而經筵，下而學校，皆爲支離曼衍之詞。説者徒以資口耳，聽者不復相問難，道愈散而習愈薄矣。陸務觀曰：「唐及國初，學者不敢議孔安國、鄭康成，況聖人乎？自慶曆後，諸儒發明經旨，非前人所及，然排《繫辭》，毀《周禮》，疑《孟子》，譏《書》之《胤征》、《顧命》，黜《詩》之《序》，不難於議經，況傳注乎？」斯言可以箴談經者之膏肓。

西山先生《大學衍義後序》謂有進姦言於經幄者，嘗以問西山之子仁甫，答云：「講《易·乾》之《文言》『知進退存亡』，爲姦言以罔上。」

秦有《誓》而《書》亡，魯有《頌》而《詩》亡。魯郊禘，秦僭畤，而《禮》亡；大夫《肆夏》，三家《雍》徹，而《樂》亡。

《法言》曰：「古之學者，耕且養，三年通一經。」《藝文志》曰：「古之學者，耕且養，三年而通一藝。」蓋劉歆《七略》取《法言》之語。

校勘記

卷九

天道

《三五曆紀》「天去地九萬里」，《淮南子》以爲五億萬里。《春秋元命包》「陽極於九，周天八十一萬里」。《洛書甄曜度》「一度千九百三十二里，天地相去十七萬八千五百里」。《孝經援神契》「周天七衡六間，相去萬九千里八百三十三里三分里之一，合十一萬九千里。從内衡以至中衡，中衡以至外衡，各五萬九千五里」。《關令内傳》「天地南午北子，相去九千萬里；　東卯西酉，亦九千萬里；　四隅空相去九千萬里；　天去地四十千萬里。天有五億五萬五千五百五十里，地亦如之。各以四海爲脉」。《論衡》「天行三百六十五度，積凡七十三萬里，天去地六萬餘里」。《靈憲》「自地至天一億萬六千二百五十里。垂天之晷，薄地之儀，皆千里而差一寸」。《周髀》「天離地八萬里。冬至之日，雖在外衡，常出極下地上二萬里」。《周禮》疏「案《考靈耀》『從上臨下八萬里。天以圓覆，地以方載』」。《河圖括地象》『西北爲天門，東南爲地户。天門無上，地户無下，極廣長，南北二億三萬一千五百里，東西二億三萬三千里』」。《廣雅》『天圜，南北二億三萬三千五百里七十五步，東西短減四步，周六億十萬七百里二十五步。從地至天億一萬六千七百八十七里半。下度地之厚，與天高等』。《天度》云：『東方七宿七十五度，南方七宿百一十二度，西方七宿八十度，北方七宿九十八度四分度之一，四方三百六十五度四分度之一，度二千九百三十二里。二十八宿間相距，積百七萬九百一十三里，徑三十五萬六千九百七十里。』」《月令》正義：「《考靈耀》云：『一度二千九百三十二里千四百六十一分里之三百四十八。周天百七萬一千里，是天圓周之里數也。以圍三徑一言之，直徑三十五萬七千里，此二十八宿周迴直徑之數也。然二十八宿之外，上下東西，各有萬五千里，是爲四遊之極，謂之四表。據四表之内，并星宿内總三十八萬七千里。天之中央上下正半之處，一十九萬三千五百里，地在於中，是地去天之數也。』」安定胡先生云：「南樞入地下三十六度，北樞出地上三十六度，狀如倚杵，此天形也。一晝一夜之間，凡行九十餘萬里。人一呼一吸謂之一息，一息之間，天行八十餘里。人之一晝一夜，有一萬三千六百餘息，是故一晝一夜而天行九十餘萬里。」致堂胡氏謂：「天雖對地而名，未易以智識窺，非地有方所可議之比也。」

《河圖括地象》云：「天左動起於牽牛，地右動起於畢。」《尸子》云：「天左舒而起牽牛，地右闢而起畢、昴。」《爾雅》注：「牽牛斗者，日月五星之所終始，故謂之星紀。」

楊倞注《荀子》云：「天無實形，地之上空虛者，盡皆天也。」其說本於張湛《列子注》，謂自地而上則皆天矣，故俯仰喘息，未始離天也。

《黄帝書》曰：「天在地外，水在天外，水浮天而載地。」又曰：「地在太虚之中，大氣舉之。」道書謂「風澤洞虚，金剛乘天」。佛書謂「地輪依水輪，水輪依風輪，風輪依虚空，虚空無所依」。「風澤洞虚」者，風爲風輪，所謂大氣舉之也。澤爲水輪，所謂浮天載地也。「金剛乘天」者，道家謂之「剛風」，岐伯謂之「大氣」。葛稚川云：「自地而上，四千里之外，其氣剛勁者是也。」張湛解《列子·湯問》曰：「太虚無窮，天地有限。」朱文公曰：「天之形雖包於地之外，而其氣常行乎地之中。」則「風輪依虚空」可見矣。

《三禮義宗》「天有四和。崑崙之四方，其氣和暖，謂之和。天道左轉，一日一夜轉過一度。日月左行於天而轉，一日一夜帀於四和」。愚按《周髀》云：「天地四極四和。」注謂：「四和者，謂之極。子午卯酉，得東西南北之中。」《義宗》之説本此。

《白虎通》曰：「日月徑千里。」徐整《長曆》曰：「大星徑百里，中星五十，小星三十。」晋魯勝《正天論》謂：「以冬至之後，立晷測影，準度日月星。案日月裁徑百里，無千里。星十里，不百里。」未詳其説。

《月令》正義引《前漢·律曆志》二十八宿之度，不載四分度之一。愚謂天度列爲二十八宿，唯斗有餘分。《續漢·志》斗二十六，四分退二。《晋志》斗二十六，分四百五十五。皆有餘分。唐一行謂《太初曆》「今赤道星度，其遺法也」。《續漢·志》黄道度與《前·志》

不同。賈逵論云：「《五紀論》『日月循黄道，南至牽牛，北至東井。率日，日行一度，月行十三度十九分度七』。今史官一以赤道爲度，不與日月行同。」而沈存中謂：「二十八宿度數，皆以赤道爲法，唯黄道度有不全度者，蓋黄道有斜有直，故度數與赤道不等【二】。」蔡伯静亦謂：「曆家欲求日月交會，故以赤道爲起算之法。」《月令》正義引赤道度，其以是歟？《淮南子·天文訓》箕十一四分一，與漢、晋志不同。

「日右轉，星左轉，約八十年差一度。漢文帝三年甲子冬至日在斗二十二度，唐興元元年甲子冬至日在斗九度，九百六十一年差十三度。」見李肇《國史補》裴胄問董生云。「貞觀三年己丑冬至日在斗十二度，每六十年餘差一度。」此李淳風之説也。「漢太初元年丁丑冬至日在斗二十度，至慶曆甲申，《崇天曆》冬至日在斗五度八十四分，每八十五年退一度。」每年不及者一分差。見《武經總要》。歲差之説不同。賈逵云：「古曆冬至日在建星，即今斗星。《太初曆》冬至日在牽牛初。」何承天云：「堯冬至日在須女十度。《太初曆》冬至在牽牛初四分。《景初曆》在斗二十一。」祖沖之云：「漢初用秦曆，冬至日在牛六度，《太初曆》日在牛初，《四分法》日在斗二十二。晋姜岌以月蝕，知冬至在斗十七。今參以中星，課以蝕望，冬至日在斗十一。通而計之，未盈百載，所差二度。」沈存中云：「《顓帝曆》冬至日宿斗初，今宿斗六度。《堯典》日短星昴，今日短星東壁。」

信都芳曰：「渾天覆觀，以《靈憲》爲文；蓋天仰觀，以《周髀》爲法。」劉智謂：「黄

【二】故度數與赤道不等　「等」，翁注本作「同」。

帝爲蓋天，顓頊造渾儀。」《春秋文曜鉤》謂：「帝堯時，羲和立渾儀。」而本朝韓顯符《渾儀法要序》以爲伏羲立渾儀【二】。未詳所出。

《後漢·天文志》「黄帝始受《河圖》，鬬苞授規日月星辰之象。故星官之書，自黄帝始」。鬬苞，似是人名氏，當攷。

刻之長短，由日出之蚤晚。景之長短，由日行之南北。此語蓋出於方氏《禮記解》。

《觀象賦》，後魏張淵撰。見《後魏書》。《初學記》云「宋張鏡」，非也。

《大象賦》，《唐志》謂：「黄冠子李播撰，李台《集解》。」播，淳風之父也。今本題楊炯撰，畢懷亮注。《館閣書目》題張衡撰，李淳風注。薛士龍書其後曰：「專本巫咸星贊，旁覽不及《隋書》。時君能致之蘭臺，坐臥渾儀之下，其所論著，何止此耶？」愚觀賦之末曰：「有少微之養寂，無進賢之見譽。恥附耳以求達，方卷舌以幽居。」則爲李播撰無疑矣。播仕隋，高祖時棄官爲道士。時未有《隋志》，非旁覽不及也。張衡著《靈憲》，楊炯作《渾天賦》，後人因以此賦附之，非也。

《步天歌》，《唐志》謂王希明丹元子。今本司天右拾遺内供奉王希明撰，喬令來注。《二十八舍歌》、《三垣頌》、《五行吟》，總爲一卷。鄭漁仲曰：「隋有丹元子，隱者之流也，不知名氏，作《步天歌》，句中有圖，言下見象。王希明纂漢、晉志釋之。」然則王希明、丹元子，蓋二人也。

【二】而本朝韓顯符……「本」，原作「前」，據四庫本、翁注本改。

沈約《宋志》「五星聚者有三：周將伐殷，聚房；齊桓將霸，聚箕；漢高入秦，聚東井。周、漢以王，齊以霸」。襄陵許氏謂：「恒星不見，星隕如雨，齊桓之祥也。沙鹿崩，晉文之祥也。桓將興而天文隳，文欲作而地理決，王道之革也。」

後漢永建初，李郃上書曰：「趙有尹史，見月生齒齕畢大星，占，有兵變。趙君曰：『天下共一畢，知爲何國也？』下史於獄。其後公子牙謀殺君，如史所言。」《天文志》注：《李氏家書》。按太史公《天官書》「昔之傳天數者，趙尹皋」。又謂：「皋、唐、甘、石因時務論其書傳。」尹史，即尹皋也。其占驗，僅見於此。《趙世家》不載。【三】

星家有甘、石、巫咸三家，太史公謂殷商巫咸。攷之《書》：「伊陟贊于巫咸，作《咸乂》四篇。」又曰：「在太戊，巫咸乂王家。」孔安國云：「巫氏也。」馬融謂殷之巫也，鄭康成謂巫官。孔穎達云：「咸、賢父子並爲大臣，必不世作巫官，言巫氏是也。」《後漢·天文志》乃云：「湯則巫咸。」當以《書》爲正。《史記》正義：「巫咸，吳人。今蘇州常熟縣西海隅山上有巫咸、巫賢冢。」併識之以廣異聞。郭璞《巫咸山賦序》：「巫咸以鴻術爲帝堯之醫。」此又一巫咸也。

《莊子》言「傅說乘東維，騎箕尾，而比於列星」。古賦有云：「傅說奉中闈之祠。」注云：「傅說一星，在尾北後河中，蓋後宮女巫也。」說爲商良相，豈爲後宮女巫祈子而禱祠哉！此天官之難明者也。

《春秋繁露》云：「天不剛，則列星亂其行；君不堅，則邪臣亂其官。故爲天者務剛

【三】從「觀象賦」至「後漢永建初」五條，原闕，據四庫本、翁注本補。

其氣，爲君者務堅其政。」丁鴻《日食封事》「天不可以不剛，不剛則三光不明；王不可以不彊，不彊則宰牧縱横」。其言出於此。

元祐末，日食不盡如鉤。元符末，日食正陽之朔。此皆有陰慝見于祲象，志壹之動氣也。

元祐七年三月望，月食既。主巖叟言：「《漢·曆志》『月食之既者，率二十三食而復既』。按元豐八年八月望，食之既，今未及二十三食而復既，則是不當既而既也。」愚謂月食之既，猶儆戒如此，況日食乎！

醫書《素問》之中，亦嘗有九星之言【四】。王冰注云：「上古世質人淳，九星垂明。中古道德稍衰，標星藏曜，故星之見者七焉。九星謂天蓬、天内、天衝、天輔、天禽、天心、天任、天柱、天英。此蓋從標而爲始，所謂九星者此是也【五】。」《楚辭》劉向《九歎》云：「訊九魁音祈。與六神。」注：「九魁，謂北斗九星也。」《補注》謂：「北斗七星，輔一星在第六星旁，又招摇一星在北斗杓端。《北斗經》疏云：『不止於七而全於九，加輔、弼二星故也。』」與《素問》注不同。《曲禮》「招摇在上」，注：「招摇星在北斗杓端，主指者。」正義引《春秋運斗樞》云：「北斗七星：第一天樞，第二旋，第三機，第四權，第五衡，第六開陽，第七摇光。摇光則招摇也。」《淮南·時則訓》注：「招摇，斗建也。」《楚辭補注》以招摇在七星之外，恐誤。徐整《長曆》曰：「北斗七星間，相去九千里，皆在日月下。其二陰星不見者，相去八

【四】醫書素問之中亦嘗有九星之言　「醫書素問之中亦嘗」，四庫本、翁注本作「素問太始天元册文」。

【五】所謂九星者此是也　此句，四庫本、翁注本作「遁甲式法今猶用焉」。

千里。」

王介甫云：「雲，陰中之陽。風，陽中之陰。」朱文公云：「緯星，陰中之陽。經星，陽中之陰。」按《素問·天元紀大論》「天有陰陽，地亦有陰陽」，「故陽中有陰，陰中有陽」。

顔之推《歸心篇》、孔毅父《星説》，皆倣屈子《天問》之意。然《天問》不若《莊子·天運》之簡妙。巫咸袑之言，不對之對，過柳子《天對》矣。傅玄《擬天問》，見《太平御覽》。

古詩「黄姑織女時相見」之句，此所云「黄姑」，即「河鼓」也，吴音訛而然。

《黄帝風經》曰：「調長祥和，天之善風也。折揚奔厲，天之怒風也。」見《御覽》。《周官·小祝》「寧風旱」，漢代田之法「能風與旱」，此昌黎所以訟風伯也。

《太平御覽》以五色雲列于咎徵。宋景平元年，有雲五色如錦，而徐羨之廢帝。韓魏公五色雲見之事，不見于國史，疑《家傳》之增飾也。【六】

《龍城録》「月落參横」之語，《容齋隨筆》辨其誤，然古樂府《善哉行》云：「月没參横，北斗闌干。親友在門，亡寢與飡。」《龍城録》語本此，而未嘗考參星見之時也。

《天經》，紹興三十年王及甫上。朱文公謂：類集古今言天者，極爲該備。

星始則見於辰，終則伏於戌。自辰至戌，正於午，中於未。《堯典》舉四時之正，以午爲中；《月令》舉十二時之中，以未爲中。以火星論之，以午爲正，故《堯典》言「日永星火，以正仲夏」。

【六】「太平御覽」條，原闕，據四庫本、翁注本補。

以未爲中，故《月令》言「季夏昏火中」。至申爲流，故《詩》曰：「七月流火。」以辰爲見，以戌爲伏，故《傳》曰：「火見於辰，火伏而蟄者畢。」諸星亦然。《詩·定之方中》亦以十月中於未也。朱子曰：「堯時昏旦星中於午。《月令》差於未，漢、晋以來又差。今比堯時似差及四分之一。」

《後魏·天象志》曰：「班史以日暈五星之屬，列《天文志》；薄蝕慧孛之比，入《五行説》。七曜一也，而分爲二志，故陸機云：『學者所疑。』」

凡星皆出辰没戌，故五星爲五辰，十二舍亦爲十二辰。

弧與建星非二十八宿，而昏明舉之者，由弧星近井，建星近斗。《月令》正義。二十八宿連四方爲名者，唯箕、斗、井、壁四星。《詩》正義。

《唐·天文志》「咸通中，熒惑、鎮、太白、辰星聚于畢、昴，在趙、魏之分。詔鎮州王景崇被兖冕，軍府稱臣以厭之」。衰世之政，其怪如此。是謂人妖，何以弭變？【七】

《月令》凡二儺，一以季春，一以仲秋。鄭康成謂：「陰氣右行，季春之中，日行歷昴；陽氣左行，仲秋之月，宿直昴、畢。昴有大陵積尸之氣，氣佚則厲鬼隨而出行，於是索室驅疫以逐之。《王居明堂禮》曰：『季春出疫于郊，以攘春氣。仲秋九門磔攘，以發陳氣，禦止疾疫。』」然則民之疾，係乎日星之行度。古者，聖君範圍於上，賢相燮理於下，是爲天地之良醫。皇建有極，五福錫民，莫不壽考且寧。儺所以存愛民之意而已。

唐志【八】「測景在浚儀岳臺」。按宋次道《東京記》「宣德門前天街西第一岳臺坊，

【七】「唐天文志」條，原闕，據四庫本、翁注本補。

【八】「唐志」，四庫本、翁注本作「唐天文志」。

今祥符縣西九里有岳臺」。《圖經》云：「昔魏主遥事霍山神，築此臺禱於其上，因以爲名。」

曆數

《太初曆》「以前曆上元泰初四千六百一十七歲，至於元封七年，復得閼逢攝提格之歲」。孟康注：「此爲甲寅之歲。」《大事記解題》：「按《通鑑目録》、《皇極經世》『太初元年，歲次丁丑』。當考。」愚按《大衍曆議》云：「《洪範傳》曰：『曆記始於顓頊上元太始閼蒙攝提格之歲，畢陬之月，朔日己巳立春，七曜俱在營室五度。』秦《顓頊曆》元起乙卯，漢《太初曆》元起丁丑，推而上之，皆不值甲寅。猶以日月五緯，復得上元本星度，故命曰閼蒙攝提格之歲，而實非甲寅。」其説可以補《解題》之遺。

《大衍曆議》曰：「《考靈曜》、《命曆序》皆有甲寅元，其所起在《四分曆》。庚申元後百十四歲，緯所載壬子冬至，則其遺術也。」按《漢志》魯釐公五年正月辛亥朔旦冬至，殷曆以爲壬子。《隋志》《春秋緯命曆序》云：「僖公五年正月壬子朔旦冬至。」然則緯與殷曆同，故劉洪曰：「《甲寅曆》於孔子時效。」即《命曆序》所謂「孔子脩《春秋》用殷曆」也。《晉志》姜岌曰：「考其交會，不與殷曆相應。」《春秋分記》曰：「周正皆建子也，今推之曆法，積之氣候，驗之日食，則春秋隱、桓之正皆建丑。莊、閔、僖、文、宣之正，建子及丑者相半。至成、襄、昭、定、哀之正，而後建子，間亦有建亥者。非一代正朔自異尚也，曆亂而不之正也。」

曆有小曆，有大曆。唐曹士蔿《七曜符天曆》，一云《合元萬分曆》，本天竺曆法，以顯慶五年庚申爲曆元，雨水爲歲首，世謂之小曆，行于民間。石晋《調元曆》用之。後周王朴校定大曆，削去符天之學，爲《欽天曆》。

劉昫曰：「曆動而右移，律動而左轉。」

劉洪曰：「曆不差不改，不驗不用。未差無以知其失，未驗無以知其是。失然後改之，是然後用之。」李文簡以爲至論。

蓂莢謂之曆草，田俅子曰：「堯爲天子，蓂莢生於庭，爲帝成曆。」而《大戴·明堂篇》謂：「朱草日生一葉，至十五日生十五葉，十六日一葉落，終而復始。」唐《律賦》有「朱草合朔」。古有云：「梧桐不生，則九州異。」注謂一葉爲一月，有閏十三葉。平園《閏月表》用梧桐之葉十三。

納甲之法，朱文公謂：「今所傳京房占法，見於《火珠林》者，是其遺説。《參同契》借以寓行持進退之候。」虞翻云：「日月垂天，成八卦象：三日暮震象月出庚，八日兑象月見丁，十五日乾象月盈甲壬，十六日旦巽象月退辛，二十三日艮象月消丙，三十日坤象月滅乙，晦夕朔旦坎象水流戊，日中離象火就己。」虞與魏伯陽皆會稽人，其傳蓋有所自。

漢上朱氏云：「乾納甲、壬，坤納乙、癸，震納庚，巽納辛，坎納戊，離納己，艮納丙，兑納丁。庚、戊、丙三者，得於乾。辛、己、丁三者，得於坤。始於甲、乙，終於壬、癸，而天地五十五數具焉。」又有「九天九地之數，乾納甲、壬，坤納乙、癸，自甲至壬，其數九，故曰九天。自乙至癸，其數九，故曰九地」。九天九地之説者【九】，九天之上，六甲子也；九地之下，六癸酉也。

五運六氣，一歲五行主運各七十二日。少陰君火，太陰濕土，少陽相火，陽明燥金，太陽寒水，厥陰風木。而火獨有二。天以六爲節，故氣以六期爲一備。地以五爲制，故運以五歲爲一周。《左氏》載醫和之言曰：「天有六氣，降生五味。」即《素問》五六之數。《易》、《洪範》、《月令》，其致一也。楊退修謂：五運六氣，通之者唯王冰，然遷變行度，莫知其始終次序。程子曰：「氣運之説，堯、舜時十日一雨，五日一風，始用得。」

朱文公嘗問蔡季通：「十二相屬起於何時？首見何書？」又謂：「以二十八宿之象言之，唯龍與牛爲合，而他皆不類。至於虎當在西，而反居寅；鷄爲鳥屬，而反居酉，又舛之甚者。」《韓文考異》：「《毛穎傳》封卯地謂十二物，未見所從來。」愚按「吉日庚午，既差我馬」，午爲馬之證也。「季冬出土牛」，丑爲牛之證也。蔡邕《月令論》云：「十二辰之會，五時所食者，必家人所畜，丑牛、未羊、戌犬、酉鷄、亥豕而已。其餘虎以下非食也。」《月令》正義云：「鷄爲木，羊爲火，牛爲土，犬爲金，豕爲水。但陰陽取象多塗，故午

【九】九天九地之説者　「九天九地之説」，原空闕，據四庫本、翁注本補。

爲馬，西爲鷄，不可一定也。」十二物，見《論衡·物勢篇》。《説文》亦謂巳爲蛇，象形。

自帝堯元年甲辰至宋德祐丙子，凡三千六百三十三年。帝堯而上，六闕逢無紀。致堂云：「有書契以來，凡幾鴻荒，幾至德矣。《廣雅》自開闢至獲麟，二百七十六萬歲，分爲十紀，蓋茫誕之説。」劉道原《疑年譜》謂「大庭至無懷氏，無年而有總數」。堯、舜之年，衆説不同。《三統曆》次夏、商、西周，與《汲冢紀年》及商曆差異，況開闢之初乎？王質景文云：「渾淪以前，其略見於釋氏之《長含經》。開闢以後，其詳見於邵氏之《皇極經世》。」

以十一星行曆，推人命貴賤，始於唐貞元初，都利術士李彌乾。《聿斯經》本梵書。程子謂：「『三命是律，五星是曆。』晁氏謂：「『泠州鳩曰：『武王伐殷，歲在鶉火，月在天駟，日在析木之津，辰在斗柄，星在天黿。』五星之術，其來尚矣。」《定之方中》、《公劉》之詩，擇地之法也。「我辰安在」，論命之説也。《傳》云「不利子商」，則見姓之有五音。《詩·吉日》「維戊」、「庚午」，則見支干之有吉凶。

《五代史·馬重績傳》「漏刻之法，以中星考晝夜爲一百刻，六十分刻之二十爲一時，時以四刻十分爲正，此自古所用也」。今攷《五代會要》：晋天福三年，司天臺奏《漏刻經》云：「晝夜一百刻，分爲十二時，每時有八刻三分之一。六十分爲一刻，一時有八刻二十分。四刻十分爲正前，十分四刻爲正後，二十分中心爲時正。上古以來，皆依此法。」歐陽公作史，於「六十分」之上，闕「八刻」二字，不若《會要》之明白。

《數術記遺》云：「世人言《三不能比兩》，乃云《捐悶》與《四維》。」甄鸞注《藝經》曰：「《捐悶》者，周公作。先布本位，以十二時相從。徐援稱《捐悶》是奇兩之術。」《御覽》引《藝經》作《捐悶》。《三不能比兩》者，孔子所造，布十干於其方，戊己在西南。《四維》，東萊子所造，布十二時四維。

桓譚《新論》曰：「老子謂之玄，揚子謂之太玄。」石林謂：《太玄》皆《老子》緒餘。老氏道生一，一生二，二生三，三之爲九，故九而九之爲八十一章。《太玄》以一玄爲三方，自是爲九，而積之爲八十一首。《金樓子》云：「揚雄有《太玄經》，楊泉有《太元經》。」

《潛虛》，心學也，以元爲首，心法也。人心其神乎，潛天而天，潛地而地。温公之學，子雲之學也。《先天圖》皆自中起，萬化萬事生乎心，豈惟先天哉！《連山》始艮，終而始也。《歸藏》先坤，闔而闢也。《易》之《乾》，太極之動也；《玄》之《中》，一陽之初也。皆心之體，一心正而萬事正，謹始之義在其中矣。邵子曰：「《玄》，其見天地之心乎？」張文饒愚於《虛》亦云。《虛》之元，即《乾》、《坤》之元，即《春秋》之元，一心法之妙也。張文饒《衍義》以養氣釋元，似未盡本旨。

《管子·幼官篇》「冬十二始寒盡刑，十二小榆賜予，十二中寒收聚，十二中榆大收，十二寒至静，十二大寒之陰」。注云：「陰陽之數，日辰之名。」盤洲於閏十一月，用中榆立閏，蓋出於此。

《國史志》云：「曆爲算本。治曆之善，積算遠，其驗難而差遲；治曆之不善，積算近，其驗易而差亦速。」

曆元始於冬至，卦氣起於《中孚》。《豳詩》於十月，「曰爲改歲」。周以十一月爲正，蓋本此。「曰爲改歲」，用周正。「何以卒歲」，乃夏正。

卷十

地理

《三禮義宗》引《禹受地記》，王逸注《離騷》引《禹大傳》，豈即太史公所謂《禹本紀》者歟？

《鹽鐵論》大夫曰：「鄒子推終始之運，謂中國天下八十分之一，名赤縣神州，而分爲九州，絶陵陸不通，乃爲一州，有大瀛海圜其外。所謂八極，而天下際焉。故秦欲達九州，方瀛海，朝萬國。」文學曰：「鄒衍怪説，熒惑諸侯。秦欲達瀛海，而失其州縣。」愚謂：秦皇窮兵胡粤，流毒天下，鄒衍迂誕之説實啓之。異端之害如此。

《管子》曰：「齊之水道躁而復，故其民貪麤而好勇；楚之水淖弱而清，故其民輕果而賊；越之水濁重而洎，故其民愚疾而垢；秦之水泔最而稽，淤滯而雜，故其民貪戾罔而好事；齊、晉之水枯旱而運，淤滯而雜，故其民諂諛而葆詐，巧佞而好利；燕之水萃下而弱，沉滯而雜，故其民愚戇而好貞，輕疾而易死；宋之水輕勁而清，故其民閒易而好正。是以聖人之化世也，其解在水。故水一則人心正，水清則民心易。」此即《漢志》所謂

「繫水土之風氣」也。杜牧亦云：「山東之地，程其水土與河南等，常重十三，故其人沈鷙多材力，重許可，能辛苦。」

太史公、班孟堅謂「禹釃二渠以引其河」，一貝丘，一漯川。李垂《導河書》曰：「東爲漯川者，乃今泉源赤河。北出貝丘者，乃今王莽故瀆。而漢塞宣房所行二渠，蓋獨漯川，其一則漢決之，起觀城，入蒲臺，所謂武河者也。」鼂補之《河議》曰：「二渠於《禹貢》無見。禹時河入海，蓋在碣石。」《地理志》：「碣石在北平驪城縣西南。」計勃海北距碣石五百餘里，而河入勃海，蓋漢元光三年，河徙東郡所更注也。而言禹時河入勃海，何哉？

蔡氏《禹貢傳》曰：「鳥鼠，《地志》在隴西郡首陽縣西南，今渭州渭源縣西也。」此以唐之州縣言，若本朝輿地，當云「今熙州渭源堡」。又曰：「朱圉，《地志》在天水郡冀縣南，今秦州大潭縣也。」按《九域志》建隆三年，秦州置大潭縣。熙寧七年，以大潭隸岷州，今爲西和州，當云「今西和州大潭縣」。朱文公《詩傳》曰：「秦德公徙雍，今京兆府興平縣。」按《輿地廣記》：「鳳翔府天興縣，故雍縣，秦德公所都也。」興平，乃章邯爲雍王所都之廢丘也，當云「雍，今鳳翔府天興縣」。

《吕氏春秋》：「禹南至九陽之山，羽人裸民之處，不死之鄉。」此屈子《遠遊》所謂「仍羽人於丹丘兮，留不死之舊鄉。朝濯髮於湯谷兮，夕晞余身於九陽。」

朱文公謂「漢之潯陽縣在江北，今之江州，非古九江地」。其説明矣。然漢柴桑縣屬豫章郡，而莽以豫章郡爲九江，柴桑縣爲九江亭，則九江之名其誤久矣。以九江爲洞庭，本於《水經》，而胡、晁、曾氏因之。

《國語》注「姑蔑，今太湖」，當作「大末」。「甬句東，今句章東，海口外洲」，當作「浹口」。蓋傳寫之誤。唐盧潘引《地理志》：「浙江出黟縣南率山，東入海。」今《漢志》云：「蠻夷中。」

《戰國策》「田單爲棧道木閣，迎齊王與后於城陽山中」。非但蜀有棧閣也。

「楚北有甘魚之口」，鮑氏注：「疑爲濟陰高魚。」非也。《左氏・昭十三年傳》「次于魚陂」，注云：「竟陵縣城西北有甘魚陂。」

《大事記・解題》「沈黎郡、汶山郡，《地理志》不載」。按《輿地廣記》漢武帝置郡，既而罷之。愚按：《黄霸傳》入穀沈黎郡，《後漢・莋都夷傳》：「武帝所開，以爲莋都縣。元鼎六年，以爲沈黎郡。至天漢四年，并蜀爲西部，置兩都尉。一居旄牛，主徼外夷；一居青衣，主漢人。」《冉駹夷傳》：「武帝所開。元鼎六年，以爲汶山郡。至地節三年，省并蜀郡爲北部都尉。靈帝時復分蜀郡北部爲汶山郡。」《宣帝紀》：「地節三年十二月，省文山郡并蜀。」

荀卿爲蘭陵令，縣在漢屬東海郡，今沂州承縣。誠齋《延陵懷古》有《蘭陵令》一章，蓋誤以南蘭陵爲楚之蘭陵也。古靈詩亦誤【一】。

文中子父曰「銅川府君」。隆爲銅川令。阮氏注：「上黨有銅鞮縣。」龔氏注：「隋初置銅川縣，今忻州秀容是【二】。」愚攷《隋・地理志》：「定襄郡秀容縣，開皇初，置新興郡銅

【一】古靈詩亦誤 「詩」，原作「字」，據四庫本、翁注本改。

【二】今忻州秀容是 「今」，原作「令」，據四庫本、翁注本改。

川縣。十八年，置忻州。」龔注是也。

《中説》「同州府君」，龔氏本作「司州」，注云：「宋武置司州於虎牢，西魏始改華州爲同。」

子夏居西河，在汾州。文中子之教，興於河汾。

《漢・地理志》言風俗，多取太史公《貨殖傳》，然太史公語尤奇峻，可以參觀。

《地理志》「《禹貢》桐柏大復山，在平氏東南，淮水所出，東南至淮陵入海」。《禹貢集解》云：「淮陵，晉猶存，不知何代廢省，今其地當在楚州界。」愚攷《宋・州郡志》：「淮陵郡本淮陵縣。」「漢屬臨淮，後漢屬下邳，晉永寧元年爲淮陵國。」《輿地廣記》「泗州招信縣，本淮陵縣，漢屬臨淮郡，宋曰睢陵，置濟陰郡」。今按：漢、晉有淮陵、睢陵二縣，宋濟陰郡有睢陵縣，而淮陵郡無淮陵縣，蓋宋之睢陵即漢之淮陵也。《廣記》：「漢睢陵故城，在淮陽軍下邳縣。」《寰宇記》「古淮陵城，在招信縣西北二十五里」。然則《禹貢解》以淮陵在楚州，非也。

《志》謂「齊俗彌侈，織作冰紈綺繡純麗之物，號爲冠帶衣履天下」，「臨淄有服官」。《説苑》墨子曰：「錦繡絺紵，亂君之所造，其本皆興於齊景公喜奢而忘儉。幸有晏子以儉鐫之，然猶幾不能勝。」齊俗之侈，蓋自景公始。

琅邪郡靈門縣壺山，浯水所出。音吾。元次山名浯溪，亦有所本，非自造此字也。

《溝洫志》「史起引漳水溉鄴」，出《呂氏春秋・先識覽》，以「賢令」爲「聖令」，「舃鹵」爲「斥鹵」。

《史記·貨殖傳》「南陽西通武關、鄖關」，正義云：「《地理志》宛西通武關，而無鄖關。『鄖』當爲『洵』。洵水上有關，在金州洵陽縣。」愚按：《漢志》漢中郡長利縣有鄖關。長利，今商州上津縣。武關在商洛縣。正義失之。

古公事獯鬻，而商不與；晉拜戎不暇，而周不知，封建之效也。唐以幽鎮扞契丹，及幽鎮亡而契丹之患始熾，方鎮之效也。郡縣削弱，則夷狄之禍烈矣。

《九域志》「滄州有漢武臺」。《唐·太宗紀》「貞觀十九年，伐高麗，班師，次漢武臺，刻石紀功」。臺餘基三成，燕、齊之士，爲漢武求仙之處。

李太白《蜀道難》云：「蠶叢及魚鳧，開國何茫然？爾來四萬八千歲，不與秦塞通人煙。」其説本揚雄《蜀記》。愚謂岷、嶓載于《禹貢》，庸、蜀見于《牧誓》，非至秦始通也。

《水經》引天下之水百三十七，江、河在焉。酈氏注引枝流一千二百五十二。《通典》謂：「晉郭璞注三卷，後魏酈道元注四十卷，皆不詳撰者名氏，不知何代之書。」云『濟水過壽張』，則前漢壽良縣，光武更名。『又東北過臨濟』，則狄縣，安帝更名。『荷水過湖陸』，則湖陵縣，章帝更名。『汾水過永安』，則彘縣，順帝更名。故知順帝以後纂序也。」愚按：《經》云「武侯壘」，又云「魏興安陽縣」，注謂：「諸葛武侯所居。魏分漢中，立魏興郡。」又「改信都從長樂」，則晉太康五年也。然則非後漢人所撰。《隋志》云「郭璞注」，而不著撰人。《舊唐·志》云「郭璞撰」。愚謂所載及魏、晉，疑出於璞也。《新唐·志》始以爲桑欽，而又云「一作郭璞撰」，蓋疑之也。《經》云「河水又北薄骨律鎮城」，注云：「赫連果城也。」乃後魏所置，其酈氏附益歟？按《前漢·儒林傳》：「《古文尚書》，塗惲授河南桑欽君長。」晁氏《讀書志》謂「欽，成帝時人」，意者欽爲此書而後人附益，「如《山海經》禹、益所記，有長沙、零陵、桂陽、諸暨之名；《本草》神農所述，有豫章、朱崖、趙國、常山、奉高、真定、臨淄、馮翊之稱；《爾雅》作於周公，而云張仲孝友；《蒼頡篇》造於李斯，而云漢兼天下，皆非本文」，顔之推嘗論之矣。《通典》又謂「景純注解疏略，多迂怪」。今郭注不傳。

《三輔黄圖》所載「靈金内府」及「天禄閣青藜杖」，皆王嘉《拾遺記》譎誕之説。程泰之謂《黄圖》蓋唐人增續成之。《水經注》引《黄圖》，今本所無。

《殷芸小説》云：「諸葛武侯躬耕於南陽。」南陽是襄陽墟名，非南陽郡也。

《素問》「天不足西北，左寒而右涼；地不滿東南，右熱而左溫」。

《漢袁良碑》云：「帝御九龍殿，引對飲宴。」《集古録跋》謂九龍殿名惟見於此。愚按張平子《東京賦》曰：「九龍之内，寔曰嘉德。」注：「九龍，本周時殿名。門上有三銅柱，柱有三龍相糺繞，故曰九龍。嘉德殿在九龍門内。」非但見於此碑也。

「武后在洛陽，不歸長安。」此《通鑑》所載也。張柬之等舉兵，至后所寢長生殿，又遷后於上陽宫，皆在洛陽。程泰之《雍録》乃謂長安宫殿，誤矣。

馮衍賦云：「臯陶釣於靁澤兮，賴虞舜而後親。」未詳所出。《水經注》引《墨子》曰：「舜漁濩澤。」今《墨子·尚賢篇》曰：「舜漁雷澤，堯得之服澤之陽。」「服」字，疑即「濩」字。

《漢·王嘉傳》「爲南陵丞」，顔注：「南陵，縣名，屬宣城。」按：漢無宣城郡南陵縣。宣城縣屬丹陽郡。南陵屬京兆，文帝七年置。顔注不攷《地理志》，何邪？

《禹貢》「冀州治梁及岐」，先儒皆以爲雍州之山。晁氏謂冀州之吕梁狐岐山也。蔡氏《集傳》從之。朱文公曰：「梁山證據不甚明白。」

《賈誼書》曰：「所爲建武關、函谷、臨晉關者，大抵爲備山東諸侯也。」武關在商州商洛，以限南諸侯。函谷在陝州靈寶，以限北諸侯。臨晉在同州朝邑，以限東諸侯。

鮑明遠《登大雷岸與妹書》云：「棧石星飯，結荷水宿。旅客貧辛，波路壯闊。」其詞奇麗超絶，翰墨畦逕，可以諷誦。明遠妹令暉有文才，能詩，見鍾嶸《詩品》。大雷在舒州望江縣，《水經注》所謂大雷口也。晉有大雷戍，陳置大雷郡。庾亮《報温嶠書》「無過雷池一步」。「積雨爲池，謂之雷池，東入于江，爲大雷口。」《元和郡縣志》云。

余仕于吴郡，嘗見長洲宰，其圃扁曰「茂苑」，蓋取諸《吴都賦》。余曰：「長洲非此地也。」問其故，余曰：「吴王濞都廣陵。《漢·郡國志》：『廣陵郡東陽縣有長洲澤，吴王濞太倉在此。』東陽，今盱眙縣。故枚乘説吴王云『長洲之苑』，服虔以爲『吴苑』，韋昭以爲長洲在吴東，蓋謂廣陵之吴也。」曰：「它有所據乎？」曰：「隋虞綽撰《長洲玉鏡》，蓋煬帝在江都所作也。長洲之名縣，始於唐武后時。」《元和郡縣志》：「苑在長洲縣西南七十里。」未足據也，當從《郡國志》。

殺胡林，在欒城縣。唐屬趙州，後屬真定府。《紀異録》云：「林内射殺一狐，因以名之。」《續通典》云：「唐天后時，襲突厥，群胡死於此，故以名之。」

隋牛弘封奇章公，僧孺其後也。奇章，巴州之縣，梁普通六年置，取縣東八里奇章山爲名。隋、唐《志》、《通典》、《九域志》、《輿地廣記》皆云「其章」，誤也。《續通典》作「奇章」。

諸子

《漢志》「《曾子》十八篇」，今世所傳，視漢亡八篇矣。十篇見於《大戴禮》。景迂云：「世知讀《曾子》者，殆未見其人也。」朱文公云：「所記雖或甚疎，亦必切於日用躬行之實。」

太史公序《曆書》曰：「律居陰而治陽，曆居陽而治陰，律曆更相治，間不容翲忽。」出《曾子・天圓章》。《曾子》云：「其間不容髮。」

《通鑑》載「子思言苟變於衛侯」，在安王三十五年。《大事記》云：「去孔子没百有三年，子思逮事孔子，未必至是時尚存。」薛常州亦云：「子思之年，毋乃過於壽考乎？」《家語》「云」《荀子》謂『孔子觀於魯桓公之廟，有欹器焉』」。《韓詩外傳》、《説苑》皆云：「觀於周廟，有欹器焉。」《晋·杜預傳》云：「周廟欹器，至漢東京，猶在御坐。」當以周廟爲是。

《皇覽·記陰謀》「黄帝《金人器銘》：武王問尚父曰：『五帝之誡，可得聞乎？』尚父曰：『黄帝之戒曰：「吾之居民上也，摇摇恐夕不至朝。」故爲金人，三封其口，曰古之慎言。』」按《漢·藝文志》道家，有《黄帝銘》六篇。蔡邕《銘論》：「黄帝有《巾机》之法。」《皇覽》撰集於魏文帝時，漢《七略》之書猶存。《金人銘》，蓋六篇之一也。

胡文定銘龜山楊公曰：「孰能識車中之狀，意欲施之。」《韓詩外傳》云：「孔子出衛之東門，逆姑布子卿，曰：『二三子引車避。有人將來，必相我者也。』孔子下步。姑布子卿曰：『嬴乎若喪家之狗。』子貢以告，孔子曰：『丘何敢乎？』子貢曰：『何足辭也？』子曰：『汝獨不見夫喪家之狗歟？既斂而椁，布器而祭。顧望無人，意欲施之。上無明王，下無賢方伯，王道衰，政教失，强陵弱，衆暴寡，百姓縱心，莫之綱紀。是人固以丘爲欲當之者也，丘何敢乎？』」文定蓋用此，以比二程。

荀卿《非十二子》，《韓詩外傳》引之，止云十子，而無子思、孟子。愚謂：荀卿非子思、孟子，蓋其門人如韓非、李斯之流，託其師説以毁聖賢。當以《韓詩》爲正。

荀卿曰：「盜名不如盜貨。田仲、史鰌不如盜也。」陳仲子猶可議，「直哉史魚」，以爲盜名，可乎？《非十二子》，史鰌與子思、孟軻皆在焉，豈有法仲尼而非三子者乎？

《楚辭·漁父》「吾聞之，新沐者必彈冠，新浴者必振衣，安能以身之察察，受物之汶汶者乎」？《荀子》曰：「新浴者振其衣，新沐者彈其冠，人之情也。其誰能以己之潐潐，受人之掝掝者哉？」荀卿適楚，在屈原後，豈用《楚辭》語歟？抑二子皆述古語也。

《荀子》曰：「非其人而教之，齎盜粮、借賊兵也。」獨不知李斯、韓非乎？

《成相》曰：「禹傅土，平天下，躬親爲民行勞苦，得益、皋陶、横革、直成爲輔。」注云：「横革、直成【三】，未聞。」韓侍郎云：「此論益、皋陶之功，横而不順者革之，直者成之也。」愚嘗攷《吕氏春秋》云：「得陶、化益、真窺、横革、之交五人，佐禹，故功績銘乎金石，著於盤盂。」陶，即皋陶也。化益，即伯益也。真窺，即直成也。「真」與「直」字相類。横革，即横革也。皆禹輔佐之名。之交，未詳。《世本》化益作井，宋衷云：「伯益。」

《王霸篇》「罣牢天下而制之」，《馬融傳》注作「皋牢，猶牢籠也」。

孟子三見齊王不言事，曰：「我先攻其邪心。」楊倞注云：「以正色攻去邪心，乃可與言也。」此莊子所謂「正容以悟之，使人之意也消」。

《荀子》曰：「千人萬人之情，一人之情是也。」《阿房宫賦》之語本此。

【三】横革直成　「成」，原脱，據四庫本、翁注本補。

《勸學篇》「青出之藍」，作「青取之於藍」；「聖心循焉」，作「備焉」；「玉在山而木潤」，作「草木潤」；「君子如嚮矣」，作「如響矣」。《賦篇》「請占之五泰」，作「五帝」。監本未必是，建本未必非，餘不勝紀。今監本乃唐與政台州所刊。熙寧舊本亦未爲善，當俟詳攷。五泰，注云：「五泰，五帝也。」監本改爲五帝，而删注文。

河間獻王之言，惟見於《説苑》，謂：「堯存心於天下，加志於窮民，痛萬姓之罹罪，憂衆生之不遂也。有一民飢，則曰：『此我飢之也。』有一人寒，則曰：『此我寒之也。』一民有罪，則曰：『此我陷之也。』仁昭而義立，德博而化廣，故不賞而民勸，不罰而民治。先恕而後教，是堯道也。」又曰：「禹稱民無食，則我不能使也。功成而不利於人，則我不能勸也。故疏河以導之，鑿江通於九派，灑五湖而定東海。民亦勞矣，然而不怨苦者，利歸於民也。」又曰：「湯稱學聖王之道，譬如日焉；静居獨思，譬如火焉。夫捨學聖王之道，若捨日之光。獨思，若火之明也，可以見小，未可用大知，惟學問可以廣明德慧也。」又曰：「《管子》稱：『倉廪實，知禮節；衣食足，知榮辱。』夫穀者，禮義所以行，而人心所以安也。《尚書》五福，以富爲始。子貢問爲政，孔子曰：『富之。』既富，乃教之，此治國之本也。」司馬公爲《獻王贊》，謂：「用其德，施其志，帝王之治復還，其必賢於文、景遠矣。」

《法言序》舊在卷後，司馬公《集注》始寘之篇首，《詩》、《書》之《序》亦然。

老泉《太玄論》曰：「疑而問，問而辯，問辯之道也。揚雄之《法言》，辯乎其不足問也，問乎其不足疑也，求聞於後世而不待其有得，君子無取焉。」東坡亦謂：「《太玄》、《法言》，瑣蟲而變其音節，謂之經可乎？」《法言》末篇稱「漢公」，斯言之玷，過於《美新》矣。司馬公雖曲爲之辯，然不能滌莽大夫之羞也。

「五兩之綸，半通之銅」，注云：「半通，闕。」今按仲長統《昌言》曰：「身無半通青綸之命。」注：《十三州志》曰：「有秩、嗇夫，得假半章印。」半通，半章也。

「美靈根」，「閉朋牖」，《太玄》之心學也。

《中説·前述》云：「隋文帝坐太極殿，召見，因奏太平之策十有二焉。」按《唐會要》「武德元年五月，改隋大興殿爲太極殿」。隋無此名。

「《詩》失於齊、魯」，當從龔氏本云：「《論》失於齊、魯。」謂《論語》也。上文已言「齊、韓、毛、鄭，《詩》之末也」，不當重出。

「封禪，秦、漢之侈心」，此河汾篤論也。房、魏學于河汾，而議封禪之禮，不以爲非，安在其爲守師説乎？「梁有許懋，而唐無人焉」，曾謂房、魏不如懋乎！

龔氏注《中説》，引古語云：「上士閉心，中士閉口，下士閉門。」愚按《楚辭·橘頌》云：「閉心自謹，終不過失兮。」王逸注：「閉心，捐欲也。」

《中説》於文取陸機，於史取陳壽，自魏、晉而下言之也。「記註興，而史道誣矣」，「註」，當作「注」。記注，謂漢、晉以後起居注之類。虛美隱惡，史無直筆，故曰「誣」。阮逸謂若裴松之注《三國志》，恐非。「張玄素問禮」，注云：「史傳未見。」玄素，蒲州人，《唐書》有傳。注以爲未見，非也。「戎狄之德，黎民懷之，三才其舍諸」，此叔恬之言也。元魏之君，唯稱孝文，然治家無法，佳兵不已，再傳而遂亂，安在其黎民懷之也？

「文中子遊馬頰之谷，遂至牛首之谿」，龔氏本云：「子遊黄頰之谷，遂至白牛之溪。」注云：「王績嘗題詩黄頰山壁。」愚按《負苓者傳》：「文中子講道於白牛之溪。」當從龔本。

仲長子光，《中説》稱之，王無功爲《傳》云：「著《獨遊頌》及《河渚先生傳》以自喻。文中子比之虞仲、夷逸。」又爲祭文云：「明道若昧，進道若退。鳥飛知還，龍亢靡悔。藏用以密，養正以蒙。不見其始，孰知其終？」

無功《答馮子華書》曰：「吾家三兄生於隋末，傷世擾亂，有道無位，作《汾亭》之操，蓋孔氏《龜山》之流也。吾嘗親受其調，頗謂曲盡。近得裴生琴，更習其操，洋洋乎覺聲品相得。」又曰：「吾往見薛收《白牛溪賦》，韻趣高奇，詞義曠遠，嵯峨蕭瑟，真不可言！壯哉邈乎，揚、班之儔也。高人姚義常謂吾曰：『薛生此文不可多得，登太行，俯滄溟，高深極矣！』」可附《中説》注。

李百藥曰：「分四聲八病。」按《詩苑類格》沈約曰：「詩病有八：平頭、上尾、蜂腰、鶴膝、大韻、小韻、旁紐、正紐。唯上尾、鶴膝最忌，餘病亦通。」

杜淹《文中子世家》「二子：長福郊，少福時」。龔氏本載《前述》，長子福獎。劉禹錫撰《王質碑》云：文中子生福祚，福祚生勉，勉生怡，怡生潛。質，潛之季子，爲諫議大夫、給事中，終宣歙觀察使，《唐書》有傳。福時之子，見於《文藝傳》者，勔、勮、勃、助、劼、勸。太原府君召三子而教焉，龔氏注云：「文中子三子：福獎、福祚、福時。」福獎，疑即福郊也。書此以補《世家》之闕。

王無功《遊北山賦序》云：「余周人也。本家于祁，永嘉之際，扈遷江左。地實儒素，人多高烈，穆公銜建元之耻，歸于洛陽。同州悲永安之事，退居河曲。始則晉陽之開國，終乃安康之受田。」其賦云：「白牛溪裏，岡巒四峙，信兹山之奥域，昔吾兄之所止。許由避地，張超成市。察俗删詩，依經正史。組帶青衿，鏘鏘儗儗。階庭禮樂，生徒杞梓。山似尼丘，泉疑泗涘。」又注云：「此溪之集，門人常以百數。河南董恒、南陽程元、中山賈瓊、河南薛收、太山姚義、太原温彦博、京兆杜淹等十餘人，稱爲俊穎。而姚義慷慨，同儕方之仲由；薛收以理達，方莊周。門人多至公輔，而文中之道未行。」然無功不及房、杜、魏，何哉？鄭毅夫論《中説》之妄，謂：「李德林卒於開皇十二年，通時年八九歲，未有門人，而有『德林請見，歸而有憂色，援琴鼓《蕩》之什，門人皆霑襟』；關子明太和中見魏孝文，如存于開皇間，亦一百二三十歲矣，而有『問禮於子明』。是二者，其妄不疑。」晁氏《讀書志》謂：「薛道衡仁壽二年出襄州，通仁壽四年始到長安，其書有『内史薛公見子於長安』。用此推之，則以房、杜爲門人，抑又可知也。」

《世説》，其言清以浮，有天下分裂之象；《中説》，其言閎以實，有天下將治之象。

張巨山《讀管子》曰：「讀《心術》、《白心》、《内業》諸篇，知其功業之所本，然後知世之知《管子》者殊淺也。書多古字，如『況』作『兄』，『釋』作『澤』，此類甚衆。召忽曰：『百歲之後，吾君下世，犯吾君命而廢吾所立，奪吾糾也，雖得天下，吾不生也，兄與我齊國之政也。』而注乃謂：『召忽謂管仲爲兄。』『澤命不渝』，而注乃以爲『澤恩之命』。甚陋不可徧舉。」愚謂《管子》乃尹知章注，今本云房玄齡，非也。

《地員篇》云：「管仲之正天下也，其施七尺，施者，大尺之名。瀆田悉徙，五種無不宜。其立后而手實。」謂立君以主之，手常握此地之實數。「手實」之名，始見於此。吕惠卿因以行手實之法。蘇文忠論管仲之無後，利不可與民争也。蓋有激云。

傅子謂：「《管子》書，過半是後之好事者所加，《輕重篇》尤鄙俗。」《古史》謂：「多申、韓之言，以智欺其民，以術傾鄰國，有不貲之寶，石璧菁茅之謀。使管仲信然，何以霸哉？」

管仲曰：「決獄折中，臣不如賓胥無，請立爲大理。」《吕氏春秋》云：「臣不若弦章。」按《説苑》，弦章在景公時，當以《管子》爲正。

黄帝六相，一曰蚩尤，《通鑑外紀》改爲風后。

《弟子職》，《漢志》附于《孝經》。朱子謂：「疑是作内政時，士之子常爲士，因作此以教之。」

晁景迂云：「王弼注《老子》，知『佳兵者不祥之器』至於『戰勝，以喪禮處之』非老子之言，不知『常善救人，故無棄人；常善救物，故無棄物』，獨得諸河上公，而古本無有也。傅奕能辯之【四】。」

《老子》曰：「治人事天，莫若嗇。夫唯嗇，是謂早復。早復謂之重積德。」司馬公謂：「不遠而復，不離於德，可以修身。」朱文公謂：「能嗇，則不遠而復。重積德者，先已有所積，復養以嗇，是又加積之也。」王弼注本作「早服」，而注云：「早服，常也。」亦當爲「復」。

方伯謩，文公高第也。其言曰：「老子之言，蓋有所激者，生於衰周，不得不然。世或黜之，以爲申、韓慘刻，原於《道德》，亦過矣。」又曰：「釋氏固夷也，至於立志堅決，吾亦有取焉。」似與師説背馳。

「生之徒十有三」，《韓非·解老》云：「四肢與九竅。」

首章以「有」、「無」字下斷句，自王介甫始。朱文公謂：「名可名，有名無名皆一義。常無欲，是説

【四】傅奕能辯之　「奕」，原作「弈」，據四庫本、翁注本改。

無欲。」

「惟無以天下爲者，可以有天下」，此即舜、禹有天下而不與之意。湯、武之征伐，非利天下也。無利天下之心，而與天下同其利，然後可以得天下。

「谷神」一章，養生者宗焉。《春秋繁露》謂：「養生之大者，在愛氣閑欲以平意。平意以静神，静神以養氣。古之道士有言曰：『將欲無陵，固守一德。』此言神無離形，則氣多内充。」董子亦有得於此。

文子者，老子弟子也。序曰：「亦曰計然，姓辛，名研，字文子。」其書稱平王問道，老子與孔子同時。又云范蠡師之，去平王之時遠矣。序謂周平王時人，非也。其言曰「玉在山而草木潤，珠生淵而岸不枯」，《荀子》取之。「譬若積薪燎，後者處上」，汲黯取之。「再實之木，其根必傷」，明德后取之。「用兵有五：有義兵，有應兵，有忿兵，有貪兵，有驕兵。義兵王，應兵勝，忿兵敗，貪兵死，驕兵滅」，魏相取之。「臨河欲魚，不如歸而織網」，董仲舒取之。「孔子無黔突，墨子無暖席」，班固、杜甫、韓愈取之。「心欲小，志欲大；智欲圓，行欲方」，孫思邈取之。「德均則衆者勝寡，力敵則智者制愚」，陸抗取之。「欲治之主不世出」，王吉取之。「寸而度之，至丈必差；銖而解之，至石必過。石稱丈量，徑而寡失」，枚乘取之。「山有猛獸，林木爲之不斬；園有螯蟲，葵藿爲之不採；國有賢臣，折衝千里」，鄭昌取之。「文之所加者深，則權之所服者大；德之所施者博，則威之所制者廣」，班固《刑法志》取之。「人之將疾，必先厭魚肉之味；國之將亡，必先惡忠臣之語」，《越絶》、《劉子》取之。「乳犬之噬虎，伏雞之搏貍」，何休注《公羊》取之。又曰：「士有一定之論，女有不易之行。」「同言而信，信在言前；同令而行，誠在令外。」「狡兔得而獵犬烹，高鳥盡而良弓藏。」皆見此書。其見於《列》、《莊》、《淮南子》者，不可縷數。

《文子》曰：「虚無因循，常後而不先，譬若積薪燎，後者處上。」汲長孺學黄、老言，故用《文子》之語。顔注云：「積薪之言出《曾子》。」當攷。

《戰國策》云：「不聞老萊子之教孔子事君乎？示之其齒之堅也，六十而盡相靡也。」《孔叢子》云：「老萊子謂子思曰：『子不見夫齒乎？雖堅剛，卒盡相摩；舌柔順，終以不弊。』」《漢·藝文志》：「老萊子與孔子同時。」當從《國策》。

壺丘子林，列子之師也。《吕氏春秋》云：「子産相鄭，往見壺丘子林，與其弟子坐，必以年。」然則與子産同時。

列子以「仕衛」爲「嫁於衛」，從一而終，之死靡它，是之謂正。

《列子》言西方之聖人，西極之化人，佛已聞於中國矣。

「狐父之盜」，《史記》正義：「《括地志》狐父亭在宋州碭山縣東南三十里。」

東坡欲去《莊子·盜跖》、《漁父》篇。而邵子《觀物外篇》謂：「《盜跖》言事之無可柰何者，雖聖人亦莫如之何；《漁父》言事之不可强者，雖聖人亦不可强。」

五峰云：「《莊子》之書，世人狹隘執泥者，取其大略，不爲無益。若篤行君子，句句而求，字字而論，則其中無真實妙義，不可推而行也。」愚謂此讀《莊子》之法。伊川一生不曾看《莊》、《列》。

《韓詩外傳》：「楚成王讀書於殿上，而輪扁在下，作而問曰：『不審主君所讀何書也？』」與《莊子》同而小異。《漢·古今人表》作「輪邊」。

《大宗師》曰：「道可傳而不可受。」屈子《遠遊》曰：「道可受兮不可傳。」敢問其所以異？曰：「莊子所謂傳，傳以心也。屈子所謂受，受以心也。目擊而存，不言而喻。耳受而口傳之，離道遠矣。」

朱文公謂《庚桑楚》一篇，皆是禪。

《天運篇》孔子見老聃歸，三日不談。弟子問曰：「夫子見老聃亦將何規哉？」孔子曰：「吾乃今於是乎見龍，龍合而成體，散而成章，乘乎雲氣，而養乎陰陽。予口張而不能嚕，予又何規老聃哉？」《太平御覽》引《莊子》曰。云云。孔子曰：「吾與汝處於魯之時，人用意如飛鴻者，吾走狗而逐之；用意如井魚者，吾爲鉤繳以投之。吾今見龍，云云。余口張不能噏，舌出不能縮，又何規哉？」與今本異。

初寮謂：「《莊子》之言風，其辭若與風俱鳴於衆竅。掩卷而坐，猶覺翏翏之逼耳。」《齊物論》「女以妄聽之奚」。張文潛銘商瑶曰：「造物則奚。」句法本此。

「飾小説以干縣令」，疏云：「縣，高也。謂求高名令聞。」有進士程文用此，犯聖祖名。

謂惠子曰：「儒、墨、楊、秉四，與夫子爲五。」《列子釋文》「公孫龍，字子秉」。秉，謂公孫龍也。

「魯雞固能矣」，注云：「大雞也，今蜀雞。」《爾雅》「雞大者蜀」。韓文公《守戒》曰：「魯雞之不期，蜀雞之不支。」是以蜀雞爲小也。未詳。

荆公曰：「古之善事親者，非事其親之謂也，事其心而已矣。」「事其心」，出《人間世》。

吕吉甫曰：「『聖人之所以駴天下，神人未嘗過而問焉』，蓋孔氏與老氏同生於衰周，莊子與孟子俱遊於梁惠，其書之言未嘗相及，以此而已。」

以恬養知者，主静而識益明；以知養恬者，致知而本益固。

向秀注《莊子》，而郭象竊之；郗紹作《晋中興書》，而何法盛竊之。二事相類。

「支離疏鼓筴播精」，《文選》注作「播糈」。

郭象注曰：「聖人之在天下，煖然若陽春之自和，故蒙澤者不謝；凄乎若秋霜之自降，故彫落者不怨。」李太白云：「草不謝榮於春風，木不怨落於秋天。」其語本此注。又曰：「世有假寐而夢經百年者，則無以明今之百年，非假寐之夢者也。」邯鄲枕、南柯守之説，皆原此意。《幽求子》曰：「當其夢時，覩山念木，或志在舟楫，因舟念水，因水念魚。」

東坡《夢齋銘》，意出於此。

《莊子》稱「墨翟、禽滑釐聞其風而悦之」，則滑釐，墨者也。《史記·儒林傳》謂：「田子方、段干木、吴起、禽滑釐之屬，皆受業於子夏之倫，爲王者師。」豈滑釐逃儒而入於墨，亦若吴起之言兵歟？《説苑》載「禽滑釐問墨子」。

「庖丁解牛」，行其所無事也。《管子》云：「屠牛坦朝解九牛而刀可以莫鐵，則刃游間也。」賈誼疏云：「解十二牛。」胡子《知言》云：「一目全牛萬隙開。」横渠詩語也。

王坦之著《廢莊論》，而其論多用《莊》語。胡文定《春秋綱領》有取於《莊子》之言，其可廢乎？

豫且事有二：《説苑》「吴王欲從民飲，伍子胥曰：『昔白龍下清泠之淵，化爲魚，豫且射中目。白龍不化，豫且不射。』」張平子《東京賦》所謂「白龍魚服，見困豫且」者也。《史記·龜策傳》褚先生曰：「宋元王二年，江使神龜使於河，至於泉陽，漁者豫且舉網得而囚之，置之籠中。夜半，龜來見夢於宋元王。」《莊子》所謂「神龜能見夢於元君，而不能避余且之網」者也。

郭象注云：「喜懼戰於胸中，固已結冰炭於五藏矣。」韓文公《聽潁師琴詩》「無以冰炭置我腸」，本於此。

《齊物論》非欲齊物也，蓋謂物論之難齊也。是非毁譽，一付於物，而我無與焉，則物論齊矣。邵子詩謂「齊物到頭争」，恐誤。張文潛曰：「莊周患夫彼是之無窮，而物論之不齊也，而託之於天籟。其言曰：『吹萬不同，而使其自已也。』此言自以爲至矣，而周固自未離夫萬之一也。曷足以爲是非之定哉？雖然，如周者，亦略税駕矣。」

莊子逸篇

陸德明《序録》曰：「莊生宏才命世，辭趣華深，正言若反，故莫能暢其私致。後人增足，漸失其真。故郭子玄云：『一曲之才，妄竄奇説，若《閼奕》、《意脩》之首【五】，《危言》、《游鳬》、《子胥》之篇，凡諸巧雜，十分有三。』《漢書·藝文志》『《莊子》五十二篇』，即司馬彪、孟氏所注是也。言多詭誕，或似《山海經》，或類占夢書，故注者以意去取。其《内篇》衆家並同，自餘或有《外》而無《雜》，唯子玄所注，特會莊生之旨。」北齊杜弼注《莊子·惠施篇》，今無此篇，亦逸篇也。

閼奕之隷，與殷翼之孫、遏氏之子，三士相與謀，致人於造物，共之元天之上。元天者，其高四見列星。司馬彪曰：「元天，山名。」

游鳬問雄黄曰：「今逐疫出魅，擊鼓呼噪，何也？」雄黄曰：「黔首多疾，黄帝氏立巫咸，使黔首沐浴齊戒以通九竅，鳴鼓振鐸以動其心，勞形趨步以發陰陽之氣，飲酒茹葱以通五藏。夫擊鼓呼噪，逐疫出魅鬼，黔首不知，以爲魅祟也。」

【五】若閼奕意脩之首　「首」，原作「旨」，據四庫本、翁注本改。

插桃枝於户，連灰其下，童子入不畏，而鬼畏之。是鬼智不如童子也。

童子夜嘯，鬼數若齒。

小巫見大巫，拔茅而弃，此其所以終身弗如。

尹儒學御三年而無所得，夜夢受秋駕。明日往朝師，師曰：「今將教子以秋駕。」司馬彪曰：「秋駕，法駕也。」

空閲一作門。來風，桐乳致巢，此以其能苦其性者。司馬彪曰：「門户孔空，風善從之。桐子似乳，著其葉而生。其葉似箕，鳥喜巢其中也。」

紼謳所生，必於斥苦。司馬彪曰：「斥，疏緩也。苦，用力也。引紼所以有謳歌者，爲人用力不齊，故促急之也。」

庚市子肩之毀王也。

孔子病，子貢出卜。孔子曰：「汝待也。吾坐席不敢先，居處若齊，食飲若祭，吾卜之久矣。」

老子見孔子從弟子五人，問曰：「前爲誰？」對曰：「子路，勇且多力。其次，子貢爲智，曾子爲孝，顔回爲仁，子張爲武。」老子歎曰：「吾聞南方有鳥，名爲鳳。鳳之所居也，積石千里，河水出下，鳳鳥居止【六】。天爲生食，其樹名瓊枝，高百仞，以璆琳琅玕爲實。天又爲生離珠，一人三頭，遞起以伺琅玕【七】。鳳鳥之文，戴聖嬰仁，右智左賢。」

【六】鳳鳥居止　「止」，四庫本、翁注本作「上」。

【七】遞起以伺琅玕　「伺」，四庫本、翁注本作「飼」。

善卷，堯聞其得道之士，乃北面而師事之。蒲衣八歲，而舜師之。

廉者不食不義之食，不嗽不義之水。

仲尼讀《春秋》，老聃踞竈觚而聽。觚，竈額也。

羊溝之雞，三歲爲株。相者視之，則非良雞也。然而數以勝人者，以狸膏塗其頭。羊溝，鬭雞處。株，魁帥也。雞畏狸也。

惠子始與莊子相見，而問乎莊子曰：「今日自以爲見鳳凰而徒遭燕雀耳。」坐者俱笑。

豫樟初生，可抓而絶。

鵲上高城之垝，而巢於高榆之顛。城壞巢折，淩風而起。故君子之居世者，得時則義行，失時則鵲起。

金鐵蒙以大緤，載六驥之上，則致千里。

孔子舍於沙丘，見主人，曰：「辯士也。」子路曰：「夫子何以識之？」曰：「其口窮踦，其鼻空大，其服博，其睫流，其舉足也高，其踐地也深，鹿與而牛舍。」

青鷄愛子忘親。司馬彪曰：「鷄鳥專愛其子，而忘其母也。」

聲氏之牛，夜亡而遇夔，止而問焉：「我有四足，動而不善。子一足而超踊，何以然？」夔曰：「以吾一足王於子矣。」

市上之人，有善戴尊者，累十尊而行。人有與之更者，行道未半，而以其尊顛。酒尊也。

亡羊而得牛，斷指而得頭。

羌人死，燔而揚其灰。

子張見魯哀公不禮士也，託僕夫而去，曰：「臣聞君好士，故不遠千里而見。君之禮士也，有似葉公子高之好龍：室彫文盡寫以龍，於是天龍下之，窺頭於牖，拖尾於堂。葉公見之，弃而還走，失其魂魄，五色無主。是葉公非不好龍也，好夫似龍而非龍也。今君非不好士也，好夫似士而非士者也。」

流脈並作，則爲驚怖；陽氣獨上，則爲癲病。

以十鈞射者，見天而不見雲；以七鈞射者，見鵠而不見鵠；以五鈞射者，見鵠而不見雀。

函牛之鼎沸，蟻不得措一足焉。喻聖主之法明，奸至不敢蹈之。

趙簡子出田，鄭龍爲右。有一野人，簡子曰：「龍下射彼，使無驚吾馬。」三命鄭龍，鄭龍不對，簡子怒。鄭龍曰：「昔吾先君伐衛克曹【八】，退爲踐土之盟，不戮一人。吾今一朝田【九】，而曰：『必爲我殺人！』是虎狼殺人，故將救之。」簡子愀焉曰：「不愛其身以活人者，可無從乎？」還車輟田，曰：「人之田也得獸，今吾田也得士。」

梁君出獵，見白雁群集。梁君下車，彀弩一作弓。欲射之。道有行者不止，白雁群駭。

【八】昔吾先君伐衛克曹　「克」，原作「免」，據四庫本、翁注本改。

【九】吾今一朝田　「吾」，當作「君」。

梁君怒，欲射行者。其御公孫龍下車撫其心，梁君忿然作色而怒曰：「龍不與其君，而顧與他人，何也？」公孫龍對曰：「昔者齊景公之時，齊，一作「宋」。天旱三年，卜之，曰：『必以人祠乃雨。』景公下堂頓首曰：『吾所以求雨者，爲民也。今必使吾以人祠乃且雨，寡人將自當之。』言未卒而天大雨。方千里者何，爲有德於天而惠施於民也。今主君以白雁之故，而欲射殺人，無異於虎狼。」梁君援其手與上車，歸入郭門，呼萬歲曰：「樂哉！今日獵也。人獵皆得禽獸，吾獵獨得善言而歸。」

人而不學，命之曰「視皮」；一作肉。學而不行，命之曰「輒囊」。輒，繫者也。一作撮。

秋禽之肥，易牙和之，非不美也，彭祖以爲傷壽，故不食之。

祝牧謂其妻曰：「天下有道，我戴子佩；天下無道，我負子戴。」

易姓而王，封於泰山，禪於梁父者，七十有二代。其有形兆垠堮勒石，凡千八百餘處。

槐之生也，入季春五日而兔目，十日而鼠耳，更旬而始規，二旬而葉成。鷃爲鶉，鶉爲布穀，布穀爲鷃，此物變也。

盧敖見若士，深目鳶肩。

禮若亢鋸之柄。亢，舉也。禮有所斷割，猶舉鋸之柄以斷物也。

叔文相莒三年歸，其母自績，謂母曰：「文相莒三年，有馬千駟，今母猶績，文之所得事，皆將弃之已。」母曰：「吾聞君子不學《詩》、《書》、射御，必有博塞之心；小人不好田作，必有竊盜之心；婦人不好紡績織紝，必有淫泆之行。好學爲福也，猶飛鳥之有羽翼也。」

漢《七略》所録，若《齊論》之《問王》、《知道》、《孟子》之外書四篇，今皆亡傳。《莊子》逸篇十有九，《淮南鴻烈》多襲其語，唐世司馬彪注猶存，《後漢書》、《文選》、《世説》注、《藝文類聚》、《太平御覽》間見之。斷圭碎璧，亦足爲篋櫝之珍，博識君子或有取焉。

《太平御覽》引蘇子曰：「蘭以芳自燒，膏以明自焫，翠以羽殃身，蚌以珠致破。」蘇秦能爲此言，而不能保其身。《漢書》楚老父之言，本於此。《文子》引《老子》曰：「鳴鐸以聲自毁，膏燭以明自煎。」

《尸子》曰：「孝己事親，一夜而五起，視衣厚薄，枕之高下也。」又曰：「蒲衣生八年，舜讓以天下；周王太子晋生八年，而服師曠。」《漢書》稱孝己，《莊子》稱蒲衣子，其事見此。太子晋事，見《周書》。

鄒陽曰：「里名勝母，曾子不入。」《尸子》謂：「孔子至於勝母，暮矣而不宿；過於盜泉，渴矣而不飲，惡其名也。」

《尸子》曰：「舜兼愛百姓，務利天下。其田也，荷彼耒耜，耕彼南畝，與四海俱有其利。雷澤也，旱則爲耕者鑿瀆，儉則爲獵者表虎【一〇】，故有光若日月，天下歸之若父母。」《文心雕龍》「舜之祠田云：荷此長耜，耕彼南畝，四海俱有」。謂之祠田，豈它有所

【一〇】儉則爲獵者表虎 「儉」，四庫本、翁注本作「狩」。

據乎？

「程子」，見《家語》。「子華子」，見《莊子》。近有《子華子》之書，謂程本字子華，即孔子傾蓋而語者。《後序》謂鬼谷子之師。水心銘鞏仲至，所謂《程子》即此書也。朱文公謂詞艱而理淺，近世巧於模擬者所爲，決非先秦古書。

《韓子·内儲説》謂叔向讒萇弘。按《左傳》哀三年，周人殺萇弘。叔向之没久矣。《韓子》曰：「殷之法，刑弃灰於街者。子貢以爲重，問之仲尼。仲尼曰：『知治之道也。』」以商鞅之法爲殷法，又託于仲尼，法家侮聖言至此。

《五蠹》曰：「周去秦爲從，期年而舉；衛離魏爲衡，半歲而亡。是周滅於從，衛亡於衡也。」按《史記》，赧王倍秦，與諸侯約從。衛爲衡之事，未詳。

《説疑》曰：「有扈氏有失度，讙兜氏有孤男，三苗有成駒，桀有侯侈，紂有崇侯虎，晋有優施。此六人者，亡國之臣也。」崇侯、優施事甚著。《古今人表》桀時有雅侈，餘皆闕。《吕氏春秋》云：「夏桀染於羊辛、岐踵戎，殷紂染於崇侯、惡來，周厲王染於虢公長父、榮夷終，幽王染於虢公鼓、祭公敦。此四王者，所染不當。」《古今人表》桀時有干辛。榮夷終，即榮夷公。虢公鼓，即虢石父。《墨子》云：「夏桀染於干辛、推哆。」

《韓子》曰：「商君教秦孝公燔《詩》、《書》而明法令。」愚按：《史記·商君傳》不言燔《詩》、《書》，蓋《詩》、《書》之道廢，與李斯之焚之無異也。

又云：「吴起教楚悼王損不急之枝官。」注謂：「非要急，若樹之枝也。養樹者必披落其枝，爲政者亦損其閑冗。」宋景文詩：「何言漢樸學，正似楚枝官。」「枝官」二字，前未有用者。

又云：「儒服帶劍者衆，而耕戰之士寡。堅白無厚之詞章，而憲令之法息。」愚謂：「堅白」，公孫龍之言也。「無厚」，鄧析之言也。

「漁者持鱣，婦人拾蠶，利之所在，皆爲賁、諸。」吕太史《西漢手筆》曰：「利之所激，深宫之女皆儀、秦也。」文法本此。

「叔瞻、宫之奇，亦虞、鄭之扁鵲也。」後魏崔浩謂：「王猛之經國，苻堅之管仲也；慕容恪之輔少主，慕容暐之霍光也；劉裕之平逆亂，司馬德宗之曹操也。」筆墨畦逕，皆有自來。

「必恃自直之箭，百世無矢；恃自圜之木，千世無輪。」劉夢得用此語。「恃」字作「俟」。

「鉅、孱之費金，璧，西門豹之納璽。」戰國之時，官邪賂章，毁譽決於左右之口，於此可見，若阿、即墨之斷者，幾何人哉！趙之郭開，齊之后勝，皆受秦間金。魏信陵之以毁廢，亦以萬金爲間。三國遂墟矣。

「人主以二目視一國，一國以萬目視人主。」此名言也。鄭長者之書，見《漢·藝文志》。

「吏者，民之本綱也。聖人治吏不治民。」斯言不可以韓非廢。

《韓子》謂：「趙襄子賞有功者五人，高赫爲賞首。仲尼聞之曰：『善賞哉，襄子！賞一人而天下爲人臣者莫敢失禮。』」事在孔子後，孔鮒已辨其妄，然傳記若此者衆。《説苑》：「周威公問於甯子曰：『取士有道乎？』甯子曰：『楚平王有士曰楚傒胥、丘負客，出亡之晉，晉人用之，是爲城濮之戰。』」城濮在楚成王時，以爲平王，謬矣。甯子，甯越。又曰：「晉平公好樂，多賦斂，治城郭。有咎犯者，見門大夫以樂見，平公内之，對曰：『臣不能爲樂，臣善隱。』」又曰：「石乞侍坐於屈建，屈建曰：『白公其爲亂乎？』」又曰：「介子推行年十五而相荆，仲尼聞之，使人往視。」又曰：「晉靈公造九層臺，荀息聞之，上書求見，曰：『臣能累十二博棋，加九雞子其上。』」按犯、建、子推、息四人事蹟，皆在前。劉子政博極群書，何述紀之誤也？《新序》楚共王逐申侯，晉文公遇欒武子，葉公諸梁問樂王鮒，皆不同時。

《韓子》云：「趙襄子召延陵生，令將軍車騎先至晉陽。」《戰國策》云「延陵王」，誤也。鮑氏改「王」爲「君」，亦未之攷。

《韓子》云：「吴起欲攻秦小亭，置一石赤黍東門外，令人能徙此於西門外者，賜之上田宅。人争徙之，乃下令曰：『明日攻秦，能先登者，仕之大夫，賜之上田宅。』於是攻之，一朝而拔。」《吕氏春秋》云：「吴起治西河，欲諭其信於民，夜日置表於南門之外，令於邑中曰：『明日有人能債南門之外表者，仕長大夫。』明日日晏矣，莫有債表者。民相謂曰：『此必不信。』有一人曰：『試往債表，不得賞則已，何傷？』往債表，來謁吴起。起自見而出，仕之長大夫。自是之後，民信吴起之賞罰。」愚按：商鞅入秦，在吴起死後二十一年，徙木予金，其祖吴起之遺智歟？

《説文》「古者宿沙初作煮海鹽」。魯連子曰：「古善漁者宿沙瞿子，使漁于山，則雖十宿沙子，不得一魚焉。」又曰：「宿沙瞿子善煮鹽，使煮瀆沙，雖十宿沙不能得也。」

《鶡冠子·博選篇》用《戰國策》郭隗之言，《王鈇篇》用《齊語》管子之言，不但用賈生《服賦》而已。柳子之辯，其知言哉！

《戰國策》鄭璞之説，亦見《尹文子》。

諺云：「不聰不明，不能爲王；不瞽不聾，不能爲公。」見《慎子》。

《吴子》曰：「承桑氏之君，脩德廢武以滅其國。」柳子《佩韋賦》：「桑弘和而却武兮，涣宗覆而國舉。」桑，謂承桑氏也。一本改「桑」字爲「乘」，誤。

程子曰：「韓信多多益辦，是分數明。」按《孫子》：「治衆如治寡，分數是也。」杜牧注謂「韓信多多益辦」。

漢景帝後二年詔曰：「雕文刻鏤，傷農事者也；錦繡纂組，害女紅者也。農事傷，則飢之本也；女紅害，則寒之原也。夫飢寒並至，而能亡爲非者，寡矣。」本李克對魏文侯之言。見《說苑》。《藝文志》「儒家」，《李克》七篇。

《韓子》謂：「鐘鼎之銘，皆番吾之跡，華山之博也。」蔡邕謂「唯郭有道無愧」，昌黎猶不免諛。白樂天《立碑詩》曰：「豈獨賢者嗤，仍傳後代疑。」

《鬼谷子·午合篇》：「伊尹五就桀，五就湯，然後合於湯。吕尚三入殷朝，三就文王，然後合於文王。」《孫子·用閒篇》當參孜。伊、吕聖人之耦，豈詭遇求獲者。此戰國辯士之誣聖賢也。伊尹三聘而起，太公辟紂海濱，當取信於《孟子》。

尹知章序《鬼谷子》曰：「蘇秦、張儀往事之，受捭闔之術十有二章，復受《轉丸》、《胠篋》三章。然秦、儀用之，裁得温言、酒食、貨財之賜。秦也，儀也，知道未足行，復往見，具言【一二】：『所受於師，行之，少有口吻之驗耳。未有傾河填海移山之力，豈可更聞至要，使弟子深見其閫奥乎？』先生曰：『爲子陳言至道。』齊戒擇日而往見，先生乃正席而坐，嚴顔而言，告二子以全身之道。」《文心雕龍》云：「《轉丸》騁其巧辭，《飛鉗》伏其精術。」程子曰：「秦、儀學於鬼谷，其術先揣摩，然後捭闔。捭闔既動，然後用鉤鉗。」

蒯通善爲長短説，主父偃學長短從横術，邊通學短長。《史記索隱》云：「《戰國策》亦名《長短書》。」

鬻熊爲周文王師，著書二十二篇，諸子之最先者，今存十四篇。《列子·天瑞篇》引「運轉無已，天地密移」，《力命篇》引「語文王曰：『自長非所增，自短非所損。』」《賈誼

【一二】具言　「具」，原作「其」，據四庫本、翁注本改。

書》引文王、武王、成王問，皆今書所無。

《吕氏春秋》曰：「老聃貴柔，孔子貴仁，墨翟貴廉，關尹貴清，子列子貴虛，陳駢貴齊，陽朱貴己，孫臏貴勢，王廖貴先，兒良貴後。」《荀子》曰：「慎子有見於後，無見於先；老子有見於詘，無見於信；墨子有見於齊，無見於畸；宋子有見於少，無見於多。」墨子有見於齊，兼愛也。陽朱貴己，爲我也。《吕氏》以孔子列於老氏之後，秦無儒故也。

迂齋云：「《梓人傳》規模，從《吕氏春秋》來。」愚按《吕氏・分職篇》云：「使衆能與衆賢功名大立於世，不予佐之者，而予其主，其主使之也。譬之若爲宫室，必任巧匠。奚故？曰：『匠不巧，則宫室不善。』夫國，重物也，其不善也，豈特宫室哉？巧匠爲宫室，爲圓必以規，爲方必以矩，爲平直必以准繩。功已就，不知規矩繩墨而賞匠巧也。巧匠之宫室已成，不知巧匠，而皆曰：『善。此某君某王之宫室也。』」柳子立意本於此。

劉向《論起昌陵疏》「自古及今，未有不亡之國也」，本於《吕氏春秋》。

《説苑》「晋太史屠餘見晋平公之驕，以其國法歸周。周威公見而問焉，曰：『天下之國孰先亡？』對曰：『晋先亡。』居三年，晋果亡。」愚謂：平公後三年，晋未亡也。是時兩周未分，亦無周威公。《吕氏春秋》「晋太史屠黍見晋公之驕」，高誘注以爲晋出公，當從《吕覽》。然晋政在大夫久矣，非以驕亡也，屠黍不可謂知幾。

《孔叢子》「公孫龍臧三耳」，《吕氏春秋》作「藏三牙」。賈誼疏「壹動而五業附」，《新書》云「五美附」。見《五美篇》。「業」字當作「美」。

《六韜》曰：「冠雖弊，禮加之於首；履雖新，法踐之於地。」賈誼之言本此。《韓非子》亦云：「冠雖穿弊，必戴於頭；履雖五采，必踐之於地。」黄帝曰：「日中必熭，操刀必割。」顔注：「此語見《六韜》。」「主上之操也」，語出《尉繚子》。

《淮南・詮言訓》曰：「禹決江河，因水也；后稷播種樹穀，因地也；湯、武平暴亂，因時也。故天下可得而不可取也，霸王可受而不可求也。」張夫人諫苻堅之言，本於此。

《賈誼書》云：「德渥澤洽，調和大暢，則天清澈，地富煴，物時熟。」吴斗南謂《漢郊祀歌》「后土富媪，昭明三光」，「媪」當作「煴」。

《鹽鐵論》文學曰：「臧文仲治魯，勝盜而自矜。子貢曰：『民將欺，而況民盜乎？』」文仲、子貢不同時，斯言誤矣。

仲長子《昌言》曰：「北方寒，其人壽；南方暑，其人夭。此寒暑之方，驗於人也。約之蠶也，寒而餓之，則引日多；溫而飽之，則引日少【一二】。此寒溫飢飽之爲脩短，驗於物者也。」論養生者，盍於此觀之。韓子蒼《醫説》用此意。《物理論》曰：「道家則尚冷，以草木用冷生。醫家則尚温，以血脉以煗通。」

【一二】則引日少　「引」，原作「用」，據四庫本、翁注本改。

《淮南子》曰：「春貸秋賦，民皆欣；春賦秋貸，衆皆怨。得失同，喜怒爲别，其時異也。爲魚德者，非挈而入淵；爲蝯賜者，非負而緣木，縱之其所而已。」亦見《文子》。此柳子《種樹傳》之意。

《文子》「聾蟲雖愚，不害其所愛」，注云：「鼈聾無耳。」《淮南子》曰：「狂馬不觸木【一三】，猘狗不自投於河，雖聾蟲而不自陷，又況人乎？」又曰：「馬，聾蟲也。」注云：「喻無知。」孝皇問王季海曰：「聾字何以從龍從耳？」對曰：「《山海經》：龍聽以角，不以耳。」《山海經》檢此語，未見。

《傅子》曰：「人之學者，猶渴而飲河海也，大飲則大盈，小飲則小盈。」伊川謂：「如群飲於河，各充其量。」

《抱朴子·論仙篇》「按董仲舒所撰《李少君家録》」，仲舒，儒者，豈肯爲方士家録？蓋依託也。

「又按《漢禁中起居注》」，即《西京雜記》所謂「葛洪家有《漢武帝禁中起居注》一卷、《漢武故事》二卷」。《通典》云：「漢武帝有《禁中起居注》，馬后撰《明帝起居注》，則漢《起居》似在宫中爲女史之任。」荀悦《申鑒》曰：「先帝故事，有《起居注》，動静之節必書焉。」

《祛惑篇》有古强者云：「孔子常勸我讀《易》，云：『此良書也，丘竊好之，韋編三

【一三】狂馬不觸木　「狂」，原作「任」，據四庫本、翁注本改。

絶，鐵擿三折。』今乃大悟。」《史記·世家》「韋編三絶」、「鐵擿」，見於此。擿，一作「撾」。此方士寓言也。

魏李蕭遠《運命論》「張良受黄石之符，誦《三略》之説」，言「三略」者，始見于此。漢光武詔引《黄石公記》，未有「三略」之名。《含神霧》云：「風后爲黄帝師，又爲禹師，化爲老子，授張良書。」今有《素書》六篇，謂黄石公圯上授子房，世人多以《三略》爲是。荆公詩云：「素書一卷天與之。」

《太平御覽》引《鄒子》曰：「朱買臣孜孜脩學，不知雨之流粟。」此《鄒子》之書，非戰國之鄒子也。

《慎子》曰：「禮從俗，政從上，使從君。國有貴賤之禮，無賢不肖之禮。」見《初學記》。《曲禮》曰：「禮從宜，使從俗。」言事不可常也，謂「禮從俗」，則非。

《尸子》曰：「鄭簡公謂子産曰：『飲酒之不樂，鐘鼓之不鳴，寡人之任也。國家之不乂，朝廷之不治，與諸侯交之不得志，子之任也。子無入寡人之樂，寡人無入子之朝。』自是已來，子産治鄭，城門不閉，國無盜賊，道無餓人。孔子曰：『若鄭簡公之好樂，雖抱鐘而朝可也。』」愚謂：爲邦必放鄭聲，此孔子之言也。豈有抱鐘而朝之言哉！程子謂「未有心蠹而能用管仲」者，於鄭簡公亦云。

《論衡》，蓋蔡中郎所祕玩。而劉氏《史通》譏之曰：「充《自紀》述其父祖不肖，爲州閭所鄙，而答以瞽頑舜神，鯀惡禹聖。盛矜於己而厚辱其先，何異證父攘羊，學子名母，名教之罪人也！」葛文康公亦曰：「充刺孟子，猶之可也，至詆訾孔子，以繫而不食之言爲鄙，以從佛肸、公山之召爲濁；又非其脱驂舊館，而惜車於鯉；又謂道不行於中國，豈能行於九夷？若充者，豈足以語聖人之趣哉！」即二説觀之，此書非小疵也。吕南公謂「充飾小辯以驚俗，蔡邕欲獨傳之，何其謬哉！」

《家語》問舜冠，謂魯哀公問孔子，《尚書大傳》以爲成王問周公。子思子曰：「東户季子之時，道上鴈行而不拾遺，餘糧宿諸畮首。」餘糧棲畮，本於此【一四】。

劉邵《人物志》曰：「《易》以『感』爲德，以『謙』爲道。《老子》以『無』爲德，以『虚』爲道。」愚謂：「咸」言「虚」而不言「無」，與《老氏》異。

宋咸注《法言》云：「天地不常泰，亦不常否。聖人不常出，亦不常絶。」或問賢，曰：「顔淵、黔婁、四皓、韋玄成。」王介甫曰：「出乎顔淵，則聖人矣。出乎韋玄成，則衆人矣。」

「奔車之上無仲尼，覆舟之下無伯夷。」此《韓非》語也，余襄公《謹箴》用之。

杜牧注《孫子序》云：「孫武著書數十萬言，魏武削其繁剩，筆其精切，凡十三篇，因注解之。」攷之《史記》本傳，闔廬曰：「子之十三篇，吾盡觀之矣。」非筆削爲十三篇也。

【一四】餘糧棲畮本於此　此小注，翁注本作正文。

《莊子》楚狂之歌，所謂「迷陽」，人皆不曉，胡明仲云：「荆楚有草，叢生脩條，四時發穎，春夏之交，花亦繁麗。條之腴者，大如巨擘，剥而食之，其味甘美，野人呼爲迷陽。其膚多刺，故曰：『無傷吾行，無傷吾足。』」

卷十一

攷史

《戰國策》張儀説秦王曰：「世有三亡，而天下得之。」姚氏云：「《韓非子》第一篇《初見秦》文與此同。」鮑氏失於攷證。吕成公《麗澤集》文，取此篇。

「鄒忌不如徐公美」，《新序》云：「齊有田巴先生，行脩於外。王聞其賢，聘之，將問政焉。田巴改製新衣，拂飭冠帶，顧謂其妾，妾曰：『佼。』將出門，問其從者，從者曰：『佼。』過於淄水，自照視，醜惡甚焉。遂見齊王，齊王問政，對曰：『今者大王召臣，臣問妾，妾愛臣，諛臣曰「佼」；問從者，從者畏臣，諛臣曰「佼」。臣至臨淄水而觀，然後知醜惡也。今王察之，齊國治矣。』」與鄒忌之言略同。洪景盧謂：《孟子》所書齊景公問晏子，與《管子·内言·戒篇》相似，蓋傳記若是者多矣。

「齊負郭之民有狐咺者正議，閔王斮之檀衢。」按《吕氏春秋·貴直論》狐援説齊湣王曰：「殷之鼎陳於周之廷，其社蓋於周之屏，其干戚之音在人之遊。亡國之音不得至於廟，亡國之社不得見於天；亡國之器陳於廷，所以爲戒。王必勉之。其無使齊之大吕陳之廷，無使太公之社蓋之屏，無使齊音充人之遊。」齊王不受。狐援出而哭國五日，其辭曰：「先出也，衣絺紵；後出也，滿囹圄。吾今見民之洋洋然東走，而不知所處。」齊王問吏曰：「哭國之法若何？」吏曰：「斮。」王曰：「行法。」狐援乃言曰：「有人自南方來，鮒入而鯢居，使人之朝爲草而國爲墟。殷有比干，吴有子胥，齊有狐援。已不用若言，又斮之東閭。每斮者以吾參夫二子者乎！」《漢・古今人表》作「狐爰」，注：「即狐咺也。」愚謂殺諍臣者必亡，狐援其洩冶之類乎！

齊威王封即墨大夫，燕取齊七十餘城，唯莒、即墨不下。田單以即墨破燕。齊王建將入秦，即墨大夫入見，畫臨晋、武關之策，建不聽而亡。吁，何即墨之多君子也！建能聽即墨大夫之謀，則齊可以勝秦矣。國未嘗無士也。

《太平御覽》引《戰國策》曰：「吴子問孫武曰：『敵人保山據險，擅利而處，粮食又足，挑之則不出，乘間則侵掠，爲之柰何？』武曰：『分兵守要，謹備勿懈。潛探其情，密候其怠。以利誘之，禁其牧採。久無所得，自然變改。待離其故，奪其所愛。』」今本無之。

「樂間入趙，燕王以書謝焉。」《新序》以爲惠王遺樂毅書。

《新序》樂毅書：「君子絶交無惡言，去臣無惡聲。」

戰國有兩公孫弘，一在齊，爲孟嘗君見秦昭王；一在中山，言司馬憙招大國之威求相。與漢平津侯爲三。《韓子》云：「公孫弘斷髮而爲越王騎。」是又一人也。

《禹貢》正義：鄭康成云：「《戰國策》：碣石在九門。」姚宏云：「《戰國策》遺逸，如司馬貞引『馬犯謂周君』、徐廣引『韓兵入西周』、李善引『吕不韋言周三十七王』、歐陽詢引『蘇秦謂元戎以鐵爲矢』、《史記》正義引『九門本有宮室而居』，今本所無。」

晏元獻論秦穆公以由余爲賢，用其謀伐戎：「夫臣節有死無貳，戎使由余觀秦，終竭謀慮，滅其舊疆，豈鍾儀操南音，樂毅不謀燕國之意哉？秦穆之致由余而闢戎土也，失君君臣臣之訓矣。」元獻之論，有補世教，故録之。

唐太宗問褚遂良曰：「舜造漆器，禹彫其俎。」其事見《韓子》。由余對秦穆公曰：「舜作食器，流漆墨其上，國之不服者十三。禹作祭器，墨染其外，朱畫其內，國之不服者三十三。」

薛士龍曰：「齊威之霸，不在阿、即墨之斷，而在毁譽者之刑。」今按：毁譽者，乃佞臣周破胡。見《列女傳》。

《大事記》「魏以田文爲相」，《解題》曰：「田文與孟嘗君姓名適同而在前，《吕氏春秋·審分覽》作商文，所載『吴起問答』，與《史記》略同。」西山《讀書乙記》謂：「田文，游俠之宗主，以主少國疑自任，未知其可也。」誤以爲孟嘗君。

王逸云：「屈原爲三閭大夫。三閭之職，掌王族三姓，曰昭、屈、景。屈原序其譜屬，率其賢良，以厲國士。」漢興，徙楚昭、屈、景於長陵，以强幹弱支，則三姓至漢初猶盛也。《莊子》曰：「昭、景也，著戴也；甲氏也，著封也。非一也。」説云：「昭、景、甲三者，皆楚同宗也。」甲氏，其即屈氏歟？　秦欲與楚懷王會武關，昭睢、屈平皆諫王無行。襄王自齊歸，齊求東地五百里，昭常請守之，景鯉請西索救於秦，東地復全。三閭之賢者，忠于宗國，所以長久。

《陳軫傳》「卞莊子刺虎」，《戰國策》作「管莊子」，《索隱》引《戰國策》作「館莊子」，「館，謂逆旅舍。其人字莊子。」

晉、楚之争霸在鄭，秦之争天下在韓、魏。林少穎謂六國卒并於秦，出於范睢遠交近攻之策，取韓、魏以執天下之樞也。其遠交也，二十年不加兵於楚，四十年不加兵於齊；其近攻也，今年伐韓，明年伐魏，更出迭入無寧歲。韓、魏折而入於秦，四國所以相繼而亡也。秦取六國，謂之蠶食，蓋蠶之食葉，自近及遠。《古史》云：「范睢自爲身謀，未見有益於秦。」愚謂：此策不爲無益，然韓不用韓玘，魏不廢信陵，則國不亡。

周赧王卒于乙巳，明年丙午，秦遷西周公，而東周君猶存也。壬子，秦遷東周君，而周遂不祀。作史者，當自丙午至壬子，繫周統于七國之上，乃得《春秋》存陳之義。《大事記》周赧後即繫秦，朱子以爲未當。《綱目》以七國如楚、漢並書之。

七國，齊、魏、趙、韓皆大夫簒，楚爲黄，秦爲吕，唯燕爲舊國，召公之澤遠矣。惠王不用樂毅，太子丹乃用荆軻，其能國乎？

老泉謂：「秦之憂在六國，蜀最僻，最小，最先取；楚最彊，最後取，非其憂在蜀也。」愚謂：取蜀則楚在掌中矣，白起所以再戰而燒夷陵也。

魯仲連書「富比乎陶、衛」，延篤注《戰國策》云：「陶朱、公子荆。」王邵云：「魏冉封陶，商君封衛。」今按：商君封於商，非封衛也。

李文叔《書戰國策》曰：「爲是説者非難，而載是説者爲不易得。使秦、漢而後，復有爲是説者，必無能載之者矣。」愚觀董晉之答回紇語，李懷光、譚忠之説劉總，詞氣雄健，有先秦風，韓、杜二公之筆力，足以發之也。《董晉行狀》、《燕將録》。

秦昭王五十一年滅周，是歲漢高祖生於豐沛。天道之倚伏，可畏哉！《史記》昭王五十一年，赧王卒。皇甫謐曰：「高祖生。」

秦莊襄王元年，滅東周。三年，始皇立，而柏翳之秦亦滅。二世元年，廢衛君，是歲諸侯之起者五國。三年，而秦亡。然則滅人之國，乃所以自滅也。

秦皇欲以一至萬，新莽推三萬六千歲曆紀，宋明帝給三百年期，其愚一也。漢世祖曰：「日復一日，安敢遠期十歲乎？」真帝王之言哉！

魏公子退讓，而口不忍獻五城；尹翁歸不私，而不敢見其邑子。是以君子正容以悟之，使人之意也消。

箝語熸書，秦欲愚其民而不能愚陳涉； 指鹿束蒲，高欲愚其君而不能愚子嬰。韋昭《洞曆記》：「紂無道，比干知極諫必死，作《秣馬金闕歌》。」古歌尚質，必無「秣馬金闕」之語，蓋依託也。

賈生《過秦》曰：「秦孝公據殽、函之固。」春秋時，殽、桃林、晋地，非秦有也。

史記正誤《索隱》、《正義》、《史剡》、《通鑑考異》、《古史》、《大事記解題》所攷正者，皆不著。

《五帝本紀》列黄帝、顓、辛、堯、舜，謂：「孔子所告宰予，儒者或不傳，及《春秋》、《國語》，發明《五德》、《繫姓》章矣。《書》缺有間，乃時見於他説。」五峰胡氏曰：「仲尼繫《易》，歷叙制器致用，兼濟生民者，獨稱犧、農、黄帝、堯、舜氏，蓋以是爲五帝也，而顓、辛無聞焉。太史公所載，特形容之虚語爾。」朱文公曰：「《易大傳》，孔聖之言； 八卦、文字之祖，何故遺而不録？」

「舜年二十以孝聞，年三十堯舉之，年五十攝行天子事，年六十一代堯踐帝位。踐帝位三十九年。」《書》正義曰：「舜年六十二爲天子。《大禹謨》：『朕宅帝位三十有三載，乃求禪禹。』《孟子》云：『舜薦禹於天十七年。』是在位五十年明矣。《史記》皆謬。」

《夏本紀》「太康崩，弟仲康立。仲康崩，子相立。相崩，子少康立」。《左傳》正義曰：「太康失邦，及少康紹國，尚有百載，乃滅有窮。」《本紀》不言羿、浞之事，是遷説之疎。

《殷本紀》「祖乙遷於邢」。《書》正義曰：「鄭玄云：『祖乙去相居耿，而國爲水所毀，於是修德以禦之，不復徙也。』」

「小辛立，殷復衰，百姓思盤庚，乃作《盤庚》三篇。」與《書序》違，非也。

「太甲既立三年，伊尹放之於桐宫。居桐宫三年，悔過反善，伊尹乃迎而授之政。」謂太甲歸亳之歲，已爲即位六年，遷説妄也。

「祖己嘉武丁之以祥雉爲德，立其廟爲高宗，遂作《高宗肜日》及《訓》。」與《書序》相違。

「帝陽甲之時，殷衰，自中丁以來，廢適而更立諸弟子。弟子或争相代立，比九世亂。」《皇王大紀》曰：「以其世攷之，自沃丁至陽甲，立弟者九世。中丁之名，誤也。」

「太戊，爲太甲之孫。」《三代表》云：「太戊，小甲弟。」則亦是沃丁弟，太甲子。《書》正義謂「《本紀》、《世表》必有一誤」。

《周本紀》「不窋末年，夏氏政亂，去稷不務，不窋以失其官而奔戎狄之間」。《周語》云：「不窋自竄于戎狄之間。」韋昭云：「不窋去夏而遷於豳。」《詩》正義：「案《公劉》之篇，公劉避亂適豳。公劉者，不窋之孫。」

「古公有長子曰大伯，次曰虞仲。大姜生季歷。」《左傳》正義曰：「如《史記》之文，似王季與大伯別母，遷言疏繆。大伯、虞仲辟季歷，適荆蠻，若有適庶，不須相辟。知其皆同母也。」

「詩人道西伯，蓋受命之年稱王，而斷虞、芮之訟。」歐陽公以爲妄説。五峰胡氏曰：「詩人言文王受命，指其至誠動天，得天人之助耳。」李子思曰：「以虞、芮質成之年，爲文王興王業之初則可，而謂文王於是自稱王則不可。」朱文公謂：「《武成》有『惟九年大統未集』之説，若以在位五十年推之，不知九年當從何處數起？亦未見史遷全不是，歐公全是，不若兩存之。」劉道原曰：「遷不見《古文尚書》，以文王受命七年而崩。孔安國見《武成篇》，故《泰誓》傳曰：『周自虞、芮質厥成，諸侯並附，以爲受命之年，至九年文王卒。』劉歆《三統曆》以爲九年。」

「武王祭于畢，觀兵盟津。」歐陽公曰：「《伯夷傳》又載父死不葬之説，皆不可爲信。」程子曰：「觀兵必無此理。今日天命絶，則紂是獨夫，豈容更待三年？」林氏曰：「漢儒以觀政轉爲觀兵，而爲周師再舉之説。」

「武王追思先聖，乃褒封神農之後於焦，封黄帝之後於薊，封帝堯之後於祝，封帝舜之後於陳。」《禮記》正義曰：「追思先聖乃封之，與《樂記》『未及下車』義反，當以《記》爲正。」

「襄王母早死，後母曰惠后，生叔帶。」《左傳》曰：「母弟，俱是惠后所生。」正義曰：「《史記》謬也。」

「周、召二相行政，號曰共和。」吕成公曰：「《古史》案：《汲冢紀年》共伯和干王位，故謚共和。《左傳》王子朝告諸侯曰：『諸侯釋位，以間王政，宣王有志而後效官。』推是而言，則厲、宣之間，諸侯有去其位而代王爲政者。《莊子》曰：『共伯得之於丘首。』」

「舜封棄於邰，號曰后稷。」《詩》正義曰：「稷之功成，實在堯世，其封於邰，必是堯之封，故箋、傳皆以爲堯。《本紀》以后稷之號，亦起舜時，其言不可信也。」

「武王伐紂，卜龜兆不吉，群公皆懼，惟太公强之。」《書》正義曰：「太公《六韜》云：『卜戰，龜兆焦，筮又不吉。太公曰：「枯骨朽蓍，不踰人矣。」』彼言不吉者，《六韜》之書，後人所作。《史記》又採用《六韜》，好事者妄矜太公，非實事也。」

「穆王即位，春秋已五十矣。立五十五年。」《書》正義曰：「《孔傳》云穆王即位過四十矣，不知出何書？遷若在孔後，或當各有所據。」

《秦本紀》「晋獻公虜虞君與其大夫百里奚，以爲秦穆公夫人媵於秦。百里奚亡秦走宛，楚鄙人執之，穆公以五羖羊皮贖之」。范太史曰：「《商鞅傳》又載趙良之言曰：『五羖大夫，荆之鄙人也。自鬻於秦客，被褐食牛。期年，穆公知之，舉之牛口之下，而加之百姓之上。』《史記》所傳，自相矛盾如此。」朱文公曰：「按《左氏》，媵秦穆姬者，乃井伯，非百里奚也。」

「賜襄公岐以西之地，襄公生文公。於是文公遂收周餘民有之地至岐，岐以東獻之周。」《詩》正義曰：「鄭氏《詩譜》言横有周西都宗周畿内八百里之地，則是全得西畿，與《本紀》異。案終南之山，在岐之東南。大夫之戒襄公，已引終南爲喻，則襄公亦得岐東，非唯自岐以西也。如《本紀》之言，文公獻岐東於周，則秦之東境，終不過岐。而春秋之時，秦境東至於河，明襄公救周，即得之矣。《本紀》之言不可信也。」

《吕后本紀》，夾漈鄭氏曰：「遷遺惠而紀吕，無亦獎盜乎？」

《樂書》「得神馬渥洼水中，爲《太一之歌》。後伐大宛，得千里馬，爲歌。中尉汲黯進曰」云云。丞相公孫弘曰：『黯誹謗聖制。』」説齋唐氏曰：「按《漢書・武帝紀》元鼎四年秋，馬生渥洼水中，作《天馬之歌》。太初四年春，貳師將軍廣利斬大宛王首，獲汗血馬來，作《西極天馬之歌》。而元狩二年春三月，丞相弘薨，則先元鼎四年，已八年矣。《汲黯傳》渾邪王降之歲，汲黯坐法免官，隱田園者數年，至更立五銖錢，復起爲淮陽太守，居淮陽十歲而卒。按《武紀》昆邪之降在元狩二年，而行五銖錢在五年，又十歲，則元封四年也。其去太初四年，尚六年，則汲黯之卒亦久矣。今《樂書》乃云得大宛馬而作《天馬之歌》，汲黯嘗有言而公孫弘又從而譖之，不亦厚誣古人哉！況黯在武帝時，始爲謁者遷滎陽令，稱疾歸，乃召爲中大夫，又出爲東海太守，又召爲主爵都尉，又公孫弘請徙爲右内史，數歲而免官，又數歲而起爲淮陽太守，則未嘗爲中尉也。假使黯之言，在馬生渥洼之年，則弘之死固已久矣。《漢書・司馬遷傳》言《史記》十篇『有録無書』，而注言《樂書》亦亡，則此非遷之作明矣。使遷在當時而乖舛如此，不亦繆乎？」

《天官書》「東宮蒼龍，南宮朱鳥，西宮咸池，北宮玄武」。吴氏曰：「蒼龍、朱鳥、玄武，各總其方七宿而言。咸池，別一星名，《晋・天文志》所謂天潢南三星，曰咸池、魚囿者是已，豈所以總西方七宿哉？又列參、白虎於昴、畢之後，何其類例之駁也？」

《十二諸侯年表》「敬王四十一年，孔子卒。四十三年，敬王崩」。《周本紀》「敬王崩，子元王立。八年崩，子定王立」。《六國年表》「定王元年，《左傳》盡此」。《左傳》正義曰：「杜《世族譜》云：『敬王三十九年，魯哀公十四年，獲麟之歲也。四十二年而敬王崩，敬王子元王十年，《春秋》之傳終矣。』與《史記》不同。《史記》世代年月，事多舛錯，故班固以文多抵牾。案《世本》：『敬王崩，貞王介立，貞王崩，元王赤立。』宋忠注引《太史公書》云：『元王仁生貞王介，與《世本》不相應，不知誰是？』則宋忠不能定也。《帝王世紀》敬王三十九年，《春秋經》終。四十四年，敬王崩，子貞定王立。貞定王崩，子元王立。是《世本》與《史記》參差不同。書籍久遠，事多紕繆，杜違《史記》，亦何怪焉？」

《吴世家》以光爲諸樊之子，僚爲夷昧之子。《左傳》正義曰：「《世本》云：『夷昧及僚，夷昧生光。』服虔云：『夷昧生光而廢之。僚者，夷昧之庶兄。夷昧卒，僚代立，故光曰：「我王嗣也。」是用《公羊》爲説也。杜言「光，吴王諸樊子」，用《史記》爲説也。』班固云：『遷采《世本》爲《史記》，而今之《世本》與遷言不同。《世本》多誤，不足依馮，故杜以《史記》爲正。』」

《傳》言：「大伯端委，仲雍斷髮。」《史記》云：「二人皆文身斷髮，示不可用。」文身斷髮，自辟害耳，遠適荆蠻，則周人不知其處，何以須示不可用也？皆遷之謬。石林葉氏曰：「以《春秋傳》考之，斷髮文身蓋仲雍，大伯無與焉。」

「越王滅吴，誅太宰嚭。」《通鑑外紀》曰：「《左傳》哀二十四年『閏月，哀公如越，季孫懼，因太宰嚭而納賂焉』，在吴亡後二年也。嚭入越亦用事，安得吴亡即誅哉？」

《宋世家》「武王克殷，微子肉袒面縛，左牽羊，右把茅」。《書》正義曰：「面縛，縛手於後，故口銜其璧，又安得左牽羊，右把茅也？」

《燕世家》「成王既幼，周公攝政，當國踐阼【一】，召公疑之，作《君奭》」。《書》正義曰：「此篇是致政之後，言留輔成王之意。其文甚明，遷妄爲説爾？」

《衛世家》「莊公娶齊女爲夫人，而無子。又娶陳女爲夫人，生子早死。陳女女娣生完，完母死，莊公命夫人齊女子之」。《詩》正義曰：「禮，諸侯不再娶，且莊姜仍在。《左傳》唯言『又娶於陳』，不言『爲夫人』；《左傳》言莊姜以爲己子，云『完母死』，亦非也。」

「武公殺兄篡國。」吕成公曰：「武公在位五十五年，《國語》又稱『武公年九十有五，猶箴儆于國』。計其初即位，其齒蓋已四十餘矣。使果弑共伯而篡立，則共伯見弑之時，其齒又加長於武公，安得謂之蚤死乎？髦者，子事父母之飾，諸侯既小斂則脱之。《史

【一】當國踐阼　「國」，原作「因」，據四庫本、翁注本改。

記》謂釐侯已葬而共伯自殺，則是時共伯已脱髦矣，《詩》安得猶謂之『髧彼兩髦』乎？是共伯未嘗有見弒之事，武公未嘗有簒弒之惡也。」

「初，宣公愛夫人夷姜。」《左傳》正義曰：「烝淫而謂之夫人，謬也。」《鄭桓公世家》云「宣王庶弟」，《年表》云「宣王母弟」。《詩》正義曰：「《世家》、《年表》自乖異。」

「虢、鄶果獻十邑，桓公竟國之。」《詩》正義曰：「《詩譜》武公卒取十邑，如《世家》，則桓公皆自取十邑。馬遷見《國語》有『史伯爲桓公謀取十邑』之文，不知桓身未得，故傅會爲此説耳。《外傳》云：『皆子男之國，虢、鄶爲大。』則八邑各爲其國，非虢、鄶之地，無由得獻之桓公也。」《左傳》正義曰：「案《鄭語》，桓公始謀，未取之也。武公始國，非桓公也。全滅虢、鄶，非獻邑也。遷之言皆謬。」

《齊世家》「胡公始徙都薄姑。周夷王之時，獻公因徙薄姑，都治臨淄」。《詩》正義曰：「《詩・烝民》云：『仲山甫徂齊。』傳曰：『古者諸侯逼隘，則王者遷其邑而定其居。蓋去薄姑，遷於臨淄。』以爲宣王之時，始遷臨淄，與《世家》異。毛公在遷之前，其言當有據。」

「頃公十一年，晉初置六卿。賞鞌之功，頃公朝晉，欲尊王晉景公，景公不敢當。」《晉世家》：「景公十二年，齊頃公如晉，欲上尊景公爲王。景公讓不敢。」《左傳》正義曰：「此時天子雖微，諸侯並盛，晉文不敢請隧，楚莊不敢問鼎。又齊弱於晉，所較不多，豈爲一戰而勝，便即以王相許？準時度勢，理必不然。『齊侯朝于晉，將授玉』，遷之意所以有此説者，當讀此《傳》『將授玉』，以爲『將授王』，遂飾成爲此謬辭耳。」

《魯世家》「哀公奔越，國人迎哀公復歸，卒於有山氏」。《左傳》正義曰：「《傳》稱國人施罪於有山氏，不得復歸，而卒於其家也。遷妄耳。」

《齊世家》「周西伯昌與呂尚陰謀脩德以傾商政，其事多兵權與奇計，故後世之言兵及周之陰權，皆宗太公爲本謀」。石林葉氏曰：「其説蓋出《六韜》。夫太公賢者也，其所用王術也，其所事聖人也，則出處必有義，而致君必有道。自墨翟以太公於文王爲忤合，而孫武謂之用間。且以嘗爲文、武將兵，故尚權詐者，多並緣自見。」説齋唐氏曰：「三分有二而猶事商，在衆人必以爲失時；三后協心而後道洽，在常情必以爲無功。二聖人信之篤，守之固，至誠惻怛之心，寬厚和平之政，浹於斯民，固結而不可解。此豈矯拂而僞爲？亦出於自然而已。彼太史公曾不知此，乃曰：『周西伯昌囚羑里，歸與呂尚陰謀脩德以傾商政。』又曰：『周公聞伯禽報政遲，乃歎曰：「魯後世其北面事齊矣！」』此特戰國變詐之謀，後世苟簡之説，殆非文王之事、周公之言也。遷不能辨其是否，又從而筆之於書，使後人懷欲得之心，務速成之功者，藉此以爲口實，其害豈小哉？」

《晉世家》鄂侯郤立六年，當魯隱五年，卒。子哀侯光立。《詩》正義曰：「案《左傳》

隱五年，曲沃莊伯伐翼，翼侯奔隨。秋，王命虢公伐曲沃，而立哀侯于翼。六年，翼九宗五正，頃父之子嘉父，逆晉侯于隨，納諸鄂，晉人謂之鄂侯。則哀侯之立，鄂侯未卒，《世家》言卒，非也。」

「獻公使士蔿盡殺諸公子，而城聚都之，命曰絳。」《詩》正義曰：「案《左傳》『士蔿使群公子盡殺游氏之族，乃城聚而處之』，則城聚以處群公子，非晉都也，言『命聚曰絳』，非也。」

「天子使王子虎命晉侯爲伯，周作《晉文侯命》。」夾漈鄭氏曰：「于時去文侯十有五世，而誤以文侯爲重耳。」

「申生母，齊桓女也，同母女弟爲秦穆夫人。夷吾母，重耳母女弟也。」《左傳》正義曰：「案《傳》，申生之母，本是武公之妾。武公末年，齊桓始立，不得爲齊桓女也。虢射，惠公之舅；狐偃，文公之舅，二母不得爲姊妹也。皆遷之妄。」

「夢天謂武王曰：『余命女生子名虞。』」《左傳》正義曰：「邑姜方震而夢，明是邑姜夢矣，安得以爲武王夢也？薄姬之夢龍據其心，燕姞之夢蘭爲己子，彼皆夢發於母，此何以夢發於父？是遷之妄。」

《陳世家》「桓公鮑卒，弟佗，其母蔡女，故蔡人爲佗殺五父及桓公太子免而立佗，是爲厲公。太子免之三弟，長者名躍，中曰林，少曰杵臼，與蔡人共殺厲公而立躍，是爲利公」。《詩》正義曰：「案《左傳》桓五年，文公子佗殺太子免而代之，則是佗自殺免，非蔡人爲佗殺免也。六年，蔡人殺陳佗。莊二十二年《傳》曰：『陳厲公，蔡出也，故蔡人殺五父而立之。』五父與佗一人，不得云『爲佗殺五父』也。六年，殺佗；十二年，陳侯躍卒，則厲公即是躍。躍既爲厲公，則無復利公矣。既誤以佗爲厲公，又妄稱躍爲利公。《世家》言『佗死而躍立，立五月而卒』，然則躍亦以桓六年卒矣。而《春秋》躍卒在桓十二年，非徒五月。皆《史記》之謬。」《左傳》正義曰：「束晳言『遷分一人以爲兩人，以無爲有』，謂此事也。」

「舜居嬀汭，其後因姓嬀氏。」《左傳》正義曰：「《世本》舜姓姚氏，虞思猶姓姚也。至胡公，周乃賜姓爲嬀，謂胡公之前已姓嬀，妄也。」

《楚世家》「高陽生稱，稱生卷章，卷章生重黎。高辛氏之火正，能光融天下，帝嚳命曰祝融」。《詩》正義曰：「《楚語》稱『顓頊命南正重司天以屬神，命火正黎司地以屬民』，則黎爲火正，高陽時也。言高辛者，以重、黎是顓頊命之，歷及高辛，仍爲此職，故二文不同也。黎實祝融，重爲南正，而《楚世家》同以重、黎爲祝融，謬也。《世家》又云：『帝嚳誅重黎，而以其弟吴回爲重黎後，復居火正，爲祝融。』《鄭語》以八姓爲黎後者，以吴回繫黎之後，復居黎職，故本之黎也。《左傳》『少皡氏有子曰重，顓頊氏有子曰黎』，《史記》以重、黎爲一人，又言以吴回爲重黎，皆謬。」

「蚡冒卒，弟熊達立，是爲楚武王。」《左傳》正義曰：「杜注：蚡冒，楚武王父。」不從《史記》。劉炫以《世家》規杜云：「蚡冒是兄，不得爲父。」

「莊王即位三年，伍舉入諫曰：『願進隱。』」愚按：莊王時，有嬖人伍參，其子伍舉，在康王時。康王，莊王之孫。《吕氏春秋·審應覽》云：「荆莊王立三年，不聽而好讔。成公賈入諫曰：『願與君王讔。』」《新序》云「士慶」，然則非伍舉也。

《燕世家》「孟軻謂齊王曰：『今伐燕，此文、武之時，不可失也。』」朱文公曰：「『或問：勸齊伐燕有諸？』《史記》蓋傳聞此説之誤。」

《三代世表》「稷、契皆爲帝嚳之子，堯亦帝嚳之子」。《左傳》正義曰：「《世族譜》取《史記》之説，又從而譏之。案鯀，則舜之五世從祖父也，而及舜共爲堯臣。堯則舜之三從高祖，而妻其女。此《史記》之可疑者。」

《杞世家》「其殷後，則初封武庚於殷墟，復以叛而誅之，更命微子爲殷後」。《詩》正義曰：「《書序》、《微子之命》，是宋爲殷後，成王始命之。《樂記》武王投殷之後於宋，其實武王之時，始封於宋，未爲殷後也。成王命爲殷後，當爵爲公，地方百里。《史記》以爲成王之時，始封微子於宋，與《樂記》又乖。」

《管蔡世家》「武王同母兄弟十人，蔡叔，周公弟也」。《左傳》正義曰：「僖二十四年《傳》，富辰言文之昭十六國，蔡在魯上，明以長幼爲次。賈逵等皆言蔡叔周公兄，故杜從之。」

「聃季載」，杜云：「毛叔聃。」又不數叔振鐸者，杜以振鐸非周公同母，故不數之。或杜別有所見，不以《管蔡世家》爲說。

《魏世家》「三十六年，惠王卒」。《左傳後序》曰：「《古書紀年篇》：魏惠王三十六年改元，從一年始至十六年而稱惠成王卒，即惠王也。疑《史記》誤分惠成之世以爲後王年也。」朱文公曰：「惠、襄、哀之年，見於《竹書》明甚，《史記》蓋失其實。邵子《皇極》之書乃從《史記》而不取《竹書》。」

太史公曰：「天方令秦平海内，其業未成。魏雖得阿衡之佐，曷益乎？」《史通》曰：「論成敗者，當以人事爲主。必推命而言，則其理悖矣。」

《趙世家》「趙朔娶晉成公姊爲夫人」。《左傳》正義曰：「案《傳》趙衰適妻，是文公之女。若朔妻成公之姊，則亦文公之女，父之從母不可以爲妻。且文公之卒，距此四十六年，莊姬此時尚少，不得爲成公姊。賈、服先儒皆以爲成公之女，故杜從之。」

「屠岸賈誅趙氏，殺趙朔、趙同、趙括。」又云：「公孫杵臼取他兒代武死，程嬰匿武於山中，居十五年。」《左傳》正義曰：「欒書將下軍，則於時朔已死矣，不得與同、括俱死也。晉君明，諸臣强，無容有屠岸賈輒厠其間，如此專恣。」吕成公曰：「《史記》失於傳聞之差。是時晉室正盛，而云『索莊姬子於宫中』，晉宫中自有紀綱，不容如此。趙朔已亡【二】，而云與同、括同時死。」以二者攷之，見其誤。

《孔子世家》，王文公曰：「仲尼之才，帝王可也，何特公侯哉？ 仲尼之道，世天下可也，何特世其家哉？ 處之《世家》，仲尼之道不從而大；置之《列傳》，仲尼之道不從而小，而遷也自亂其例。」淇水李氏曰：「欲尊大聖人而反小之，其所以稱夫子者，識會稽之骨，辨墳羊之怪，道楛矢之異，測桓、釐之災。斯以爲聖而已矣，何其陋也！」《皇王大紀》曰：「遷載孔子言行，不得其真者尤多。」

《伯夷傳》，朱文公曰：「孔子謂『求仁得仁，又何怨？』《傳》但見伯夷滿身是怨。」致堂胡氏曰：「叩馬之諫，孔氏未嘗及也。」程子曰：「《史記》所載諫詞，皆非也。武王伐商，即位已十一年矣，安得父死不葬之語？」

《仲尼弟子傳》「子貢一出，存魯，亂齊，破吳，强晉，而霸越」。《通鑑外紀》曰：「戰國之時，齊、魯交兵者數矣，一不被伐，安能存哉？ 田氏弱齊，一當吳兵，安能亂哉？ 吴不備越而亡，勝齊，安能破哉？ 四卿擅權，晉以衰弱，偃兵休卒，安能强哉？ 越從吳伐齊，滅吳乃强，此安能伯哉？ 十年之中，魯、齊、晉未嘗有變，吳、越不爲是而存亡，遷之言華而少實哉！」

「有若狀似孔子，共立爲師。」宋景文公曰：「此鄒、魯間野人語耳。觀《孟子》書，則始嘗謀之，後弗克舉，安有撤坐之論乎？」

【二】趙朔已亡　「朔」，原作「嬰」，據四庫本、翁注本改。

「宰予與田常作亂。」龜山楊氏曰：「田常爲亂於齊，齊君蓋弗勝也。宰予附田常，則誰得而殺之？使其爲齊君而死，則予何罪焉？當是時，有闞止，字子我，死於田常之亂，是必傳之者誤而爲宰我也。」

《孟子列傳》「梁惠王謀欲攻趙，孟軻稱大王去邠」。葛氏曰：「於《孟子》無所見，但有對滕文公之語。」

《刺客傳》，説齋唐氏曰：「諸侯棄甲兵之讎，爲盟會之禮，乃於登壇之後，奮匕首而劫國君，賊天下之禮者，非沫乎？君臣之義，有死無隕，專諸感公子光之豢養，而親剸刃於王僚，賊天下之義者，非諸乎？父母全而生之，子全而歸之，政纔終母之年，遂殺身以爲仲子，賊天下之仁者，非政乎？樊將軍以困窮歸燕丹，軻説取其首以濟入秦之詐，賊天下之信者，非軻乎？以賊禮賊義賊仁賊信之人，並列於《傳》，又從而嗟歎其志，不亦繆哉！豫子以不忘舊君，殺身而不悔，抗節致忠，行出乎列士，乃引而寘諸四子之間，不亦薰蕕之共器乎？」

《張叔傳》「未嘗言案人」。吕成公曰：「景帝誅鼂錯，時丞相青翟、中尉嘉、廷尉歐，劾奏錯之大逆無道。錯當要斬，父母妻子同産，無少長，皆棄市。廷尉歐【三】，即張歐也，安得爲不案人哉？則歐固謹於細而略於大也。」

《商君傳》趙良曰：「五羖大夫相秦六七年，而東伐鄭，三置晉君。」吕成公曰：「秦穆

【三】廷尉歐　「歐」，四庫本、翁注本作「毆」。下二「歐」字同。

納晋惠，在僖九年；納晋文，在僖二十四年。相距十九年。」

《司馬相如傳贊》「揚雄以爲勸百而風一」，江氏䝨。曰：「雄後於遷甚久，遷得引雄辭，何哉？蓋後人以《漢書贊》附益之。」

《滑稽傳》，韓、魏處戰國之時，而云其君陪楚莊王葬馬，《史通》謂以後爲先。

《貨殖傳》「子贑廢著鬻財」。《史通》曰：「太史公述《儒林》，則不取游、夏之文學；著循吏，則不言冉、季之政事。至於《貨殖》爲傳，獨以子貢居先。成人之美，不其缺如。」

《酷吏·周陽由傳》「與汲黯俱爲忮，司馬安之文惡，俱在二千石列，同車未嘗敢均茵伏」。《漢書》作「馮」。吕成公曰：「吾觀汲黯，廷折公孫弘，質張湯，揖衛青，所謂『眼高四海空無人』者也。彼周陽由，孤豚腐鼠，何足以辱同車，而反謂黯不敢均茵馮？班固之陋至此。」愚按：班史實本於《史記》。

《自序》「桀、紂失其道而湯、武作，周失其道而《春秋》作，秦失其政而陳涉發迹」。夾漈鄭氏曰：「湯、武仗大義，平殘賊，《易》謂順天應人，烏可與陳涉同日而並議哉？」

「獵儒、墨之遺文，明禮義之統紀，絶惠王利端，作《孟子荀卿傳》。」鄭氏曰：「孟子距楊、墨，荀卿亦非墨子，儒、墨固異矣，豈嘗獵其遺文哉？」

「仁者有乎，義者有取焉，作《游俠傳》。」鄭氏曰：「游俠之徒，未足爲煦煦孑孑之萬一，況能當仁義之重名乎？」

太史公論六家之要指，西山真氏曰：「列儒者於陰陽、墨、名、法、道家之間，是謂儒者，特六家之一爾。而不知儒者之道，無所不該。五家之所長，儒者皆有之；其短者，吾道之所棄也。談之學本於黄、老，故其論如此。」

《封禪書》，《皇王大紀》曰：「自史遷載管仲言，上古封禪之君七十有二，後世人主希慕之，以爲太平盛典。然登不徧於四岳，封非十有二山。入懷宴安，不行五載一巡守之制；出崇泰侈，無納言計功行賞之實。鐫文告成，明示得意，而非所以教諸侯德也。泥金檢玉，遂其侈心，而非所以教諸侯禮也。心與天道相反，事與聖人相悖，故太平之典方舉，而天災人禍隨至者多矣。梁許懋曰：『燧人之前，世質民淳，安得泥金檢玉？結繩而治，安得鐫文告成？』是故攷《舜典》，可以知後世封禪之失；稽懋言，可以知史遷著書之謬。」

《魯世家》「開金縢書」，吕子進曰：「考之於《書》，啟金縢之書，在周公未薨前，而無揃蚤事。此蓋一事，傳之者不同耳。」

《張釋之傳》「事孝文帝，十歲不得調」，「張廷尉事景帝，歲餘爲淮南王相」。洪氏曰：「《漢・百官公卿表》：文帝即位三年，釋之爲廷尉。至十年，書廷尉昌、廷尉嘉又二人。凡歷十三年，景帝乃立，而張敺爲廷尉。則是釋之未嘗十年不調，及未嘗以廷尉事景帝也。」

《匈奴傳》「夏道衰，公劉變于西戎。其後三百有餘歲，戎狄攻大王亶父」。王氏迷。曰：「自后稷三傳而得公劉，自亶父三傳而武王滅商，則公劉在夏之中衰，而亶父宜在商之季世，不啻五六百年。而曰三百歲，未知何所據？」

「秦穆公得由余，西戎服於秦。後百有餘年，晋悼公使魏絳和戎翟。」以《左氏》考之，魯文公三年，秦始霸西戎。《史記》差一年。襄公四年，晋魏絳和戎，裁五十餘歲。

《田敬仲世家》：「齊人歌之曰：『嫗乎采芑。歸乎！田成子。』」《史通》曰：「田常見存，而遽呼以謚，此之不實，昭然可見。」蘇氏曰：「田常之時，安知其爲成子而稱之？」

《周本紀》「秦取九鼎寶器，而遷西周君於𢇛狐」。《秦始皇本紀》「還過彭城，齋戒禱祠，欲出周鼎泗水。使千人没水求之，弗得」。潏水李氏曰：「是時泗水在彭城宋之分，九鼎何緣而至宋？夫取九鼎者，秦昭襄王也。始皇乃莊襄之子也，世數年歲相去不遠。始皇東遊過彭城，於泗水欲出周鼎，竟不得。兩説抵牾如此。」

《宋世家》「襄公之時，其大夫正考父美之，故追道契、湯、高宗，殷所以興，作《商頌》」。曹氏曰：「自戴公至襄公，凡一百五十有一年，正考甫既佐戴公，而能至于襄公之時作《頌》，何其壽耶？」朱氏曰：「太史公蓋本《韓詩》之説。《頌》皆天子之事，非宋所有。其辭古奥，亦不類周世之文。」

《殷本紀》曰：「微子數諫紂，不聽，乃與太師、少師謀，遂去。比干强諫而死，箕子佯狂爲奴，而後太師、少師挾其祭樂器，以奔于周。武王乘此東伐。」劉氏度。曰：「以《書》考之，太師即箕子也，少師即比干也。」若已殺比干，囚箕子，則所謂太師、少師奔周者，又何人也？《宋世家》曰：「箕子不忍彰君之惡，乃佯狂爲奴。比干見箕子諫不聽，乃直諫而死。微子曰：『義可以去矣。』於是太師勸微子遂行。及武王伐商，微子遂持其祭器，造于軍門，肉袒面縛，以降于周。」今以《論語》考之，微子則先去，箕子奴次之，比干死又次之。聖人之言固有次第，且微子已行矣，則武王伐商之際，何反歸于國，以自取面縛之辱也？蔡氏沈。曰：「按《左傳》，微子適周，乃在克商之後。所謂去者，特去其位而逃遯於外耳。」

《伯夷傳》「天道無親，常與善人。若伯夷者，可謂善人非邪」？程子曰：「天道甚大，安可以一人之故，妄意窺測？如曰：『顏何爲而夭？跖何爲而壽？』皆指一人計較天理，非知天也。」

「秦廢太后，逐穰侯。」朱文公曰：「《經世書》只言秦奪太后權，蓋實不曾廢。」

《孔子世家》「匡人拘孔子益急，孔子使從者爲甯武子臣於衛，然後得去」。致堂胡氏曰：「穆公末，武子之子相已與孫良夫將兵侵齊，武子非老則卒矣。穆公卒，歷定公、獻公，凡三十七年。至靈公三十八年，而孔子來。使有兩武子則可，若猶俞也，其年當百有五六十矣，何子長之疎也？」

「三年不蜚不鳴」，《楚世家》謂伍舉進隱於莊王，《滑稽傳》謂淳于髠説齊威王，此一事而兩見。然莊王時嬖人伍參，見《左氏傳》，舉，其子也。《新序》以爲士慶，《吕氏春秋》以爲成公賈，不言伍舉。

校勘記

卷十二

攷史

「三皇之書，伏犧有《易》，神農有《本草》，黄帝有《素問》。《易》以卜筮存，《本草》、《素問》以方技存，其天乎！」新安王晦叔云。程子曰：「《素問》必出於戰國之末。」

「三皇象春，五帝象夏，三王象秋，五伯象冬。」見于《王莽傳》，蓋古之遺言也，與邵子《觀物》同。

司馬公詩曰：「虞舜在倦勤，薦禹爲天子。豈有復南巡，迢迢度湘水。」張文潛詩曰：「重瞳陟方時，二妃蓋老人。安肯泣路傍，洒淚留叢筠。」二詩可以祛千載之惑。

《天官書》云：「熟五斗米頃。」李商隱《李賀小傳》「如炊五斗黍許時」，本於此。

「趙使樂乘代廉頗，頗怒，攻樂乘；使趙葱、顏聚代李牧，牧不受命。」此非爲將之法，頗、牧特戰國之將爾。《易》之《師》曰：「行險而順。」

太史公傳周陽由云：「與汲黯俱爲忮。」黯之正直，所謂仁者有勇，剛毅近仁者也，謂之忮可乎？周陽由蝮鷙之靡爾，其可與黯並言乎？汲、鄭同傳猶不可，而以由與黯俱，是鸞梟接翼也。

賈生《弔屈原》曰「謂跖、蹻廉」，注：「楚之大盜，曰莊蹻。」《韓非子》：「楚莊王欲伐越，杜子諫曰：『莊蹻爲盜於境内，而吏不能禁，此政之亂也。』」蹻蓋在莊王時。《漢·西南夷傳》「莊蹻者，楚莊王苗裔也，以其衆王滇」。此又一莊蹻也，名氏與盜同，何哉？

《淮南·人間訓》曰：「秦皇利越之犀角、象齒、翡翠、珠璣，乃使尉屠睢發卒五十萬，爲五軍。一軍塞鐔城之嶺，一軍守九嶷之塞，一軍處番禺之都，一軍守南野之界，一軍結餘干之水，三年不解甲弛弩。使監禄轉餉，又以卒鑿渠而通糧道，以與越人戰。殺西嘔君譯吁宋，而越人皆入叢薄中，與禽獸處，莫肯爲秦虜【一】。置桀駿以爲將，而夜攻秦人，大破之，殺尉屠睢，伏尸流血數十萬。乃發適戍以備之。於是陳勝起於大澤。」秦擊越之事，詳見于此。《大事記》在始皇三十三年，《解題》不引《鴻烈書》，録此以補遺。淮南王諫伐閩越，其言略同。

太史公述《楚漢春秋》，其不載於書者，正義云：「項羽歌，美人和之。《楚漢春秋》云：『歌曰：「漢兵已略地，四方楚歌聲。大王意氣盡，賤妾何聊生？」』」是時已爲五言矣。五言始於《五子之歌》、《行露》。

《楚漢春秋》曰：「高帝初封侯者，皆賜丹書鐵券，曰：『使黄河如帶，大山如礪，漢有宗廟，爾無絶世。』」下二句不同。

【一】莫肯爲秦虜　「虜」，原脱，據四庫本、翁注本補。

又曰：「惠帝崩，吕太后欲爲高墳，使從未央宫而見之。諸將諫，不許，東陽侯垂泣曰：『陛下見惠帝冢，悲哀流涕無已，是傷生也。臣竊哀之。』太后乃止。」東陽侯，張相如也。又曰：「下蔡亭長詈淮南王曰：『封汝爵爲千乘，東南盡日所出，尚未足黔徒群盜所邪，而反，何也？』」謂英布，《史》、《漢》不載。

漢大啓九國：燕、代、齊、趙、梁、楚、荆吴、淮南、淮陽，皆同姓也。長沙異姓不與焉。《漢表》削淮陽而列長沙，當從《史記》。

「斷而敢行，鬼神避之。」「見末而知本，觀指而覩歸。」「秋霜降者草花落，水摇動者萬物作。」此戰國諸子之言，而趙高誦之爾。高非能爲此言也。

《樂書》「作十九章」，《索隱》云：「《安世房中樂》。今攷之《漢志》，《安世房中歌》十七章，《郊祀歌》十九章。」《索隱》誤。

《御覽》載淳于髠《十酒説》曰：「羅襦排門，翠笄窺牖。」蓋好事者因《滑稽傳》而廣之，非戰國時語也。

《鄒陽書》「齊用越人蒙」，《漢書》云：「越人子臧。」其事未詳。

《李斯傳》注：「辯士隱姓名，遺秦將章邯書曰。云云。此書在《善文》中。」《隋志》：「《善文》五十卷，杜預撰。」

《滑稽傳》「齊使淳于髠獻鵠於楚」。《説苑》云：「魏文侯使舍人毋擇獻鵠於齊。」

《魯連子》云：「展無所爲魯君使，遺齊君鴻。」《韓詩外傳》云：「齊使使獻鴻於楚。」其事皆同，而四書所載異。

《項羽紀》說者曰：「人言楚人沐猴而冠耳。」《法言》以爲蔡生，《漢書》以爲韓生。

漢高祖起布衣，滅秦、楚，自後世處之，必夸大功業，以爲軼堯、舜，駕湯、武矣。其赦令曰：「兵不得休八年，萬民與苦甚。今天下事畢，其赦天下殊死以下。」言甚簡而無自矜之意。此所以詒厥子孫，享四百年之祚歟。

「王者莫高於周文，伯者莫高於齊桓，皆待賢人而成名。」此高帝之詔也。宣帝曰：「漢家自有制度，本以霸、王道雜之。」蓋已見於此詔矣。劉向稱賈誼，「雖古之伊、管，未能遠過」。伊、管豈可並言哉？林少穎論之曰：「王、霸之無辨，漢世爲尤甚。擬人之非倫，漢儒爲尤甚。尊王絀霸，言道義不言功利，一董仲舒而已。」

班固叙武帝名臣，李延年、桑弘羊亦與焉。若儒雅，則列董仲舒於公孫弘、兒寬之間。汲黯之直，豈卜式之儔哉？史筆之褒貶，萬世之榮辱，而薰蕕渾殽如此，謂之比良遷、董可乎？

「爲吕氏右袒，爲劉氏左袒；軍中皆左袒。」按《儀禮·鄉射》疏云：「凡事無問吉凶，皆袒左。是以《士喪禮》及《大射》皆袒左，唯有受刑袒右。故《覲禮》乃云『右肉袒』，注云：『刑宜施於右是也。』」以此攷之，周勃誅吕氏之計，已定爲吕氏者有刑，故以右袒令之，非以覘人心之從違也。「與父老約」爲句，下云「法三章耳」。唐高祖入京師，約法十二條，蓋倣此語而失之。

淮陰侯羞與樊噲伍，然噲亦未易輕；諫留居秦宫，鴻門譙項羽，排闥入見，一狗屠能之，漢廷諸公不及也。

吴斗南爲《漢書刊誤補遺》，朱文公答書曰：「劉氏所斷句，如《項羽傳》『由是始爲諸侯上將軍』，《儒林傳》『出入不悖所聞』，皆與《史記》合。『爲原廟渭北』，見一書『廟』、『渭』之間有『於』字。劉氏所疑亦有誤，如《溝洫志》『於楚』字，本文屬下句，下文有『於齊』、『於蜀』字，皆是句首，而劉誤讀屬之上句。」

《通鑑》不書符瑞，高帝赤帝子之事失於删削，《綱目》因之。《文公語録》以此事爲虚。《文章緣起》有漢惠帝《四皓碑》。今攷《高士傳》：「高車山上有《四皓碑》及祠，漢惠帝所立。」

武帝年十二，而決廷尉獄防年之疑；明帝年十二，而辨陳留吏墾田之牘。其英明略同，而武帝之事史策不著，僅見於《通典·刑法·雜議》。

《武帝紀》元朔三年詔曰：「夫刑罰所以防姦也，内長文所以見愛也。」或云：「古寫本無注《漢書》作『而肆赦所以見愛也』。」

魏丁儀《周成漢昭論》云：「成王秀而獲實，其美在終；昭帝苗而未秀，其得在始。

必不得已，與夫始者。」

《食貨志》「李悝爲魏文侯作盡地力之教」。《貨殖傳》云：「當魏文侯時，李克務盡地力。」以《藝文》攷之，《李克》七篇在儒家，子夏弟子，爲魏文侯相。《李悝》三十二篇在法家。相魏文侯，富國强兵。盡地力者，悝也，非克也，《貨殖傳》誤。《史記》正義云：「劉向《別録》亦云李悝。」

賈誼賦「見細德之險微」，顔注云：「見苛細之人，險阸之證。」則「微」當作「徵」。見險證而去，色斯舉矣，見幾而作。

《史通》述傅玄之言曰：「孟堅《漢書》，實命世奇作。及與陳宗、尹敏、杜撫、馬嚴撰《中興紀傳》，其文曾不足觀，豈拘於時乎？不然，何不類之甚也。」

陸澄注班史多引《史記》，此缺一言，彼摘半句，皆采摘成句，標爲異説，今其書不傳。前輩謂班之於馬，時有遺失，如「龡肩」之不言「生」；「有以，起自布衣」，而去「也夫」二字；垓下之戰，《史》載甚詳，而孟堅略不及。

《梁書·劉之遴傳》云：「古本《漢書》，《外戚》次《帝紀》下，《諸王》悉次《外戚》下，在陳、項《傳》前。」《新唐書·列傳》蓋倣此。

《匡衡傳》注：「今有《西京雜記》，其書淺俗，出於里巷，多妄説。」段成式云：「庾信作詩，用《西京雜記》事，自追改曰：『此吴均語，恐不足用。』」今按《南史》蕭賁著《西京雜記》六十卷，然則依託爲書，不止吴均也。

《刑法志》「獄刑號爲平矣」，《酷吏傳序》「號爲罔漏吞舟之魚」，《王温舒傳》「廣平聲爲道不拾遺」，曰「號」，曰「聲」，謂名然而實否也，書法婉而直。

《平當傳》云：「漢興唯韋、平父子至宰相。」愚謂：周勃、亞夫父子爲相，事業過韋、平遠甚，班孟堅其忘諸乎？

《藝文志》「于長《天下忠臣》九篇」，劉向《别録》云：「傳天下忠臣。」愚謂：《忠臣傳》當在《史記》之録，而列于陰陽家何也？《七略》，劉歆所爲，班固因之。歆，漢之賊臣，其抑忠臣也則宜。

董公之名不聞，魯兩生之氏不著。仁義之説，如山川出雲，時雨既降，而不有其功；禮樂之言，如鳳翔千仞，非燕爵之網所能羅。古之逸民也。

陳萬年爲三公，而教其子以諂；范滂、姜叙之母，一婦人，而勵其子以義。二漢風俗，以是觀之。

一梁以折七國之鋒，一琅邪以續典午之緒。封建可以支變故。安平之功，以晝邑之王蠋；南陽之興，以東郡之翟義。節行可以回人心。

辛慶忌之救朱雲，張萬福之拜陽城，服儒衣冠者，亦可媿矣。

《功臣表》「靡有孑遺，耗矣」，孟康曰：「耗，音毛。」顔師古曰：「今俗語猶謂『無』爲『耗』。」《馮衍傳》「飢者毛食」，注：「案《衍集》『毛』字作『无』，今俗語猶然，或古亦通乎？」

「衛綰以戲車爲郎」，《鹽鐵論》賢良曰：「戲車鼎躍，咸出補史。累功積日，或至卿相。」鼎躍，東方朔所謂鼎官，鄒陽所謂鼎士也。

《武紀》「元狩二年秋，匈奴昆邪王降，置五屬國以處之」。注不載五屬國之名。《表》云二年。攷之《地理志》，屬國都尉，安定治三水，上郡治龜兹，天水治勇士，五原治蒲澤，張掖治日勒。此武帝初置也。若金城、西河、北地屬國，置於宣帝時，不在五屬國之數。

張良，張仲三十代孫，張老十七代孫。《張氏譜》云。仲，見《詩》。老，見《春秋》、《禮記》。

《史通》云：「司馬相如始以自叙爲傳，然其所叙，但記自少及長，立身行事而已。」今攷之本傳，未見其爲自叙。又云：「相如自叙，記其客遊臨邛，以《春秋》所諱，持爲美談。」恐未必然。意者，《相如集》載本傳，如賈誼《新書》末篇，故以爲自叙歟。

桓譚《新論》「漢百姓賦斂，一歲爲四十餘萬萬，吏俸用其半，餘二十萬萬藏於都内，爲禁錢。少府所領園地作務八十三萬萬，以給宫室供養諸賞賜」。漢財用之數，大略見此。

何武曰：「衛青在位，淮南寢謀。」李尋曰：「淮南王作謀之時，其所難者，獨有汲黯。」今人多以淮南寢謀，稱黯而不及青，才能不若節義也。「汲黯在朝，淮南寢謀。」其語見吴步騭疏。

西漢末，郭欽、蔣詡、栗融、禽慶、蘇章、曹竟不仕於莽。見《龔鮑傳》。孔休、蔡勳、劉宣與卓茂、龔勝、鮑宣同志【二】，不仕莽時。見《卓茂傳》。王皓、王嘉並棄官。見《李業傳》。漢史不能表而揚之爲「清節傳」，而僅附見其名氏。然諸君子清風肅然，立懦夫之志於百世之下，不待傳而彰。

《論衡》「孝明之世，讀《蘇武傳》，見武官名曰『栘中監』，以問百官，百官莫知」。又云：「司馬長卿爲《封禪書》，文約不具。子長紀黄帝至孝武，揚子雲録宣帝至哀平，陳平仲紀光武，班孟堅頌孝明。漢家功德，頗可觀見。」今子雲書不傳，平仲未詳其人，孟堅頌亦亡。

荀爽《對策》曰：「今臣僭君服，下食上珍，宜略依古禮尊卑之差，及董仲舒制度之别。」注引仲舒《對策》。愚謂：制度之别，必有其書，非但正法度，别上下之對也。《春秋繁露》有《度制篇》。

董仲舒三年不窺園，法真歷年不窺園，趙昱歷年潛思不窺園門，桓榮十五年不窺家園，何休不窺園者十七年。

號萬石者五家：漢石奮及四子皆二千石，號萬石君；馮揚爲弘農太守，八子皆爲二千石，亦號萬石君；嚴延年兄弟五人至大官，母號萬石嚴嫗；秦襲爲潁川太守，群從同時爲二千石者五人，號萬石秦氏；唐張文瓘爲侍中，四子皆至三品，號萬石張家。

【二】孔休蔡勳劉宣與卓茂龔勝鮑宣同志　此句四庫本、翁注本作「卓茂與孔休蔡勳劉宣龔勝鮑宣同志」。

漢丞相再入二人，周勃、孔光。御史大夫再入三人，孔光、何武、王崇。後漢太尉再入二人，劉矩、馬日磾；三入一人，胡廣。司徒再入二人，魯恭、胡廣。司空三入一人，牟融。唐宰相再入五十七人，長孫无忌至裴樞；三入十二人，武承嗣至鄭畋；四入三人，韋巨源、姚元之、韋安石；五入三人，蕭瑀、裴度、崔胤。

《宋·禮志》云：「漢文以人情季薄，國喪革三年之紀；光武以中興崇儉，七廟有共堂之制。魏祖以侈惑宜矯，終斂去襲稱之數；晋武以丘郊不異，二至并南北之祀。豈三代之典不存哉，取其應時之變而已。」愚謂：四事唯喪紀廟制，先儒議其失。

揚雄《河東賦》「羲和司日，顏倫奉輿」，注云：「倫，古善御者。」愚嘗攷《韓詩外傳》：「孔子云：『美哉！顏元父之御也。馬知後有輿而輕之，知上有人而愛之。至於顏倫少衰矣，馬知後有輿而輕之，知上有人而敬之。』」此顏倫善御之事也。書此以補《漢》注之闕。

秦亡於嬰，而莽立嬰以嗣平，速漢之亡也。

張竦《答陳遵》曰：「學我者易持，效子者難將【三】。」陳無己爲《秦少游字序》云：「行者難工，處者易持。」吕成公《書趙忠定父行實後》云：「處者易持，出者難工。」皆本張竦之意。

楊盈川《隰川令誌》云：「代恭王之子郢客爲侯。」周益公刊《文苑英華校正》，以爲

【三】效子者難將　「將」，四庫本、翁注本作「工」。

楚元王子郢客爲侯。今云代恭之子，未詳。愚按《漢書·王子侯表》：土軍侯郢客，代共王子。此盈川所用也。

「嚴延年劾奏霍光『擅廢立，無人臣禮，不道』。奏雖寢，朝廷肅焉。」吕成公曰：「大哉！延年之奏也。自夷、齊之後，一人而已。」沙隨程氏謂：延年女羅紨，爲昌邑王賀妻，生子女持轡。惟漢人風俗之厚，故不以爲嫌。王元石曰：「宣帝時，有大議論三：延年以不道劾光，夏侯勝言武帝不宜立廟樂，有司謚故太子曰戾。皆後世所不能及。」劉應起時可奏疏謂：「當使近習畏輔相，輔相畏臺諫，若申屠嘉能使近習畏之，若嚴延年能使輔相畏之。」

鼂錯《對策》首云：「平陽侯臣窋等所舉賢良方正、太子家令臣錯。」自言所舉之人及其官爵無所隱，漢制猶古也。自後史無所紀，唯唐張九齡《對策》首云：「嗣魯王道堅所舉道侔伊吕科、行秘書省校書郎張九齡。」自糊名易書之法密，不復見此矣。道堅，魯王靈夔之孫，本傳稱其方嚴有禮法，是以能舉九齡。而秉史筆者，不書於傳，僅見《九齡集》。

皇甫謐《高士傳》云：「成公者，成帝時自隱姓名，常誦經，不交世利，時人號曰成公。成帝時出遊問之，成公不屈節。上曰：『朕能富貴人，能殺人，子何逆朕哉？』成公曰：『陛下能貴人，臣能不受陛下之官；陛下能富人，臣能不受陛下之禄；陛下能殺人，臣能不犯陛下之法。』上不能折，使郎二人就受《政事》十二篇。」班史逸其事。孟堅譏太史公之退處士，而不爲逸民立傳，是以有目睫之論。

《高帝紀》群臣曰：「帝起細微，撥亂世反之正，平定天下，爲漢太祖，功最高，上尊號曰高皇帝。」此謚議之始也。崔駰《章帝謚議》，見《太平御覽》。

歐陽子曰：「始爲朋黨之論者，甚於作俑。」愚攷漢史，蕭望之、周堪、劉更生同心謀議，「弘恭、石顯奏望之、堪、更生朋黨，欲專擅權勢」。「朋黨」二字，始見于此，遂爲萬世之禍，可謂「一言喪邦」。

何武爲沛郡太守，決富家翁之子之訟，奪女財以與子，謂翁之思慮弘遠。乖崖斷杭民子壻之事，其意類此。事見《風俗通》。

《古今人表》許繇、巢父爲二人。譙周《古史考》：「許由夏常居巢，故一號巢父。」則巢、許爲一人，應休璉又謂之山父。

《儒林傳》「毛莫如少路」，宋景文公引蕭該《音義》：「案《風俗通·姓氏篇》：『混沌氏，太昊之良佐，漢有屯莫如，爲常山太守。』案此莫如姓非毛，應作『屯』字，音徒本反。」愚按：《溝洫志》云：「自塞宣房後，河復北決於館陶，分爲屯氏河。」顔師古注：「屯，音大門反。」而隋室分析州縣，誤以爲毛氏河，乃置毛州，失之甚矣。以此證之，則毛、屯之相混久矣。屯之爲氏，於此可攷。《廣韻》云：「《後蜀録》有法部尚書屯度。」徒渾切，與蕭該音不同。

王式以《詩》授褚少孫，《褚氏家傳》云：「即續《史記》褚先生。」沛人，爲博士。田何子裝，《釋文序録》作「子莊」。《高士傳》云：「字莊。」《樓護傳》云：「論議常依名節。」東萊謂：「居五侯之門而論名節，猶爲盜跖之徒而稱夷、齊也。」陳群爲曹操掾，而《傳》云「雅杖名義」，其能免樓護之譏乎？

《魏志》「建安二十年，始置名號侯」。裴松之謂：「今之虚封，蓋自此始。」按《漢·樊噲傳》「賜爵封號賢成君」，顔注云：「楚、漢之際，權設寵榮，假其位號，或得邑地，或空受爵。」則虚封非始於建安也。

《崇文總目》「《史雋》十卷」，《漢雋》之名本於此。

壺關三老茂，《漢武故事》以爲鄭茂。顔師古曰：「荀悦《漢紀》云『令狐茂』。」今《漢紀》本脱「令狐茂」三字。《御覽》「《上黨郡記》『令狐徵君隱城東山中』」。

《張敞集》「朱登爲東海相，遺敞蟹，報書曰：『蘧伯玉受孔氏之賜，必以及鄉人。敞謹分斯貺于三老尊行者，曷敢獨享之？』」其言有儒者風味。

宣帝以刑餘爲周、召，非獨弘、石也。平恩侯亦刑餘，而魏相因以奏事。戚官之禍漢【四】，自宣帝始也。

《宣紀》「神爵三年，益吏百石以下奉十五」，《通典》引應劭曰：「張敞、蕭望之言：『倉廩實而知禮節，衣食足而知榮辱。今小吏奉率不足，常有憂父母妻子之心，雖欲潔身

【四】戚官之禍漢　「官」，四庫本、翁注本作「宦」。

爲廉，其勢不能。可以什率增天下吏奉。』宣帝乃益天下吏奉什二。」與《漢紀》不同。《黄霸傳》「鶡雀」，顔氏注：當爲「鳻」。徐楚金鍇《説文》，當爲「鴿」。

《皇極經世書》「惠帝崩，立無名子爲帝」。王陵争非劉氏而王，而宫中已有非劉氏而帝者矣。

賈捐之上書罷朱崖，杜佑云：「捐之，誼之孫，高見實類其祖。」

漢之劉歆，魏之元韶，賣宗國以徼利，而身亦不免。小人可以戒矣。

張文潛《文帝論》謂：「絳侯之迹，異於韓、彭者無幾，文帝所以裁之者，乃所以深報之也。」其説太過。賈誼「體貌大臣而厲其節」，乃正論也。

揚雄自比孟子，而《校獵賦》乃曰：「群公常伯，楊朱、墨翟之徒。」學孟子而尊楊、墨，與《法言》背馳矣。

樓護之執吕寬，小人之不義者也，不當傳於《游俠》。《法言》獨稱朱家之不德，以爲長者。樓護，朱家之罪人也。

讓，美德也，然當審其是非。趙充國不歸功於二將軍，君子以爲是；顔真卿歸功於賀蘭進明，君子以爲非。

劉道原曰：「歷代國史，其流出於《春秋》。劉歆叙《七略》，王儉撰《七志》，《史記》以下，皆附《春秋》。荀勗分四部，史記、舊事入丙部。阮孝緒《七録·記傳録》記史傳【五】，由是經與史分。」

【五】阮孝緒七録記傳録記史傳「七」，原作「士」，據四庫本、翁注本改。

《漢名臣奏》丞相薛宣奏：「漢興以來，深考古義，惟萬變之備，於是制宮室出入之儀。故司馬殿省門闥至五六重，周衛擊刁斗，近臣侍側，尚不得著鉤帶入房。」《太平御覽》。匈奴遺漢文帝書曰：「天所立匈奴大單于。」又曰：「天地所生，日月所置，匈奴大單于。」突厥致書隋文帝曰：「從天生大突厥，天下賢聖天子，伊利俱盧設莫何沙鉢略可汗。」

西山先生稱天台劉深父，每舉史傳數百千言。漢許后《上成帝書》，於班史爲隱僻處，學者多不道，一日對客誦「奈何妾薄命，端遇竟寧前」及「設爲屏風張某所」等語，無一字差。前輩讀史精熟如此。

李靖曰：「張良所學，《六韜》、《三略》是也。韓信所學，《穰苴》、《孫武》是也。」光武詔報臧宫、馬武，引《黄石公記》。《隋志》有《三略》三卷。《館閣書目》云：「恐後人依託爲之。」近世有《素書》一卷，六章，曰原始，曰正道，曰本德宗道，曰求人之志，曰遵義，曰安樂。晁公武云：「厖亂無統，蓋采諸書成之。」謂晋有盗發張良冢者，於玉枕中獲此書。亦依託也。《初學記》又引《黄石公陰謀秘法》。

董仲舒在建元初對策，「願興太學，置明師，以養天下之士，數考問以盡其材」。《傳》謂立學校之官，自仲舒發之。攷之《武帝紀》建元五年置五經博士，此所謂學校之官也。元朔五年，始有禮官勸學之詔，於是丞相弘請爲博士置弟子員。《儒林傳》所載，其著功令也，詳於取而略於教，不過開禄利之塗而已。明經而志青紫，教子而擬籯金，孰知古者爲己之學哉？儻以仲舒爲相，使正誼明道之學行於時，則學者興於禮義，庶幾三代之風，豈止彬彬多文學之士乎？

韓信無行，不得推擇爲吏；陳湯無節，不爲州里所稱；主父偃學從横，諸儒排儐不容；李陵降匈奴，隴西士大夫以爲愧。秦、漢之後，鄉黨清議猶嚴也。是以禮官勸學，則曰「崇鄉里之化」。

卷十三

攷史

翟公巽謂：「范蔚宗書，語近詞冗，事多注見。其自叙云：『比方班氏，非但不愧。』今叢陋乃爾，豈筆削未定，遂傳之耶？乃删取精要，總合傳注，作《東漢通史》五十卷。」其書未見。

致堂論馬援曰：「光武非簡賢者，必以其女爲太子妃，逆防未然，故不授以重任。」按《馬后紀》，入太子宫在援卒之後，「防未然」之説非也。

吕成公謂：「馬援還書，王昶戒子，舉可法可戒者以教之，其心固善。不知所教者，本不欲其言人之過，言未脱口而已自言人之過，何其反也？」

《東觀漢記》光武詔曰：「明設丹青之信，廣開束手之路。」《公孫述傳》：「帝與述書，陳言禍福，以明丹青之信。」二句見《文選》注。

明帝爲太子，諫光武曰：「有禹、湯之明，而失黄、老養性之福。」夫禹、湯之道，堯、舜之道也。不以聖人之道養性，而取諸黄、老，謂之學通《尚書》，可乎？以無逸之心，明立政之體，君道盡矣！何羨乎黄、老？

「謝承父嬰爲尚書侍郎，每讀高祖及光武之後將相名臣策文通訓，條在南宫，祕於省閣，唯臺郎升複道取急，因得開覽。」謝承《後漢書》，見《文選》注。漢尚書作詔文。見《周禮》注。尚書郎，乃今中書舍人。見《通典》。

鍾離意謂「成湯遭旱，以六事自責」，本於《荀子》。黄瓊謂「魯僖遇旱，以六事自讓」，本於《春秋攷異郵》。

郅惲上書王莽云：「取之以天，還之以天。」莽猶能赦之，此祖伊之得全於殷紂之世也。

魯丕《對策》，見袁宏《紀》，而范史不載。

《文苑傳》，自東漢始，而文始卑矣。

漢政歸尚書，魏、晋政歸中書，後魏政歸門下，於是三省分矣。

爲杜密之居鄉，猶效陳孟公、杜季良也。爲劉勝之居鄉，猶效張伯松、龍伯高也。制行者宜知所擇。

東漢有佛書，而諸臣論議，無述其言者，唯襄楷云：「浮屠不三宿桑下。」

《班固傳》《西都賦》云：「招白間，下雙鵠。揄文竿，出比目。」二句爲對。白間，猶黄間也。注云：「弓弩之屬。」《御覽》引《風俗通》：「白鷳，古弓名。」《文選》以「間」爲

「鷳」。非禽名也。

《東都賦》「正予樂」，依讖文，改樂爲「大予」。《文選》李善注亦引「大予」，五臣乃解爲「正樂」。今本作「雅樂」，亦誤。蓋五臣本改爲「雅」。

「范氏施御」，注引《括地圖》曰：「夏德盛，二龍降之。禹使范氏御之，以行程南方。」按《左傳》范宣子曰：「昔匄之祖，在夏爲御龍氏。」《括地圖》之説本於此。然蔡墨謂「劉累學擾龍於豢龍氏，以事孔甲，賜氏曰御龍」，非禹也。

《文選·放歌行》注引崔元始《正論》：「永寧詔曰：『鐘鳴漏盡，洛陽城中不得有行者。』」永寧，漢安帝年號。元始，崔寔字也。《後漢紀》不載此詔。

崔寔《四民月令》，朱文公謂「見當時風俗及其治家整齊，即以嚴致平之意」。

崔寔《政論》云：「諺曰：『一歲再赦，好兒喑啞。』」唐太宗之言蓋出於此。「兒」與「人」同，如以「可人」爲「可兒」。

剛者必仁，佞者必不仁。龐萌爲人遜順而光武以託孤期之，不唯失於知人，其惑於佞甚矣。子陵所以鴻飛冥冥也。「懷仁輔義」之言，豈特規侯霸哉？

東漢三公，無出楊震、李固之右，而始進以鄧、梁，君子以爲疵。故《易》之《漸》曰「進以正」。

《曲禮》、《少儀》之教廢，幼不肯事長，不肖不肯事賢。東都之季，風化何其美也。魏昭請於郭泰，願在左右，供給灑掃。荀爽謁李膺，因爲其御。范滂之歸，鄉人殷陶、黄穆侍衛於旁，應對賓客。闕里氣象，不過是矣。

中平二年，昆陽令愍繇役之害，結單言府，收其舊直，臨時募顧，不煩居民。太守、丞爲之立約。見於《都鄉正街彈碑》。此募役之始也。

孔子曰：「故者，毋失其爲故也。」蘇章借故人以立威，其流弊遂爲于禁、源懷，忠厚之俗不復見。若章者，難與並爲仁矣。

「精廬」，見《姜肱傳》，乃講授之地，即劉淑、包咸、檀敷《傳》所謂精舍也。《文選》任彦升《表》用「精廬」，李善注引王阜事，五臣謂寺觀，謬矣。

孔北海《答王脩教》曰：「掾清身潔己，歷試諸難。謀而鮮過，惠訓不倦。余嘉乃勳，應乃懿德，用升爾于王庭，其可辭乎？」文辭温雅，有典誥之風，漢郡國之條教如此。然「歷試諸難」，恐不可用。

孝女叔先雄，《水經注》以爲光終，符縣人。又引《益部耆舊傳》：「符有光洛，疑即「終」字。㮚道有張帛。」

劉贛父《東漢刊誤》謂《列傳》第七十九，注最淺陋。章懷注書，分與諸臣。疑其將終篇，故特草草耳。今觀《南匈奴論》「棄蔑天公」，注引《前書》云：「『老秃翁何爲首鼠兩端』，秃翁，即天翁也。」其謬甚矣。

《曹娥碑》云「盱能撫節按歌，婆娑樂神，以五月時迎伍君」，《傳》云「迎婆娑神」，誤也。

蔡邕文，今存九十篇，而銘墓居其半。曰碑，曰銘，曰神誥，曰哀讚，其實一也。自云爲《郭有道碑》獨無愧辭，則其它可知矣。其頌胡廣、黄瓊，幾於老、韓同傳，若繼成漢史，豈有南、董之筆？

《周舉傳》「太原舊俗，以介子推焚骸，有龍忌之禁，一月寒食」。按《淮南·要略》云：「操舍開塞，各有龍忌。」注：「中國以鬼神之亡日忌，北胡、南越皆謂之請龍。」

郭伋爲并州牧，有童兒騎竹馬。《史通》云：「晋陽無竹，事不可信。」

《光武紀》「建武二十三年，陳留太守玉況爲大司徒」。二十七年薨。《虞延傳》注引《謝承書》曰：「況，章和元年爲司徒。」《謝承書》誤也。

漢詔令，人主自親其文。光武詔曰：「司徒，堯也。赤眉，桀也。」明帝詔曰：「方今上無天子，下無方伯。」豈代言者所爲哉？

三國鼎峙，司馬公《通鑑》以魏爲正統，本陳壽。朱子《綱目》以蜀漢爲正統。本習鑿齒。習鑿齒《漢晋春秋》以蜀漢爲正。朱文公謂「晋史自帝魏，後賢盍更張」，然晋人已有此論。

然「稽於天文，則熒惑守心，魏文帝殂而吴、蜀無它」，此黄權對魏明帝之言也，若可以魏爲正矣。月犯心大星，王者惡之，漢昭烈殂而魏、吴無它，權將何辭以對？

邵公濟《謁武侯廟文》云：「公昔高卧，隱然一龍。鬼蜮亂世，其誰可從？惟明將軍，漢氏之宗。相挽以起，意氣所同。欲持尺箠，盡逐姦雄。天未悔禍，世豈能容？惟史臣壽，姦言非公。惟大夫周，誤國非忠。廟食故里，羞此南充。置公左右，不堪僕童。我實鄙之，築公之宫。《春秋》之法，孰敢不恭？俾千萬年，仰其高風。」陳壽、譙周，皆巴郡人，今果州。陸務觀《籌筆驛詩》：「運籌陳迹故依然，想見旌旗駐道邊。一等人間管城子，不堪譙叟作降牋。」公濟之文，蓋果州作。

君子小人之夭壽，可以占世道之否泰。諸葛孔明止五十四，法孝直纔四十五，龐士元僅三十六，而年過七十者，乃奉書乞降之譙周也。天果厭漢德哉？

諸葛武侯曰：「勢利之交，難以經遠。士之相知，温不增華，寒不改葉，貫四時而不衰，歷夷險而益固。」《太平御覽》引《要覽》云。

武侯不用魏延之計，非短於將略也，在《易·師》之上六曰：「小人勿用。」

三國魏有篡弑，吴有廢立，皆受制强臣。蜀漢未亡之前，庸主尸位而國無内憂，昭烈、武侯之規摹遠矣。

《水經注》引武侯《與步騭書》曰：「僕前軍在五丈原，原在武功西十里。馬冢在武功東十餘里，有高勢，攻之不便，是以留耳。」武侯《表》云：「臣遣虎步監孟琰據武功水東，司馬懿因水長攻琰營，臣作竹橋，越水射之，橋成馳去。」此可以裨《武侯傳》之闕。晦翁：欲《傳》末略載瞻及子尚死節事，以見善善及子孫之義。南軒不以爲然，以爲瞻任兼將相，而不能極諫以去黄皓。諫而不聽，又不能奉身而退，以冀主之一悟，可謂不克肖矣。兵敗身死，雖能不降，僅勝於賣國者耳。以其猶能如此，故書子瞻嗣爵，以微見善善之長；以其智不足稱，故不詳其事，不足法也。此論甚精。

昭烈謂武侯之才，十倍曹丕。以丕之盛，終身不敢議蜀也。司馬懿畏蜀如虎，非武侯之敵。《史通》云：「陸機《晉史》虛張拒葛之鋒。」又云：「蜀老猶存，知葛亮之多枉。」然則武侯事蹟湮没多矣。

《八陣圖》，薛士龍曰：「圖之可見者三：一在沔陽之高平舊壘，一在新都之八陣鄉，一在魚復永安宫南江灘水上。」蔡季通曰：「一在魚復，石磧迄今如故。一在廣都，土壘今殘破不可攷。」

君子其潛如龍，非迅雷烈風不起；其翔如鳳，非醴泉甘露不食。司馬德操、諸葛孔明俱隱於耕稼，而仕止殊；魏玄成、徐洪客俱隱於黄冠【一】，而出處異。如用之，易地則皆然。

鄧艾取蜀，行險以徼幸。閻伯才《陰平橋詩》云：「魚貫羸師堪坐縛，爾時可歎蜀無人。」

【一】魏玄成徐洪客俱隱於黄冠　「洪」，翁注本作「鴻」。

張文潛《梁父吟》曰：「永安受詔堪垂涕，手挈庸兒是天意。渭上空張復漢旂，蜀民已哭歸師至。堂堂八陣竟何爲？長安不見漢官儀。鄧艾老翁誇至計，譙周鼠子辨興衰。」其言悲壯感慨，蜀漢始終，盡於此矣。說齋云：「人心思漢，王郎假之而有餘；人心去漢，孔明扶之而不足。」

「舜、禹有天下而不與焉。」魏文喜躍於爲嗣之初，大饗於憂服之中，不但以位爲樂而已。其篡漢也，哆然自以爲舜、禹，可以欺天下乎？曹植拜先君墓，與友人宴於松柏之下，爲詩云：「樂至憂復來。」又云：「可不極娱情。」其末流至於阮籍，禮法之亡，自魏文兄弟始。

晉傅玄曰：「魏武好法術，而天下貴刑名；魏文慕通達，而天下賤守節。」然則放曠之風，魏文實倡之。程子謂：「東漢之士，知名節而不知節之以禮，遂至苦節。苦節既極，故魏、晉之士變而爲曠蕩。」愚謂：東都之季，或附曹，群忘漢，荃蕙化爲茅矣，苦節之士安在哉？傅玄之言得之。

律章句，馬、鄭諸儒十有餘家，魏明帝詔但用鄭氏章句。范蜀公曰：「律之例有八：以、准、皆、各、其、及、即、若。若《春秋》之凡。」宋莒公曰：「應從而違，堪供而闕，此『六經』之亞文也。」

魏以不仁得國，而司馬氏父子世執其柄。然節義之臣，齮巨姦之鋌，若王淩以壽春欲誅懿而不克，文欽、毌丘儉以淮南欲誅師而不遂，諸葛誕又以壽春欲誅昭而不成，千載猶有生氣，魏爲有臣矣。鄭漁仲謂：「《晉史》黨晉，凡忠於魏者爲叛臣；《齊史》黨齊，凡忠於宋者爲逆黨。」《史通》亦云：「古之書事也，令亂臣賊子懼；今之書事也，使忠臣義士羞。」

「學如牛毛，成如麟角。」出蔣子《萬機論》。

司馬孚自謂「魏貞士」。孚，上不如魯叔肸，下不如朱全昱，謂之「正」，可乎？

魏文帝詔曰：「三世長者知被服，五世長者知飲食。」言被服、飲食，難曉也。俗語有所本。

管幼安如郭林宗，天子不得臣，諸侯不得友。蘇文定贊之曰：「少非漢人，老非魏人。何以命之？天之逸民。」

《江表傳》「群臣以孫權未郊祀，奏議曰：『周文、武郊酆、鄗，非必中土。』權曰：『文王未爲天子，立郊于酆，見何經典？』復奏曰：『《漢·郊祀志》匡衡奏言：文王郊於酆。』權曰：『文王德性謙讓，處諸侯之位，明未郊也。俗儒臆説，非典籍正義，不可用。』」權之識見，高於群臣矣，漢儒不及也。

孫權破關羽，而昭烈復漢之志不遂。權稱臣於曹操，稱説天命，英雄之氣安在哉？故朱子曰：「權亦漢賊也。」

《諸葛恪傳》注：虞喜《志林》曰：「況長寧以爲君子臨事而懼，好謀而成。」又曰：「往聞長寧之甄文偉。」亦見《通鑑》。文偉，謂費禕也。長寧，未詳其人，蓋蜀人也。《廣韻》引何氏《姓苑》，有況姓，廬江人。

嚴畯之遜吕蒙，有鄭子皮之風；陸遜之薦淳于式，有晋祁奚之風。吴安得不興乎？孫堅與策，皆以輕敵隕其身。權出合肥之圍，亦幸而免。孫休之遺李衡，有漢高帝之度；其討孫琳，有叔孫昭子之斷，吴之賢君也。孫峻薦諸葛恪可付大事，而恪終死於峻之手。《易》曰：「比之无首，无所終也。」漢昭烈託孤於孔明，而權乃託孤於恪，劉、孫之優劣，於此可見。

吴築涂塘，晋兵出涂中。涂，音除，即六合瓦梁堰，水曰滁河。南唐於滁水上立清流關。或以「涂塘」音「塗」，誤也。《元和郡縣志》：滁州，即涂中。

「楚莫敖狃於蒲騷之後，將自用也。」諸葛恪東關之勝，亦以此敗，其失在於自用。

《史通》云：「《晋史》所采多小書，若《語林》、《世説》、《搜神記》、《幽明録》是也。曹、干兩《紀》，孫、檀二《陽秋》，皆不之取。其中所載美事，遺略甚多。」曹嘉之、干寶《晋紀》。孫盛、檀道鸞《晋陽秋》。又云：「唐修《晋書》，作者皆詞人，遠棄史、班，近宗徐、庾。」晁子止亦謂《晋史》叢冗最甚。

李華云：「干寶著論，近王化根源。」謂《晋紀論》以民情風教、國家安危之本。

放翁《豐城劍賦》謂：「吴亡而氣猶見，其應晋室之南遷。」愚謂：豐城二劍事，出雷次宗《豫章記》。所謂孔章者，即雷焕也，蓋次宗之族。此劉知幾所云莊子鮒魚之對，賈生服鳥之辭，「施於寓言則可，求諸實録則否」。而唐史官之撰《晋史》者取之，後人因而信之，誤矣。顔師古注《漢書》，凡撰述方志、新異穿鑿者皆不録。注史猶不取，况作史乎？《豫章記》見《藝文類聚》。

晋元帝爲牛氏子，其説始于沈約，而魏收《島夷傳》因之，唐貞觀史官修《晋書》亦取焉。王劭謂沈約喜造奇説以誣前代。劉知幾亦以爲非，而致堂乃謂元帝冒姓司馬，過矣。

《演蕃露》云：「晋郭展爲太僕，留心於養生，而廐馬充多。潘尼爲《太僕箴》，叙列其事，皆推養生而致之於馬。」今按：郭展事，見《晋諸公贊》。潘尼爲《乘輿箴》，見《晋書》，非《太僕箴》也，蓋誤以二事爲一。

《后妃傳贊》「持尺威帝」，《庾亮傳論》「牙尺垂訓，帝深念於負芒」。按《殷芸小説》：「晋成帝時，庾后臨朝，諸庾誅南頓王宗。帝問南頓何在，答曰：『黨峻作賊，已誅。』帝知非黨，曰：『言舅作賊，當復云何？』庾后以牙尺打帝頭，云：『兒何以作爾語？』帝無言，惟張目熟視諸庾，甚懼。」

阮嗣宗《蘇門歌》曰：「日没不周西，月出丹淵中。陽精蔽不見，陰光代爲雄。亭亭在須臾，厭厭將復隆。富貴俯仰間，貧賤何必終？」其有感於師、昭之際乎？然勸進之作，焉能逭《春秋》之誅？

「反鏡索照」，出夏侯湛《抵疑》。湛贊閔子騫云：「聖既擬天，賢亦希聖。」周子前已有此語矣【二】。

東坡謂劉壯輿曰：「陶威公忠義之節，横秋霜而貫白日，《晉史》書折翼事，豈有是乎？」陳忠肅亦曰：「陶公被誣，以晉之刑政不行於庾元規也。元規以筆札啗王隱，折翼化鶴之事，隱與杜延業共爲之也。」

庾翼謂「天公憒憒」，李文饒曰：「昔秦得金策【三】，謂之天醉。豈天之常醉哉？」吁，爲天者亦難矣。《詩》云：「民今方殆，視天夢夢。既克有定，靡人不勝。有皇上帝，伊誰云憎？」是之謂知天。天醉，見張衡《西京賦》、庾信《哀江南賦》。

何曾、荀顗之孝，論者比之曾、閔。夫以孝事君則忠，不忠於魏，又不忠於晉，非孝也。顗之罪浮於曾。曾之驕奢，禍止及家；顗之姦諛，禍及天下。

山濤欲釋吴以爲外懼，又言不宜去州郡武備，其深識遠慮，非清談之流也。顔延之於七賢，不取山、王，然戎何足以比濤，猶碔之於玉也。

康節邵子《西晉吟》：「有刀難剖公閭腹，無木可梟元海頭。禍在夕陽亭一句，上東門嘯浪悠悠。」攷之《晉史》，賈充納女以壬辰，劉曜陷長安以丙子，相去纔四十五年。姦臣孽女之敗國家，吁，可畏哉！近世賈妃之册以壬辰，而宋之禍亦以丙子，悲夫！

江默云：「唐、虞、三代，有疑赦而無大赦。漢、唐有大赦而無郊赦。故大赦始於春秋，而郊赦始於五代。」愚謂：晉王彪之答簡文云：「中興以來，郊祀往往有赦，常謂非

【二】周子前已有此語矣　「周子」，原脱，據四庫本、翁注本補。

【三】昔秦得金策　「得」，原作「時」，據四庫本、翁注本改。

宜。」則郊赦東晋有之，非始於五代也。

《通鑑》「秦兵既盛，謝玄入，問計於謝安。安夷然答曰：『已别有旨。』既而寂然。玄不敢復言，乃令張玄重請，安遂命駕出遊山墅，與玄圍棋賭墅」。《綱目》删「玄不敢復言，乃令張玄重請」二句，則圍棋爲張玄乎？謝玄乎？《世説》注引《續晋陽秋》曰：「與兄子玄圍棋。」然二玄當如《漢書》叙臣勝、臣夏侯勝，以姓别之。

王導之孫謐，授璽于桓玄；謝安之孫澹，持册于劉裕。此朱子所以歎嗣守之難也。無忝乃祖，一陶淵明而已。

桓玄篡逆，卞承之謂宗廟「祭不及祖，知楚德之不長」。亂臣賊子祭及其祖，可以長世乎？斯言不當汙簡牘。

《晋史·忠義傳》可削者三人：韋忠不見裴頠，辭張華之辟，初節亦足稱矣，而仕於劉聰，爲之討羌而死，非爲晋死也，謂之忠義可乎？王育仕於劉淵，劉敏元仕於劉曜，舍順從逆，皆失節者也，忠義安在哉？唐之修《晋史》也，許敬宗、李義府與秉筆焉，是惡知蘭艾鸞梟之辨？

陶淵明《讀史》，述夷、齊云：「天人革命，絶景窮居。」述箕子云：「矧伊代謝，觸物皆非。」先儒謂：「食薇飲水」之言，「銜木填海」之喻，至深痛切，讀者不之察爾。顔延年《誄淵明》曰：「有晋徵士。」與《通鑑綱目》所書同一意。《南史》立傳，非也。

「策扶老以流憩」，謂扶老藤也。見《後漢·蔡順傳》注。

淵明《與子儼等疏》，潁川韓元長謂韓融，韶子，《後漢》有傳。濟北氾稚春謂氾毓。《晉書》有傳。《集》云「范稚春」，誤。《南史》氾幼春，蓋避唐諱治字之嫌。

朱文公曰：「陶公栗里，前賢題詠，獨顏魯公一篇，令人感慨。」今攷魯公詩云：「張良思報韓，龔勝恥事新。狙擊苦不就，舍生悲拖紳。嗚呼陶淵明，奕葉爲晉臣。自以公相後，每懷宗國屯。題詩庚子歲，自謂義皇人。手持《山海經》，頭戴漉酒巾。興與孤雲遠，辯隨還鳥泯。」見《廬山記》，集不載。

「樂廣客蛇影」，與《風俗通》所載杜宣事同。

「蒼蠅傳赦」，《異苑》以爲晉明帝，與《苻堅載記》同。

嵇康，魏人。司馬昭惡其非湯、武而死於非辜，未嘗一日事晉也。《晉史》有傳，康之羞也。後有良史，宜列於《魏書》。

司馬師引二敗以爲己過，司馬昭怒王儀「責在元帥」之言。昭之惡，甚於師。劉殷失節於劉聰，而戒子孫曰：「事君當務幾諫。」大節已虧，其言之是非，不足論也。

干寶論「晉之創業立本，固異於先代」。後之作史者不能爲此言也，可謂直矣。

焚石勒之幣，江左君臣之志壯矣。僭號之國十六，而晉敗其一，苻堅。滅其三，李勢、慕容超、姚泓。不可以清談議晉。

晉簡文詠庾闡詩云：「志士痛朝危，忠臣憂主辱。」東魏靜帝詠謝靈運詩曰：「韓亡子房奮，秦帝魯連耻。本自江海人，忠義動君子。」至今使人流涕。祖逖曰：「晉室之亂，非上無道而下怨叛也，晉之德澤淺矣。」姚弋仲曰：「亟自歸於晉。」王猛曰：「勿以晉爲圖。」人心知義，非後世所及也。

南豐《記王右軍墨池》云：「愛人之善，雖一能不以廢。」愚謂：右軍所長，不止翰墨。其勸殷浩内外協和，然後國家可安；其止浩北伐，謂力争武功，非所當作；其遺謝萬書，謂隨事行藏【四】，與士卒同甘苦；謂謝安虚談廢務，浮文妨要，非當世所宜。言論風旨，可著廊廟，江左第一流也。不可以藝掩其德，謂之「一能」，過矣。

「慕容恪尚在，憂方大耳。」如「得臣猶在，憂未歇也」。覘國者以人爲輕重。

《宣帝紀論》：「竊鐘掩耳，以衆人爲不聞。」出《淮南子》。

楊盛不改義熙年號，其志如陶靖節，孰謂夷無人哉？盛，武都王。

袁宏以伏滔比肩爲辱，似知耻矣，而失節於桓温之九錫，耻安在哉？

《謝邈傳》「孝武多賜侍臣文詔，辭義有不雅者，邈輒焚毁之」。《通鑑》云：「帝好爲手詔詩章，以賜侍臣。或文詞率爾，徐邈應時收斂，還省刊削，皆使可觀，經帝重覽，然後出之。」此一事也，《晉書》以爲謝邈，《通鑑》以爲徐邈，必有一誤。

【四】謂隨事行藏　「謂」，原爲空格，據四庫本、翁注本補。

晋之伐吴，杜預曰：「孫皓或怖而生計，則明年之計，或無所及。」隋之伐陳，文帝投柹於江，曰：「使彼懼而知改，吾又何求？」隋文之識，若優於預矣。以時攷之，吴猶有死守之臣，杜預所以詭形而不敢露；陳不聞力戰之將，隋文所以衡行而無所忌。預之言近乎實，文帝之言非其誠也。

《文心雕龍》謂：「江左篇製，溺乎玄風。」《續晋陽秋》曰：「正始中，王、何好莊、老；至過江，佛理尤盛。郭璞五言，始會合道家之言而韻之，許詢、孫綽轉相祖尚，而《詩》、《騷》之體盡矣。」愚謂：東晋玄虚之習，詩體一變，觀蘭亭所賦可見矣【五】。

梁武帝敕群臣，自太初終齊，撰《通史》六百二十卷。元魏濟陰王暉業起上古終宋，著《科録》二百七十卷。其書亡傳。《高氏小史》自天地未分，至唐文宗，爲百二十卷。今雖存而傳者鮮。自書契以來，未有如《通鑑》者。

宋周朗有「櫝帶寶，笥著衣」之論，司馬文正公有「耳視目食」之說，皆足以儆世迷。

魏之篡漢，晋之篡魏，山陽、陳留猶獲攷終，亂賊之心猶未肆也。宋之篡晋，踰年而弑零陵，不知天道報施，還自及也。齊、梁以後，皆襲其跡，自劉裕始。

徐羡之、傅亮、謝晦之死，猶晋之里克、衛之甯喜也，文帝不失爲叔孫昭子。

宋文帝、魏太武，佳兵者也，皆不克令終。「不祥好還」之戒昭昭矣。

葉少藴云：「齊武帝欲爲裴后立石誌墓中，王儉以爲非古。或以爲宋元嘉中，顔延

【五】「愚謂」至「可見矣」此條小注，翁注本作正文。

之爲王球作誌，墓有銘自宋始。唐封演援宋得《司馬越女冢銘》，隋得《王戎墓銘》，爲自晉始，亦非是。今世有崔子玉書《張衡墓銘》，則墓有銘自東漢有之。」周益公謂：銘墓三代有之。唐開元四年，偃師耕者得比干墓銅槃。東漢誌墓，初猶用磚，久方刻石。

張融風止詭越，齊高帝曰：「此人不可無一，不可有二。」程致道贊米元章云：「是千載人，不可無一。」

南豐序《齊書》曰：「蕭子顯之文，喜自馳騁，其更改破析，刻雕藻繢之變尤多，而其文益下。」愚謂：子顯以齊宗室仕於梁，而作《齊史》，虛美隱惡，其能直筆乎？

梁武帝曰：「應天從人。」致堂謂：「《易》之《革》曰：『順天應人。』未聞『應天』也。爲是言者，不知天之爲天矣。」愚按：梁武之父名順之，故不云「順天」，避諱也。後人「應天」之語，蓋襲其誤。蕭道成之篡奪，順之爲爪距，豈知祚移其子乎？

梁武帝時錢陌減，始有足陌之名。唐末以八十爲陌，漢隱帝時王章又減三錢，始有省陌之名。

後魏葛榮陷冀州，賈景興稱疾不拜，每捫膝曰：「吾不負汝。」僞楚之僭，喻汝礪捫其膝曰：「此豈易屈者哉？」以捫膝自號，蓋本於此。

宇文泰弑君之罪，甚於高歡之逐君，乃以周公自擬，亦一莽也。

北齊魏長賢曰：「王室板蕩，彝倫攸斁。大臣持禄而莫諫，小臣畏罪而不言。虛痛朝危，空哀主辱。匪躬之故，徒聞其語；有犯無隱，未見其人。嫠不恤緯，而憂宗周之亡；女不懷歸，而悲太子之少。況委質有年，安可自同於匹庶？」其言凛然，可以立懦夫之志。作史者，以魏收之族與之同傳，蘭艾混殽甚矣。長賢，徵之父也。

高洋之惡，浮于石虎、苻生，一楊愔安能救生民之溺乎？

執笏，始于宇文周保定四年。紫緋緑袍，始于隋大業六年。

蕭方等，梁元帝子，爲《三十國春秋》，以晉爲主，附列劉淵以下二十九國。《通鑑》晉元興三年，引方等論，《綱目》但云「蕭方」，誤削「等」字。

晉之篡魏以賈充，其亡亦以充；隋之平陳以楊素，其亡亦以素。立太子妃，易太子，亡之兆也。玄感之於素，猶李敬業之於勣也。煬、武之立，素、勣之力也，其子欲撲其燎可乎？

祖君彦檄：「光武不隔於反支。」乃明帝事，見王符《潛夫論》。反支日，用月朔爲正。戌亥朔一日，申酉朔二日，午未朔三日，辰巳朔四日，寅卯朔五日，子丑朔六日。

《北史》「李繪六歲求入學，家人以偶年俗忌，不許」。偶年之忌，見於此。

梁武帝策錦被事，劉峻以疏十餘事而見忌。又問栗事，沈約以少三事而爲悦。君之於臣，争名記誦之末。燕泥、庭草，於隋煬何議焉？

李仲信㞕。爲《南北史世説》，朱文公謂《南北史》，凡《通鑑》所不取者皆小説也。

隋萬寶常聽樂，泣曰：「樂聲淫厲而哀，天下不久將盡。」隋之不久，不待聽樂而知也。師尚父曰：「以不仁得之，以不仁守之，必及其世。」使隋用竇常之言，復三代之樂，其能久乎？竇常之先見，不逮房玄齡。

徐楚金云：「隨文帝惡『隨』字爲走，乃去之，成『隋』字。隋，裂肉也，其不祥大焉。殊不知『隨』從『辵』，辵，安步也。而妄去之，豈非不學之故？」

陳無淮，無荆、襄，無蜀，而立國三十二年，江左猶有人也。

魏節閔帝陽瘖避禍，至于八年，終身爲范粲可也。「天何言哉」之言一出諸口，遂以不免。程子曰：「節或移於晚，守或失於終。」

「寧爲袁粲死，不作褚淵生」，宋石頭城之謡也。「寧爲王凌死，不爲賈充生」，宋沈攸之之言也。「悲君感義死，不作負恩生」，陳魯廣達之留名也。「與其含耻而存，孰若蹈道而死」，秦郭質之移檄也。「與其屈辱而生，不若守節而死」，燕賈堅之固守也。「寧爲南鬼，不爲北臣」，則有齊新野之劉思忌【六】。「寧爲趙鬼，不爲賊臣」，則有趙仇池之田崧。「寧爲國家鬼，不爲賊將」，則有魏樊城之龐德。「寧爲國家鬼，不爲羌賊臣」，則有晋河南之辛恭靖。之人也，英風勁氣，如嚴霜烈日，千載如生。其視叛臣要利者，猶犬彘也。

韋孝寬知兵而不知義。尉遲迥之討楊堅，所以存周也，孝寬受周厚恩，乃黨堅而滅迥。堅之篡也，孝寬實成之，難以逭《春秋》之誅矣。

楊堅以后父篡國，亦一莽也。「以不仁得之，以不仁守之，必及其世」，堅之謂矣。

【六】則有齊新野之劉思忌　「忌」，原作「忠」，據四庫本、翁注本改。

莽、堅之女，皆節婦也，爲其父者亦少愧哉！

顔見遠死節於蕭齊，其孫之儀盡忠於宇文周，常山、平原之節義，有自來矣。

卷十四

攷史

唐府兵之數，《兵志》云：「十道置府六百三十四，而關内二百六十一。」《百官志》凡六百三十三。陸贄云：「府兵八百所，而關中五百。」杜牧云：「折衝果毅府五百七十四。」《舊志》、《六典》云：「天下之府五百九十四。」《會要》云：「關内置府二百六十一，又置折衝府二百八十，通計舊府六百三十二。」《通典》云：「五百七十四。」《理道要訣》云：「五百九十三。」《鄴侯家傳》云：「諸道共六百三十府。」今以《地理志》攷之，十道共有府五百六十六，關内二百七十三，餘九道二百九十三。參以《志》、《傳》，差互不齊。神宗問：「何處言府兵最備？」王文公對曰：「《李鄴侯傳》言之詳備。」然府數與諸書亦不同。

了齋云：「顔回配饗先聖，其初但爲立像，至開元中，始與十哲合爲一座。」按《唐志》開元八年，詔十哲爲坐像。《集古録》：「李陽冰《縉雲孔子廟記》云：『换夫子之容貌，增侍立者九人。』蓋獨顔回配坐，而閔損等九人爲立像。陽冰修廟，在肅宗上元二年，其不用開元之詔，何也？」

《魏徵傳》：「帝謂群臣曰：『此徵勸我行仁義既效矣。』」《新史》潤色之語也。《貞觀政要》云：「太宗謂群臣曰：『貞觀初，人皆異論，云當今必不可行帝道王道，唯魏徵勸我。既從其言，不過數載，遂得華夏安寧，遠戎賓服。突厥自古已來，常爲中國勍敵，今酋長並帶刀宿衛，部落皆襲衣冠。使我遂至於此，皆魏徵之力。』」《新史》於《廚賓傳》又云：「惟魏徵勸我修文德，安中夏。」以《通鑑》攷之，與《政要》所載同一事。或謂太宗以既效自滿，非也。

鄭毅夫謂：「唐太宗功業雄卓，然所爲文章纖靡浮麗，嫣然婦人小兒嘻笑之聲，不與其功業稱。甚矣，淫辭之溺人也。」神宗聖訓亦云：「唐太宗英主，乃學庾信爲文。」《温泉銘》、《小山賦》之類可見。

《新史》論張公謹之抵龜，曰：「投機之會，間不容穟。」鄭伯克段于鄢，《春秋》所以紀人倫之大變也，曾是以爲投機乎？晉欒書將弑厲公，召士匄、韓厥，二人皆辭。太宗臨湖之變，問李靖、李勣，二人皆辭。靖、勣賢於公謹遠矣。

唐太宗《贈堯君素蒲州刺史詔》曰：「雖桀犬吠堯，乖倒戈之志；而疾風勁草，表歲寒之心。」我藝祖《贈韓通中書令制》曰：「易姓受命，王者所以徇至公；臨難不苟，人臣所以明大節。」大哉王言！表忠義以厲臣節，英主之識遠矣。歐陽公《五代史》不爲韓通立傳，劉原父譏之曰：「如此，是第二等文字。」通附傳在《建隆實録》。齊武帝使沈約撰《宋書》，疑立

《袁粲傳》。審之於帝，帝曰：「袁粲自是宋室忠臣。」惜乎，歐陽子念不及此。

賢臣久於位，則其道行，房喬以之成貞觀之治。姦臣久於位，則其欲肆，林甫以之成天寶之亂。

《唐史發潛》謂：武氏之起，袁天綱言其貴不可言。李淳風云：「當有女主王天下，已在宫中。」此必武氏僭竊之後，姦佞之徒神其事，言天之所啓，非由人事也。愚謂：《左氏》載陳敬仲、畢萬之筮，太史公載趙簡子之夢，皆此類。

佩魚始於唐永徽二年，以李爲鯉也。武后天授元年，改佩龜，以玄武爲龜也。

治平末年，始鬻度牒。攷之《唐史》，肅宗時，裴冕建言度僧道士，收貲濟軍興。此鬻牒之始也。

鍾紹京爲宰相，而稱義男於楊思勗之父。史不載也，而石刻傳于後世，人皆見之，惡之不可揜如是。臧堅以刑人之唁爲辱，此何人哉？林甫、國忠因力士以相，其原見于此。李揆當國，以子姓事輔國，不耻也，紹京何責焉？

《鄭薰傳》云：「宦人用階請蔭子，薰却之不肯叙。」亦庶幾有守矣。《文苑英華》有薰所撰《仇士良神道碑》云：「孰稱全德，其仇公乎？」其叙甘露之事，謂「克殲巨孽，乃建殊庸」，以七松處士而秉此筆，乃得佳傳於《新史》，豈作史者未之攷歟？碑云：「大中五年，念功録舊，詔詞臣撰述，不敢虚美。」以元惡爲忠賢，猶曰不虚美乎？宣宗所褒表者若此，唐之不競，有以哉！宣宗召韋澳，問：「内侍權勢何如？」對曰：「陛下威斷，非前朝比。」上閉目摇手曰：「尚畏之。」在士良之立碑，其亦畏昏椓之黨歟？

席豫未嘗草書，曰：「細猶不謹，而況巨耶？」然豫爲黜陟使，言安禄山公直無私，其迷國之罪大矣，安在其能謹哉？《唐史》立傳褒之，未有著其罪者，何小人之多幸也。席建侯，即豫也。《唐史》避代宗諱稱字。孔光黨王莽，則不言温室樹，不足以爲謹。席豫黨禄山，則未嘗草書，不足以爲謹。

《容齋續筆》辯嚴武無欲殺杜甫之説。愚按：《新史·嚴武傳》多取《雲溪友議》，宜其失實也。

《通鑑》載李德裕對杜悰稱「小子聞御史大夫之命，驚喜泣下」。致堂謂：「德裕豈有是哉？杜悰，李宗閔之黨，故造此語以陋文饒，史掇取之。以文饒爲人大概觀焉，無此事必矣。」愚按：此事出張固所撰《幽閑鼓吹》，雜説不足信也。

《李泌傳》「加集賢殿崇文館大學士。泌建言學士加『大』，始中宗時。及張説爲之固辭，乃以學士知院事。至崔圓復爲大學士，亦引泌爲辭而止」。愚按：崔圓相肅宗在泌前，《會要》「貞元四年五月，泌奏張説懇辭『大』字，衆稱達禮。至德二年，崔圓爲相，加集賢大學士，因循成例。望削去『大』字」。此乃泌引圓爲辭，《傳》誤矣。

「韋濟試理人策第一。」致堂謂濟被識擢，不聞以循良稱，是實不副言矣。愚攷《通鑑》開元二十二年，相州刺史韋濟薦方士張果。蓋逢君之惡者，不但實不副言也。少陵《贈韋左丞詩》，即濟也。

《舊史·敬宗紀》李翱求知制誥，面數宰相李逢吉過。愚謂：翱爲韓文公之友，此逢吉所深忌也，面數其過，可謂直矣。求知制誥，乃誣善之辭。荆公嘗辯之曰：「世之淺者，以利心量君子。」

《老學菴筆記》云：「舊制，兩省中書在門下之上，元豐易之。」愚觀李文簡《歷代宰相表》云：「中書、門下，班序各因其時。代宗以前，中書在上。憲宗以後，門下在上。大曆十四年，崔祐甫與楊炎皆自門下遷中書，不知何時升改。」放翁所記，蓋未攷此。

《李靖兵法》世無全書，略見於《通典》。今《問對》出阮逸，因杜氏所載附益之。

《唐六典》太子令書畫諾，本朝至道初改爲準。此東宫畫諾也。陸龜蒙《説鳳尾諾》云：「東宫曰令，諸王曰教，其事行則曰諾，猶天子肯臣下之奏曰可也。晉元帝爲琅邪王，批鳳尾諾；南齊江夏王學鳳尾諾。」則諸王亦畫諾矣。《後漢書》云：「南陽宗資主畫諾。」梁江州刺史陳伯之目不識書，「得文牒辭訟，惟作大諾」。則郡守刺史亦畫諾矣。

《唐六典》開元禮，宣示中外，未有明詔施行。見《吕温集》。南豐謂：「《六典》本原設官因革之詳，上及唐、虞，以至開元。其文不煩，其實甚備，可謂善於述作者。」

《李德裕傳》「韋弘質建言，宰相不可兼治錢穀」。嘉祐六年《制策》：胡武平撰。「錢轂，大計也，韋賢之言不宜兼於宰相。」盖「弘」字避諱，誤以「質」爲「賢」。

劉秩爲祭酒，上疏曰：「士不知方，時無賢才，臣之罪也。」元稹守同州，《旱災自咎詩》曰：「上羞朝廷寄，下媿閭里民。」秩、稹可謂知所職矣，其言不可以人廢。

《唐宗室表》宰相十一人：林甫、回、程、石、福、勉、夷簡、宗閔、適之、峴、知柔。《傳》止云九人，蓋不數福、宗閔。宗室爲狀頭有李肱。

唐制舉之名，多至八十有六，凡七十六科，至宰相者七十二人。本朝制科四十人，至宰相者富弼一人而已。中興復制科，止得李垕一人。

唐宏詞之論，其傳于今者，唯韓文公《顔子不貳過》。制舉之策，其書于史者，唯劉蕡一篇。不在乎科目之得失也。

「李泌父承休，聚書二萬餘卷。誡子孫不許出門，有求讀者，別院供饌。」見《鄴侯家傳》。鄴侯家多書，有自來矣。

《藝文志》「員俶《太玄幽贊》十卷。開元四年，京兆府童子進書，召試，直弘文館」。《李泌傳》云：「開元十六年，員俶九歲升坐，詞辯注射，帝異之。」年歲皆不同。蓋《泌傳》所載，本《鄴侯家傳》，當以《志》爲正。

韋應物，史逸其傳。沈作喆爲《應物傳》，叙其家世云：「夐之孫待價，仕隋爲左僕射，封扶陽公。」蓋據林寶《姓纂》。《唐書》韋待價，乃挺之子，武后時拜文昌右相。豈二人同名歟？當攷。

劉闢亂于蜀，其嫂庾氏棄絶不爲親。白樂天爲詩《贈樊著作》，與陽城、元稹、孔戡並稱，欲其著書，編爲一家言。而《唐史》於庾氏無述焉，故表而出之。

《唐六典》記南内龍池，程泰之《雍録》謂諂辭皆出李林甫，而非張九齡所得知也。愚按：《九齡集》有《龍池聖德頌》，則夸詡符瑞，雖賢者不免。

鄭餘慶採士庶吉凶書疏之式，雜以當時家人之禮，爲《書儀》兩卷。後唐劉岳等增損其書，司馬公《書儀》本於此。

唐開元之任將，以久任而兆亂，其權顓也。我藝祖之任將，以久任而成功，其權分也。《柳氏家學録》謂貞觀故事，邊將連帥三年一易，收其兵權。然用得其人，御得其道，不在於數易也。

忌日行香，始於唐，崔蠡奏罷之。本朝宋景文公奏云：「求於非福，則是諂祭；懺於無罪，則是誣親。」其言不行。

誠齋《易傳》云：「文宗陷於宦寺之險，而未能出。惟裴度可以出之，然度自陷於程异、元稹浸潤之内。」愚謂：稹在穆宗時，异在憲宗時，非文宗事也。

顔魯公爲《郭汾陽家廟碑》云：「端一之操，不以險夷概其懷；堅明之姿，不以雪霜易其令。」斯言也，魯公亦允蹈之。

楊綰《贈官制》云:「歷官有素絲之節,庇家無匹帛之餘。」史臣謂當時秉筆者無媿色。

唐時午日,揚州江心鑄鏡供進。又千秋節,進鏡。潏水李氏收其一,乃方鏡,背鼻有篆文「五日」字,面徑八寸,重五十兩。盛露囊,千秋節戚里皆進。《華山記》云:「弘農鄧紹八月曉入華山,見童子執五綵囊,盛柏露食之。」又《荆楚風土記》「以五綵結眼明囊,相傳赤松子以囊盛柏露,飲之而長生。」皆八月中事。

《舊史·德宗紀》「貞元六年,岐州無憂王寺,有佛指骨寸餘。先是取來禁中供養,二月乙亥,詔送還本寺」。此迎佛骨之始也。《韓愈傳》云:「鳳翔法門寺有護國真身塔,内有釋迦文佛指骨一節。」寺名與前不同。貞元、元和、咸通迎佛骨者三。

蕭穎士《與韋述書》,欲依《魯史》編年,著《歷代通典》,起漢元十月,終義寧二年,約而删之,勒成百卷。於《左氏》取其文,《穀梁》師其簡,《公羊》得其覈,綜三《傳》之能事,摽一字以舉凡。然其書今無傳焉,略見於本傳,而不著《通典》之名。

楊文莊公徽之好言唐朝士族,閲《諱行録》,悉能記之。按《館閣書目》,《諱行録》一卷,以四聲編登科進士族系、名字、行第、官秩及父祖諱、主司名氏。起興元元年,盡大中七年。宋敏求續爲《後録》五卷。

《温彦博傳》「我見其不逮再朞矣」,出《説文》引《虞書》「朞,三百有六旬」。《李密傳》「敖庾之藏，有時而傷」，出《詩》「王赫斯怒」鄭《箋》：「斯音賜，盡也。」《新史》尚奇類此。

馬總《通曆》所載「公子曰」、「先生曰」者，皆虞世南《帝王略論》。《略論》五卷，起太昊訖隋，假公子答問。

李翺爲史官，請作行狀者，指事説實，直載其詞。然我朝名公秉筆，亦有誤者。歐陽公爲《范文正碑》云：「至日大會前殿，上將率百官爲太后壽。公上疏，其事遂已。」其後老泉編《太常因革禮》，有已行之明驗，質之歐公。公曰：「諫而不從，碑誤也。」東坡爲《張文定銘》云：「神宗問：『元昊初臣，何以待之？』公曰：『臣時爲學士，誓詔封册，皆臣所草。』」李微之攷《國史》，誓詔在慶曆四年十月，封册在十二月。明年二月，文定始爲學士。封册乃宋景文撰。朱文公爲《張忠獻行狀》，其後語門人云：「向只憑欽夫寫來事實，後看《光堯實録》，其中多有不相應處。」以三事觀之，罔羅舊聞，可不審哉？

唐配帝皆一后，唯睿宗二后；昭成明皇之母，開元四年升祔。此失禮之始也。

龍朔改左右散騎常侍曰左右侍極，《職源》誤以左史爲左侍極，而近世制詞多踵其誤。

石林序盧鴻一《草堂圖》云：「《唐舊史》鴻一，蓋二名，與《中嶽劉真人碑》所書合。《新史》删去『一』字，不知何據？當以《舊史》爲正。」愚按南齊張融曰：「昔有鴻飛天首，積遠難明，越人以爲鳧，楚人以爲乙。人自楚、越，鴻常一耳。」鴻一之義，取於此。

按：《攷古編》以《通鑑》貞觀十三年，房玄齡請解機務，詔斷表，爲今斷來章之祖。愚《晉·山濤傳》手詔曰：「便當攝職，令斷章表。」此斷表之始，非昉于唐也。

韓、柳方駕，而其行殊；元、白齊名，而其操異。管、華、嵇、阮亦然。

唐亦有蔡京，咸通三年嶺南節度使，以貪虐誅。京始末，見《雲溪友議》。此姦臣名氏之同者。吴有桓彝，晉亦有桓彝，此忠臣名氏之同者。若兩曾參，兩毛遂，則賢否分矣。兩毛遂，見《西京雜記》。員半千詩用之。

顔魯公爲刑部尚書，有舉家食粥之帖。蓋自元載制禄，厚外官而薄京官。京官不能自給，常從外官乞貸。楊綰既相，奏加京官俸。魯公以綰薦，自湖州召還，意者俸雖加而猶薄歟？

李康《運命論》曰：「以一人治天下，不以天下奉一人。」《大寶箴》用之。

李方玄曰：「沈約年八十，手寫簿書。」本杜牧所作《方玄墓誌》。本朝建隆詔亦云：「沈約爲吏，手寫簿書。」愚按《理道要訣》云：「宋光禄大夫傅隆，年過七十，手寫籍書。梁尚書令沈約，位已崇高，議請寶重。」蓋誤以傅隆爲沈約也。

孝宗問周益公云：「唐孫樵讀《開元録》，《雜報》數事內，有宣政門宰相與百僚廷諍，十刻罷。偏檢新舊《唐史》及諸書，並不載。」益公奏：「《太平御覽總目》內，有《開元録》

一書。祖宗朝此本尚存，近世偶不傳耳，容臣博加詢訪。」

蕭遘與其子三兒生日詩曰：「吾家九葉相，盡繼明時出。」《唐史》云：「自瑀逮遘，凡八葉宰相。」此云九葉，《宰相世系表》：「梁貞陽侯之後，有鄴，相宣宗。」

姚崇十事，見《開元升平源》，《通鑑》不取。

王起《廣五位圖》，《舊史》云《五運圖》。

李白上《宣唐鴻猷》一篇，即本傳所謂「召見金鑾殿，奏頌一篇」者也。今《集》中闕。

緋衣小兒之謡，《朝野僉載》謂裴炎也，而張權輿以譏裴度。

韓文公子昶雖有金根車之譏，而昶子綰、衮皆擢第，衮爲狀元。君子之澤遠矣。

孔戣爲華州刺史，奏罷明州歲貢淡菜蛤蚶之屬。見《昌黎集》。元稹爲越州，復奏罷之。見《白樂天集》。蓋嘗罷於元和，而復貢於長慶也。

畢炕，天寶末爲廣平太守，拒安禄山，城陷覆其家。《唐史》附于父《構傳》，蓋取韓文公所撰《畢坰誌》。然炕之名不書於《忠義傳》，故文公謂：「廣平死節，而子不荷其澤。」愚謂：廣平之節如此，河北二十四郡不止一顔平原也，《通鑑》亦不書其事。

廣德元年十一月，太常博士柳伉上疏，請斬程元振。於是削元振官爵，放歸田里。東坡謂：「及其有事且急也，雖代宗之庸，程元振之用事，柳伉之賤且踈，而一言以入之，不終朝而去其腹心之疾。」愚按《登科記》：「伉，乾元元年進士。」《翰林院故事》載寶應已後，伉自校書郎充學士，出鄠縣尉，改太常博士，兵部員外，諫議大夫，皆充學士。《新唐史·程元振傳》云「太常博士，翰林待詔柳伉上疏」，以《翰林故事》攷之，伉是時爲學士，非待詔也。伉以博士在禁林，職近而親，不可謂賤且疏。《唐史》不爲伉立傳，故詳著其事，俾覽者知詞臣之獻替，不獨陸贄、李絳也。

東坡謂「學韓退之不至，爲皇甫湜；學湜不至，爲孫樵」。朱新仲曰：「樵乃過湜，如《書何易于》、《褒城驛壁》、《何將軍邊事》、《復佛寺奏》，皆謹嚴得史法，有補治道。」

林寶《元和姓纂》十卷，「自皇族之外，各依四聲類集，每韻之内，以大姓爲首」。鄧名世謂：「稍能是正數十條，而齊、秦之屬，亦所未暇。至鉏丘、茅夷，指爲複姓，又不勝其謬。」鄭樵謂寶不知自姓所由來。

劉允濟曰：「班生受金，陳壽求米。」受金事未詳。

劉知幾領史事，言五不可，曰：「孫盛取嫉權門，王劭見讎貴族。」《文粹》云：「王韶直書，見讎貴族。」「宋王韶之爲晉史，序王珣貨殖，王廞作亂。珣子弘、廞子華並貴，韶之懼爲所陷，深附結徐羨之、傅亮等。」當從《文粹》爲王韶。《新史》誤以「韶」爲「劭」。韶之，弑君之賊也。身爲梟獍，而秉史筆，其誰服之？《傳》曰：「無瑕可以戮人。」

李晟每戰，必錦裘繡帽自表，而晟以勝；宋殷孝祖每戰，常以鼓蓋自隨，而孝祖以敗。兵豈有定法哉？

閩俗比中州，化於善也。蔡人過夷貊，化於惡也。

漢黨錮以節義，群而不黨之君子也；唐朋黨以權利，比而不周之小人也。漢之君子，受黨之名，故其俗清。唐之小人，行黨之實，故其俗弊。

姦臣唯恐其君之好學近儒，非獨仇士良也。吴張布之排韋昭、盛沖，李宗閔之排鄭覃、殷侑，亦士良之術。

杜佑《理道要訣》，朱文公謂非古是今之書。

魏鄭公曰：「重君子也，敬而遠之；輕小人也，狎而近之。」武帝之於汲黯、衛青、公孫弘，明皇之於姚崇、宋璟、李林甫，可見矣。《中庸》之尊賢，必以脩身爲本。

「善言不可離口，善藥不可離手。」孟詵之言也。《觀物外篇》取之。

張文潛云：「節度之强，不起於河北之繼襲，而起於節度之有功。」愚攷方鎮之强，始於僕固懷恩用賊黨田承嗣、李懷仙、李寶臣分帥河北，非有功之將也。

司空圖《房太尉詩》曰：「物望傾心久，匈渠破膽頻。」注謂禄山初見分鎮詔書，拊膺歎曰：「吾不得天下矣！」琯建遣諸王爲都統節度，而賀蘭進明讒於肅宗。以司空表聖之言觀之，則琯建此議，可以破逆胡之膽。《新唐書》采野史稗説，而不載此語，唯程致道著論發揚之。晋以琅邪立江左之業，我宋以康王建中興之基，琯可謂善謀矣。

《通鑑》「劉蕡不得仕於朝，終於使府御史」，《唐鑑》云：「終於柳州司户。」以《新史》

攷之，當從《唐鑑》。宦人深嫉賁，誣以罪，貶柳州司户。

顔真卿、鄭畋以興復爲己任，倡義討賊，其志壯矣。真卿權移於賀蘭進明，畋見襲於李昌言，功不克就。故才與誠合，斯可以任天下之重。

常衮與禮官議：「禮，爲君斬衰三年。漢文帝權制三十六日，我太宗遺詔亦三十六日，群臣不忍，既葬而除，略盡四月。高宗如漢故事。玄宗以來，始變天子喪爲二十七日。」世多以短喪議漢文帝，而不知二十七日之制，自玄宗始也。

韓偓自書《裴郡君祭文》，首書「甲戌歲」，銜書「前翰林學士承旨、銀青光禄大夫、行尚書户部侍郎、知制誥、昌黎縣開國男，食邑三百户韓某」。是歲朱氏篡唐已八年，爲乾化四年，猶書唐故官，而不用梁年號。慶曆中，詔官其四世孫奕。

僕固懷恩叛唐，李日月爲朱泚將，而其母皆知逆順之理。良心不可泯也。

李光弼與韋陟論戰守曰：「辨朝廷之禮，我不如公；若夫軍旅，則公不如我。」陟無以應。古者治軍，有軍禮焉，楚得臣以無禮敗，晉文公以有禮勝。禮莫大於君臣之分，光弼命召不至，愧恨以没，盖以禮與軍旅爲二物也。

《唐鑑》曰：「人君觀史，宰相監修，欲其直筆，不亦難乎？房、魏爲相，總史事，其父彦謙、長賢，皆得佳傳，況不如房、魏者乎？」

獨孤及《福州新學碑銘》云：「閩中無儒家流，成公至而俗易，成公李椅也。在大曆八年。

家有洙、泗，户有鄒、魯。」常衮，建中初爲閩人設鄉校。李椅在其前。

王福畤爲博士，執許敬宗之謚不改，無忝河汾之學矣。

許敬宗謚繆，而更曰恭。陳執中謚榮靈，而更曰恭。二事相類。

武德初，以隋張衡死非其罪，謚曰忠，是奬弑君之賊也。高祖相封德彝，宜其以逆爲忠也。漢大綱正，見於戮丁公；唐無三綱，見於贈張衡。

《朝野雜記》曰：「西漢户口至盛之時，率以十户爲四十八口有奇。東漢户口率以十户爲五十二口，可準周之下農夫。唐人户口至盛之時，率以十户爲五十八口有奇，可準周之中次。」其説本程沙隨。

歐陽子書「唐六臣」於唐亡之後，貶其惡也；朱子書「晋處士」於晋亡之後，表其節也。一字之懲勸深矣。

《五代史》「周世宗嘗夜讀書，見唐元稹《均田圖》，歎曰：『此致治之本也。』詔頒其圖法，使吏民先習知之，期以一歲，大均天下之田」。攷之《會要》，世宗見元稹在同州時所上《均田表》，因製素爲圖，賜諸道。《崔頌傳》云：「世宗讀唐元稹《均田疏》，命頌寫爲圖，賜近臣，遣使均諸道租賦。」史謂元稹圖，誤也。《稹集》有《同州奏均田》。《續通曆》云：「唐同州刺史元稹奏均租賦，帝覽文集而善之，寫其辭爲圖以賜。」【一】

歐陽子之論篤矣，而「不以天參人」之説，或議其失；司馬公之學粹矣，而「王霸無

【一】「續通曆云」至「寫其辭爲圖以賜」　此條小注，翁注本作正文。

異道」之説，或指其疵。信乎，立言之難也。

歐陽子謂：「五代禮壞，寒食野祭而焚紙錢。」按紙錢，始於開元二十六年，王璵爲祠祭使，祈禱或焚紙錢，類巫覡。非自五代始也。古不墓祭，漢明帝以後，有上陵之禮，蔡邕議以爲「禮有煩而不可省者」。《舊唐書》開元二十年，寒食上墓，編入五禮，永爲常式。寒食野祭，蓋起於此。朱文公謂：「漢祭河，用寓龍寓馬，以木爲之，已是紙錢之漸。唐范傳正謂『唯顏魯公、張司業家祭不用紙錢』。」本朝錢鄧州不燒楮鏹，吕南公爲文頌之。

《兔園策府》三十卷【一】，唐蔣王惲令僚佐杜嗣先，倣應科目策，自設問對，引經史爲訓注。惲，太宗子，故用梁王兔園名其書。馮道《兔園策》謂此也。

天子之廢置出於士卒，自唐明宗始也。明宗以此得之，而反爾之報，在其後人。

後唐天成元年，吏部侍郎劉岳奏罷告身綾軸錢。本朝復納綾紙錢，淳熙元年始免。

周顯德六年，始去符契，專以印章爲驗。

歐陽子、司馬公之貶馮道，《春秋》之法也。我朝太宗謂范質欠世宗一死，所以立萬世爲臣者之訓。

唐後主不肯和親而亡，石晉父事契丹而興。晉之興也，乃其所以亡也。桑維翰之興晉，即所以亡晉也。

朱温之兄全昱，楊涉之子凝式，人心之公是非，在其家者如此，況天下千萬人之

【一】兔園策府三十卷　「策」，四庫本、翁注本作「册」。下「兔園策」之「策」字同。

心乎？

梁太祖幸河北，至内黄，顧李珽曰：「何謂内黄？」珽曰：「河南有外黄、下黄，故此名内黄。」曰：「外黄、下黄何在？」珽曰：「秦有外黄都尉，今在雍丘。下黄爲北齊所廢，今在陳留。」按《五代通録》李珽曰：「河南有外黄、小黄。」《漢・地理志》：「陳留有外黄、小黄縣。」《五代史記》改小黄爲下黄，誤也。當從《通録》【三】。

【三】當從通録　「録」，原作「鑑」，據四庫本、翁注本改。

卷十五

攷史

《孟子》曰：「天下可運於掌。」又曰：「以齊王，由反手也。」豈儒者之空言哉？自唐肅宗之後，紀綱不立，叛兵逐帥，叛將脅君，習以爲常。極于五季，君如逆旅，民墜塗炭。我藝祖受天明命，澡宇宙而新之，一階一級，全歸伏事之儀。發於聖訓，著於令甲，於是上下之分定，朝廷之體尊。數百年陵犯之習，片言而革。至若餓狼餒虎，肉視吾民而咀啖之。藝祖用儒臣爲郡守，以收節度之權；選文臣爲縣令，以去鎮將之貪。一詔令之下，而四海之内改視易聽。運掌反手之言，於是驗矣。

高宗之詔曰：「廷尉，天下之平也。高柔不以明帝喜怒而毀法，游肇不以宣武敕命而曲筆，況可觀望臣庶而容心者乎？曹劌謂『小大之獄，雖不能察，必以情。爲忠之屬也，可以一戰』，不其然乎？布告中外，爲吾士師者各務仁平，濟以哀矜。天高聽卑，福善禍淫，莫遂爾情，罰及爾身。置此座右，永以爲訓。」大哉，王言！幾於典誥矣。

崔伯易《感山賦》：「以皇祐之版書，較景德之圖録，雖增田三十四萬餘頃，反減賦七十一萬餘斛。」會計有録，非以增賦也。陳君舉奏疏云：「自建隆至景德四十五年，南征北伐，未嘗無事，而金銀錢帛、糧草雜物七千一百四十八萬，計在州郡不會。」藏富於州縣，所以培護本根也。

真文忠公言本朝治體，曰：「立國不以力勝仁，理財不以利傷義，御民不以權易信，用人不以才勝德。恩結乎人心，富藏乎天下。君民相孚而猜忌不作，材智不足而忠信有餘。」

袁機仲言於孝宗曰：「威權在下，則主勢弱，故大臣逐臺諫以蔽人主之聰明；威權在上，則主勢强，故大臣結臺諫以遏天下之公議。」機仲之言未盡也。臺諫爲宰相私人，權在下則助其搏噬，以張其威；權在上，則共爲蔽蒙，以掩其姦。劉時可應起。謂：「臺諫之議論，廟堂之風旨，頗或參同；夾袋之欲汰，白簡之所收，率多暗合。」此猶婉而言之也。開慶初，邊事孔棘，御史有疏云：「虜雖强，而必亡之勢已見。」咸淳初，召洪君疇長臺端，御史自造謗詩，以尼其來。罔上誣善至此，豈但參同、暗合而已哉！是以天子之耳目，勿用憸人，其惟端士。

漢高帝三章之約，我藝祖陳橋之誓，所謂「若時雨降，民大悦」者也。

周益公云：「《續通鑑長編》多采近世士大夫所著，如曾子宣《日記》之偏，王定國《甲申録》之妄，咸有取焉。」然李微之《舊聞證誤》「執政不坐奏事」，以王定國《聞見録》

所爲證，與王沂公《筆録》不同。修《長編》時，未見定國書，故專用《筆録》。然則《長編》所采摭，猶有遺也。

李晁景迂謂今賦役幾十倍於漢。林勳謂租增唐七倍，又加夏税錢，通計無慮十倍。李微之謂布縷之征三，穀粟之征三，力役之征四，蓋用其十矣。

止齋謂：本朝名節，自范文正公；議論文章，自歐陽子；道學，自周子。三君子皆萃於東南，殆有天意。

《兩朝國史》非寇準而是丁謂，託之神宗聖訓，蓋蒲宗孟之筆也。王允謂「不可令佞臣執筆」，諒哉！

紹興重修《哲宗實録》，獨元祐八年事皆無存者，至參取《玉牒》、《日曆》諸書以足之，僅得成書。中興後事，紹興八年至二十五年最爲踈略。鶴山謂：「小人爲不善，於傳世詒後之書，必遏絶之。自唐許、李至近世，莫不然。」

李常寧曰：「天下至大，宗社至重，百年成之而不足，一日壞之而有餘。」元祐中對策。劉行簡曰：「天下之治，衆君子成之而不足，一小人敗之而有餘。」紹興中奏疏。皆至論也。

太祖在位十七年，四行郊禮。太宗二十有三年，五講郊禮。真宗東封西祀，率三年一行。仁宗後，三歲一郊爲定制。

《元城語録》藝祖造薰籠事，周益公謂誤以元豐後官制，爲藝祖時官制。

呂正獻公書坐右曰：「不善加己，直爲受之。」本後漢張霸戒子之語。呂居仁《雜録》曰：「少年毋輕議人，毋輕説事。」本魏李秉《家誡》。

呂氏《童蒙訓》云：「前輩有《編類國朝名臣行狀墓誌》，取其行事之善者，別録出之，以自警戒。亦樂取諸人以爲善之義。」朱文公亦云：「籍溪胡先生教諸生於功課餘暇，以片紙書古人懿行，或詩文銘贊之有補於人者，粘置壁間，俾往來誦之，咸令精熟。」此二事可以爲法。

周元公生于道州，二程子生于明道元、二間，天所以續斯道之緒也。慶元之黨，黄勉齋謂本非黨者甚多，群小欲擠之，借此以爲名耳。元祐之黨，劉元城謂止七十八人，後來附益者非也。

歐陽公爲《周君墓表》云：「篤行君子，孝於其親，友於其兄弟。」而《集》缺其名與字。周益公攷之《春陵志》，乃周堯卿，字子俞。《東都事略》有傳，其行事與墓表合，而字子餘。未知《事略》據何書而立傳也。荆公爲《征君墓表》云：「淮之南有善士三人。」杜嬰、徐仲堅，而征君之名字，《集》亦缺焉。三人皆居真之揚子，當求郡志而補之。二表皆載於《文鑑》。

宗廟樂有舞。建隆初，竇儼定太廟四舞，僖祖曰《大善》，順祖曰《大寧》，翼祖曰《大順》，宣祖曰《大慶》。列聖皆以「大」爲名。中興後，自僖祖基命，至欽宗端慶，以原廟殿名爲舞名，禮官之失也。

《長編》「宣和五年，求石晉故疆，不思營、平、灤三州，乃劉仁恭遺虜，虜不肯割。」按《五代史》，劉仁恭無割地遺虜之事。《四夷附録》云：「契丹當莊宗、明宗時，攻陷營、平二州。」唐無灤州。《武經總要》：「石晉割賂燕，薊、易、定，帥王都驅其民入契丹，因以烏灤河爲名以居之。」按賈耽說，西北渡灤河，至盧龍鎮。」《唐·賈循傳》：「張守珪北伐，次灤河。」《薛訥傳》：「師至灤河。」

仁宗時制科十五人：天聖，何泳、富弼；景祐，蘇紳、吴育、張方平、田況；慶曆，錢明逸、彦遠；皇祐，吴奎；嘉祐，夏噩、陳舜俞、錢藻、蘇軾、轍、王介。東坡詩「先帝親收十五人」，注者多誤。

乾道元年《郊赦文》云：「前事俱捐，弗念乎薄物細故；烝民咸乂，靡分乎爾界此疆。」洪文惠所草也。朱文公《與陳正獻書》曰：「卑辭厚禮，乞憐於仇讎之戎狄。幸而得之，肆然以令於天下，曰：『凡前日之薄物細故，吾既捐之矣。』孰有大於祖宗陵廟之讎者，而忍以薄物細故捐之哉？」

孝皇獨運萬幾，頗以近習察大臣。《中庸或問》「敬大臣」之説，《大事記》「大臣從臣」之説，皆以寓箴諷之意。《文鑑》所取，如徐鼎臣《君臣論》、文潞公《鼂錯論》、蘇明允《任相論》、秦少游《石慶論》之類，皆諫書也。

真文忠公奏疏曰：「乾道、淳熙間，有位于朝者，以饋遺及門爲耻；受任于外者，以苞苴入都爲羞。」然朱文公封事，言浙中風俗之弊，甚者以金珠爲脯醢，以契券爲詩文，則此習猶未革也。

高宗廟號未定，有議爲光宗、寧宗者，見周益公《思陵録》。其後兩朝用之。高宗陵名，嘗擬永阜，其後孝宗用之。

淳熙，皇太子參決庶務手詔，洪景盧所草也。禮部太常官堂白手詔，用貞觀、天禧事。皆非所宜。

胡文定言「崇寧以來，奄寺用王承宗故事而建節旄」，「宗」字誤，當云「承休」。《五代史》「蜀王衍以宦者王承休爲天雄軍節度使」。致堂《原亂賦》「建承宗之旄纛」，亦誤。

李微之問勉齋云：「南軒賜章服，兩爲胡忠簡繳還，而不聞引避；東萊除職，既遭陳叔進行詞醜詆，乃復受之而不辭。皆所未曉。」勉齋答云：「先輩非後學所敢輕議，然辭受合尚嚴，今當嚴者反寬，是以不免爲具眼者勘破，學者所當戒也。」

微之又云：「東萊之學甚正，而優柔細密之中，似有和光同塵之弊；象山之學雖偏，而猛厲粗略之外，却無枉尺直尋之意。」

《演蕃露》「明道二年，奉安莊獻神御於慈孝寺彰德殿，則莊獻不入景靈」。按景靈宫建于祥符五年，以奉聖祖。其爲原廟，自元豐五年始。前此帝后館御，寓佛、老之祠者多矣，非止莊獻也。

攻媿《跋曹子方書》以爲祐陵時上書論時事，靖康至樞筦。愚謂：有兩曹輔，其一字子方，與蘇、黄游；若論事爲樞筦者，字載德。龜山爲銘，合爲一人，非也。又《淮海樓記》「考《國史傳》秦少游調定海主簿，而《文集》無一語及之」。愚謂：少游爲蔡州教授時，選人七階未改，主簿乃初階，非歷此官也。

《律疏》與《刑統》不同。《疏》依律生文，《刑統》參用後敕，雖引《疏》義，頗有增損。天聖中，孫奭校定《律文》及《疏》爲《音義》。

江休復《雜志》：「駕頭，初即祚所坐。王原叔曰：『此坐傳四世矣。』」按《國史·輿服志》：「駕頭，七寶牀也，覆以緋羅繡帕，内臣馬上捧之。」嘉祐六年，幸睦親宅，内侍墮馬，駕頭壞，遂以閤門祗候、内侍各二員，挾駕頭左右，次扇筤。又以皇城親從兵二十人，從其後。

景祐二年，郊赦，梁適上疏，論「朱全忠唐之賊臣，今録其後，不可以爲勸」。仁皇是其言，記姓名禁中。石介亦論「赦書不當求朱梁、劉漢後」，遂罷不召。其言一也，而黜陟異焉，豈遇不遇有命乎？

乾道中，張説、王之奇簽書樞密院事，辭免，降詔，直學士院周必大奏：「唐元和間，白居易在翰林，奉宣草嚴綬江陵節度使、孟元陽右羽林統軍制，皆奏請裁量，未敢便撰。元祐中，師臣避免拜之禮，執政辭遷秩之命，蘇軾當撰答詔，言其不可，卒如所請。今除用執政，非節度統軍、免拜遷秩比，二人辭免不允詔書，臣未敢具草。」紹熙中，譙熙載自遥郡觀察使除正任，辭免，降詔，倪思封還詞頭，亦引蘇軾論不當撰，辭免不允詔者凡三。嘉定中，師𥟖知臨安府辭免，蔡幼學當草詔，奏曰：「不允必有褒語，臣無詞以草。」淳祐中，別之傑參知政事，尤焴不草答詔。此禁林繳奏故事也。唐末，韋貽範起復，命韓偓草制，偓曰：「腕可斷，麻不可草。」上疏論之。明日，百官至而麻不出。此非盛世事，故前輩不以爲故實。

蔣希魯居姑蘇，延盧仲甫秉。後圃。希魯曰：「亭沼粗適，恨林木未就。」仲甫曰：「亭沼譬爵位，時來則有之。林木譬名節，非素修弗成。」

歐陽公《辨尹師魯誌》曰：「若作古文自師魯始，則前有穆脩、鄭條輩，及有宋先達甚多【一】，不敢斷自師魯始也。」條之名不著，《館閣書目》有《鄭條集》一卷。條，蜀人，自號金斗先生，名其文《金斗集》。

祁寬問和靜尹先生曰：「伊川謂歐陽永叔如何？」先生曰：「前輩不言人短，每見人論前輩，則曰：『汝輩且取它長處。』」吕成公《與朱文公書》曰：「孟子論孟施舍、北宫黝曰：『二子之勇，未知其孰賢，然而孟施舍守約也。』所以委曲如此者，以其似曾子、子夏而已。若使正言聖門先達，其敢輕剖判乎？」文公答曰：「和靜之言，當表而出之。」

劉應起時可，淳祐初爲太學博士，言定大計曰：「謀之而臧，則文子文孫宜君宜王；謀之不臧，則生天王家以爲大慼。」此人所難言也。

【一】及有宋先達甚多　「宋」，原脱，據四庫本、翁注本補。

建炎，李綱去而潛善、伯彦相。紹興，趙鼎、張浚去而檜相。檜死，其黨迭爲相。隆興至淳熙，萬幾獨運而大臣充位。慶元後，政在侂胄。嘉定後，政在彌遠。端平訖景定，更一相則曰更化，然姦臣弄權之日常多。陽淑消而陰慝長，危亡之證，所由來漸矣。陰凝冰堅，極於似道。邵子謂「禍在夕陽亭一語」，遂與西晉同轍，哀哉！

蘇紳、梁適，謂之「草頭木脚」，其害在士大夫。薛極、胡榘，謂之「草頭古，天下苦」，其害在民。

《朝野雜記》載開禧貪濁之事詳矣，繼其後者又甚焉。當時謂侍從之臣「無論思，有獻納」，它可知矣。以陰召陰，極於「天下無邦」。

仁宗閲審刑奏案，有「次公」，而梁適對以黄霸、蓋寬饒字。高宗閲刑部奏案，有「生人婦」，而湯思退對以見《魏志・杜畿傳》。皆簡上知，至輔相。然以記問取人，則許敬宗賢於竇德玄矣。

四瀆，濟水獨絶。朱全忠篡唐，降昭宣帝爲濟陰王。嘉定末，濟王之封，豈權臣亦取濟水之絶乎？又蕭衍篡齊，降和帝爲巴陵王，而濟王亦降封巴陵公，非令典也。爲大臣者，不知則不學，知之則何以示後？

紹興建儲，欲更名暐，周益公謂與唐昭宗同，而亟改之。景定建儲，更名乃與蜀漢後主太子同。咸淳末，命嗣君之名，又與唐中宗同，而當時無言者。

范正獻公曰：「後世人君觀史，而宰相監修，欲其直筆，不亦難乎？」其論正矣。然自唐姦臣爲《時政記》，而史益誣，近世尤甚。余嘗觀《寶慶日曆》，欺誣之言，所謂以一手掩天下之目。所恃人心公議不泯爾。

葛文康勝仲。《與王黼書》曰：「天下無事則宰相安，宰相生事則天下危。」

胡文定公自登第逮休致，凡四十年，實歷不登六載。朱文公五十年間，歷事四朝，仕於外者僅九考，立於朝者四十日。道義重而爵位輕，所以立言不朽。

邵公濟築室犍爲之西山，《告家廟文》曰：「少時得大父平生之言于汝潁大夫士，曰：『世行亂，蜀安，可避居焉。』大父學通天人，足以前知矣。宣和國亂，先人載家使蜀，免焉。」大父，康節；先人，伯温也。

梁世榮録南軒語云：「温公作相，夫人聞其終夜長吁，問之。曰：『某所奏盜賊，某所又奏某事。吾爲宰相，使天下如此，所以長吁也。』」按《温公集》，張夫人終於元豐五年，此記録之誤也。

乾道壬辰，黄定對策謂：「以大有爲之時，爲改過之日月。」又云：「雖有無我之量，而累於自喜；雖有知人之明，而累於自恃。」又云：「欲比迹太宗，而操其所不用之術，顧眄周行，類不適用，則曰腐儒，曰好名，曰是黨耳。於是始有棄文尚武，親内踈外之心。何不因群情之所共違，而察一己之獨嚮？」其言皆剴切。孝皇擢之第一，有以見容直之盛德，而秉史筆者未之紀焉。

徐景説霖。以書義冠南宫，上書言時宰姦深之狀曰：「不與天下之公議争，而與陛下之明德爲仇。每潛沮其發見之端，周防其增益之漸，使陛下之明德，不得滋長廣充，以窺見其姦而或覺之也。其先也，奪陛下之心，其次奪士大夫之心，而其甚也，奪豪傑之心。」景説由是著直聲。

唐及國初，策題甚簡，蓋舉子寫題於試卷故也。慶曆後，不復寫題，寖失之繁。今有數千言者，問乎其不足疑。

《嘉祐制策》曰：「治當先内，或曰：『何以爲京師？』」此晉謝安之言也。「命秩之差，虚實之相養」，此唐陸贄之言也。二蘇公之對，不能無所遺。

龜山誌游執中曰：「常以晝驗之妻子，以觀其行之篤與否也；夜考之夢寐，以卜其志之定與未也。」

紹興、隆興主和者皆小人，開禧主戰者皆小人。

吕文靖爲相，非無一疵可議，子爲名相而揚其父之美；史直翁爲相，非無一善可稱，子爲權臣而掩其父之美。《易》曰：「有子考，无咎。」

嘉定癸未，禮闈策士云：「發德音，下明制。」寧皇遺詔下謂之「遺誥」，蓋避時宰家諱也。蔣良貴簽判安吉州，時水災後修城，郡守趙希觀屬良貴作《記》，用浩浩字。希觀欲改，良貴不可，曰：「以宗室而避宰相父名，此非藝祖皇帝所望於金支玉葉也。」聞者壯之。

胡文定父子奏疏，以《春秋》之義，扶世道，正人心，可以立懦夫之志。此義不明，人欲横流，始也不知邪正，終也不知逆順。

唐内殿《無逸圖》代以山水，開元、天寶治亂所以分也。仁宗寶元初，圖農家耕織於延春閣，哲宗元符間，亦更以山水，勤怠判焉。徽宗宣取祕書省圖畫進覽，陳師錫奏曰：「六經載道，諸子談理，歷代史籍、祖宗圖書，天人之藴，性命之妙，治亂安危之機，善惡邪正之迹在焉。以此爲圖，天地在心，流出萬物；以此爲畫，日月在目，光宅四海。觀心於此，則天地沖氣生焉；注目於此，則日月祥光麗焉。心以道觀則正，目以德視則明。」噫，使徽宗能寘其言於坐右，則必能鑒成敗、别淑慝矣。以規爲瑱，聽之藐藐而畫學設焉。《黍離》、《麥秀》之風景，其可畫乎？

紹興間，李誼言：「《漢·循吏傳》六人，而五人出于宣帝；《酷吏傳》十二人，而八人出于武帝。《唐·循吏傳》十五人，而出于武德、貞觀之時者半；《酷吏傳》十二人，而出于武后之時者亦半。吏治視上之趨嚮。」

富文忠公使虜還，遷翰林學士、樞密副使，皆力辭，願思夷狄輕侮之耻，坐薪嘗膽，不忘修政。嘉定初，講解使還，中書議表賀，又有以和戎爲二府功，欲差次遷秩。倪文節公思曰：「澶淵之役，捷而班師，天子下詔罪己，中書樞密待罪。今屈己盟戎，奈何君相反以爲慶？」乃止。

延平先生論治道，必以明天理，正人心，崇節義，厲廉恥爲先。

王時雍、徐秉哲等爲賣國牙郎，而不忍以宋宗族交與虜人者，開封捉事使臣竇鑒也。李鄴以越守降虜，而袖石擊虜僞守者，親事官唐琦也。

朱文公謂蔡季通曰：「身勞而心安者爲之，利少而義多者爲之。」出《荀子·脩身篇》。李誠之嘗語真希元曰：「篤信好學，守死善道。此吾輩八字箴。」

元祐中，李常寧《對策》曰：「天下至大，宗社至重，百年成之不足，一日壞之有餘。」擢爲第一。景定中，有擢倫魁者，其破題云：「運一心之乾，開三才之泰，可以觀世道之消長矣。」

先儒論本朝治體云：「文治可觀而武績未振，名勝相望而幹略未優。」然攷之史策，宋與契丹八十一戰，其一勝者，張齊賢太原之役也。非儒乎？一韓一范使西賊骨寒膽破者，儒也。宗汝霖、李伯紀不見沮於耿、汪、黃三姦，則中原可復，讎耻可雪。采石却敵，乃眇然幅巾緩帶，一參贊之功。儒豈無益於國哉？搢紳不知兵，介胄不知義，而天下之禍變極矣。

元祐諸賢不和，是以爲紹聖小人所乘。元符、建中，韓、曾不和，是以爲崇寧小人所陷。紹興趙、張不和，是以爲秦氏所擠。古之建官曰三公，公則無私矣。曰三孤，孤則無朋矣。無私無朋，所以和也。

蔡京之惡極矣，曾布、張商英是以竊君子之名。

止齋曰：「國初以科舉誘致偏方之士，而聚之中都。由是家不尚譜牒，身不重鄉貫。」

《夬》「揚于王庭」，以正小人之罪；「孚號有厲」，以危小人之復。元祐諸賢，似未知「其危乃光」之義。

胡文定公曰：「宰相時來則爲，不可擅爲己有。」余謂宰相非久居之地也。仁以爲己任，死而後已，元祐司馬公是也。夸者死權，紹興之秦、紹定之史是也。

陳恕定茶法，以中等爲可行。張方平論鹽法，以再榷爲不可。

王仲山以撫州降，仲嶷以袁州降，禹玉之子也。綦叔厚行責詞云：「昔唐天寶之亂，河北列郡並陷，獨常山、平原能爲國守者，蓋杲卿、真卿二顏在焉。爾等頃以家聲，屢塵仕版，未聞虧失。浸預使令，爲郡江西，惟兄及弟。力誠不支，死猶有説。臨川先降，宜春繼屈，魯、衛之政，若循一途。雖爾無耻，不媿當時之公議。顧亦何施面目，見爾先人於地下哉！」秦檜，仲山之壻。

虞公以玉失國，楚子常以佩喪邦。近歲襄陽之事，亦起於榷場之玉帶。

淳祐甲辰，宰相起復。太學諸生黄愷伯等上書曰：「彌遠奔喪而後起復，嵩之起復而後奔喪。」徐仁伯元杰。兼説書，對經幄，其言當帝心。臺諫劉晋之、王瓚、胡清獻、龔基先聯章論仁伯，上震怒，夜出御筆，逐四人。遂寢起復之命，而相范、杜。明年，仁伯卒，人以爲毒也。然其事竟不明白。庸齋趙茂實誌之，徐景説銘之。

自荆舒之學行，爲之徒者，請禁讀史書。其後經筵不讀《國風》，而《湯誓》、《泰誓》亦不進講。人君不知危亡之事，其效可覩矣。

小人之毁君子，亦多術矣。唐左拾遺侯昌業上疏，極言時病，而田令孜之黨，僞作諫疏，有「明祈五道，暗祝冥官」，「於殿内立揭諦道場」。本朝鄒浩諫立劉后，而章厚之黨僞作諫疏，有「取他人之子」之語。其誣善醜正，不謀而同。然不可泯者，千萬世之清議也。

鄧志宏肅。謂：「崇寧以來，蔡京群天下學者，納之黌舍，校其文藝，等爲三品。飲食之給，因而有差。旌别人才，止付於魚肉銖兩間。學者不以爲羞，且逐逐然貪之。部使者以學宫成壞爲州縣殿最。學校之興，雖自崇寧，而學校之廢，政由崇寧。蓋設教之意，專以禄養爲輕重，則率教之士，豈復顧義哉？」崇寧學校之事，概見於此。昔之所謂率教者猶若此，今之所謂率教者又可見矣。

大觀八行，因《周禮》之六行，附以六德之忠、和。姦臣不學如此。

真文忠公《自箴》曰：「學未若臨邛之邃，量未若南海之寬，制行劣於莆田之懿，居貧媿於義烏之安。」臨邛，魏鶴山了翁。南海，崔菊坡與之。莆田，陳宓。義烏，徐僑。

上蔡先生初造程子，程子以客肅之，辭曰：「爲求師而來，願執弟子禮。」程子受之，館于門側。上漏旁穿，天大風雪，宵無燭，晝無炭，市飯不得溫。程子弗問，謝處安焉。如是踰月，豁然有省，然後程子與之語。

呂子約曰：「讀《明道行狀》，可以觀聖賢氣象。」

譙天授定。之學，得於蜀曩氏夷族；袁道潔溉。之學，得於富順監賣香薛翁。故曰：「學無常師。」

卷十六

攷史

漢河渠攷

美哉禹功！萬世永賴。云何漢世，河決爲害？蓋自戰國，壅川壑鄰，決通隄防，重以暴秦。水失其行，故瀆遂改。碣石九河，皆淪于海。微禹其魚，遺黎之思，披圖案諜，用綴軼遺。

孝文十二年，河決酸棗，東潰金隄。陳留郡酸棗縣，今屬開封府。秦拔魏置縣。地多酸棗，因以爲名。金隄河隄在東郡白馬界。《括地志》：「一名千里隄，在滑州白馬縣東五里。」《郡縣志》：「在酸棗縣南二十三里。」《輿地廣記》：酸棗縣有金隄，漢文時河決金隄即此。王尊爲東郡太守，請以身填金隄。」程子曰：「漢火德，多水災。唐土德，少河患。」

孝武元光三年，河水徙從頓丘，東南流入勃海，復決濮陽瓠子。注：「鉅野通淮、泗，鄃居河北。」鄃，音輪，《後漢》注音俞。

東郡頓丘縣。今澶州開德府濮陽、清豐兩縣。漢勃海郡在勃海之濱。今滄、棣、霸、濱諸州之地。《水經注》：「《禹貢》曰：『夾右碣石，入于河。』《山海經》：『碣石之山，繩水出焉，東流注于河。』河之入海，舊在碣石，今川流所導，非禹瀆也。周定王五年，河徙故瀆。班固曰：『商竭周移。』」瓠子，今開德府濮陽縣西，有瓠子口。瓠子，河名也。濟州鉅野縣東北有大野澤，即鉅野也。《禹貢》「大野既豬」。清河郡鄃縣，《通典》「鄃故城在德州平原縣西南」。大名府夏津縣，本鄃縣。程氏曰：「周時河徙碎礫，至漢又改向頓丘東南流。」

元封二年，自泰山還至瓠子，自臨塞決河，築宣防宫。

《水經》：「瓠子河出東郡濮陽縣北河。」注：「縣北十里爲瓠河口，亦謂瓠子堰、宣房堰。」《括地志》：「故龍淵宫，俗名瓠子宫，亦名宣房宫，在濮陽縣北十里。」決河，在鄄城以南，濮陽以北，廣百步，深五丈。《通典》「秦始皇二十二年，攻魏，決河灌其都。決處遂大，不可復補」。漢王横云。《九域志》：濮州雷澤縣有瓠子河，澶州濮陽縣有瓠子口。萬里沙在萊州掖縣。濟州東阿縣有魚山，一名吾山。《瓠子歌》曰：「吾山平，鉅野溢。」東阿，今屬鄆州。

導河北行二渠，復禹舊迹。

《河渠書》「禹乃厮二渠以引其河，北載之高地，過降水，至于大陸，播爲九河，同爲逆河，入于勃海」。孟康曰：「二渠，其一出貝丘西南，南折者也。其一則漯川也。」臣瓚曰：「河入海，乃在碣石。元光二年，更注勃海。禹時不注也。」貝丘，貝州清陽縣。熙寧四年，省入清河縣。漯水，出東郡東武陽，省入大名府莘縣、澶州朝城縣。至千乘，青州千乘縣。入海。降水故瀆，在冀州南宫縣東南六里。《大事記》：「周威烈王十三年，晋河岸傾，壅龍門，至于底柱。」春秋後河患見史傳，始於此。

自塞宣房後，河復北決於館陶，分爲屯氏河。

《地理志》「魏郡館陶縣，河水别出爲屯氏河，東北至章武入海」。館陶，今屬大名府。《通典》「魏州貴鄉縣有屯氏河。大河故瀆，俗曰王莽河。章武縣、滄州魯城縣，周省入清池縣」。《九域志》「大名府館陶縣、夏津縣有屯氏河。南樂縣有大河故瀆」。

元帝永光五年，河決清河靈鳴犢口，而屯氏河絶。

清河之靈縣鳴犢河口。《地理志》「清河郡靈縣，河水别出爲鳴犢河，東北至蓨，入屯氏河」。靈縣，隋省入博州博平縣。蓨音條，縣屬德州，後屬冀州。

成帝建始四年，河決東郡金隄。河隄成，以五年爲河平元年。三年，河復決平原，流入濟南、千乘。

平原，德、棣州。濟南，齊、淄州。

千乘故城在淄州高苑縣北。

鴻嘉四年，勃海、清河、信都河水溢，李尋等言：「議者常欲求索九河故迹而穿之，今因其自決，可且勿塞，以觀水勢。」

信都冀州，信都縣，禹導河，北過降水即此。亦曰枯降渠，西南自南宫縣界入。【一】《禹貢》「九河既道」。《爾雅》：一曰徒駭，二曰太史，三曰馬頰，四曰覆鬴，五曰胡蘇，六曰簡絜，七曰鉤盤，八曰鬲津，其一河之經流。先儒不知河之經流，遂分簡絜爲二。徒駭，《寰宇記》在滄州清池。許商云：「在成平。」馬頰，《郡縣志》在德州安德，《寰宇記》在棣州滴河北，《輿地記》即篤馬河也。覆鬴，《通典》在德州安德。胡蘇，《寰宇記》在滄州饒安、臨津、無棣三縣。許商云：「在東光。」簡絜，《輿地記》在臨津。鉤盤，《通典》、《寰宇記》在滄州樂陵東南，從德州平昌來。《輿地記》在樂陵。鬲津，《寰宇記》在樂陵東，西北流入饒安。《通典》在饒安。許商云：「在鬲縣。」《輿地記》在無棣。太史。不知所在。漢世近古，止得其三，唐人遂得其六，歐陽忞《輿地記》又得其一。或新河載以舊名，或一地互爲兩説，皆似是而非，無所依據。鄭氏以爲齊桓塞其八流以自廣。夫曲防，齊之所禁，塞河非桓公所爲也。程氏以爲九河之地，已淪於海，謂今滄州之地，北與平州接境，相去五百餘里，禹之九河當在其地。酈道元亦謂「九河碣石，苞淪於海」。篤馬河在平原縣，今德州。樂史以爲馬頰，誤矣。

平當使領河隄，奏：「按經義治水，有決河深川，無隄防壅塞之文。」

程子曰：「河北見鯀隄，無禹隄。鯀堙洪水，故無功，禹則導之而已。」

賈讓言：「禹鑿龍門，辟伊闕，析底柱，破碣石。」

《水經》「河水南過河東北屈縣唐慈州吉昌。西」，注：「《吕氏春秋》曰：『龍門未闢，吕梁未

【一】「信都縣」至「西南自南宫縣界入」　此條小注，翁注本作正文。

發【二】，河出孟門，大溢逆流，名曰鴻水。』大禹疏通，謂之孟門。孟門即龍門之上口也。」河水又南過皮氏縣河中府龍門。西，又南出龍門口」。注：「大禹導河積石，疏決梁山，即《經》所謂龍門也。」「崩浪萬尋【三】，懸流萬丈，迄于下口。」《慎子》曰：「下龍門，非駟馬之迅也【四】。」滈水李氏曰：「同州韓城北有安國嶺。東臨大河，有禹廟，在山斷河出處。禹鑿龍門，起於唐張仁愿所築東受降城之東，自北而南，至此山盡。兩岸石壁峭立，大河盤束於山峽間。至此山開岸闊，豁然奔放，聲如萬雷。」《通典》「絳州龍門縣，今屬河中府。有龍門山，即大禹所鑿」。《三秦記》云：「魚鼈上之即爲龍，否則點額而還。」黄河北去縣二十五里，乃龍門口。《輿地記》「同州韓城縣，有龍門山」。顔氏曰：『龍門山，其東在今龍門縣北，其西在今韓城縣北，而河從其中下流。』」《水經注》「砥柱，山名。禹治洪水，破山以通河，河水分流，包山而過，山見水中，若柱然，故曰砥柱」。三穿既決，水流疏分，亦謂之三門山」。伊闕、碣石，見前。

淇口以東。

《通典》「淇水出共山，東至衛州衛縣界入河，謂之淇水口」。

新莽始建國三年，河決魏郡，泛清河以東數郡。

魏郡，相州大名府。清河，恩州。

明帝永平十三年，王景脩汴渠成。

詔曰：「自汴渠決敗，六十餘歲。平帝時。今既築隄理渠，絶水立門，河、汴分流，

【二】呂梁未發　「發」，四庫本、翁注本作「鑿」。
【三】崩浪萬尋　「萬」，四庫本、翁注本作「千」。
【四】非駟馬之迅也　「迅」，四庫本、翁注本作「追」。

復其舊迹。」《郡縣志》「汴渠在河南府河陰縣漢滎陽縣，唐屬孟州。南二百五十步，亦名莨蕩渠【五】。禹塞滎澤，開渠以通淮、泗。漢命王景脩渠」。《漢書》有滎陽漕渠，如淳曰：「今礫溪口是也【六】。」《水經注》「王景即滎水故瀆，東注浚儀，謂之浚儀渠」。

章帝建初三年，罷虖沱、石臼河。

虖沱，出代州繁畤縣東南，流經五臺山北，東南流過定州入海。鄧訓治虖沱、石臼河，從都慮至羊腸倉。石臼河在定州唐昌縣東北。本漢苦陘縣，今省入安喜縣。《通典》「嵐州宜芳縣，即漢汾陽縣。積粟所在，謂之羊腸倉，石磴縈委，若羊腸焉」。《水經注》「按《郡國志》，常山南行唐縣，有石臼谷」。

《張騫傳》「天子案古圖書，名河所出山曰崑崙」。

漢武帝以于闐山出玉，因名河所出曰崑崙。《博雅》曰：「崑崙虛，赤水出其東南陬，河水出其東北陬，洋水出其西北陬，弱水出其西南陬。河水入東海，三水入南海。」《後漢書》注云：「崑崙山在肅州酒泉縣西南。山有崑崙之體，故名之。」朱文公曰：「二書之語，似得其實。《水經》言崑崙去嵩高五萬里，恐不能若是之遠。」《通典》「今吐蕃中河，從西南數千里向東北流，見與積石山下河相連。聘使涉歷，無不言之。吐蕃自云『崑崙山在國中西南，則河之所出也』」。《尚書》云：『織皮、崑崙、析支、渠搜，西戎即叙。』《後漢書》云：『西羌在漢金城郡之西南，濱于賜支。』《續漢書》：『河關縣屬金城

【五】亦名莨蕩渠　「莨」，原作「莨」，據四庫本、翁注本改。

【六】今礫溪口是也　「今」，原作「矜」，據四庫本、翁注本改。

郡，今積石軍。西可千餘里有羌，謂之賜支，蓋析支也。』然則析支在積石之西，是河之上流明矣。崑崙在吐蕃中，當亦非謬」。《楚辭》注：「《爾雅》『河出崑崙虛，色白。所渠并千七百，一川色黃。百里一小曲，千里一曲一直』。」《離騷》「邅吾道夫崑崙」，《九歌》「登崑崙兮四望」。

靈帝光和六年，金城河溢。

金城郡，今蘭會西寧湟州積石軍。

歷代田制攷

秦廢井田，開阡陌。周顯王十九年。

《通典》曰：「按周制步百爲畝，畝百給一夫。商鞅佐秦，以一夫力餘，地利不盡，於是改制，二百四十步爲畝，百畝給一夫。又以秦地曠而人寡，晉地狹而人稠，誘三晉人發秦地利，優其田宅，復及子孫。而使秦人應敵於外。大率百人，則五十人爲農，五十人習戰。兵强國富，職此之由。」朱文公《開阡陌辯》曰：「説者之意，皆以『開』爲『開置』之開，言秦廢井田而始置阡陌也。按阡陌者，舊説以爲田間之道，蓋因田之疆畔，制其廣狹，辨其横從，以通人物之往來，即《周禮》所謂遂上之徑，溝上之畛，洫上之涂，澮上之道也。然《風俗通》云：『南北曰阡，東西曰陌。』又云：『河南以東西爲阡，南北爲陌。』二説不同。今以《遂人》田畝夫家之數考之，當以後説爲正。蓋陌之爲言百也，遂洫從而徑涂亦從，則遂間百畝，洫間百夫，而徑涂爲陌矣。

阡之爲言千也，溝澮横而畛道亦横，則溝間千畝，澮間千夫，而畛道爲阡矣。阡陌之名，由此而得。至於萬夫有川，而川上之路，周於其外。與夫《匠人》井田之制，遂、溝、洫、澮亦皆四周，則阡陌之名，疑亦因横從而命之也。然遂廣二尺，溝四尺，洫八尺，澮二尋，則丈有六尺矣。徑容牛馬，畛容大車，涂容乘車，一軌道，二軌路，三軌則幾二丈矣。此其水陸占地不得爲田者頗多，所以正經界，止侵争，時畜洩，備水旱，爲永久之計。商君以急刻之心，行苟且之政，但見田爲阡陌所束，而耕者限於百畝，則病其人力之不盡；但見阡陌之占地太廣，而不得爲田者多，則病其地利之有遺；又當世衰法壞之時，歸授之際，必有煩擾欺隱之姦，而阡陌之地切近民田，又必有陰據自私而税不入於公上者；是以盡開阡陌，悉除禁限，而聽民兼并買賣以盡人力，墾闢棄地悉爲田疇，不使有尺寸之遺以盡地利，使民有田即爲永業，而不復歸授，以絶煩擾欺隱之姦。使地皆爲田，田皆出税，以覈陰據自私之幸。此其爲計，正猶楊炎疾浮户之弊，破租庸以爲兩税，蓋一時之害雖除，而千古聖賢傳授精微之意，於此盡矣。故《秦紀》、《鞅傳》皆云：『爲田開阡陌封疆而賦税平。』蔡澤亦曰：『決裂阡陌，以静生民之業，而一其俗。』所謂『開』者，乃破壞剗削之意，而非創置建立之名。所謂『阡陌』，乃三代井田之舊而非秦之所置矣。所謂『賦税平』者，以無欺隱竊據之姦也。所謂『静生民之業』者，以無歸授取予之煩也。」《大事記解題》曰：「決裂云者，唐、虞、三代井田之制，分畫堅明，封表深固，非大用力以決裂之，不能遽掃滅其迹也。秦始皇三十一年，使黔首自實田。使井田不廢，何患田之不實乎？」

漢董仲舒請限民名田。

名田，占田也。各爲立限，不使富者過制，貧弱之家可足也。武帝時，賈人有市籍及家屬，皆無得名田。胡氏曰：「限田終不能行者，以人主自爲兼并，無以使民興於廉也。」

趙過教民爲代田。

代，易也。《周官·大司徒》：不易、一易、再易之地，有三等。《公羊傳》注：「司空謹別田之高下善惡，分爲三品，上田一歲一墾，中田二歲一墾，下田三歲一墾。」《左傳》「晉作爰田」，《晉語》云：「作轅田。」轅，易也。《漢·地理志》「秦商君制轅田」。「轅」與「爰」同，易也。《食貨志》「歲耕種者爲不易上田，休一歲者爲一易中田，休二歲者爲再易下田。三歲更耕之，自爰其處」。《鹽鐵論》御史曰：「古者制田，百步爲畝，民井田而耕，什而藉一。先帝哀憐百姓之愁苦，衣食不足，制田二百四十步而一畝，率三十而稅一。」

師丹建言限名田。

王嘉奏曰：「詔書罷苑，而以賜董賢二千餘頃。均田之制，從此墮壞。」

新莽更名天下田曰王田，不得買賣。

建武十五年，詔州郡檢覈墾田户口。

《通典》曰：「自秦孝公隳經界，立阡陌，雖獲一時之利，而兼并踰僭興矣。阡陌既弊，又爲隱覈。隱覈之法憑乎簿書。簿書既廣，必藉衆功。藉衆功，則政由群吏。政由群吏，則人無所信矣。」

後魏孝文太和九年，詔均田：「男夫十五以上，受露田四十畝，婦人二十畝。」

劉氏恕。曰：「後魏均田制度，似今世佃官田，及絶户田出租税，非如三代井田也。魏、齊、周、隋兵革不息，農民少而曠土多，故均田之制存。至唐承平日久，丁口滋衆，官無閑田，不復給授，故田制爲空文。《唐志》云：『口分、世業之田壞而爲兼并。』似指以爲井田之比，失之遠矣。」

北齊河清三年，令民一夫受露田八十畝，婦人四十畝。

隋文帝開皇十二年，京輔三河地少人衆，發使四出，均天下之田。其狹鄉每丁纔至二十畝。

唐武德七年，初定均田。丁中之民，給田一頃。篤疾減十之六，寡妻妾減七。皆以什之二爲世業，八爲口分。

范氏曰：「唐初定均田，有給田之制，蓋由有在官之田也。其後給田之制不復見，蓋官田益少矣。」林氏勳。曰：「周制步百爲畝，百畝僅得唐之四十餘畝。唐之口分，人八十畝，幾倍於古。蓋貞觀之盛，户不及三百萬，永徽唯增十五萬。若周則王畿千里，已有二百萬家之田，列國不與焉。是以唐制受田倍於周，而地亦足以容之。狹鄉雖裁其半，猶可以當成周之制。然按一時户口，而不爲異日計，則後守法難矣。」既無振貧之術，乃許之賣田，後魏以來弊法也，是以啓兼并之漸。永徽中，洛多豪右，占田踰制，賈敦頤舉没三千餘頃，賦貧民。

開元九年，宇文融爲勸農使，括逃户及籍外田。

陸贄論兼并之家，私斂重於公税，請爲占田條限。

後周世宗以元稹《均田圖》賜諸道，詔艾穎等分行諸州，均定田租。《會要》云：「見元稹在同州時所上《均田表》，因製素爲圖。」

今按元稹《同州奏均田》曰：「因農務稍暇，令百姓自通手實狀，又令里正書手等傍爲穩審，並不遣官吏擅到村鄉，略無欺隱。除去逃荒，其餘頃畝，取兩税元額，通計七縣沃瘠，一例作分抽税。」蘇氏曰：「三代之君，開井田，畫溝洫，謹步畝，嚴版圖，因口之衆寡以授田，因田之厚薄以制賦。經界既定，仁政自成，下及隋、唐，風流已遠。然其授民田有口分、世業，皆取之於官。其斂民財有租、庸、調，皆計之於口。其後變爲兩税，户無主客，以見居爲簿；人無丁中，以貧富爲差。貧者急於售田，則田多而税少；富者利於避役，則田少而税多。僥倖一興，税役皆弊。嘉祐中，薛向、孫琳始議方田，量步畝，審肥瘠，以定賦税之入。熙寧中，吕惠卿復建手實，抉私隱，崇告訐，以實貧富之等。元豐中，李琮追究逃絶，均虚數，虚編户，以補失陷之税。此三者，皆爲國斂怨，所得不補所失。昔宇文融括諸道客户，州縣覬望，虚張其數，以實户爲客，雖得户八十餘萬，歲得錢數百萬，而百姓困弊，實召天寶之亂。均税之害，何以異此？」張子曰：「治天下不由井地，終無由得平，周道止是均平。」

南唐烈祖分遣使者，按行民田，以肥瘠定其税。

歷代漕運攷

漢

渭渠。

渭水，出熙州狄道縣東北，至華州華陰入河。劉仲馮曰：「今渭汭至長安，僅三百里，固無九百餘里，而云穿渠起長安，旁南山至河，中間隔灞、滻數大川，無緣山成渠之理。此説可疑，今亦無其迹。」《西都賦》：「通溝大漕，潰渭洞河。」

襃斜道，故道。

襃水通沔，在興元府襃城縣。出衙領山，至南鄭入沔。斜水通渭，在京兆府武功縣。出衙領山，北流至郿入渭。故道，今鳳州梁泉縣。

河内。

懷、衛二州之地。

東冶，零陵、桂陽嶠道。

東冶，福州閩縣。零陵郡，南臨源嶺。永州。桂陽郡，臘嶺。郴州。

沮、下辨。

沮縣，漢屬武都，隋爲興州順政。沔水發源於此，一名沮水，今沔州。下辨縣，漢下辨道屬武都，西魏改同谷，唐爲成州同谷。《續志》「下辨東三十餘里，有狹【七】，中當水泉，生大石，障塞流水，至春夏輒溢。虞詡使人燒石，以水灑之，石皆裂，因鐫去石，遂無氾溺之患」。

斜谷。

《郡國志》「右扶風武功縣有斜谷」。注：「褒斜谷在長安西南，南口褒，北口斜，長百七十里，其水南流。」武功，今鳳翔府郿縣。

魏

陳項、壽春。

《通典》「潁州，魏汝陰郡，鄧艾屯田於此」。陳項，陳州宛丘、項城縣。壽春，見前。《晉志》「脩廣淮陽、百尺二渠，上引河流，下通淮、潁」。《通典》「陳州宛丘縣有百尺堰」。《隋志》「潁川郡北舞縣有百尺溝」。《郡縣志》「百尺堰在潁州汝陰縣西北一百里」。

晋

滍、淯水，楊口。

【七】有狹　「狹」，四庫本、翁注本作「峽」。

《漢·地理志》「滍水出魯陽縣魯山，東北至定陵入汝。魯陽，汝州魯山縣。定陵故城，在蔡州郾城縣西北。育水出酈縣西北，南入漢」。酈故城，在鄧州臨湍縣。《通典》「復州沔陽縣，漢雲杜縣。杜預爲荆州刺史，開楊口，達巴陵徑千餘里。内避長江之險，通零、桂之漕，即此也」。零陵、桂陽。

石門。

《水經注》「滎瀆水受河水，有石門，謂爲滎口石門」。

千金堨。

永嘉元年，脩千金堨於許昌，以通運。《水經注》「河南縣城東十五里，有千金堨。《洛陽記》曰：『千金堨，舊堰穀水，魏時更修。積石爲堨，開溝渠五所，謂之五龍渠。渠上立堨，堨是都水使者陳協造。水歷堨東注，謂之千金渠。』」許昌，許州，今潁昌府許田鎮。劉曜攻石生于金墉，決千金堨以灌之。

隋

蒲，陝，衛，汴，黎陽，汾，晉，渭水，廣通渠，大興城，潼關。

蒲州。河中府。汴州。開封府。黎陽。今濬州。汾州。唐爲慈州。晉州。平陽。京兆府萬年縣，隋改爲大興縣。廣通渠，在華州，置廣通倉。《隋·紀》「幸霸水，觀漕渠」。潼關，在華州華陰縣。渭水，在萬年縣北五十里，東流二百四十里，至華陰縣，東北流三十五里，自永豐倉入河，謂之渭口。

山陽瀆。

楚州山陽縣。今淮安州。

砥柱。

陝州陝石縣，今省入陝縣。有底柱山，俗名三門山，在縣東北五十里。河水分流包山，山見水中若柱然。又以禹治洪水，山陵當水者破之，三穿既決，河出其間，有似於門，故亦謂三門。唐太宗勒銘。

通濟渠，穀、洛水，板渚，邗溝。

《通典》「汴渠在河南府河陰縣南二百五十步，今名通濟渠。隋煬帝開導，西通河、洛，南達江、淮」。河陰後屬孟州。「汴州有通濟渠，隋煬帝開引黄河水以通江、淮漕運，兼引汴水，即浪宕與蒗蕩同。渠也。」《隋志》在浚儀縣。《九域志》「汴水，古通濟渠也，在開封縣」。《周語》「穀、洛鬭」，注云：「洛在王城之南，穀在王城之北，東入于瀍。至靈王時，穀水盛出於王城之西，而南流合於洛水。」《山海經》「瀾水西北流，注于穀水」。《通典》「穀水本瀾水，經苑中入于洛」。板渚，《水經》「河水又東合汜水，又東逕板城北」。注云：「有津謂之板城渚口。」在孟州汜水。《左傳》「吴城邗溝，通江、淮」。注云：「於邗江築城穿溝，東北通射陽湖，西北至末口入淮，通糧道也，今廣陵韓江是。」隋開邗溝，自山陽至揚子入江。渠廣四十步，自楚州寶應縣北流入淮。

永濟渠。

《國史志》「大名府永濟縣有永濟渠」。今省爲鎮，入臨清縣。

東萊海口。

東萊郡萊州，西至海二十九里，北至海五十里，東南至海二百五十里。

唐

三門，河陰，柏崖，集津倉，鹽倉。**含嘉倉，太原倉**。

裴耀卿於三門東西置倉，開山十八里，爲陸運以避其險，卒泝河而入渭。三門山，見前砥柱。《地理志》「河南府河陰縣，開元二十二年，置領河陰倉。會昌三年屬孟州。河清縣，咸亨四年，置柏崖縣，尋省，有柏崖倉。陝州平陸縣三門西有鹽倉，東有集津倉，陝縣有太原倉」。《六典》「東都曰含嘉倉。自含嘉倉轉運，以實京之太倉。自洛至陝運於陸，自陝至京運於水」。楊慎名爲含嘉倉出納使。劉晏移書曰：「陝郊見三門、集津遺迹。」曾子固曰：「宋興承周制，置集津之運，轉關中之粟，以給大梁。」李泌自集津至三門，鑿山開車道，以避底柱之險。《九域志》「陝州平陸縣三門、集津鎮」。

滻水，望春樓，廣運潭。

《地理志》「京兆府萬年縣有南望春宫，臨滻水，西岸有北望春宫，宫東有廣運潭。華州華陰縣有漕渠，自苑西引渭水，因石渠，會灞、滻，經廣運潭至縣入渭。天寶三載，韋堅開」。《會要》「自華陰永豐倉以通河、渭」。望春樓在禁苑東南高原之上。姚南仲曰：「王者必據高明，燭幽隱，所以因龍首而建望春。」

上津，扶風，洋川。

商州上津縣。漢長利縣。扶風郡鳳翔府。自襄陽取上津，路抵扶風，德宗治上津道置館。洋川郡洋州。泝江、漢而上至洋川。陸運至扶風。汴水堙，廢漕運，自江、漢抵梁洋。梁州興元府。

汴水，梁公堰。

劉晏疏浚汴水，見宇文愷梁公堰。《通典》「汴口堰，在河陰縣西二十里，又名梁公堰。隋開皇七年，使梁睿增築漢古堰，遏河入汴」。《會要》「開元二年，李傑奏汴州東有梁公堰，堰破漕梗，發汴、鄭丁夫浚之。省功速就，刻石水濱，紀其績」。

甬橋，渦口，蔡水。

甬橋，在宿州符離縣。渦口，在濠州鍾離縣九十里。杜佑以漢運路出浚儀十里，入琵琶溝，絶蔡河，至陳州而合。李勉治蔡渠，引東南饋。《通典》「汴州浚儀縣有蔡水」。《九域志》「祥符縣有蔡河」。建隆元年，浚蔡河，設斗門。二年，導閔水，自新鄭與蔡水合，貫京師，南歷陳、潁，達壽春，以通淮右之漕。以西南爲閔河，東南爲蔡河。開寶六年，改閔河爲惠民河。與蔡河一水。李泌曰：「江、淮漕運，自淮入汴，以甬橋爲咽喉。」

金、商運路。

《通典》「金州，去西京九百九十一里。商州，去西京三百里」。

渭橋，東渭橋。

渭橋，《三輔故事》「秦昭王作，長三百八十步」。《郡縣志》「中渭橋，在咸陽縣東南二十二里」。「渭水南去縣三里。」東渭橋，在萬年縣東。《後漢》注：「渭橋，本名横橋，在咸陽縣東南。」

揚子院，淮陰，項城，潁，溵。

揚州揚子縣，今屬真州。廣明元年，高駢奏改揚子院爲發運使。淮陰縣，楚州。項城縣，陳州。潁水出陽城縣陽乾山，東至下蔡，入淮。溵水，《唐志》「陳州溵水縣。今改商水縣。水出潁川陽城少室山，東入潁」。

後周

汴水埇橋，見前。**泗上。**

《漢志》有兩泗水，其一自乘氏至睢陵入淮，又一水下縣至方與入沛。泗上，今招信軍相對泗口也。

五丈河。

五丈河，開寶六年改爲廣濟河。自都城北歷曹、濟及鄆，其廣五丈，以通東方之漕。建隆二年，浚五丈河，命陳承昭於京城之西，夾汴河，造斗門。自滎陽鑿渠百餘里，引京、索二水通城壕，入斗門，架流于汴，東匯于五丈河，以便東北漕運。以京、索河爲源，《禹貢》之荷澤。《九域志》「在祥符縣、東明縣」。

蔡水。見前。

蔡河貫京師，兼閔水、洧水、㶏水以通陳、潁之漕，蓋古琵琶溝也。元祐四年，知陳州胡宗愈，議古八丈溝可開浚，分蔡河之水，自爲一支，由潁、壽入淮。楊侃《皇畿賦》「天設二渠，曰蔡曰汴。通江會海，縈畿帶甸。千倉是興，萬庾是建」。

原武。

原武縣，屬鄭州。

兩漢崇儒攷

漢高祖十二年，過魯，以太牢祠孔子。

《史記世家》「孔子葬魯城北泗上，弟子及魯人往從冢而家者百有餘室，因命曰孔里。魯世世相傳以歲時奉祠孔子冢，而諸儒亦講禮鄉飲大射於孔子冢。孔子冢大一頃。故所居堂弟子内，後世因廟，藏孔子衣冠琴車書，至於漢二百餘年不絕。高皇帝過魯，以太牢祠焉。諸侯卿相至，常先謁然後從政」。《皇覽》曰：「孔子冢去城一里，冢塋百畝，冢南北廣十步，東西十三步，高一丈二尺。冢前以瓴甓爲祠壇，方六尺，與地平。本無祠堂，冢塋中樹以百數，皆異種，魯人世世無能名其樹者。民傳言，孔子弟子異國人，各持其方樹來種之。」《水經注》云：「《從征記》曰：『洙、泗二水，交於魯城東北十七里。闕里背洙、泗，牆南北一百二十步，東西六十步，四門各有石閫，北門去洙水百餘步。』《孔叢》曰：『夫子墓塋方一里。』」魯人藏孔子所乘車於廟中，是顔路所請者也。獻帝時，廟遇火燒之。《儒林傳》「高帝誅項籍，舉兵圍魯。魯中諸儒尚講誦，習禮樂，絃歌之音不絕。豈非聖人之道化，好禮樂之國哉」！

武帝建元五年，置五經博士。元朔五年，爲博士置弟子。

晋灼曰：「西京無太學。」公孫弘曰：「請因舊官而興焉。其肄習之地，則太常也。傳授之師，則五經博士也。」《三輔黄圖》「漢太學，在長安西北七里」。《關中記》「在安門之東，杜門之西」。「何武歌太學下」，「王咸舉幡太學下」，則有太學矣。

或曰：晋灼以漢初言，《黄圖》記武帝時。

宣帝甘露三年，詔諸儒講五經同異於石渠閣。

《三輔故事》「石渠閣，在未央宫殿北，藏祕書之府」。《黄圖》云：「蕭何造，其下礲石爲渠以導水。所藏入關所得秦之圖籍。」

成帝綏和元年，封孔吉爲殷紹嘉侯。匡衡、梅福以爲宜封孔子世爲湯後。劉向說上宜興辟廱，設庠序。未作而罷。

平帝元始元年，封孔均爲褒成侯。

《漢表》「殷紹嘉侯在沛郡，褒成侯在瑕丘」。今兗州瑕丘縣。《後漢·孔僖傳》「平帝時，封孔均，追謚孔子爲褒成宣尼公。建武十三年，復封均子志爲褒成侯，子損嗣。永元四年，徙封褒亭侯」。

世祖建武五年，初起太學，帝還視之。十九年，又幸太學。中元元年，起辟廱。

明帝永平二年，臨辟雍，行大射養老禮。十五年，至魯，詣孔子宅。

章帝建初四年，詔諸儒會白虎觀，議五經同異。元和二年，至魯，祠孔子及七十二弟子於闕里，作六代之樂，大會孔氏男子六十二人。

安帝延光三年，祀孔子及七十二子於闕里，還幸太學。

《洛陽記》「太學在洛陽城，故開陽門外，去宫八里。講堂長十丈，廣三丈」。《述征記》「在國子學東二百步」。《漢官儀》「辟雍去明堂三百步，車駕臨辟雍，從北門入。三月、九月於中行大射禮」。永平四年、八年，和帝永元十四年，順帝陽嘉元年、二年，靈帝熹平六年，並臨辟雍。「孔子宅，在兗州曲阜縣，故魯城中歸德門内，闕里之中，背洙面泗，矍相圃之東北也。」梅福曰：「今仲尼之廟，不出闕里。」永平二年，郡縣學校行鄉飲，祀孔子，猶未立廟也。梁天監四年，初立孔子廟。唐武德二年，始詔國子學立廟。貞觀四年，詔州縣學皆作孔子廟。北宫白虎門，於門立觀。

順帝永建六年，脩繕太學，凡造二百四十房，千八百五十室。

《水經注》「漢置太學於國子堂東。石經東有一碑，陽嘉八年立，文云：『建武二十七年，造太學，年積毁壞。永建六年九月，詔修太學，用作工徒十一萬二千人。陽嘉元年，作畢。』碑南面刻頌」。獻帝初平四年【八】，太學行禮，幸永福城門，臨觀其儀。光和五年，幸太學。

靈帝熹平四年，詔諸儒正五經文字，刻石立太學門外。

《水經注》「光和六年，刻石鏤碑，載五經，立於太學講堂前東側。蔡邕自書丹於碑」。《洛陽記》「高一丈許，廣四尺」。

魏文帝黄初二年，封孔羨爲宗聖侯。

晉封二十三世孫震，爲奉聖亭侯。後魏延興三年，封二十七世孫乘，爲崇聖大夫。太和十九年，孝文幸魯，親祠孔子廟，改封二十八世孫珍，爲崇聖侯。北齊封三十一世孫，爲恭聖侯。周武帝改封鄒國公。隋文帝仍舊封，煬帝改封紹聖侯。唐貞觀十一年，封裔孫德倫，爲褒聖侯。開元二十七年，以孔子後爲文宣公。宋太平興國二年，孔宜襲封文宣公。至和二年，祖無擇言不可以祖謚加後嗣，詔封宗愿爲衍聖公，今世襲。後魏太和十六年，謚孔子曰文聖尼父。唐貞觀二年，升孔子爲先聖。十一年，尊爲宣父。武后封隆道公。開元二十七年，謚爲文宣王。宋祥符元年，幸曲阜，謁文宣王廟，謚玄聖文宣王。五年，改謚至聖。

【八】獻帝初平四年　「獻」，原誤作「靈」，據翁注本改。

卷十七

評文

汪彦章曰：「左氏、屈原，始以文章自爲一家，而稍與經分。」《離騷》曰：「閨中既以邃遠兮，哲王又不寤。」以楚君之闇而猶曰哲王，蓋屈子以堯、舜之耿介、湯、禹之祗敬望其君，不敢謂之不明也。太史公《列傳》曰：「王之不明，豈足福哉？」此非屈子之意。

夾漈《草木略》以蘭、蕙爲一物，皆今之零陵香也。然《離騷》「滋蘭」、「樹蕙」、《招魂》「轉蕙」、「汜蘭」，是爲二草，不可合爲一。

江離，《史記索隱》引《吴録》曰「臨海海水中生，正青，似亂髮」，《廣志》爲「赤葉紅華」。今芎藭苗曰江離，緑葉白華，又不同。《藥對》以爲麋蕪，一名江蘺。芎藭、藁本、江離、麋蕪並相似，非是一物也。《淮南子》云：「亂人者，若芎藭與藁本。」顔師古曰：「郭璞云：『江離似水薺，今無識之者，然非麋蕪也，《藥對》誤耳。』」《楚辭補注》、《集注》皆缺。《讀詩記》董氏曰：「《古今注》謂勺藥，可離。《唐本草》可離，江離。然則勺藥，江離也。」

屈原，楚人，而《涉江》曰：「哀南夷之莫吾知。」是以楚俗爲夷也。陰邪之類，讒害君子，變於夷矣。

「忠湛湛而願進兮，妬披離而鄣之」，壅蔽之患也。元帝似之，故周堪、劉更生不能決一石顯。「聲有隱而相感兮，物有純而不可爲」，偏聽之害也。德宗似之，故陸贄、陽城不能攻一延齡。

宋玉《釣賦》「宋玉與登徒子偕受釣於玄淵」，《淮南子》作蜎蠉。《七略》蜎子名淵，楚人。唐人避諱改「淵」爲「泉」，《古文苑》又誤爲「洲」。宋玉《對問》「陽春白雪」，《集》云：「陵陽白雪。」見《文選・琴賦》注。

劉勰《辨騷》「班固以爲羿、澆、二姚，與《左氏》不合」。洪慶善曰：「《離騷》用羿、澆等事，正與《左氏》合。孟堅所云，謂劉安説耳。」【二】

《藝文類聚》鑒誡類，多格言法語。如曹植《矯志詩》曰：「道遠知驥，世僞知賢。」荀爽《女誡》曰：「七歲之男，王母不抱。七歲之女，王父不持。親非父母，不與同車。親非兄弟，不與同筵。非禮不動，非義不行。」程曉《女典》曰：「麗色妖容，高才美辭，此乃蘭形棘心，玉曜瓦質。」姚信《誡子》曰：「古人行善者，非名之務，非人之爲，險易不虧，終始如一。」諸葛武侯《誡子》曰：「非學無以廣才，非志無以成學。」顔延之《庭誥》曰：「性明者欲簡，嗜繁者氣昏。」卞蘭《座右銘》曰：「求高反墜，務厚更貧。閉情塞欲，老氏所珍。

【二】「劉勰辨騷」一條，已見卷六《左氏》，是爲異卷重出。

周廟之銘，仲尼是遵。無謂幽冥，處獨若群。不爲福先，不與禍鄰。」司馬德操《誡子》曰：「論德則吾薄，説居則吾貧。勿以薄而志不壯，貧而行不高。」王脩《誡子》曰：「時過不可還，若年大不可少也。言思乃出，行詳乃動。」羊祜《誡子》曰：「恭爲德首，謹爲行基。無傳不經之談，無聽毁譽之語。」徐勉《與子書》曰：「見賢思齊，不宜忽略以棄日。非徒棄日，乃是棄身。」王粲《安身論》曰：「君子不妄動也，必適於道。不徒語也，必經於理。不苟求也，必造於義。不虚行也，必由於正。憂患之接，必生於自私，而興於有欲。自私者不能成其私，有欲者不能濟其欲。」凡此，皆可爲治心齊家之法。若馬援、王昶之誡，張茂先之詩，崔子玉之銘，見於史傳、《文選》者，不復紀。

《文心雕龍》謂「英華出於情性」：「賈生俊發，則文潔而體清」；「子政簡易，則趣昭而事博」；「子雲沉寂，則志隱而味深」；「平子淹通，則慮周而藻密」。

李善注《文選》，詳且博矣，然猶有遺缺。嘗觀《楊荆州誄》「謂督勤勞」，不引《左氏》「謂督不忘」；「執友之心」，不引《曲禮》「執友稱其仁」。謂督不忘，即《微子之命》「曰篤不忘」也。古字「督」與「篤」通用，以「督」爲「察」，非也。

瓊，赤玉也。《雪賦》「林挺瓊樹」，注以爲誤。

韓文公《曹王皋碑》云：「王親教之搏力勾卒嬴越之法。」《考異》謂《秦紀》、《越語》、《世家》皆無「搏力勾卒」之文。愚按：《左傳》「哀十七年三月，越子爲左右句卒」。注云：「鉤伍相著，别爲左右屯。」此即謂勾卒也。摶力，必秦法，未見所出，《新唐書》作「團」。「十抽一推」，或謂「推」當爲「椎」，未冠之稱。按《史記·秦始皇紀》：「王翦什推二人從軍。」《索隱》云：「什中唯擇二人【二】。」文公語出於此，不必改爲「椎」。《原道》佛者曰：「孔子吾師之弟子也。」蓋用佛書「三聖弟子」之説，謂老子、仲尼、顔子也。《緯文瑣語》云。

曹子建《詰咎文》「假天帝之命」，以詰風伯雨師。韓文公《訟風伯》，蓋本於此。《送窮文》「小黠大癡」，按《張敏集·奇士劉披賦》「古語有之，小癡爲大黠，小黠爲大癡」。

《歐陽生哀辭》「閩人舉進士繇詹始」，史因之。黄璞《閩川名士傳》：其前有薛令之、林藻。攷之《登科記》，信然。歐陽詹之行，獲稱於昌黎，而見毁於黄璞《太原伎》。黄介、喻良能爲文以辨。

「太行之陽有盤谷」，在孟州濟源縣。

韓、柳並稱而道不同。韓作《師説》，而柳不肯爲師；韓闢佛，而柳謂佛與聖人合；韓謂史有人禍天刑，而柳謂刑禍非所恐。柳以封禪爲非，而韓以封泰山、鏤玉牒勸憲宗。

柳文多有非子厚之文者。《馬退山茅亭記》，見於《獨孤及集》；《百官請復尊號表》六首，皆崔元翰作；貞元五年，子厚方十七歲。《爲裴令公舉裴冕表》，邵説作；冕，大曆四年

【二】什中唯擇二人　「唯」，翁注本作「推」。

薨。八年，子厚始生。《請聽政第三表》，《文苑英華》乃林逢；《第四表》云「兩河之寇盜雖除，百姓之瘡痍未合」，乃穆宗、敬宗時事；《代裴行立謝移鎮表》，行立移鎮在後，亦他人之文；《柳州謝上表》其一乃李吉甫《郴州謝上表》也。《舜禹之事》、《謗譽》、《咸宜》三篇，晏元獻云：「恐是博士韋籌作。」《愈膏肓疾賦》，晏公亦云「膚淺不類柳文」。宋景文公謂《集外文》一卷，其中多後人妄取他人之文，冒柳州之名者。然非特《外集》也，劉夢得《答子厚書》曰：「獲新文二篇，且戲余曰：『將子爲巨衡，以揣其鈞石銖黍。』」此書不見於集。《食蝦蟇詩》，韓文公有答，今亦不傳，則遺文散軼多矣。

《答元饒州論春秋》，又《論政理》，按《鄱陽志》，元藇也。艾軒《策問》以爲元次山。次山不與子厚同時，亦未嘗爲饒州。

《平淮夷雅》「其佐多賢」，出《説苑》「『涣其群，元吉』者，其佐多賢矣」。

《饒娥碑》，按魏仲兕大曆間樂平令。作《饒孝女碣》，旌其里閭，不言娥死。子厚失於傳聞，而史承其誤。

《游黄溪記》，倣太史公《西南夷傳》；皇甫湜《悲汝南子桑》，倣《莊子・天運》。皆奇作也。

《王參元書》云：「家有積貨，士之好廉名者皆畏忌，不敢道足下之善。」嘗攷李商隱《樊南四六》，有《代王茂元遺表》云：「與弟季參元，俱以詞場就貢，久而不調。」茂元，栖曜之子也。商隱《誌王仲元》云：「第五兄參元教之學。」

沈亞之《送韓静略序》曰：「文之病煩久矣，聞之韓祭酒之言曰：『善蓺樹者，必壅以美壤，以時沃灌。』」祭酒即文公也。白樂天《老戒詩》「我有白頭戒，聞於韓侍郎」。皆文公緒言也。

《驢九錫》封廬山公，《雞九錫》封浚雞山子。《毛穎傳》本於此。

劉夢得文不及詩，《祭韓退之文》乃謂：「子長在筆，予長在論持矛舉楯，卒莫能困。」可笑不自量也。

鄭亞《會昌一品集序》云：「周勃、霍光，雖有勳伐，而不知儒術；枚皋、嚴忌，善爲文章，而不至巖廊。」歐陽公曰：「劉、柳無稱於事業，姚、宋不見於文章。」其言簡而明，非唐人所及也。

魏鄭公《砥柱銘》「挂冠莫顧，過門不息」。《淮南子》云：「禹之趨時，冠挂而不顧，履遺而不取。」《鹽鐵論》云：「簪墮不掇，冠挂不顧。」

梁簡文《誡子當陽公書》曰：「立身之道，與文章異。立身先須謹重，文章且須放蕩。」斯言非也。文中子謂：「文士之行可見。」放蕩其文，豈能謹重其行乎？

又《大同哀辭》曰：「陳蕃所憩之家，久記玄録之歲；華歆所聞之語，已定北陵之期。」按《搜神記》陳仲舉宿黄申家，《列異傳》華子魚宿人門外，皆因所宿之家生子，而夜有扣門者言所與歲數。

庾信《馬射賦》云：「落霞與芝蓋齊飛，楊柳共春旗一色。」王勃倣其語，江左卑弱之風也。

岑文本《擬劇秦美新》，雖不作可也。班孟堅《典引》師其意，南豐説非異師其辭。

李善精於《文選》，爲注解，因以講授，謂之「文選學」。少陵有詩云：「續兒誦《文選》。」又訓其子「熟精《文選》理」，蓋選學自成一家。江南進士試《天雞弄和風詩》，以《爾雅》天雞有二，問之主司。其精如此，故曰：「《文選》爛，秀才半。」熙、豐之後，士以穿鑿談經，而選學廢矣。

元次山《惡圓》曰：「寧方爲皁，不圓爲卿。」范文正《靈烏賦》曰：「寧鳴而死，不默而生。」其言可以立懦。

李義山賦怪物，言佞魖、讒魗、貪魃，曲盡小人之情狀，螭魅之夏鼎也。

白樂天云：「壽於顔回【三】，飽於伯夷，樂於榮啓期，健於衛叔寳。」達人之言也。

劉夢得《口兵戒》「可以多食，勿以多言」，本《鬼谷子》「口可以食，不可以言」。

《文選·安陸王碑》云：「弈思之微，秋、儲無以競巧。」弈秋，見《孟子》。儲字未詳，蓋亦善弈之人，注謂「儲蓄精思」，非也。

秦少游、張文潛學於東坡，東坡以爲「秦得吾工，張得吾易」。

荆公《潭州新學詩》「仲庶氏吴」，本《詩》「摯仲氏任」。吕太史《釣臺記》「姓是州曰

【三】壽於顔回　本句上，四庫本、翁注本有「富於黔婁」。

嚴」，本柳子厚《愚溪詩序》「姓是溪曰冉溪」。子厚之語，又出於《水經注》「豫章以木氏郡」。司馬公《保業》云「懷璽未煖」，本元次山《出規》「豈無印綬，懷之未煖」。張文潛《送李端叔序》「梟鵄不鳴，要非祥也；豺狼不噬，要非仁也」，本於唐呂向上疏：「鵄梟不鳴，未爲瑞鳥；猛虎雖伏，豈齊仁獸？」

晁無咎《求志賦》：「訊黄石以吉凶兮，棋十二而星羅；曰由小基大兮，何有顛沛？」謂《靈棋經》也。《異苑》云：「十二棋卜，出自張文成，受法於黄石公，行師用兵，萬不失一，東方朔密以占衆事。」

荆公爲《外祖母墓表》云：「女婦居不識廳屏，笑言不聞鄰里，是職然也。」唐岐陽公主不識刺史廳屏，見杜牧之文。薛巽妻崔氏言笑不聞于鄰，見柳子厚文。荆公爲文，字字不苟如此，讀者不知其用事。

《大樂十二均圖》，楊次公作也，編於《老蘇集》。《蠶對織婦文》，宋元憲作也，編於《米元章集》。《三先生論事録序》，陳同甫作也，編於《朱文公集》。皆誤。

丘宗卿謂：「場屋之文，如校人之魚，與濠上之得意異矣。」慈湖謂：「文士之文，止可謂之巧言。」

景德二年，命王欽若、楊億脩歷代君臣事迹。六年上之，凡千卷，詔題曰《册府元龜》。周益公記《文苑英華》云：「太宗詔脩三大書：曰《太平御覽》，曰《册府元龜》，曰

《文苑英華》，各一千卷。」今按《御覽》脩於太平興國二年，《英華》脩於七年，皆太宗時。若《元龜》乃真宗時脩，益公攷之未詳也。《太宗實録》：雍熙三年十二月，宋白等進《文苑英華》，有表，有答詔，當載于首卷。真宗景德四年八月，詔館閣分校。又以前編次未允，令擇古賢文章，重加編録。芟繁補闕，换易之，卷數如舊。祥符二年，命覆校。皆當備載於纂脩事始之後。太宗脩三大書，其一乃《太平廣記》五百卷。

班孟堅《兩都賦序》，迂齋謂唐説齋《中興賦序》得此意。按《中興賦序》云：「雖詞有工拙，學有博陋，氣有强弱，思有淺深，要皆變化馳鶩，不失古人之法度。」蓋用「道有夷隆，學有粗密」之意，然所取乃律賦，非《兩都》比也。

澹庵云：「韓安國不能《几賦》，罰酒三升；王子敬詩不成，亦飲三觥。一詩一賦，豈足以盡豪傑之士？」

「天下不可以無此人，亦不可以無此書，而後足以當君子之論。」又曰：「天下大勢之所趨，天地鬼神不能易，而易之者人也。」此龍川科舉之文，列於古之作者而無愧。

《集古録跋》謂《樂毅論》與《文選》所載時時不同。《文章正宗》謂崔寔《政論》列於《選》。今攷《文選》無此二篇，皆筆誤也。

誠齋爲《章壽墓銘》云：「今日士師，非禾絹士師也。」《宋明帝紀》「胡母顥專權，奏無不可。時人語曰：『禾絹閉眼諾，胡母大張槖。』禾絹，謂上也」。蓋謂秦檜顓政，士師非主上之士師也。

南豐序《禮閣新儀》，則指新法；記襄州長渠，則指水利；《兵間詩》，則指徐德占；《論交詩》，則指吕吉甫。此孫仲益之言也。

宋景文云：「賈生思周鬼神，不能救鄧通之譖。」攷之《漢史》，無鄧通譖賈生之事，蓋誤。景文謂：因撰《唐書》，盡見前世論著，乃悟文章之難。

張説爲《廣州宋璟頌》曰：「犦牛牲兮菌雞卜，神降福兮公壽考。」東坡《韓文公碑》用此四字。

周益公《雜誌》辨楮幣，謂「俗人創二字，通上下皆用，猶紙錢也」。按范淳父爲《郭子臯誌》，言交子云：「紙幣之設，本與錢相權。」元祐間已有此語矣。

東坡得文法於《檀弓》，後山得文法於《伯夷傳》。

楊植《許由廟碣》云：「堯而許之，日而月之。」獨孤及《仙掌銘》云：「月而日之，星而辰之。」同一句法。

《文心雕龍》云：「《論語》已前，經無『論』字。」晁子止云：「不知《書》有『論道經邦』。」

和凝爲文，以多爲富，有集百餘卷，自鏤板行于世，識者多非之。此顔之推所謂「詅癡符」也。詅，力正反。楊綰有論著，未始示人【四】，可以爲法。《易》曰：「白賁无咎。」

【四】未始示人　「始」下，四庫本、翁注本有「一」。

崔駰《西巡頌表》曰：「唐、虞之世，樵夫牧豎，擊轅中韶，感於和也。」《班固集》「擊轅相杵，亦足樂也」。曹子建書「擊轅之歌，有應風雅」，柳子厚云「擊轅拊缶」，宋景文云「壤翁轅童」，皆本於崔、班。

劉夢得《歎牛》云：「員能霸吴屬鏤賜，斯既帝秦五刑具。長平威振杜郵死，垓下敵禽鍾室誅。」《儆舟》云：「越子膝行吴君忽，晋宣尸居魏臣怠。白公厲劍子西哂，李園養士春申易。」文法傚《漢書》蒯通等傳贊。《唐書·姦臣傳贊》亦然。

張文潛《論文詩》曰：「文以意爲車，意以文爲馬。理强意乃勝，氣盛文如駕。理維當即止，妄説即虚假。氣如決江河，勢順乃傾寫。」

山谷《與王觀復書》曰：「劉勰嘗論文章之難云：『意翻空而易奇，文徵實而難工。』此語亦是沈、謝輩爲儒林宗主時，好作奇語，故後生立論如此。好作奇語，自是文章病。但當以理爲主，理得而辭順，文章自然出群拔萃。」張文潛《答李推官書》可以參觀。《文鑑》取此二書。

迂齋《太學策問》言宣和事云：「夷門之植，植於燕雲。」夷門在大梁。用《樂毅書》文法。

柳下惠見飴曰「可以養老」，盜跖見飴曰「可以黏牡」，見物同而用之異。出《淮南子》。牡，門户籥牡。《左氏博議》用此。《吕氏春秋》「仁人得飴，以養疾侍老也；跖、蹻得飴，以開閉取揵也」。

司馬公序顔太初醇之文曰：「觀其《後車詩》，則不忘鑒戒矣。觀其《逸黨詩》，則禮義不壞矣。觀其《哭友人詩》，則酷吏愧心矣。觀其《同州題名記》，則守長知弊政矣。觀其《望仙驛記》，則守長不事厨傳矣。」《文鑑》唯載《逸黨》、《許希》二詩。

絜齋先生爲樓，名以「是亦」，曰：「直不高大爾，是亦樓也。」以至山石花木、衣服飲食、貨財隸役，亦莫不然。「至於宦情亦薄，曰：『直不高顯爾，是亦仕也。』凡身外之物，皆可以寡求而易足。惟此身與天地並廣大高明，我固有之，朝夕磨厲，必欲追古人而與俱。若徒儕於凡庸，而曰『是亦人爾』，則吾所不敢也【五】。」

鄧志宏《與胡丞公書》曰：「熙、豐間，如司馬温公與王荆公之所争者，曰是與非。崇寧間，陳了翁與蔡長沙之所争者，曰治與亂。靖康間，李丞相與耿門下之所争者，又不特是非、治亂、安危而已，其存亡所繫乎？」

唐五代之際，以文紀事者多用故事，而作史者因而舛誤。回鶻烏介可汗走保黑車子族，李德裕《紀聖功碑》云：「烏介并丁令以圖安，依康居而求活。」所謂康居，用《漢書》郅支事也。而《舊史》云：「烏介依康居求活。」北漢鄭珙卒于契丹，王保衡《晋陽見聞録》「虜俗雖不飲酒，如韋曜者，亦加灌注」。韋曜，即吴孫皓時韋昭也。而路振《九國志》云：「高祖鎮河東，命韋曜北使。曜不能飲酒，虜人强之。」此殆類癡人説夢也。

【五】則吾所不敢也　「敢」，翁注本作「取」。

卷十八

評詩

陶淵明詩：「羲農去我久，舉世少復真。汲汲魯中叟，彌縫使其淳。」又曰：「此中有真意，欲辯已忘言。」東坡云：「淵明欲仕則仕，不以求之爲嫌；欲隱則隱，不以去之爲高。飢則扣門而求食，飽則具雞黍以迎客。古今賢之，貴其真也。」葛魯卿爲贊，羅端良爲記，皆發此意。蕭統疵其《閑情》，杜子美譏其《責子》，王摩詰議其《乞食》，何傷於日月乎？《述酒》一篇之意，惟韓子蒼知之。

《詠貧士》詩云：「昔在黄子廉，彈冠佐名州。一朝辭吏歸，清貧略難儔。」愚按《風俗通》曰：「潁川黄子廉，每飲馬輒投錢於水，其清可見矣。」《吴志·黄蓋傳》「故南陽太守黄子廉之後」。

《古辭》「雞鳴高樹巔，狗吠深宮中」。陶淵明《歸田園詩》二句做此，唯改「高」爲「桑」、「宫」爲「巷」。

少陵《和嚴武軍城早秋》詩：「已收滴博雲間戍，更奪蓬婆雪外城。」的博嶺，在維州。

見《韋皋傳》。蓬婆山，在柘州。見《元和郡縣志》。

《飲中八仙》，其名氏皆見于《唐史》，唯焦遂事蹟，僅見于《甘澤謡》。

《石壕吏》，蓋陝州陝縣石壕鎮也。見《九域志》、《輿地廣記》。本峪縣，唐改爲硤石，熙寧六年省爲鎮。

《新安吏》「僕射如父兄」，《汝墳》之詩曰：「雖則如燬，父母孔邇。」此詩近之。山谷所謂「論詩未覺《國風》遠」。

少陵善房次律，而《悲陳陶》一詩不爲之隱；昌黎善柳子厚，而《永貞行》一詩不爲之諱。公議之不可掩也如是。

《贈嚴閣老》詩「扈聖登黄閣，明公獨妙年」。《舊史·嚴武傳》「遷給事中，時年三十二」。給事中屬門下省，開元曰黄門省，故云黄閣。少陵爲左拾遺，亦東省之屬，故云「官曹可接聯」。近世用此詩爲宰輔事，誤矣。《通鑑》「王涯謂給事中鄭肅、韓佽曰：『二閣老不用封敕。』」此唐人稱給事中爲閣老也。

《公安送李晉肅入蜀》，蓋即李賀之父。

王無功《三月三日賦》「聚三都之麗人」，「長安水邊多麗人」語本此。

「土門壁甚堅，杏園度亦難。」土門口在鎮州獲鹿縣，即井陘關也。郭子儀自杏園渡河，圍衛州。董秦爲濮州刺史，移鎮杏園渡。地蓋在衛州汲縣，非長安曲江池之杏園也。

《杜位宅守歲》，按《李林甫傳》，杜位，林甫諸壻也。「四十明朝過」，《年譜》謂：天寶十載，時林甫在相位，盍簪列炬之盛，其炙手之徒歟？又《寄杜位詩》：「近聞寬法離新州，想見懷歸尚百憂。逐客雖皆萬里去，悲君已是十年流。」其流貶蓋以林甫故。

《示獠奴阿段》，《北史》獠無名字，以長幼次第呼之。丈夫稱阿謩、阿段，婦人稱阿夷、阿等之類，皆語之次第稱謂也。

李尚書之芳，攷諸《唐史》，之芳，蔣王惲之曾孫。「廣德初，詔兼御史大夫，使吐蕃，被留二歲乃得歸。拜禮部尚書。」故少陵詩有「奉使失張騫，史閣行人在」之句。

楊綰謚文正，比部郎中蘇端持異議。《雨過蘇端》，豈即斯人歟？然少陵稱其「文章有神交有道」，而端終爲憸人，豈晚謬乎？

《可歎行》云：「丈夫正色動引經，豐城客子王季友。群書萬卷常暗誦，《孝經》一通看在手。豫章太守高帝孫，引爲賓客敬頗久。」季友，肅、代間詩人也。殷璠謂其詩放蕩，愛奇務險，然而白首短褐。錢起有《贈季友赴洪州幕下詩》云：「列郡皆用武，南征所從誰？諸侯重才略，見子如瓊枝。」此即豫章、賓客之事也。少陵謂「王也論道阻江湖」，期以「致君堯舜」，季友不但工詩而已。太守，宗室。少陵謂：「邦人思之比父母。」鮑欽止云：「江西觀察使李勉，時季友兼監察御史，爲副使。」

《出瞿唐峽》詩「五雲高太甲，六月曠摶扶」。注不解「五雲」之義。嘗觀王勃《益州夫子廟碑》云：「帝車南指，遁七曜於中階；華蓋西臨，藏五雲於太甲。」《酉陽雜俎》謂：「燕公讀碑，自『帝車』至『太甲』四句，悉不解。訪之一公，一公言：『北斗建午，七曜在南方。有是之祥，無位聖人當出。』『華蓋』以下，卒不可悉。」愚謂：老杜讀書破萬卷，必自有所據，或入蜀見此碑而用其語也。《晋·天文志》「華蓋杠旁六星曰六甲，分陰陽而配節候」。太甲恐是六甲一星之名，然未有攷證。以一行之邃於星歷，張燕公、段柯古之殫見洽聞，而猶未知焉，姑闕疑以俟博識。

《贈閭丘師太常博士均之孫》謂：「鳳藏丹霄暮，龍去白水渾。」蓋稱均之文也。攷之《舊史》，成都閭丘均，景龍中爲安樂公主所薦，起家拜太常博士。公主誅，貶循州司倉。進不以道，其文不足觀也已。

「終始任安義」之句，蕭使君之賢可見矣。少陵自注其事，足以砥薄俗，惜其名不傳也。

「陳倉石鼓又已訛」，按陳倉，在唐爲鳳翔寶雞縣。石鼓，在天興縣南，乃雍縣也。魏太武自東平趣鄒山，見始皇石刻，使人排而仆之。「嶧山之碑野火焚」，蓋此時也。

《遺興》云：「門户有旌節。」注引楊國忠以劍南旌節導駕。二字出《周禮》，少陵豈用《新唐史》語哉！

《金華山》詩「上有蔚藍天，垂光抱瓊臺」。放翁云：「蔚藍乃隱語天名。」按《度人

《醉歌行》《送顧八分文學》，趙氏《金石録》以爲前太子文學、翰林院待詔顧誡奢。《唐書·宗室表、傳》「道孝王元慶次子詢之子微，嗣王，終宗正卿」。李義，蓋微之子也。

《别李義》詩「丈人嗣王業」，又云：「道國繼德業，丈人領宗卿。」按

儉爲救時之砭劑。

「借問懸車守，何如儉德臨？」「不過行儉德，盜賊本王臣。」明皇以侈致亂，故少陵以

飭，次也；鄭虔大節已虧，下矣。

《八哀》詩，將相宗室之外，名士有三焉：蘇源明不汙僞爵，其最優乎；李邕細行弗

其所讀之書，則不能盡注。其間又用方言，如『岸溉土銼』，乃黔蜀人語，須是博問多讀。」

「三年」，趙氏本作「三城」，當從舊本「三奇」爲是。滈水李氏云：「老杜讀書多，不曾盡見

三奇戍」。《韋皋傳》「遣大將陳泊等，出三奇西南」。《備邊録》所謂三奇營也。一本作

《野望》詩「西山白雪三奇戍，南浦清江萬里橋」。按《唐·地理志》「彭州導江縣有

類此。杜、韓二公晚節所守，如孤松勁柏，學者不必師法其少作也。

鮮于京兆，仲通也。張太常、學士【一】，均、垍也。所美非美，然昌黎之於于頔、李實

要補遺序》「日轂冥濛，衆星爭耀」，語本於此。

《成都》詩「初月出不高，衆星尚爭光」。謂肅宗初立，盜賊未息也。胡文定《通鑑舉

經》作「鬱鑑」。

【一】張太常學士「學」，四庫本、翁注本作「博」。

云「東吴顧文學」，即誠奢也。注謂顧況，誤。

《李潮八分小篆歌》「潮也奄有二子成三人」，《金石録》云：潮書唯《慧義寺彌勒像碑》與《彭元曜誌》，「其筆法亦不絶工，非韓、蔡比也」。

《鄭駙馬宅宴洞中》，今攷少陵作《皇甫德儀碑》云：「有女臨晋公主，出降代國長公子滎陽潛曜。」又云：「忝鄭莊之賓客，遊竇主之山林。」鄭潛曜，見《孝友傳》。《橋陵》詩「石門霧露白，玉殿莓苔青」。《舊史》鄭顥夢爲聯句，與此同。

《得房公池鵝》詩「鳳凰池上應回首，爲報籠隨王右軍」。宋元憲以鵝贈梅聖俞，聖俞以詩謝曰：「昔居鳳池上，曾食鳳池萍。乞與江湖客，從教養素翎。」宋得詩不悦。聖俞之意，本於少陵。

陶靖節之《讀山海經》，猶屈子之賦《遠遊》也。「精衛銜微木，將以填滄海。刑天舞干戚，猛志故常在。」悲痛之深，可爲流涕。

真文忠公曰：「杜牧之、王介甫賦息嬀、留侯等作，足以訂千古是非。」

《文選》注：「五言自李陵始。」《文心雕龍》云：「《召南·行露》，始肇半章；孺子《滄浪》，亦有全曲；《暇豫》優歌，遠見春秋；《邪徑》童謡，近在成世。則五言久矣。」《古詩十九首》，或云枚乘，疑不能明也。《驅馬上東門》、《遊戲宛與洛》，辭兼東都，非盡是乘作。《文心雕龍》云：「《孤竹》一篇，傅毅之詞。」

鶴山云：「《禮》於生子曰詩負，於祝嘏曰詩懷。詩之爲言承也，情動於中而言以承之，故曰詩。」

《列女傳》：《式微》，二人之作。聯句始此。皮日休云：「柏梁七言，聯句興焉。」《文心雕龍》云：「聯句共韻，柏梁餘製。」

《左傳》有虞殯，《莊子》有紼謳，挽歌非始于田横之客。

韋孟在鄒詩曰：「我既僊逝，心存我舊。夢我瀆上，立于王朝。其夢如何？夢争王室。其争如何？夢王我弼。」吕成公曰：「孟既致爲臣而歸，拳拳之意猶如此。」

《吴語》：「越王告吴王曰：『民生於地上，寓也。』」老萊子曰：「人生於天地之間，寄也。寄者固歸。」《古詩》「人生忽如寄」，本於此。

東方朔有八言、七言。攷之《風》、《雅》：「尚之以瓊華乎而」，七言也；「我不敢傚我友自逸」，八言也。

《雕龍》云：「張衡《怨篇》，清典可味。」《御覽》載衡《怨詩》曰：「秋蘭，嘉美人也。猗猗秋蘭，植彼中阿。有馥其芳，有黄其葩。雖曰幽深，厥美彌嘉。之子之遠，我勞如何？」

陳思王《靈芝篇》曰：「伯瑜年七十，綵衣以娱親。」今人但知老萊子之事，而不知伯瑜。

陸務觀云：「古詩有倡有和，有雜擬、追和之類，而無和韻者。唐始有用韻，謂同用此韻。後有依韻，然不以次。最後有次韻，自元、白至皮、陸，其體乃成。」

《詩苑類格》謂回文出於竇滔妻所作。《文心雕龍》云：「回文所興，則道原爲始。」又傅咸有回文反覆詩，温嶠有回文詩，皆在竇妻前。皮日休曰：「傅咸反覆興焉，温嶠回文興焉。」

左思《白髮賦》「星星白髮，生於鬢垂」，詩用「星星」字，出於此。

韓子蒼曰：「《柏梁》作而詩之體壞，《河梁》作而詩之意乖。」

李義山謂昌黎文「若元氣」，荆公謂少陵詩「與元氣侔」，唯韓、杜足以當之。山谷云：「學老杜詩，所謂刻鵠不成猶類鶩也。」後山謂「山谷得法於少陵」。朱文公云：「李、杜、韓、柳，初亦學《選》詩，然杜、韓變多，而柳、李變少。變不可學，而不變可學。」

朱文公編《小學》書，其《答劉子澄》謂：「《古樂府》及杜子美詩，可取者多，令其喜諷咏，易入心，最爲有益。」今本《樂府》及詩皆不取，豈修改而删之歟？子澄著《訓蒙新書》、《外書》。

韓文公《城南聯句》「禮鼠拱而立」，出《關尹子》「聖人師拱鼠，制禮」。《遠遊聯句》「開弓射鵰吺」，《古文尚書》「驩兜」字也。《管子》云「鵰然若謞之静」，即「驩」字。又《雨中聯句》「高居限參拜」，《戰國策》「頓弱曰：『臣之義不參拜。』」二字本此。

《送廣帥》詩「上日馬人來」。《唐書・環王傳》「西屠夷，蓋馬援還，留不去者才十户，隋末孳衍至三百，皆姓馬，俗以其寓，故號馬留人，與林邑分唐南境」。《演蕃露》引《傳燈録》「中印度，乃在西域」。其説誤矣。

《抱朴子》曰：「俗士多云：『今月不如古月之朗。』」李太白詩有《古朗月行》，又《把酒問月》云：「今人不見古時月，今月曾經照古人。」

王胄以「庭草」一句，爲隋煬所忌。《初學記》載胄《雨晴》詩「風度蟬聲遠，雲開鴈路長」。亦佳句也。

「忍過事堪喜」，杜牧之《遣興》詩也。吕居仁《官箴》引此，誤以爲少陵。俗言「忍事敵灾星」，司空表聖詩也。

韋處厚《盛山十二詩》，韓文公爲序，今見于《唐詩紀事》。十二詩謂：《隱月岫》、《流杯渠》、《竹嵓》、《繡衣石榻》、《宿雲亭》、《梅谿》、《桃塢》、《胡盧沼》、《茶嶺》、《盤石磴》、《琵琶臺》、《上士瓶泉》也。

伊川曰：「凡人家法，須月爲一會以合族。古人有『花樹韋家宗會法』，可取也。」「宗會法」今不傳，岑參有《韋員外家花樹歌》：「君家兄弟不可當，列卿太史尚書郎。朝回花底常會客，花撲玉缸春酒香。」韋員外失其名，此詩見一門華鄂之盛。

《墨子》謂「西施之沈，其美也」，豈亦如隋之於張麗華乎？「一舸逐鴟夷」，特見於杜牧詩，未必然也。

張碧，字太碧；黄居難，字樂地，慕太白、樂天也。亦李赤之類歟？

陸魯望《雜諷》云：「紅蠶緣枯桑，童麋來觸犀。歌鵝慘于冰，赤舌可燒城。」皆用《太玄》語。又《南征》詩「繞帳生犀一萬株」，宋元憲詩「帳犀森别校」、「犀株衛帳并兒勇」，景文詩「合宴傳殉帳繞犀」，皆用此。

毛澤民詩「不須買絲繡平原，不用黄金鑄子期」，本李賀、貫休詩。

李義山《詠賈生》云：「可憐夜半虚前席，不問蒼生問鬼神。」馬子才《詠文帝》云：「可憐一覺登天夢，不夢商巖夢櫂郎。」雖同一律，皆有新意。

唐以詩取士，錢起之《鼓瑟》，李肱之《霓裳》是也。故詩人多。韓文公薦劉述古，謂舉於禮部者，其詩無與爲比。錢起，名在第六，《豹烏賦》。

羅昭諫《詠松》曰：「陵遷谷變須高節，莫向人間作大夫。」其志亦可悲矣。「唐六臣」，彼何人哉？昭諫説錢鏐舉兵討梁，見《通鑑》，其忠義可見。視奴事朱温之杜荀鶴，猶糞土也。

《宋書·樂志》《陌上桑》曰《楚辭》鈔，以《九歌》、《山鬼》篇增損爲之。東坡因《歸去來》爲詞，亦此類也。

詩一字至七字，張南史《花》、《竹》、《草》是也。一字至十字，文與可《竹》、《石》

是也。

「一叢深色花，十户中人賦」，白樂天謂牡丹也。「豈知兩片雲，戴却數鄉税」，鄭雲叟謂珠翠也。侈靡之蠹甚矣。

韓文公詩「離家已五千」，注引沈休文《安陸王碑》「平塗不過七百」，而不知「弼成五服，至于五千」，本《書》語也，奚以汎引爲？

唐彦謙詩「啖螯譏《爾雅》，賣餅斥《公羊》」。事出《晉書》、《魏志》。

白樂天《迂叟》詩「初時被目爲迂叟，近日蒙呼作隱人」。又云：「自哂此迂叟，少迂老更迂。」則迂叟之名，不獨司馬公也。

「堯韭舜榮」，梁元帝《玄覽賦》始用之。李群玉《蒲澗寺》詩「澗有堯時韭，山餘禹代糧」。

致堂云：「古樂府者，詩之旁行也。詞曲者，古樂府之末造也。」陸務觀云：「倚聲製詞，起於唐之季世。」

寒山子詩，如施家兩兒，事出《列子》；羊公鶴，事出《世説》。如子張、卜商，如侏儒、方朔，涉獵廣博，非但釋子語也。對偶之工者，青蠅、白鶴，黄籍、白丁，青蚨、黄絹，黄口、白頭，七札、五行，緑熊席、青鳳裘。而《楚辭》尤超出筆墨畦逕，曰：「有人兮山陘、雲卷兮霞纓。秉芳兮欲寄，路漫兮難征。心惆悵兮狐疑，蹇獨立兮忠貞。」

司空表聖云：「戴容州叔倫。謂詩家之景，如藍田日暖，良玉生煙，可望而不可置於眉睫之前也。」李義山「玉生煙」之句，蓋本於此。

《古詩》「何能待來兹」，兹，年也。《左傳》「今兹」，注云：「此歲。」《吕氏春秋》「今兹美禾，來兹美麥」。

梁元帝《賦得蘭澤多芳草》詩。古詩爲題，見於此。

韓文公云：「六字常語一字難。」《文心雕龍》謂：「善爲文者，富於萬篇，貧於一字。」

王儉四言，頗有子建、淵明餘風。其《侍太子九日玄圃宴》云：「秋日在房，鴻雁來翔。寥寥清景，藹藹微霜。草木摇落，幽蘭獨芳。眷言淄苑，尚想濠梁。既暢旨酒，亦飽徽猷。有來斯悦，無遠不柔。」

劉苞《九日》詩「曲終高宴罷，景落樹陰移」。陸務觀：「夕陽頻見樹陰移。」

吴會，謂吴、會稽二郡也。石湖辯之其詳。魏文帝《雜詩》「適與飄風會」，又曰：「行行至吴會。」

應璩《百一詩》「室廣致凝陰，臺高來積陽」。出《吕氏春秋》。

李虚己初與曾致堯倡酬，致堯謂曰：「子之詩雖工，而音韻猶啞。」虚己初未悟，既而得沈休文所謂「前有浮聲，後須切響」，遂精於格律。

「詩言志。」「秀幹終成棟，精鋼不作鈎」，包孝肅之志也。「人心正畏暑，水面獨摇風」，豐清敏之志也。

張文饒曰：「處心不可著，著則偏；作事不可盡，盡則窮。先天之學，止是此二語，天之道也。」愚謂：邵子詩「夏去休言暑，冬來始講寒」，則心不著矣。「美酒飲教微醉後，好花看到半開時」，則事不盡矣。

杜正獻公詩「因念古聖賢，名爲千古垂。何嘗廣居室，儉爲後人師。亞聖樂簞食，寢丘無立錐。文終防勢奪，景威耻家爲。文園四壁立，鄭公小殿移」。陳正獻公詩「遺汝子孫清白在，不須厦屋太渠渠」。二賢相之清風，可以媿木妖之習。

鴈湖注荆公詩，於《明妃曲》「漢恩自淺胡自深，人間樂在相知心」，則引范元長之語，以致其譏。《日出堂上飲》之詩「爲客當酌酒，何預主人謀」，則引鄭氏《考槃》之誤，以寓其貶。《君難托》之詩曰：「世事反覆那得知，讒言入耳須臾離」，則明君臣始終之義，以返諸正。愚按：楊元素謂介甫詩「今人未可輕商鞅，商鞅能令政必行」，今覩其行事，已頗類之矣。言，心聲也，其可掩乎？

東坡文章好譏刺，文與可戒以詩云：「北客若來休問事，西湖雖好莫吟詩。」晚年，郭功父寄詩云：「莫向沙邊弄明月，夜深無數採珠人。」饒德操、黎介然、汪信民寓宿州，作詩有略詆及時事者，吕滎陽聞之，作《麥熟》、《繅絲》等四詩，以諷止之。自此不復有前作。

後山云：「蘇公之門有客四人：黄魯直、秦少游、晁无咎則長公之客也，張文潛則少公之客也。」魯直詩云：「晁子智囊可以括四海，張子筆端可以回萬牛。」文潛詩云：「長公波濤萬頃陂，少公巉秀千尋麓。黄郎蕭蕭日下鶴，陳子峭峭霜中竹。秦文倩麗舒桃李，晁論峥嶸走珠玉。」可以見一時文獻之盛。

「衣上六花非所好，畝間盈尺是吾心。」「何由更得齊民暖，恨不偏於宿麥深。」《雪詩》無出晏元獻、韓持國之右。

晏元獻詩「二龍驂夏服，雙鶴記堯年」。宋元憲詩「軒野龍催馭，堯宫鶴厭寒」。劉敬叔《異苑》：「太康二年，冬大寒，南州人見二白鶴於橋下，曰：『今兹寒，不減堯崩年。』」故山陵挽章用之。

《符瑞圖》「日二黄人守者，外國人來降」。宋景文云：「青帝回風還習習，黄人捧日故遲遲。」翟公巽云：「青女霜如失，黄人日故遲。」

司馬公《早朝詩》「太白明如李」，出《漢・天文志》「熒惑踰歲星，居其東北半寸所如連李」。又《即事》云：「雨不成遊布路歸。」出《左傳》「自朝布路而罷」。今《集》中皆注云「恐誤」，蓋未攷也。

「更無柳絮隨風起，惟有葵花向日傾」，見司馬公之心。「浮雲世事改，孤月此心明」，見東坡公之心。

東坡《次韻朱公掞初夏》詩「《諫苑》君方續承業，《醉鄉》我欲訪無功」。隋樂運，字承業，録夏、殷以來諫争事，名《諫苑》，文帝覽而嘉焉。注謂《南史》李承業作《諫苑》，誤矣。

《答王定國》詩「謹勿怨謗讒，乃我得道資。淤泥生蓮花，糞壤出菌芝。賴此善知識，使我枯生荑」。此尹和静所謂「困窮拂鬱，能堅人之志而熟人之仁」也。《詩》曰：「它山之石，可以攻玉。」

「浮雲世事改，孤月此心明」，坡公晚年所造深矣。

夏均父詩「欒城去聲色，老坡但稱快。嗚呼二法門，近古絶倫輩」。嘗觀欒城爲《歐陽公碑》云：「公之於文，雍容俯仰，不大聲色而義理自勝。」欒城評品文章至佳者，獨云「不帶聲色」，蓋得於公也。歐陽公《與梅聖俞書》云：「快哉，快哉！老夫當避路，放他出一頭地。」東坡看人文字，於所酷愛者，但稱快而已，亦得於公也。

陸務觀記東坡詩「翠欲流」，謂「蜀語鮮翠，猶言鮮明也」。愚按：嵇叔夜《琴賦》云：「新衣翠粲。」李周翰注：「翠粲，鮮色。」李善注引《子虚賦》「翕呷翠粲」。張揖曰：「翠粲，衣聲。」《漢書》作「萃蔡」。萃音翠。班倢伃賦「紛綷縩兮紈素聲」，其義一也。以鮮明爲翠，乃古語。

後山云：「少好詩，老而不厭。及一見黄豫章，盡焚其稿而學焉。豫章以謂譬之弈焉，弟子高師一著，僅能及之，争先則後之。」此可爲學文之法。

東坡《與歐陽晦夫》詩三首。晦夫，名闢，桂州人，梅聖俞有詩送之云：「我家無梧桐，安可久留鳳？」東坡南遷至合浦，晦夫時爲石康令，出其詩稿數十幅。事見《桂林志》。注坡詩者，以爲文忠之族，非也。

《夏小正》「九月榮鞠」，東坡詩云：「黄花候秋節，遠自《夏小正》。」注止引《月令》，非也。司馬公《春帖子》「候鴈來歸北，寒魚陟負冰」，亦用《夏小正》。

山谷詩，晚歲所得尤深。鶴山稱其「以草木文章發帝杼機，以花竹和氣驗人安樂」。《題蘇若蘭回文錦詩圖》云：「亦有英靈蘇蕙手【二】，只無悔過竇連波。」連波，竇滔字也。《武后記》云：「因述若蘭之多才，復美連波之悔過。」《物理論》云：「虚無之談，無異春蛙秋蟬，聒耳而已。」山谷《演雅》「春蛙夏蜩更嘈雜」，本於此。

《題王黄州墨跡》「掘地與斷木，智不如機春。聖人懷餘巧，故爲萬物宗」。注不言所出，嘗觀孔融《肉刑論》云：「賢者所制，或踰聖人。水碓之巧，勝於斷木掘地。」此詩意本於此。機春，即水碓也。

《立春》詩「看鏡道如咫」，出《汲冢周書》：「王子曰：『遠人來驩，視道如尺。』」

《呈吉老縣丞》詩「鮭䰷今無種，蒲盧教未形」。注云：「鮭䰷，此兩姓，今無人。」按

【二】亦有英靈蘇蕙手　「手」，四庫本、翁注本作「子」。

《太玄・難》上九云：「角觟鯱，終以直，其有犯。」二字與「解豸」同。亦見王充《論衡》，云：「一角之羊也。」注誤矣。

「八百老彭嗟杖晚」，出《莊子釋文》：「彭祖至七百歲，猶曰悔不壽，恨杖晚而唾遠。」「醇朴乃器師」，二字出《荀子》。《江西道院賦》「堂密有美樅」，出《爾雅》注：「《尸子》謂松柏之鼠，不知堂密之有美樅。」

後山《挽司馬公》云：「輟耕扶日月，起廢極吹噓。」與老杜「桑麻深雨露，燕雀半生成」相似。生成、吹噓，字若輕而實重。

張文潛《詠孔光》云：「試問不言溫室木，何如休望董賢車。」仲彌性《詠韋執誼不看嶺南圖》云：「政恐崖州如有北，却應未肯受讒夫。」二詩誅姦諛之蕭斧也。

朱雲爲槐里令，上書求見，而即得對。成帝時，言路猶未塞也。張文潛詩曰：「直言請劍斬安昌，勿謂朱游只素狂。君看漢家文、景業，張侯能以一言亡。」

南豐《麻姑山詩送南城羅尉》，仿《廬山高》而不逮，絶唱寡和也。

唐子西「佳月明作哲，好風聖之清」，本於李誠之「山如仁者靜，風似聖之清」。朱新仲「無人馬爲二，對飲月成三」，本於秦少游「身與杖藜爲二，影將明月成三」。陸務觀「誰其云者兩黄鵠，何以報之雙玉盤」，本於新仲「何以報之青玉案，我姑酌彼黄金罍」。葉少蘊「逸人舊住子午谷，詩客獨尋丁卯橋」，務觀用之。程致道「明知計出柏馬下，正擬身全木鴈中」，敖器之用之。

或問崔德符作詩之要，曰：「但多讀而勿使，斯爲善。」張芸叟云：「年踰耳順，方敢言詩。」未窺六甲，先製五言者，觀此可以戒。

曾文昭公《河間》詩云：「南北車書久混同，河間今有楚人風。獨慚太守非何武，已見州閭出兩龔。」謂彦和兄弟也。《童蒙訓》以爲曾子宣作，恐誤。

徐師川以諫議召，程致道在西垣封還除書，言與中貴人唱和「魚須」之句，爲人所傳。朱文公《語録》云：「師川游廬山，遇宦者鄭諶，與之詩。」後村謂徐集不載「魚須」之篇。愚玫集中有《次韻鄭本然居士》云：「頗知鶴脛緣詩瘦，早棄魚須伴我閒。」本然居士，豈即鄭諶歟？魚須，笏也。

朱新仲《詠顔魯公》云：「千五百年如烈日，二十四州唯一人。」又《詠昭君》云：「當時夫死若求歸，凜然義動單于府。不知出此肯隨俗，顔色如花心糞土。」《本草》「菊，一名傅延年」，朱新仲詩：「三徑誰從陶靖節？重陽惟有傅延年。」前未有用者。

梁文靖公克家。《梅花詩》云：「九鼎燮調終有待，百花羞澀敢言芳。」用王沂公之意，亦魁天下，位宰相。然梁公之句，失於雕琢。

誠齋始學江西，既而學五字律於後山，學七字絶句於半山，最後學絶句於唐人。誠齋《讀貞觀政要》云：「拔士新豐逆旅中，懷賢鴨緑水波東。酒傾一斗鳶肩客，醋設三杯羊鼻公。」羊鼻公，謂魏鄭公。見《龍城録》。

攻媿記張武子之語：「水禽有名信天公者。」按《晁景迂集》「黄河有信天緣，常開口待魚」。

蘇雲卿，廣漢人，隱東湖。張魏公爲相，使帥漕挽其來。一夕遁去，不知所之。真文忠爲詩曰：「魏公孤忠如孔明，赤手能支天柱傾。蘇公高節如子陵，寸膠解使黄河清。等是世間少不得，問津耦耕各其適。後人未可輕雌黄，兩翁之心秋月白。」

南塘《挽趙忠定公》云：「空令考亭老，垂白注《離騷》。」楊楫《跋楚辭集注》云：「慶元乙卯，治黨人方急，趙公謫死于道。先生憂時之意，屢形于色。一日，示學者以所釋《楚辭》一篇。」

孫燭湖《讀通鑑》詩「簿書流汗走君房，那得狂奴故意降？努力諸公了臺閣，不煩魚鴈到桐江」。又曰：「清濁無心陳仲弓，圓機聊救漢諸公。末流不料兒孫誤，千古黄初佐命功。」朱文公謂「二絶甚佳」。

平園詩「生戎馬」、「死佛貍」，荆公詩「生白」、「殺青」，皆佳對。

鶴山詩「只期玉女是用諫，肯爲金夫不有躬」，本於「玉汝」、「金吾」之對。

林和靖詩「怪書披月看銅牆」。放翁文有「銅牆鬼炊」之語，出東方朔《神異經》。「田園圖史分貧富，鼎鼐樓臺辨有無。」洪舜俞詩，用龐潁公、寇萊公事。

本朝絶句，有夾漈《詠漢高祖》五言，乃唐于季子詩。又荆公絶句《詠叔孫通》，亦見《宋景文公集》。

《演蕃露》云：「摶黍爲鸎，不知何出。」蓋未攷《詩·葛覃》注也。《緗素雜記》不知「麥秋」出《月令》，亦此類。《能改齋漫録》攷古語所出，詳且博矣。然「首如飛蓬」，見于《詩》，乃以左思賦爲始；「樹桃李者夏得休息」，見于《説苑》，乃以狄梁公事爲始。若此者非一，是以君子無輕立論。

《方言》「斟，益也」。凡病少愈而加劇，謂之不斟，或謂之何斟。吕居仁《答曾吉父詩》「記我今年病不斟」，蓋用此，而不知者改爲「不禁」。

《韋玄成傳》「五世壙僚」，言五世無官也。吕成公銘湯烈母云：「湯世壙僚，委祉于後。」而婺本改爲「壙遼」。東坡《春帖》用「翠管銀罌」，出老杜《臘日》詩，而注者改爲「銀鈎」。此邢子才所以有「日思誤書」之語也。

吕居仁詩「弱水不勝舟，有此積立鐵」，又云「何知若人胸，中有積立鐵」，出老杜《鐵堂峽》詩「壁色立積鐵」。又云「準擬春來泰出游」，出《漢書·田叔傳》。又云「日月已秋罷」，出《元帝紀》。

趙紫芝詩謂：「輔嗣《易》行無漢學，玄暉詩變有唐風。」

潘庭堅《題嶽麓寺道鄉臺》曰：「坡仙不謫黄，黄應無雪堂。道鄉不如新，此臺無道鄉。青山非其人，山靈能頡頏。一落名勝手，境與人俱香。悲吟倚空寂，臨眺生慨慷。道鄉不可作，承君不可忘。」陳樞密宗禮，景定間，持節廣東，有詩云：「山川只爲蠻煙累，姓字多因謫籍香。」御史虞慮㲄之，陳坐謫。其後陳召入，慮鐫官。

吴吉甫以晚科試漕闈，《擣藥兔長生》詩云：「真水黄芽長，香風玉杵鳴。不爲三窟計，永伴一輪明。」省試《聖人之道猶日中賦》，用「闕摶之月，見沫之星」。第七聯云：「桑榆已晚，尚期一戰之收。」

湯伯紀《自儆》云：「《春秋》責備賢者，造物計校好人。一點莫留餘滓，十分成就全身。」此老晚節，庶幾踐斯言也。

薛士龍詩「左角蠻攻觸，南柯檀伐槐」，的對也。

徐淵子詩「植杞必植梓，藝蘭仍藝蓀。過庭遺訓在，鑿楹故書存」。蓋以「梓蓀」喻「子孫」也。鑿楹，出《晏子春秋》。李義山詩「經出宣尼壁，書留晏子楹」。

任元受《七夕》詩「切勿填河漢，須留洗甲兵」，意亦新。

伊川先生不作詩，唯《寄王子真詩》云：「我亦有丹君信否，用時還解壽斯民。」先生入嵩山，子真已候於松下。問何以知之，曰：「去年已有消息來矣。」蓋先生前一年欲往，以事而止。子真名筌，岐下陽平人。元豐中，賜號冲熙處士。張芸叟爲《功行碑》，謂超世之資，與陳圖南侔。

建隆初，詔五代時命官，投狀叙理，復命之。郭恕先詩云：「爲逢末劫歸依佛，不就新恩叙理官。」「飛龍在天，利見大人」，而猶不屈，其志如此。

《文鑑》取蔡確《送將歸賦》，猶《楚辭後語》之取息夫躬也。

浮溪詩「人間何事非戲劇，鶴有乘軒蛙給廩」。《水經注》引《晉中州記》：「惠帝爲太子，令曰：『若官蝦蟆，可給廩。』」《晉書》無此語。

張芸叟曰：「岐山石鼓，是《車攻》詩也。『我車既攻，我馬既同』，則所取也。『其魚維何，維魴及鱮。何以貫之，維以楊柳』，則所不取者也。先儒凡今《詩》所無者，盡目爲逸詩，誤矣。」見致堂《論語説》。

朱文公曰：「顧況詩有集，皆不及見《韋應物集》者之勝。」今按：韋集有顧況《奉同郡齋雨中宴集》詩云：「好鳥依嘉樹，飛雨灑高城。況與數君子，列座分兩楹。文雅一何麗，林堂含餘清。我公未歸朝，遊子不待晴。白雲帝鄉遠，滄江楓葉鳴。拜手欲無言，零淚如酒傾。寸心已摧折，別離方骨驚。安得凌風翰，肅肅賓天京。」

程可久沙隨先生。《自題昞怡齋》云：「乞得膠膠擾擾身，霜筠露菊便相親。勸君莫厭羹藜藿，違己由來更病人。」「六月松風萬籟寒，笙竽頻到枕屏間。夜深夢繞康廬阜【三】，

【三】夜深夢繞康廬阜　「康」，翁注本作「匡」。

瀑布濺珠過藥欄。」「葵花已過菊花開，萬里西風拂面來。問字今朝幾人至，細看屐齒破蒼苔。」

朱新仲云：「唐之詩人達者，唯高適。」適位不過常侍。本朝歐、王、蘇、黄出，徐、陳、韓、吕繼之，八人，一相，三執政，三從官，何其盛也。

山谷詩云：「能與貧人共年穀，必有明月生蚌胎。」爲富不仁者可以警。

少陵詩「東屯稻田一百頃，北有澗水通青苗」。東屯，乃公孫述留屯之所，距白帝五里，稻米爲蜀第一。郡給諸官俸廪，以高下爲差，帥漕月得九斗。王龜齡詩云：「少陵别業古東屯，一飯遺忠畎畝存。我輩月叨官九斗，須知粒粒是君恩。」東屯有青苗陂。

有問「心遠」之義於胡文定公者，公舉上蔡語曰：「莫爲嬰兒之態，而有大人之器；莫爲一身之謀，而有天下之志；莫爲終身之計，而有後世之慮。此之謂心遠。」

宋正甫詩「三聖傳心惟主一，六經載道不言真」。

攻媿先生書桃符云：「門前莫約頻來客，坐上同觀未見書。」

葛魯卿《借書》詩「大勝揚雄辭子駿，更殊班嗣阻君山」。

朱希真避地廣中，作《小盡行》云：「藤州三月作小盡，梧州三月作大盡。哀哉官曆今不頒，憶昔升平淚成陣。我今何異桃源人，落葉爲秋花作春。但恨未能與世隔，時聞喪亂空傷神。」唐李益《問路侍御六月大小》云：「野性迷堯曆，松窻有道經。故人爲柱史，爲我數階蓂。」

山谷詩「金石在波中，仰看萬物流」，出《孟子注》：「萬物皆流，而金石獨止。」野處《雪詩》「天上長留滕六住，人中會有葛三來」。葛三事，出《太平廣記》。葛仙公第三子。

王逢原詩「退之昔裁詩，頗以豪横恃。暮年意氣得，金玉多自慰。買居紀廂榮，顧影樂冠佩。喜將閭巷好，持與妻子議。彼哉何足道，進退兹焉係？安知九列榮，顧是德所累」。謂《南内朝賀歸》及《示兒詩》也。朱子曰：「此篇所誇，乃《感二鳥》、《符讀書》之成效極致，而《上宰相書》所謂行道憂世者，已不復言矣。」鄧志宏亦謂愛子之情則至矣，導子之志則陋也。

致堂曰：「韓退之賦石鼓曰『孔子西行不至秦』，故不見録。孔子編《詩》，豈必身歷而後及哉？信斯言也，《車鄰》、《駟驖》，胡爲而收之也？」

荆公《傷杜醇》曰：「隱約不外求，耕桑有妻子。藜杖牧雞豚，筠筒釣魴鯉。」《弔王致》曰：「老妻稻下收遺秉，稚子松間拾墮樵。」二人，四明鄉先生也。固窮守道如此，今人知者鮮矣。利欲滔滔，廉耻寥寥，孰能景慕前脩哉！

唐子西《内前行》云：「宅家喜得調元手。」唐時宫中，謂天子爲宅家。《通鑑》韓建發兵圍十六宅，諸王呼曰：「宅家救兒。」劉季述等至思政殿，皇后趨至拜曰：「軍容勿驚宅家。」

文宋瑞《指南録・爲或人賦》云：「悠悠成敗百年中，笑看柯山局未終。金馬勝遊成舊雨，銅駞遺恨付西風。黑頭爾自誇江揔，冷齒人能説褚公。龍首黄扉真一夢，夢回何面見江東！」《南齊》樂豫謂徐孝嗣曰：「人笑褚公，至今齒冷。」謂褚淵也。

翁與可《上徐直翁詩》「六丈謀謨同輩服，二郎官職迺翁知」。

鄭德言侃。爲國子博士【四】，私試策問師道，祭酒不悦，臺評及之。李艮翁丑父。爲詩餞之曰：「諸生幸不笑韓愈，官長何因駡鄭虔？」

柳文云：「王氏子著論，非班超不能讀父兄之書，而力儆狂疾之功以爲名。」先君子嘗爲《投筆》詩，其末云：「蘭臺舊家學，胡不紹箕裘？」

鄧志宏曰：「詩有四忌：學白樂天者忌平易，學李長吉者忌奇僻，學李太白者忌怪誕，學舉子詩者忌説功名。」

【四】鄭德言爲國子博士　「德」，四庫本、翁注本作「得」。

卷十九

評文

《穀梁・隱四年傳》注云：「建儲非以私親，所以定名分。」鄧潤甫《草東宮制》云：「建儲非以私親，蓋明萬世之統；主器莫若長子，兹本百王之謀。」蓋出於此。

晏元獻《謝昇王記室表》云：「衣存缺衽，式贊於謙冲；饌去邪蒿，不忘於規諫。」《韓詩外傳》周公誠伯禽曰：「衣成則必缺衽，宫成則必缺隅。」

《九章算術》「五雀六燕，飛集于衡，衡適平。一雀一燕，飛而易處，則雀重而燕輕」。陸農師《謝吏部尚書表》「六燕相亭，試銓平其輕重」，蓋用此。

《周書・王會》「東越海蛤」，或誤爲「侮食」，而王元長《曲水詩序》用之，其「别風淮雨」之類乎？

駱賓王云：「類同心異者，龍蹲歸而宋樹伐；質殊聲合者，魚形出而吴石鳴。」龍蹲，謂孔子。《春秋演孔圖》「孔子坐如蹲龍，立如牽牛」。

楊盈川《叙郡守》云：「代臨本州，則元賓之父喜形于色；繼爲本守，則張翕之子迎者如雲。」《叙縣令》曰：「仁之所懷，幼童不能擊將雛之雉；明之所斷，老父不能争食粟之雞。」對的語工。

蘇許公制「右掖司言，佇光於五字」。常衮表「五字非工」。張南史詩「唯有五字表」。《魏志》「司馬景王命中書令虞松作表，再呈輒不可意。中書侍郎鍾會取視，爲定五字，松悦服」。西掖用「五字」，本於此。

張文定慶曆中草兩制，《薦舉敕》云：「蓋舉類之來舊矣，三代之盛王，其必由之。如聞外之議云：『是且啓私謁告請之弊也。』予不以是待士大夫，何士大夫自待之淺邪？」又《察舉守令敕》云：「夫天下之大，官吏之衆，獨不聞循良尤異者之達予聽。外臺之職，豈非闕歟？抑朝廷未有以導之也。其視守令，能以仁政得民，民心愛之，如古循吏然者，宜以名上，予得以褒慰之。亦以使四方之民，知予不專寵健吏，所貴仁者爾。」尤延之謂：「二詔大哉言乎！簡而盡，直而婉，丁寧惻怛之意，見於言外。至今誦之，盎然如在春風中。豈特公之文足以導上之德意志慮，亦當時善治足以起其文也。」

文定又行《范文正公參政制》云：「大恩之下難爲報，大名之下難爲處。矧兼二者，可無勉哉！爾尚朝夕以交修，予允迪前人勤教，邦其永孚于休。」訓辭温雅，可以見太平之象。

端平元年九月，真文忠公除翰林學士，洪舜俞命詞曰：「迪惟仁祖，有若臣脩。朝京師於甲午之元，拜内相於季秋之月。」歐陽公之除，在至和元年九月，歲皆甲午。用事切當如此。

慶元初，嗣秀王辭中書令，賜贊拜不名。鄭溥之草制云：「天下之達尊三，德兼爵齒以俱茂；人臣之不名五，老與親賢而並隆。」《公羊傳》注：「禮君於臣不名者有五：諸父兄不名，上大夫不名，盛德之士不名，老臣不名。」《説苑》伊尹曰：「君之所不名臣者四：諸父臣而不名，諸兄臣而不名，先王之臣臣而不名，盛德之士臣而不名。」咸淳初，嗣榮王賜詔書不名，余草制用《説苑》事。

開禧，追貶秦檜。周南仲代草制云：「兵於五材，誰能去之？首弛邊疆之禁；臣無二心，天之制也，忍忘君父之讎。」又云：「一日縱敵，遂貽數世之憂；百年爲墟，誰任諸人之責？」《金虜南遷録》載孫大鼎疏言：「遣檜間我以就和。」檜之姦狀著矣，嘉定之牽復，幾於失刑。

韓文公《王仲舒銘》云：「敷文帝階，擢列侍從。」野處《謝敷文閣直學士表》云：「宣布中和，方歌盛德之事；擢列侍從，遽復敷文之階。」雖借用而切當。

「王輔嗣吐金聲於中朝，此子復玉振於江表。微言之緒，絶而復續，不意永嘉之末，復聞正始之音。」晉人之稱衛玠，蓋所尚者清談也。正始，魏齊王芳年號。胡武平啓，以「正始之遺音」對「奪朱之亂雅」，陸務觀嘗摘其誤。王季海行《東坡贈太師制》云：「博觀載籍之傳，幾海涵而地負；遠追正始之作，殆玉振而金聲。」恐亦襲武平之誤也。若正始之清談，非所以稱坡公。

胡文定以親辭成都學事云：「矧當喜懼之年，深計短長之日。」曾文清求歸侍云：「朝則倚門，暮則倚閭，常恐失望；父曰嗟子，母曰嗟季，曷敢弭忘？」

上官儀《册周王文》「識表魏舟之象，詞掩漢臺之駕」。上句用曹蒼舒事，下句用《柏梁臺詩》梁王曰：「驂駕駟馬從梁來。」或以「駕」爲「卦」，引沛獻王占雨事，非也。

洪景盧《周茂振入館謝啓》，雖不若董彦遠之博，如「桃萊難悟，柳卯本同」，「幼婦外孫之義，女郎世子之名」，亦儷語之工者。

野處草《梁叔子制》云：「鼎學士之大稱。」蓋用劉禹錫《天平軍壁記》「以牙璋玉節鼎右僕射官稱」之語。又草《葉顒左相制》云：「學聖人之道，高天下以聲。」或云：「葉語音高，故以戲之。」然「矜人臣以能，高天下以聲」，《史記》謂殷紂也，不當用之王言。

徐淵子《上梁文》云：「林木翳然，便有濠濮間想；清風颯至，自謂羲皇上人。」初寮《啓》云：「得知千載，上賴古書；作吏一行，便廢此事。」皆全句。

李宗道《春秋十賦》，屬對之工，如：「越椒熊虎之狀，弗殺必滅若敖；伯石豺狼之聲，非是莫喪羊舌。」「王子争囚，而州犁上下；伯輿合要，而范宣左右。」「魯昭之馬將爲櫝，衛懿之鶴有乘軒。」「于奚辭邑，而衛人假之器；晉侯請隧，而襄王與之田。」「星已一終，魯君之歲；亥有二首，絳老之年。」「作楚宫，見襄公之欲楚；效夷言，知衛侯之死夷。」「雞憚犧，而斷其尾；　象有齒，而焚其身。」「虞不臘矣，吴其沼乎。」「好魯以弓，請謹守寶；　賜鄭以金，盟無鑄兵。」「蛇出泉臺聲姜薨，鳥鳴亳社伯姬卒。」

晏元獻《進牡丹歌詩表》云：「永平神爵之頌，孝明稱美者五人；　貞元重九之篇，德宗考第於三等。」按《論衡》云：「永平中，神雀群集，詔上《神雀頌》。百官上頌文比瓦石，唯班固、賈逵、傅毅、楊終、侯諷五頌金玉，孝明覽焉。」貞元事，見《劉太真傳》。

寧皇《服藥赦文》，陳正父所草也。「雖不明不敏，有辜四海望治之心；　然無怠無荒，未始一毫從己之欲。」天下誦之，謂寫出寧皇心事。

盧思道《賀甘露》云：「神漿可挹，流味九户之前；　天酒自零，凝照三階之下【一】。」常衮《賀雪》云：「重陰益固，應水澤腹堅之時；　積潤潛通，迎土膏脉起之候。」皆儷語之工者。

俗語皆有所本，如「利市」，出《易・説卦》、《左傳》。「難爲人」，出《表記》。「擔負」，出《詩・玄鳥》箋。「折閲」，出《荀子》。「生活」，出《孟子》。「家數」，出《墨子》。「服事」，出《周禮・大司徒》。「伏事」，出陸士衡詩。「分付」，出《漢・原涉傳》。「交代」，出《蓋寬饒傳》。「區處」，出《黄霸傳》。「多謝」，出《趙廣漢傳》。「丁寧」，出《詩・采薇》箋。「什物」，出《後漢・宣秉傳》。「自由」，出《五行志》。「曉示」，出《童恢傳》。「主者」，出《劉陶傳》。「意智」，出《鮮卑傳》。「卑末」，出《欒巴傳》。「告示」，出《荀

【一】凝照三階之下　「三」，原作「玉」，據四庫本、翁注本改。

子》。仁者，好告示人。「布施」，出《周語》。布施優裕。「比校」，出《齊語》。「行頭」，出《吳語》。「當日」，出《晉語》。「地主」，出《左傳》、《越語》。「相於」，出《晉·后妃傳》。「料理」，出《王徽之傳》。「長進」，出《和嶠傳》。「消息」，出《魏·少帝紀》。「功夫」，出《王肅傳》。「普請」，出《吳·吕蒙傳》。「手下」，出《太史慈傳》。「牢固」，出《陸抗傳》。「鄭重」，出《王莽傳》。「分外」，出魏程曉上疏。「小却」，出《宋紀》。「間介」，出《長笛賦》。間介無蹊。「婁羅」，出《南史·顧歡傳》。「本分」，出《荀子》。見端不如見本分。「措大」，出《五代·東漢世家》。「假開」，出《王峻傳》。「本色」，出《唐·劉仁恭傳》。「古老」，出《書·無逸》注。「商量」，出《易》「商兑」注。「不宣備」，出楊德祖《答臨淄侯》。不能宣備。「生人婦」，出《魏·杜畿傳》。「私名」，出《列子》。「家公」，出《莊子》。主人公也。「致意」，出《晉·簡文紀》。「傳語」，出《後漢·清河王慶傳》。「收拾」，出《光武紀》。「尋思」，出《劉矩傳》。「不審」，出《韓詩外傳》。「世情」，出《纏子》。不識世情。「爾來」，出孔明《出師表》。「揭來」，出《思玄賦》。「和買」，出《左傳》正義。「阿誰」，出《蜀·龐統傳》。「罷休」，出《史記·孫武傳》。「慚愧」，出《齊語》。「安排」，出《莊子》。「比數」，出《周禮·大司馬》注。「見在」，出《稿人》注。「孩兒」，出《書·康誥》注。「老境」，出《曲禮》正義。「牽帥」，出《左傳》。「先輩」，出《詩·采薇》箋。「如今」，出《杕杜》箋。「居士」，出《玉藻》。「可人」，出《雜記》。「道人」，出《漢·京房傳》。「寄居」，出《息夫躬傳》。「某甲」，出《周禮·職内》注。「道士」，出《新序》。介子推云。「主人翁」，出《史記·范睢傳》。「小家子」，出《漢·霍光傳》。「不中用」，出《史記·外戚世家·王尊傳》。「我輩人」，出《晉·石苞傳》。「對岸」，出《樂志》。「十八九」，出《漢·丙吉傳》。至今十八九矣。「浩大」，出《後漢·馬廖傳》。「兩兩相視」，出《周嘉傳》。「年紀」，出《光武紀》。「雜碎」，出《仲長統傳》。「細碎事手下」，出《吴·吕範傳》。「合少成多」，出《中庸》注。「若干」，出《禮記·曲禮》、《投壺》。「如干」，出《陳·何之元傳》。「膠加」，出《九辯》。膠，音豪。加，丘加反。「牢愁」，出《揚雄傳》。畔牢愁。《集韻》：愁，音曹。「墨屎」，出《列子》。音眉癡。「冗長」，出陸士衡《文賦》。「無狀」，出《史記·夏本紀》。「擘畫」，出《淮南子》。「前定」，出《中庸》。「細作」，出《左傳釋文》。「叙致」，出《世説》。「留連」，出《後漢·劉陶傳》。「問息耗」，出《竇后紀》。「已分」，出魏文帝書。「物色」，出《淮南子》。「本師」，出《史記·樂毅傳》。「祖師」，出《漢·外戚·丁姬傳》。「生熟」，出《莊子》。「有瓜葛」，出《後漢·禮儀志》。「發遣」，出《陳寔傳》。「天然」，出《賈逵傳》。「新鮮」，出《太玄》。「鈍悶」，出《淮南子》。「誇張」，出《列子》。「惇恑」，出《洞簫賦》。「近局」，出陶淵明詩。「提撕」，出《詩·抑》箋。「本貫」，出晉江統論。「十字街」，出《北史·李庶傳》。「見錢」，出《漢書·王嘉傳》。

梁簡文《爲子辭封表》云：「日蝕之餘，無黄童之對；荷戟入榛，異子烏之辯。」又云：「熙祖流聰慧之稱，方建臨淮之國；元仲表岐嶷之資【二】，乃啓平原之封。」荷戟入榛，揚雄童烏事。熙祖，晉太子遹字。元仲，魏明帝字。元豐末，《皇弟似封普寧郡王制》全用熙祖、元仲一聯，然熙祖非美事也。

王元之表：「風摧霜敗，芝蘭之性終香；日遠天高，葵藿之心未死。」劉元城表云：「志存許國，如萬折而必東；忠以事君，雖三已而無愠。」斯言可以立懦志。

「驢非驢，馬非馬」，《漢·西域傳》。「烏不烏，鵲不鵲」。《戰國策》。可以爲對。傅景仁云：「『烹羊炰羔』，唯『帶牛佩犢』可對。」

嘉定受寶璽，南塘賀表云：「函封遠致，不知何國之白環？瑑刻孔章，咸曰寧王之大寶。」宗室入翰苑者三人：彦中、汝談、汝騰。

王岐公《答韓魏公詔》「豈朕鬱于大道，未昭治亂之原？將卿保其成功，自潔進退之分」。崔大雅《答周益公詔》「豈朕不德，未達好賢之誠？將卿既明，自全引退之節」。蓋倣其意。

鄭安晚再相，應之道草制云：「彦博重入中書，特令納節；王曾再登揆席，俛就集賢。」

黄伯庸爲《賀雪表》云：「招徠衆俊，無晝卧洛陽之人；獎勵三軍，有夜入蔡州之志。」語工而健。「上天同雲，平地尺雪」，范蜀公表也，周益公用之。

【二】元仲表岐嶷之資　「資」，四庫本、翁注本作「質」。

耿直之守京口，復陳少陽之後，曰：「如可贖兮百身，猶將宥之十世。」「億載萬年，爲父爲母；　四海九州，悉主悉臣。」迂齋對。

李顯忠復節鉞，汪聖錫草制云：「念秦伯用孟明之意，與馮唐面文帝之言。」又云：「與人之周，庶幾得頗、牧而能用；　共武之服，爾其繼英、衛之善兵。」

倪正父草《壽皇尊號詔》云：「率百官若帝之初，丕講非常之禮；　於萬年受天之祜，聿迎滋至之休。」周益公《辭免表》云：「遜于殳斨、伯與，敢忘稽首；　有若虢叔、閎夭，尚助迪威。」正父答詔云：「殳斨、伯與固可遜，未聞虞帝之必從。　虢叔、閎夭雖曰賢，蓋視周公而不及。」

真文忠爲《原貸盜賊詔》云：「弄潢池之兵，諒非爾志；　烈崑岡之火，亦豈予心？」又云：「自有宇宙至于今日，未聞盜賊得以全軀。」其言足以感動人心。

王卿月爲《澹庵制》云：「吾寧身蹈東海，獨仲連不肯帝秦；　至今名重泰山，微相如何以强趙？」

盧肇《海潮賦後序》「馬褐牛衣」。古未有對者。

崔大雅草《史直翁制》云：「皇祐之詔二老，設几以須；　熙寧之遇四臣，齎書而訪。尚有斯禮，勿遐爾心。」二老：杜衍、任布。四臣：韓、富、文、曾。

吕成公《代其父倉部自黃州易守池州啓》云：「爰考唐朝，有杜牧把麾之舊；　其臨秋浦，亦齊安解組之餘。雖後先遷徙之偶同，顧今昔風流之非匹。」

端平初，濟王夫人吴氏復舊封，其父與蔣右史良貴有連，良貴託先君代爲《謝丞相啓》，其末聯云：「孤忠未泯，敢忘漆室之憂葵；厚德難酬，願效老人之結草。」良貴稱賞。

真文忠除參政，辭以疾。趙南塘草詔曰：「漢御史大夫吉當封，病，上憂之。夏侯勝謂必瘉，果然，後遂至相。朕之賢卿，甚於宣帝之德吉也。卿其親醫藥自厚，且先即舍拜命，少間可就車。朕遣黄門召見卿矣。」此詔有西漢風。

鄭威愍公驤。《新除謝上章》云：「關、陝六七任，不挂權臣之横恩；崇、觀二十秋，靡沾故相之餘潤。」公之大節如此。馮翊之死義，其處之有素矣。

傅至樂《上周益公啓》云：「東門之柳自凋，玄都之桃何在？彼刀頭之舐蜜，得未錙銖；況井眉之居瓶，恍如夢寐。」蓋指張説也。

或《上朱文公啓》云：「行藏勳業，銷倚樓看鏡之懷；窈窕崎嶇，寄尋壑經丘之趣。」

宋正甫詩「三甲未全，一丁不識」。

或試縣學見黜，後預鄉薦，以啓謝縣令，有不平之意。令答云：「大敵勇，小敵怯，昔固有之。今日是，前日非，吾無愧矣。」

毛憲守長沙，《謝韓平原》云：「湖南之地二千里，序詩幸託於昌黎；平原之客十九人，脱穎願同於毛遂。」

毛澤民啓云：「揚子雲貌寢官卑，經雖玄而謂白；　九方堙機深識妙，馬本驪而爲黄。」李清卿啓云：「斯風未泯，則朝取温造而暮拔石洪；　吾道不行，則近舍皇甫而遠求居易。」

洪舜俞薦于鄉，犖嶸監試。後犖爲江東憲使，舜俞分教番陽，啓云：「東坡倅錢唐，曾在門外鵠袍之列；　半山憲江左，亦賞梁間燕語之詩。」

徐淵子爲越教，《答項平甫》云：「正恐異時風舞雩之流，不無或者月離畢之問。」或《答洪舜俞》云：「魯直大名，有皎潔江梅之句；　少游下蔡，無丁東玉佩之詞。」

有郡守招士人教子，辭曰：「士而託於諸侯，非其義也；　師不賢於弟子，將焉用之？」

張宣公《答教官》云：「識其大者，豈誦説云乎哉？　何以告之？　曰仁義而已矣。」

真文忠爲江東轉運，有民困於買鳩之役，來訴。公判云：「詔捕鵴鶓，若水尚還其使；　歲貢蛤蛤，孔戣猶疏于朝。況爲州縣之官，可恣口腹之欲？」

攻媿《爲姜氏慶七十致語》云：「今日王孫，猶有承平之故態；　舊時竹馬，得見會昌之新春。」承平、王孫，見柳文《姜嫪誌》。

衢州稽古閣書《皋陶謨》于屏，其上梁文云：「皋陶若稽古，事三朝稽古之君；　孔子與斯文，爲萬世斯文之主。」

王相綸。嘉熙間，以親老辭督府辟，其書曰：「昔温太真絶衿違母，以奉廣武之檄，心雖忠而人議其失性；徐元直指心戀母，以辭豫州之命，情雖窘而人予其順天。」

呂倚《謝王岐公饋錢酒》，用白水真人、青州從事，岐公稱之。

夏文莊表云：「詩會餘蚳之文，簡凝含酖之墨。」「餘蚳」，見《詩》「貝錦」箋。「筆鋭干將，墨含淳酖」，出《文心雕龍》。

「獨孤《馴象》，世以爲工；子雲《甘泉》，晚而悔作。」晏元獻謂賦也。獨孤綬《放馴象賦》云：「返諸林邑之野，歸爾梁山之隅。時在偃兵，豈嬰乎燧尾？上惟賤賄，寧恤乎焚軀？」

唐律賦《雞鳴度關》云：「念秦關之百二，難逞狼心；笑齊客之三千，不如雞口。」

紹興中，省試《高祖能用三傑賦》第四韻，用「運籌帷帳」。考官謂《漢書》乃「帷幄」，非「帳」字，不敢取。徹棘，以語周益公。益公曰：「《史記》云『運籌帷帳之中』，非誤也。」淳熙中，省試《人主之勢重萬鈞賦》第一聯，有用「洪鐘」二字者，考官哂之。洪文敏典舉，聞之曰：「張平子《西京賦》『洪鐘萬鈞』，此必該洽之士。」遂預選。紹熙中，四明試《航琛越水詩》，有用東坡「舶趠」二字而黜者。決得失於一夫之目，其幸不幸若此。

「東都之季，清議扶之而有餘；强秦之末，壯士守之而不足。」前輩作《風俗萬世之基》末韻。「亶聰明而有作，無作聰明；由仁義以安行，非行仁義。」舜由仁義行。

「非刀匕是共，膳宰舉席間之觶；釋椎鑿而上，輪人議堂上之書。」此工執藝事以諫

賦聯也。

卷二十

雜識

南豐《跋西狹頌》謂：「所畫龍、鹿、承露人、嘉禾、連理之木，漢畫始見於今。」邵公濟謂：「漢李翕、王稚子、高貫方墓碑，刻山林人物，乃知顧愷之、陸探微、宗處士輩，尚有其遺法。至吴道玄絶藝入神，然始用巧思而古意少減矣。」今於盤洲所集《隸圖》見之。

曹操夫人《與楊彪夫人書》「送房子官綿百斤」，《古文苑》誤爲「官錦」，而注者妄解。按《魏都賦》「綿纊房子」。《晋陽秋》「有司奏調房子、睢陽綿，武帝不許」。《水經注》「房子城西出白土，可用濯綿」。

善惡以熟言，若《孟子》「仁在乎熟」，《漢・五行志》「季氏之惡已熟」，是也。佛者曰：《成實論》。「行惡見樂，爲惡未熟。至其惡熟，自見受苦。行善見苦，爲善未熟。至其善熟，自見受樂。」其言善惡之熟，亦名言也。

仁宗摹太宗御書大相國寺額於石，即寺爲殿而藏之，御飛白名曰「寶奎殿」。紹興庚辰，宏辭以《寶奎殿太宗皇帝御書贊》命題，唐説齋中選。但云慶曆二載，而不紀月日，以

《實録》考之，乃二年正月辛未也。蘇子美作《寶奎殿頌》，周益公題其後云：「『上宰宗工，更爲辭章』者，謂吕夷簡作記，章得象題額之類。」《實録》云：「命夷簡撰記。」而説齋謂「焕乎堯章，親加紀述」，亦誤。

舊制，麻三道以上，雙宣學士分撰。元豐末，鄧潤甫爲學士，一夕鎖麻二十二通。靖康元年，麻六道，權直院莫儔獨宿。

翰苑未嘗草追贈制。紹定六年十月，史彌遠贈中書令，追封衛王，令學士院降制。學士言非典故，詔特與降制。

太一宫四立月祝文，舊用定本，紹定二年十二月，始命學士院撰述。

親王初除，有布政牓，首云「應某軍管内」，尾云「牓某軍」，仍散下。管内，謂所領節鎮也。前輩制集皆可攷。淳熙十六年，皇子封嘉王，布政牓乃云「嘉州管内」，蓋草制者失之。開禧元年，皇子封榮王，牓威武軍，合舊典矣。蓋節鉞初除，以敕書示諭本鎮，亦唐朝隃領之制也。若封王，或以國如周、魯，或以州如兖、雍之類，未嘗有所領之國。咸淳二年，余草福王制，院吏欲以布政牓下福州，余引故事牓所領兩鎮。

陳自明紹熙初，宏辭已入等，同試者摘《周五射記》用「襄尺」字，以爲犯濮王諱。襄，音讓。慶元四年，從臣薦之，謂「襄」字雖同音，嫌名不當避，乃賜同進士出身。徐子儀嘉定中，試宏辭《甘石巫咸三家星圖序》，引《周禮·簭人》「巫咸」，本注「巫」當爲「筮」，非股巫咸。主司黜之，而薦于朝。不數年，入館掌制。

《易·觀》初六注：「處於觀時而最遠朝美。」湯邦彦字朝美，本此。《列子》曰：「務外游，不如務内觀。」陸游字務觀，本此。魏傅嘏，字蘭石，本《淮南子》「蘭生而芳，石生而堅」。唐皇甫湜，字持正，本《詩》「湜湜其沚」箋。黄魯直之字，本柳子《先友記》「王紓有學術魯直」。

朱文公門人曼淵，曼，音緩。晉有曼清。

西王母，《山海經》云：「狀如人，狗尾，蓬頭，戴勝，善嘯，居洵水之涯。」《穆天子傳》注云：「虎齒蓬髮。」

《漢·天文志》「天暒而見景星」。注：「暒，精明也。」《集韻》云：「晴字。」

《易緯是類謀》曰：「民衣霧，主吸霜，間可倚杵於何藏？」《河圖挺佐輔》曰：「百世之後，地高天下；千歲之後，天可倚杵。」楊文公詩有「倚杵碧天」之句。

《士冠禮》「眉壽萬年」，古文「眉」作「麋」。《博古圖·雝公緘鼎銘》「用乞麋壽，萬年無疆」。

《集韻》「吳人謂赤子曰孲㸙，音鴉牙」。《雜記》注：「嬰，猶鷖彌也。」《孟子音義》「倪，謂繄。倪，小兒也。」

《周禮·鞠人》注：「鰒，魚字。」以魚名爲字，亦奇語也。

《石鼓文》「帛魚𩻛𩻛」。又云：「有鱄有鮊。」即白魚也。

《春秋》正義「手五指之名曰：巨指、《儀禮·大射》、《孟子》云「巨擘」。食指、《左傳》。將指、《儀禮·大射》注。無名指、《孟子》。小指」。《儀禮》云「季指」。

《館閣書目》「《蠶書》一卷，南唐秦處度撰。以九州蠶事，獨兗州爲最」。按《蠶書》見秦少游《淮海後集》。少游子湛，字處度。以爲南唐人，誤矣。

「水母目蝦」，見郭景純《江賦》。欒城詩云：「去住由人真水母，簞瓢粗足亦山雌【一】。」

《殷芸小説》「蔡司徒説在洛見陸機兄弟，住參佐廨中【二】，三間瓦屋，士龍住東頭，士衡住西頭」。東坡詩「自甘茆屋老三間」。簡齋詩「士龍同此屋三間」，又云「士衡去國三間屋」。

《唐·西域傳》末禄有軍達，泥婆羅獻波稜。皆菜名也。張文潛謂波稜自坡陵國來。

吕成公曰：「秦多良醫。醫緩、醫和，皆秦人。」《尸子》亦云：「醫竘者，秦之良醫。」

巫彭作醫。《吕氏春秋》。岐伯祖世之師曰僦貸季。《素問》。上古醫曰苗父。《説苑》。

黄石圯老教授福州，聞李葵、李枏、林之奇爲衆推服，即走其家，備禮延致。吕太史《祭林宗丞少穎文》所謂「二李伯仲」，蓋葵之子枏、樗也。葵字襲明，子枏，字和伯；樗，字迂仲。

「里居之良，若方若陸；旁郡之士，若胡若劉」。方德順、陸亦顔、胡原仲、劉致中，見吕居仁《寄和伯少穎迂仲詩》。

【一】簞瓢粗足亦山雌　「亦」，四庫本、翁注本作「似」。

【二】住參佐廨中　「廨」，原脱，據翁注本補。

齊齋倪公《三戒》：「不妄出入，不妄語言，不妄憂慮。」

呂成公謂「争校是非，不如斂藏持養」。

李猷護陳東之喪，黄子游賙歐陽徹之葬，皆義烈士也。李，明人，黄亦寓居焉。志吾鄉人物者，宜特書之，以厲澆俗。

淳祐丙午，衢士柴望上《丙丁龜鑑》，其表云：「今來古往，治日少而亂日多；主聖臣賢，前車覆而後車誡。」

張鷟自號浮休子，李白有《贈參寥子》詩。張芸叟、僧道潛復以自號。

近世記録多誤，無垢《心傳録》以王叔文之黨「陸質」爲「陸贄」。質即陸淳，非贄也。《磨衲集》，王公庭秀作于紹興壬子。攷其論議，以鄭介夫爲妄言，陳少陽爲鼓變；是熙、豐之法度，非元祐之紛更；謂黨人子孫爲謬賞，謂蘇、黄文章爲末藝。甚者，擬程子之學於墨、釋氏，而以《易傳》爲謝、楊删潤成書，其反理詭道甚矣。詆趙、張二相尤力。蓋自紹聖以來，姦憸茂惡，家以荆、舒爲師，人以章、蔡爲賢，邪説詖行，沈酣入骨髓。更中天之禍，蕭艾不薅，士習孰見聞。至紹興間，邪詖猶肆行，筆之簡牘，不耻也。是故人心不正，其害烈於洪水猛獸。吁，風俗移人，可畏哉！

發漢陵者，樊崇、董卓也。發唐陵者，温韜也。惡復誅臻，天道昭昭矣。

成湯、周公，皆坐以待旦。康王晚朝，宣王晏起，則《關雎》作諷，姜后請愆。況朝而受業，爲士之職。《書》曰：「夙夜浚明有家。」《孝經》言卿大夫之孝，引《詩》云：「夙夜匪懈。」言士之孝，引《詩》云：「夙興夜寐。」《讒鼎之銘》曰：「昧旦丕顯，後世猶怠。」叔向所以戒也。「三晨晏起，一朝科頭」，管幼安所以懼也。「在家常早起」，杜子美所謂質朴古人風者也。「雞鳴咸盥櫛，問訊謹暄涼」，朱子之詔童蒙也。「觀起之蚤晏，知家之興廢」，吕子之訓門人也。「起不待鳴雞」，陸務觀《示兒》之詩也。「雞鳴率家人同起，不可早晏無常」，葉少藴與子之書也。「雞鳴而起，決擇於善利之間」，爲舜而已矣。

晋殷仲堪父師病積年，衣不解帶，躬學醫術，究其精妙。北齊李元忠母多病，專心醫藥，研習積年，遂善方技。李密母患積年，精習經方，洞閑針藥，母疾得除。隋許智藏祖道幼以母疾，究極醫方，誡諸子曰：「爲人子者，嘗膳視藥，不知方術，豈謂孝乎？」文中子母銅川夫人好藥，子始述方。唐王勃謂「人子不可不知醫」，時長安曹元有祕術，勃從之游，盡得其要。甄權以母病，與弟立言，究習方書。王燾母有疾，視絮湯劑，數從高醫游，遂窮其術。李逢吉父顏有錮疾，自料醫劑，遂通方書。杜鵬舉母疾，與崔沔同授醫蕭亮，遂窮其術。程子曰：「事親者，不可不知醫。」

康節邵子之先，世家于燕。父伊川丈人間道奔本朝，舍世禄爲窶士，乃絶口不言。伯温子溥，自禮部郎使燕，道涿州良鄉，拜墓。洪業寺石刻，蓋統和十年，伯温高大父所建。統和十年，歲在壬辰，本朝淳化三年也。至宣和六年壬辰，適百二十年，伯温記其異。今按宣和六年，乃甲辰，非壬辰也。

蘇魏公《書帙銘》曰：「非學何立？非書何習？終以不倦，聖賢可及。」蒲傳正《戒子弟》曰：「寒可無衣，飢可無食，至於書不可一日失。」

太史公《素王妙論》曰：「諸稱富者，非貴其身得志也，乃貴恩覆子孫，澤及鄉里也。黄帝設五法，布之天下，用之無窮，蓋世有能知者，莫不尊親，如范子可謂曉之矣。管子設輕重九府，行伊尹之術，則桓公以霸。范蠡行十術之計，二十一年之間，三致千萬，再散與貧。」《史記》正義：「《七略》云：司馬遷撰。」利者，夫子所罕言。又曰：「如不可求，從吾所好。」太史公著論，以素王名而言求富之術，豈以家貧無財賂，有激而云，如《貨殖傳》之意歟？然何足以爲「妙論」？

先聖冕服。祥符二年，賜曲阜文宣王廟冕九旒，服九章。熙寧八年，國子監言唐開元中，尊孔子爲文宣王，内出王者衮冕之服以衣之，宜用天子之制。禮院議依官品衣服，令用九旒。崇寧二年，改用冕十二旒，服九章。

《禮記》於禮之變，皆曰「始」。「孔氏之不喪出母，自子思始也」；「士之有誄，自此始也」；「邾婁復之以矢，蓋自戰於升陛始也」；「魯婦人之髽而弔也，自敗於臺鮐始也」；「帷殯，非古也，自敬姜之哭穆伯始也」；「廟有二主，自桓公始也」；「喪慈母，自魯昭公始也」；「卜殤用棺衣，自史佚始也」；「庭燎之百，由齊桓公始也」；「大夫之奏《肆夏》也，由趙文子始也」；「大夫彊而君殺之，義也，由三桓始也」；「公廟之設於私家，非禮也，由三桓始也」；「玄冠紫緌，自魯桓公始也」；「朝服之以縞也，自季康子始也」；「夫人之不命於天子，自魯昭公始也」；「宦於大夫者之爲之服也，自管仲始也」。《左氏傳》「始用六佾」，「晉於是始墨」，「始厚葬」，「始用殉」，「魯於是乎始髽」，「魏絳於是乎始有金石之樂」，「始用人於亳社」，「魯於是始尚羔」，亦記禮之始變也。孔子惡始作俑者，始之不謹，末流不勝其敝。劉懋撰器物造作之始爲《物祖》。劉孝孫、房德懋集經史爲《事始》。馮鑑《續事始》。朱繪撰《事原》，高承增益爲《事物紀原》。然所載乃事物之始，不足以垂訓戒。司馬文正公言：「唐始令妃主葬日皆給鼓吹，非令典，不足法。」蘇文忠公言：「《春秋》書作丘甲，用田賦，皆重其始爲民患也。《國史》記之曰『青苗錢自陛下始』，豈不惜哉？」皆得謹始之義。

《周易集林·雜占》曰：「占天雨否，外卦得陰爲雨，得陽不雨。其爻發變，得坎爲雨，得離不雨。巽化爲坎，先風後雨；坎化爲巽，先雨後風。」

江揔詩「聊以著書情，暫遣他鄉日」。元城劉公歲晚閒居，或問先生何以遣日？公正色曰：「君子進德脩業，惟日不足，而可遣乎？」

陳正獻公疏曰：「懲羹者必吹於齏，傷桃者或戒於李。」《楚辭·惜誦》云：「懲熱羹而吹韲。」《北夢瑣言》：「唐明宗不豫，馮道入問曰：『寢膳之間，宜思調衛。』指果實曰：『如食桃不康，他日見李思戒。』」

尹和静謂「動静一理」。伊川曰：「試喻之。」適聞寺鐘聲，曰：「譬如此寺鐘，方其未撞時，聲固在也。」伊川喜曰：「且更涵養。」朱文公在同安，夜聞鐘鼓聲，聽其一聲未絶，而此心已自走作，因此警懼，乃知爲學須專心致志。先儒於鐘聲之入耳，體察如此。

東坡《策別》「均户口」曰：「當成、康刑措之後，其民極盛之時，九州之籍不過千三萬四千有餘夫。地以十倍，而民居其一。」按《晉書・地理志》「民口千三百七十一萬四千九百三十三。蓋周之盛也」。見《帝王世紀》。

吴仁傑《鹽石新論》取《潛夫論》「洗金以鹽，攻玉以石」。

土牛之法，以歲之幹色爲首，支色爲身，納音色爲腹。以立春日幹色爲角耳尾，支色爲脛，納音色爲蹄。景祐元年【三】，以《土牛經》四篇頒天下【四】，丁度爲序。

《黄石公記》云：「黄石，鎮星之精也。黄者，鎮星色也。石者，星質也。」東坡以圯上老人爲隱君子。

成都石經，孟蜀所刻，於唐高祖、太宗之諱，皆缺畫。范魯公相本朝，其《誡子姪》詩曰：「堯、舜理日，深泉薄冰。」猶不忘唐也。

劉夢得曰：「於竊鈇而知心目之可亂，於掇蜂而知父子之可間，於拾煤而知聖賢之可疑。」東坡《辯策問奏劄》引之，而改「掇蜂」一句云：「於投杼而知母子之可疑，於拾煤而知聖賢之可惑。」

【三】景祐元年　「年」，原作「牛」，據四庫本、翁注本改。

【四】以土牛經四篇頒天下　「牛」，原作「年」，據四庫本、翁注本改。「頒」下，四庫本、翁注本有「示」字。

晁文元公平生不喜術數之説，術者嘗以三命語之，公曰：「自然之分，天命也；樂天不憂，知命也；推理安常，委命也。何必逆計未然乎？」慈湖先生謂真文忠公曰：「希元有志于學，顧未能忘富貴利達，何也？」公莫知所謂，先生曰：「子嘗以命訊日者，故知之。夫必去是心，而後可以語道。」

張文潛《寓陳雜詩》言顔平原事，誤以盧杞爲元相國。

李長吉有《春歸昌谷》詩，張文潛《春游昌谷訪長吉故居》云：「惆悵錦囊生，遺居無復處。」在河南福昌縣三鄉東。

《唐六典》注：「崔寔《正論》云：『熊經鳥伸，延年之術，故華佗有六禽之戲，魏文有五搥之鍛。』」《後漢·華佗傳》云「五禽」。

《詩釋文》「《草木疏》云：『葑，蕪菁也。』郭璞云：『今菘菜也。』案：江南有葑，江北有蔓菁，相似而異」。張文潛詩「蕪菁至南皆變菘，菘美在上根不食。瑶簪玉筍不可見，使我每食思故國」。

司空表聖《題東漢傳後》有取於「陳太丘之容衆，郭有道之誘人」，此表聖所以自處也。

《化書》曰：「奢者富不足，儉者貧有餘。奢者心常貧，儉者心常富。」季元衡《儉説》曰：「貪饕以招辱，不若儉而守廉。干請以犯義，不若儉而全節。侵牟以聚仇，不若儉而養福。放肆以逐欲，不若儉而安性。」皆要言也。

荀悦《申鑒》曰：「覩孺子之驅雞，而見御民之術。孺子之驅雞，急則驚，緩則滯，馴則安。」許渾詩「遡跡驅雞吏」。

司馬公時至獨樂園，危坐讀書堂，嘗云：「草妨步則薙之，木礙冠則芟之，其他任其自然，相與同生天地間，亦各欲遂其生耳。」張文潛《庭草》詩云：「人生群動中，一氣本不殊。柰何欲自私，害彼安其軀。」亦此意也。觀此，則見周子窗前草不除之意。

王涣之曰：「乘車常以顛墜處之，乘舟常以覆溺處之，仕宦常以不遇處之，無事矣。」此言近於達者。

「民不可與慮始」，商鞅之變法也。「百姓何足與議？」董卓之遷都也。咈百姓以從己欲，其效可睹矣。

後魏温子升閶闔門上梁祝文云：「惟王建國，配彼太微。大君有命，高門啓扉。良辰是簡，枚卜無違。彫梁乃架，綺翼斯飛。八龍杳杳，九重巍巍。居宸納祐，就日垂衣。一人有慶，四海爰歸。」此上梁文之始也。兒郎偉，猶言兒郎懣。攻媿嘗辯之。

真文忠公曰：「仁義足以包寬嚴，而寬嚴不足以盡仁義。」

傅玄《席銘》，左端曰：「閒居勿極其歡。」右端曰：「寢處毋忘其患。」左後曰：「居其安，無忘其危。」右後曰：「惑生於邪色，禍成於多言。」《冠銘》曰：「居高無忘危，在上無忘敬。懼則安，敬則正。」《被銘》曰：「被雖温，無忘人之寒。無厚於己，無薄於人。」梁元帝《孝德傳·天性讚》曰：「欲報之德，不可方思；　涓塵之孝，河海之慈。」即孟東野「寸草報春」之意。

蘇子由記杉，謂「求之於人，蓋所謂不待文王而興者」。陳同甫之言梅也亦然。

漢桓永壽二年，户一千六百七萬七千九百六十，至晉武太康元年平吴，户止二百四十五萬九千八百四十【五】。隋文開皇中，户八百七十萬，至唐高祖武德初，户止二百餘萬，高宗永徽初，户僅及三百八十萬。玄宗天寶末，户八百九十一萬四千七百九，至肅宗乾元三年，户止一百九十三萬三千一百三十四。兵禍之慘如此。

劉夢得《何卜賦》云：「同涉于川，其時在風，沿者之吉，泝者之凶。同蓺于野，其時在澤，伊穜之利，乃稑之厄。」東坡詩「耕田欲雨刈欲晴，去得順風來者怨」，本此意。

隋煬帝謂蕭后曰：「儂不失爲長城公，卿不失爲沈后。」長城公，謂陳後主。沈后者，後主之沈后也。《通鑑釋文》以「沈」音「沉」，謂沉湎之后，誤矣。

曾旼，字彦和，爲《書解》，朱文公、吕成公皆取之。《館閣書目》「《書講義》，博士曾肢等解」。蓋誤以「旼」爲「肢」。

「伐吴之役，利獲二俊」，張華之稱陸機、雲也。「平齊之利，唯在於爾」，周高祖之諭李德林也。機、雲於河橋之役，與王師爲敵，其不忠大矣。德林願以死奉楊堅，復以所以

【五】户止二百四十五萬九千八百四十　下「十」字，原脱，據《晉書·地理志》補。

事齊者事周矣。二國何利焉？是以持國必崇名節，持身必守行誼。

《録異傳》曰：「周時尹氏貴盛，五葉不別，會食數千人。遭飢荒，羅鼎作粥。」《春秋》書尹氏，譏世卿，然能與周同盛衰者，亦有家法維持之也。近世紀輿地者，謂尹吉甫蜀人，爲作清風堂，其謬妄甚矣。「物則秉彝」之詩，吉甫庶幾知道者，而不能察掇蜂之讒，能知而不能行也。

《王羲之傳論》「師宜懸帳之奇」。以衛恒《四體書序》攷之，懸帳乃梁鵠書，非師宜官書也。

《説文》「朋」及「鵬」，皆古文「鳳」字。宋玉曰：「鳥有鳳而魚有鯤。」《莊子音義》崔譔云：「鵬，音鳳。」

王巾，字簡棲，作《頭陁寺碑》，《説文通釋》以爲「王中」。

封禪七十二家，管夷吾所記者十有二；孟獻子友五人，孟子所忘者三。記誦之學，勿强其所不知。

《集古録·李陽冰記》云：「城隍神，祀典無之，吴、越有爾。」按：北齊慕容儼鎮郢城，城中先有神祠，俗號城隍神，則唐以前已有之。

唐子西《採藤曲》「魯人酒薄邯鄲圍，西河渡橋南越悲」。下一句未見所出。

《集古録·漢袁良碑》云：「當秦之亂，隱居河洛。高祖破項，實從其册。天下既定，還宅扶樂。」歐陽公云：「蓋不知爲何人也。」愚按：《高祖紀》三年，漢王自成皋入關收兵，欲復東。轅生説漢王曰：「漢與楚相距滎陽數歲，漢常困。願君王出武關，項王必引兵南走，王深壁，令滎陽、成皋間且得休息。使韓信等得輯河北趙地，連燕、齊，君王乃復走滎陽。如此則楚所備者多，力分，漢得休息，復與之戰，破之必矣。」漢王從其計，出軍宛、葉間。此即轅生也。「轅」與「袁」同。

《漢華山廟碑》「武帝立，宫曰集靈，殿曰存僊，門曰望僊」。歐陽公云：「集靈宫，他書皆不見，惟見此碑。」按《漢・地理志》：「京兆華陰縣太華山，在南有祠集靈宫，武帝起。」公偶未之攷耳。

《容齋五筆》石尤風，引陳子昂、戴叔倫、司空文明詩，意其爲「打頭逆風」也。李義山詩作「石郵」，來風貯石郵。楊文公詩亦作「郵」。石郵風惡客心愁。

古者，有常心曰士，無常心曰民，爲己曰君子儒，爲人曰小人儒。善利之間而舜、蹠分焉，服言行而堯、桀異焉，仁義之心存與不存而人、禽別焉，懔乎其可懼也。夫尚志謂之士，行己有耻謂之士，否則何以異乎工商？特立獨行謂之儒，通天地人謂之儒，否則何以異乎老、釋？困而不學則下民爾，待文王而興則凡民爾。無其實而竊其名，可以欺其心，不可以欺其鄉。

古者重長幼之序。齒幼位卑而名韋、楊二君，李翺所以戒朱載言也。後生不稱前輩字，劉元城所以稱馬永卿也。

李希烈之黨有韓霜露，朱泚之黨有李日月，逆儔之無天甚矣。

柳芳《論氏族》曰：「氏於事，則巫、乙、匠、陶。」按《風俗通》「乙」當作「卜」。

明州，開元二十六年置，訖于唐末，凡五亂。寶應元年，袁鼂陷明州，一也。貞元十四年，明州將栗鍠殺其刺史盧雲以反，二也。乾符四年，王郢陷明州，三也。中和元年，鄮賊鍾季文陷明州，四也。景福元年，明州將黃晟自稱刺史，五也。

《通鑑》浙西節度使裴璩敗王郢，在乾符四年閏二月。《紀》乃謂三年七月，當從《通鑑》。璩，字挺秀，見《世系表》。

《孟子》曰：「舜、蹠之分，利與善之間也。」蕭望之曰：「堯、桀之分，在於義利而已。」

范文正公謂劉禹錫、柳宗元、吕温數人，坐王叔文黨，貶廢不用。《傳》稱叔文引禹錫等決事禁中。及議罷中人兵權，牾俱文珍輩，又絶韋皋私請，欲斬劉闢，其意非忠乎？皋銜之，揣太子意，請監國而誅叔文。《唐書》蕪駁，因其成敗而書之，無所裁正。韓退之欲作唐一經，誅姦諛於既死，發潛德之幽光，豈有意於諸君子乎？

《淮南子》「老子學商容，見舌而知守柔」。《文子》云：「學常樅。」《淮南》誤。《説苑》亦云「常樅」。

《唐・百官志》「守宫令，席壽三年，氈壽五年，褥壽七年」。語本《考工記》。

北齊擇盧思道之詩得八首，人稱八米盧郎。或謂「米」當爲「采」。徐鍇云：「八米，以稻喻之，若言十稻之中得八粒米也。」

《燕丹子》荆軻曰：「高欲令四三王，下欲令六五霸。」四三王、六五帝、四三墳、六五典、三二曜、六五緯，皆本於此。

《陸機傳》云：「弟雲嘗與書曰：『君苗見兄文，輒欲焚其筆硯。』」君苗，未知氏姓。攷之《雲集》，有《與平原書》云：「前登城門，意有懷，作《登臺賦》，極未能成而崔君苗作之，聊復成前意。」始知其爲崔君苗也。

《文心雕龍》云：「士衡才優而綴辭尤煩，士龍思劣而雅好清省。」今觀士龍《與兄書》曰：「往日論文，先辭而後情，尚絜而不取悦澤。兄文章高遠絶異，然猶皆欲微多，但清新相接，不以此爲病耳。若復令小省，恐其妙欲不見。雲今意視文，乃好清省。欲無以尚，意之至此，乃出自然。」

車永茂安外甥石季甫見使爲鄮令，便道之職。茂安《與陸士龍書》曰：「老人及姊自聞此問，不能復食。姊晝夜號泣，舉家慘蹙。昨全伯始有一將來，是句章人，具説此縣既有短狐之疾，又有沙蝨《玉篇》「蝨穴也，房中切」。害人。聞此消息，倍益憂慮。足下可具示土地之宜，企望來報。」士龍《荅書》曰：「縣去郡治，不出三日，直東而出，水陸並通。西有大湖，廣縱千頃；北有名山，南有林澤；東臨巨海，往往無涯，汎船長驅，一舉千里。北接青、徐，東洞交、廣，海物惟錯，不可稱名。過長川以爲陂，燔茂草以爲田，火耕水種，不煩人力。決泄任意，高下在心，舉鍤成雲，下鍤成雨，既浸既潤，隨時代序。官無逋滯之穀，民無飢乏之慮。衣食常充，倉庫恒實。榮辱既明，禮節甚備，爲君甚簡，爲民亦易。季冬之月，牧既畢，嚴霜隕而蒹葭萎，林鳥祭而罻羅設，因民所欲，順時遊獵。結罝繞岡，密罔彌山，放鷹走犬，弓弩亂發，鳥不得飛，獸不得逸。真光赫之觀，盤戲之至樂也。若乃斷遏海浦，隔截曲隈，隨潮進退，采蜯捕魚，鱣鮪赤尾，鯸齒比目，不可紀名。鱠鰡鰒，炙鯯鯸，烝石首，臛鮆鯊，真東海之俊味，肴膳之至妙也。及其蜯蛤之屬，目所希見，耳所不聞，品類數百，難可盡言也。昔秦始皇至尊至貴，前臨終南，退燕阿房，離宮別館，隨意所居，沉淪涇渭，飲馬昆明，四方奇麗，天下珍玩，無所不有，猶以不如吴會也。鄉東觀滄海，遂御六軍南巡狩，登稽嶽，刻文石，身在鄮縣三十餘日。夫以帝王之尊，不憚爾行，季甫年少，受命牧民，武城之歌，足以興化，桑弧蓬矢，丈夫之志，經營四方，古人所歎，何足憂乎？且彼吏民，恭謹篤慎，敬愛官長，鞭朴不施，聲教風靡，漢、吴以來，臨此縣者，無不遷變。尊大夫【六】、賢姊上下當爲喜慶，歌舞相送，勿爲慮也。」茂安又答曰：「於母前伏讀三周，舉家大小豁然忘愁。足下此書，足爲曲詰，雖《山海經》、《異物志》、《二京》、《三都》殆不復過也。恐有其言能無其事耳。」愚謂士龍之書，筆勢縱放，真奇作也，可以補四明郡乘之闕遺，故詳著之。

【六】尊大夫　「夫」，四庫本、翁注本作「人」。

《荀子》曰：「正其衣冠，齊其顏色，嗛然而終日不言，是子夏氏之賤儒也。」荀卿之譏毁過矣，然因其言可以見子夏門人之氣象。

秦之破楚也，王翦至蘄南，殺其將軍項燕。楚之滅秦也，陳涉起於蘄大澤中。同此地也，出爾反爾，天道昭昭矣。

東坡《觀棋詩》「誰與棋者」，《墨君堂記》「雖微與可，天下其孰不賢之」，皆用《檀弓》文法。

《論語》「迅雷風烈必變」，錯綜成文。「春與猿吟兮，秋鶴與飛」，本於此，非始於「吉日辰良」。

徐仲車謂：「尊官重禄，人之所好也，安肯曰『吾不才』、『吾辱其位』？甚者，亡人之國、危人之天下不顧也。鄭綮可謂知其量矣。」後村詩謂：「未必朱三能跋扈【七】，祇因鄭五欠經綸。」朱温之篡，崔、柳諸人之罪也，於鄭綮何議焉？

寧宗閣名曰「寶章」。至和二年，五臺山真容院太宗御書閣，已曰「寶章」矣。

《水經注》：「方城西有黄城山，是長沮、桀溺耦耕之所。有東流水，則子路問津處。《尸子》曰：『楚狂接輿耕於方城。』」方城在葉縣。《郡國志》曰：「葉縣有長城曰方城，楚邑也。楚狂接輿並耕，沮、溺、荷蓧丈人一時在野之賢，萃於楚國。聖人晚年，眷眷於楚，有以也。」胡明仲曰：「沮、溺耦耕之地，史謂蔡也。」

【七】未必朱三能跋扈　「朱」，原作「未」，據四庫本、翁注本改。

善讀書者，或曰「此法當失」，或曰「一卷足矣，奚以多爲」，或不求甚解，或務知大義。不善讀者，蕭繹以萬卷自累，崔儦以五千卷自矜，房法乘之不治事，盧殷之資爲詩。

「廟堂」二字，見《漢・徐樂傳》，云：「脩之廟堂之上，而銷未形之患。」《梅福傳》云：「廟堂之議，非草茅所當言也。」劉向《九歎》云：「始結言於廟堂。」王逸注：「言人君爲政舉事，必告宗廟，議於明堂。」皆謂人君。今以爲宰相，誤矣。

歐陽公記醉翁亭，用「也」字；荆公誌葛源，亦終篇用「也」字，蓋本於《易》之《雜卦》。韓文公銘張徹，亦然。

東坡《鍾子翼哀詞》，以四言間七言，學《荀子・成相》。

《詩・伐檀》毛氏傳云：「風行水成文曰漣。」老泉謂「『風行水上，渙』，此天下之至文也」，本於此。

南豐詩稱昌黎之文云：「並驅六經中，獨立千載後。」

周恭叔《跋秦璽文》曰：「嗚呼斯乎！是嘗去《詩》、《書》以愚百姓者乎？是嘗聽趙高以立胡亥者乎？是嘗殺公子扶蘇與蒙恬者乎？是嘗教其君嚴督責而安恣睢者乎？使其璽不得傳者斯人也，而其刻畫，吾忍觀之哉？」李微之曰：「秦璽者，李斯之魚蟲篆也，其圍四寸。至漢謂之傳國璽，迄于獻帝所寶用者，秦璽也，歷代皆用其名。永嘉之亂，没于劉石，永和之世，復歸江左者，晉璽也。太元之末，得自西燕，更涉六朝，至于隋代者，慕容燕璽也。隋謂之神璽。劉裕北伐，得之關中，歷晋暨陳，復爲隋有者，姚秦璽也。開運之亂，没于耶律，女真獲之以爲大寶者，石晋璽也。蓋在當時，皆誤以爲秦璽，而秦璽之亡則已久矣。」

受寶之禮，始于元符，再行于嘉定。皇帝恭膺天命之寶，至道三年，真宗即位製之。其後凡嗣位則更製。乾興元年仁宗即位，嘉祐八年英宗即位，至神、哲、徽皆製是寶。嘉定十四年，京東河北節制使賈涉，繳進皇帝恭膺天命之寶，及元符三年御命之寶，及元符三年御府寶圖一册。鎮江都統翟朝宗以玉檢來上，其文若合符契。又得「受命于天、既壽永昌」玉璽。於是禮官奏受寶之禮，獻之宗廟。明年正月朔旦，御大慶殿，受寶奉安天章閣。元符三年玉璽，蓋徽宗即位所製。

璽也而更爲寶，匭也而更爲檢。古者太史「奉諱惡」，豈有是哉？

祖宗之制，不以武人爲大帥專制一道，必以文臣爲經略以揔制之。咸淳末、德祐初，賣降恐後者，多武人也。其後文臣亦賣降矣。

後漢應劭有《漢官·鹵簿圖》，《漢官儀·鹵簿篇》。晋有《鹵簿圖》、《鹵簿儀》，齊有《鹵簿儀》，陳有《鹵簿圖》，唐有《大駕鹵簿》一卷，王象畫《鹵簿圖》。景德二年，王欽若上《鹵簿記》三卷。天聖六年，宋綬上《鹵簿記》十卷。景祐五年，綬取舊編，益新制，上《鹵簿圖記》十卷。政和七年，詔改修，宣和元年書成，三十三卷，飾以丹采，益詳備矣。

趙安仁作《戴斗懷柔録》，王晦叔作《戴斗奉使録》。戴斗，謂北方。《爾雅》「北戴斗極爲空桐」。

擊壤，周處《風土記》云：「以木爲之，前廣後鋭，長尺三寸，其形如履。古童兒所戲之器，非土壤也。先側一壤於地，遥於三十四步，以手中壤擊之，中者爲上。」

象山先生曰：「古者無流品之分，而賢不肖之辨嚴。後世有流品之分，而賢不肖之辨略。」

司馬相如《諭巴蜀檄》曰：「父兄之教不先，子弟之率不謹，寡廉鮮耻而俗不長厚也。」漢時有此議論，三代之流風遺俗猶存也。

「群居終日，言不及義」，而險薄之習成焉；「飽食終日，無所用心」，而非僻之心生焉。故曰：「民勞則思，思則善心生。」「寤寐無爲」，《澤陂》之詩所以刺也。

劉之道煇。《上李肅之納拜書》曰：「古之君子，一語默而禮義明，一施設而風俗厚。如釋之進王生之韈，而漢世重名；如裴度當李愬之謁，而蔡人知禮。」

晁景迂曰：「博之以五經，而約之以《孝經》、《論語》；博之以太史公、歐陽公史記，而約之以《資治通鑑》。」康節先生曰：「二十歲之後，三十歲之前，朝經暮史，晝子夜集。」學者當以此爲法。

夫子雅言《詩》、《書》、執《禮》，而性與天道，高第不得聞。程子教人《大學》、《中庸》，而無極、太極一語未嘗及。

「巧言」爲「辯」，「文子」爲「學」，宋景文云：「此後魏、北齊里俗僞字也。」

庾信《哀江南賦》「章蔓支以轂走，宫之奇以族行」。《吕氏春秋》「中山之國有厹繇者，智伯欲攻之，鑄大鐘，方車二軌以遺之。厹繇之君將迎鐘。赤章蔓枝諫，不用，斷轂而行，至衛七日，而厹繇亡」。《文苑英華》作「慢支」，《藝文類聚》作「曼友」，皆誤。

宋次道《春明退朝録》，晁子止《昭德讀書志》，攷之《東京記》「朱雀門外天街東，第六春明坊，宋宣獻公宅，本王延德宅。宣德門前天街東，第四昭德坊，晁文元公宅。致政後闢小園，號養素園，多閱佛書，起密嚴堂」。

《吕氏春秋》：「伊尹奔夏，三年，反報于亳曰：『桀迷惑於末嬉，好彼琬琰。』」注云：「琬，當作婉，婉順阿意之人。或云美玉。」按《紀年》云：「桀伐岷山，得二女，曰琬，曰琰。斲其名於苕華之玉。苕是琬，華是琰。」注非。

《新序》介子推曰：「謁而得位，道士不居也。」蓋謂有道之士。《漢・京房傳》「道人」，亦謂有道之人。《元和郡縣志》「樓觀，本周康王大夫尹喜宅也。穆王爲召幽逸之人，置爲道士」。《太霄經》以尹喜爲尹軌，又謂「平王東遷洛邑，置道士七人」。按《漢・郊祀志》注：漢宫閣疏云：「神明臺，高五十丈，上有九室，常置九天道士百人。」蓋自武帝始也。穆王、平王事，不可攷。

道書有「赤明上皇無極永壽」之號。後周甄鸞著《笑道論》曰：「古先帝王，立年無號，至漢武帝始建元，後王因之。上皇之號，可笑之深。」《隋志》又有「延康龍漢開皇」。

林靈素作《神霄籙》，自公卿以下，群造其廬拜受，獨李綱、傅崧卿、曾幾移疾不行。宣政間，道教興行，至有號爲「女真」者，當時以爲金戎猾夏之兆。

傅奕排釋氏，謂：「中國幻夫，模象莊、老，以文飾之。」宋景文作《李蔚傳贊》亦云：「華人之譎誕者，又攘莊周、列禦寇之説佐其高。」然則釋氏用老、莊之説也，非老、莊與釋氏合也。朱文公謂：「佛家竊老子好處，道家竊佛家不好處。」愚嘗觀姚崇《誡子孫》曰：「道士本以玄牝爲宗，而無識者慕僧家之有利，約佛教而爲業。」斯言當矣。致堂謂：「經論科儀依倣佛氏而不及者，自杜光庭爲之。」攷諸姚崇之言，則非始於光庭也。

《北斗經》引「居其所而衆星共之」，誤以「北辰」爲「北斗」，蓋近世依託爲之。

鶴山云：「旁行敷落之教。」旁行，見《漢・西域傳》。敷落，見《度人經》。

《漢・罽賓傳》「塞種分散」，顔師古注：「即所謂釋種。」按《增一阿含經》：「四河入海，無復河名。四姓爲沙門，皆稱釋種。」石林葉氏云：「晉、宋間，佛學初行，其徒猶未有稱僧，通曰道人。其姓皆從所授學，如支遁本姓關，學於支謙爲支。帛道猷本姓馮，學於帛尸梨密爲帛是也。至道安始言佛氏釋迦，今爲佛子宜從佛氏，乃請皆姓釋。」

《唐・回鶻傳》「元和初，始以摩尼至。其法日晏食，飲水，茹葷，屏湩酪，可汗常與共國」。

說齋謂：「老、莊之學，盛於魏、晉，以召五胡之亂。而道、釋之徒，皆自胡人崇尚，遂盛於中國。」釋氏至姚興而盛，道家至寇謙之而盛。誠齋謂：「伊川之民【八】，被髮以祭，君子已憂其戎。漢之君志荒，而妖夢是踐。吾民始夷乎言、祝乎首以爲好。此五胡、耶律之先驅也。」朱黼曰：「三代以上，不過曰天而止。春秋以來，一變而爲諸侯之盟詛，再變而爲燕、秦之仙怪，三變而爲文、景之黄、老，四變而爲巫蠱，五變而爲災祥，六變而爲符讖。人心泛然，無所底止，而後西方異說，乘其虚而誘惑之。」

《晉語》：「西方之書有之，曰：『懷與安，實疚大事。』」注：「《詩》云『西方之人』，謂周也。」愚謂西方之書，蓋《周志》之類。《列子·仲尼篇》「西方之人有聖者」，李知幾謂意其說佛也。《皇天大紀論》曰：「當周昭王時，西方有傑戎，窮幻駕空說。」《通曆》云：「孝王元年，佛入涅槃。」《唐六典》注謂釋迦生當周莊王九年，魯莊公七年。二說不同。

王簡棲《頭陀寺碑》「周、魯二莊，親昭夜景之鑒」。注云：「魯莊七年，夜明，佛生之日也。《瑞應經》四月八日夜，明星出時，佛從右脅墜地，即行七步。」按《春秋》「莊公七年，夏四月，辛卯夜，恒星不見」，正義曰：「於時周之四月，則夏之仲春。杜氏以《長歷》校之，知辛卯是四月五日也。」以是攷之，夜明，星不見，乃二月五日，非四月八日也。蓋陋儒之佞佛者，傅會爲此說。

【八】伊川之民　「民」，原作「戎」，據四庫本、翁注本改。

潏水云：「梵書有修多羅讖，言釋氏之教興廢。」則讖書其來遠矣。

梁觀國有《議蘇文》五卷，駁其羽翼異端者。或問地獄之事於真文忠公，公曰：「天道至仁，必無慘酷之刑；神理至公，必無賄賂之獄。」

李壽翁曰：「性命之理，死生之故，鬼神之情狀，《易》盡之矣，曷爲求之它？」

《通典》「唐有祓正，謂之視流内」。祓，呼煙切，胡神也。

永嘉張淳忠甫曰：「今之仕，皆非古之道，是以雖貧而不願禄。」問其説，曰：「始至則朝拜，遇國忌則引緇黄而薦在天之靈，皆古所無也。」

道家云：「真人之心若珠在淵，衆人之心若瓢在水。」真文忠云：「此心當如明鏡止水，不可如槁木死灰。」

東魏《檄梁》曰：「毒螫滿懷，妄敦戒業；躁競盈胸，謬治清浄。」可謂切中其膏肓矣。誠齋詩云：「梵王豈是無甘露？不爲君王致蜜來。」曾景建云：「此身已屬侯丞相，誰辦金錢贖帝歸？」

唐有代宗，即世宗也；本朝有真宗，即玄宗也，皆因避諱而爲此號。祥符中，以聖祖名改玄武爲真武，玄枵爲真枵。《崇文總目》謂《太玄經》曰《太真經》。若迎真、奉真、崇真之類，在祠宫者非一。其末也，目女冠爲女真，遂爲亂華之兆。

張文潛云：「嘗讀《宣律師傳》，有一天人，説周穆王時佛至中國。與《列子》所載西極化人之事略同，不知寓言耶，抑實事也？」愚謂此釋氏剽襲《列子》之言，非實事也。

「垂老抱佛脚」，孟東野《讀經》詩也。

東坡《宸奎閣碑銘》「神耀得道，非有師傳」。出《八師子經》：「佛在舍衛國祇樹給孤獨園，時有梵志來詣佛所，質疑曰：『佛所事者何師？』佛曰：『吾前世師，其名難數。吾今自然神耀得道，非有師也。』」「惟佛與佛」，出《法華經》。

放翁載長蘆宗賾師頌云：「天生三武禍吾宗，釋子還家塔寺空。應是昔年崇奉日，不能清儉守真風。」三武，謂魏太武、周武帝、唐武宗也。愚嘗觀山谷《開先院修造記》曰：「夫沙門法者，不住資生，行乞取足。日中受供，林下託宿。故趙州以斷薪續禪牀，宴坐三十年；藥山以三篾繞腹，一日不作則不食。今也，毁中民十家之産而成一屋，奪農夫十口之飯而飯一僧，不已泰乎！夫不耕者燕居而玉食，所在常千數百，是以有會昌之籍没。窮土木之妖，龍蛇虎豹之區化爲金碧，是以有廣明之除蕩。」山谷之言至矣。宗賾以浮屠氏而能爲此言，其墨名而儒行者與？

儒之教以萬法爲實，釋之教以萬法爲空。

北齊文宣敕道士剃髮爲沙門，徽宗令沙門冠簪爲德士。其相反如此。

《世説》王丞相導。拜揚州，因過胡人前，彈指云：「蘭闍，蘭闍。」此即「蘭若」也。

後周武帝廢佛、道教，其子天元復之。唐高祖廢浮屠、老子法，其子太宗復之。天元不足論也，太宗亦爲之何哉？

西山先生《題楊文公所書遺教經》曰：「學佛者不繇持戒而欲至定慧，亦猶吾儒舍離經辨志而急於大成，去洒掃應對而語性與天道之妙。」《跋普門品》曰：「此佛氏之寓言也。昔唐李文公問藥山禪師曰：『如何是黑風吹船，飄落鬼國？』師曰：『李翺小子，問此何爲？』文公怫然怒形於色。師笑曰：『發此瞋恚心，便是黑風吹船，飄落鬼國也。』藥山可謂善啓發人矣。以此推之，則知利欲熾然即是火坑，貪愛沉溺便爲苦海。一念清浄，烈焰成池；一念警覺，船到彼岸。災患纏縛，隨處而安；我無怖畏，如械自脱。惡人侵凌，待以横逆；我無忿嫉，如獸自犇。讀是經者，作如是觀，則知補陀大士真實爲人，非浪語者。」

錢文季《維摩菴記》云：「維摩詰非有位者也，而能視人之病爲己之病。今吾徒奉君命，食君禄，乃不能以民病爲己責，是詰之罪人也。」

鄧志宏曰：「丹霞禦寒則燒木佛，德山説法則徹塑像，禪教之判其來已久。余謂浮屠氏之有識者，猶不以是爲事，而學校乃以土木爲先。吾儒之道其然乎？」

《通鑑考異》云：「《會要》『元和二年，薛平奏請賜中條山蘭若額爲大和寺』。蓋官賜額者爲寺，私造者爲招提、蘭若，杜牧所謂山臺野邑是也。」《杭州南亭記》「武宗去山臺野邑四萬所」。

圖書在版編目(CIP)數據

全宋筆記. 第7編. 9 / 上海師範大學古籍整理研究所編.— 鄭州 : 大象出版社, 2015. 12
ISBN 978-7-5347-8734-8

Ⅰ. ①全… Ⅱ. ①上… Ⅲ. ①中國歷史—史料—宋代 Ⅳ. ①K244. 066

中國版本圖書館 CIP 數據核字(2015)第 314317 號

全宋筆記 第七編 九

出版人 王劉純
特約編輯 陳 新
責任編輯 郭一凡
整體設計 張 勝
出版發行 大象出版社
鄭州市開元路16號(450044)
製版 上海杰申電腦排版有限公司
印刷 鄭州瑞光印務有限公司
版次 2016年2月第1版第1次印刷
開本 640mm×960mm 1/16 31.75印張
字數 382千字
印數 850冊
定價 96.00元